Couvertures supérieure et inférieure
manquantes.

LE NABAB

OUVRAGES D'ALPHONSE DAUDET
PUBLIÉS DANS LA BIBLIOTHÈQUE-CHARPENTIER
à 3 fr. 50 le volume

FROMONT JEUNE ET RISLER AINÉ
MŒURS PARISIENNES
40ᵉ ÉDITION

CONTES DU LUNDI
NOUVELLE ÉDITION, REVUE ET CONSIDÉRABLEMENT AUGMENTÉE

LES AMOUREUSES
POÈMES ET FANTAISIES

Petite Bibliothèque-Charpentier, format in-32 de poche
à 4 fr. le volume

CONTES CHOISIS
AVEC DEUX EAUX-FORTES PAR EDMOND MORIN

DU MÊME AUTEUR

Jack, 2 volumes (Dentu).
Tartarin de Tarascon (Dentu).
Robert Helmont (Dentu).
Les Femmes d'artistes (Lemerre).
Le petit Chose (Hetzel).
Lettres de mon Moulin (Hetzel).

THÉATRE

L'Arlésienne.   Le Frère aîné.
Le Sacrifice.   L'Œillet blanc.
Lise Tavernier.   Les Absentes.
La Dernière Idole.

Paris. — Imp. E. Capiomont et V. Renault, 6, rue des Poitevins.

ALPHONSE DAUDET

LE NABAB

MŒURS PARISIENNES

QUARANTE-TROISIÈME ÉDITION

AVEC UNE DÉCLARATION DE L'AUTEUR

PARIS

G. CHARPENTIER, ÉDITEUR

13, RUE DE GRENELLE-SAINT-GERMAIN, 13

—

1878

Tous droits réservés.

Il y a cent ans, Le Sage écrivait ceci en tête de *Gil Blas* :

« Comme il y a des personnes qui ne sauraient lire sans faire des applications des caractères vicieux ou ridicules qu'elles trouvent dans les ouvrages, je déclare à ces lecteurs malins qu'il auraient tort d'appliquer les portraits qui sont dans le présent livre. J'en fais un aveu public : Je ne me suis proposé que de représenter la vie des hommes telle qu'elle est... »

Toute distance gardée entre le roman de Le Sage et le mien, c'est une déclaration du même genre que j'aurais désiré mettre à la première page du *Nabab*, dès sa publication. Plusieurs raisons m'en ont empêché. D'abord, la peur qu'un pareil avertissement n'eût trop l'air d'être jeté en appât au public et de vouloir forcer son attention. Puis, j'étais loin de me douter qu'un livre écrit avec des préoccupations purement littéraires pût acquérir ainsi tout d'un coup cette importance anecdotique et me valoir une telle nuée bourdonnante de réclamations. Jamais, en effet, rien de semblable ne s'est vu. Pas une ligne de mon œuvre, pas un de ses héros, pas même un personnage en silhouette qui ne soit devenu motif à allusions, à protestations. L'auteur a beau se défendre, jurer ses grands dieux que son roman n'a pas de clef, chacun lui en forge au moins une, à l'aide de laquelle il prétend ouvrir cette serrure à combinaison. Il faut que tous ces types aient vécu, comment donc! qu'ils vivent encore, identiques de la tête aux pieds... Monpavon est un tel, n'est-ce pas?... La ressemblance de Jenkins est frappante... Celui-ci se fâche d'en être, tel autre de n'en être pas; et cette recherche du scandale aidant, il n'est pas jusqu'à des rencontres de noms, fatales dans le roman moderne, des indications de rues, des numéros de maisons, choisis au hasard, qui n'aient servi à donner une sorte d'identité à des êtres bâtis de mille pièces et en définitive absolument imaginaires.

L'auteur a trop de modestie pour prendre tout ce bruit à son compte. Il sait la part qu'ont eue dans cela les indiscrétions amicales ou perfides des journaux; et sans remercier les uns plus qu'il ne convient, sans en vouloir aux autres outre mesure, il se résigne à sa tapageuse aventure comme à une chose inévitable et tient seulement à honneur d'affirmer, sur vingt ans de travail et de probité littéraires, que cette fois, pas plus que les autres, il n'avait cherché cet élément de succès. En feuilletant ses souvenirs, ce qui est le droit et le devoir de tout romancier, il s'est rappelé un singulier épisode du Paris cosmopolite d'il y a quinze ans. Le romanesque d'une existence éblouissante et rapide, traversant en météore le ciel parisien, a évidemment servi de cadre au *Nabab*, à cette peinture des mœurs de la fin du second empire. Mais autour d'une situation, d'aventures connues, que chacun était en droit d'étudier et de rappeler, quelle fantaisie répandue, que d'inventions, que de broderies, surtout quelle dépense de cette observation continuelle, éparse, presque inconsciente, sans laquelle il ne saurait y avoir d'écrivains d'imagination. D'ailleurs, pour se rendre compte du travail « cristallisant » qui transporte du réel à la fiction, de la vie au roman, les circonstances les plus simples, il suffirait d'ouvrir le *Moniteur Officiel* de février 1864 et de comparer certaine séance du corps législatif au tableau que j'en donne dans mon livre. Qui aurait pu supposer qu'après tant d'années écoulées ce Paris à la courte mémoire saurait reconnaître le modèle primitif dans l'idéalisation que le romancier en a faite et qu'il s'élèverait des voix pour accuser d'ingratitude celui qui ne fut point certes « le commensal assidu » de son héros, mais seulement, dans leurs rares rencontres, un curieux en qui la vérité se photographie rapidement et qui ne peut jamais effacer de son souvenir les images une fois fixées ?

J'ai connu le « Vrai Nabab » en 1864. J'occupais alors une position semi-officielle qui m'obligeait à mettre une grande réserve dans mes visites à ce fastueux et accueillant Levantin. Plus tard je fus lié avec un de ses frères ; mais à ce moment-là le pauvre Nabab se débattait au loin dans des buissons d'épines cruelles et l'on ne le voyait plus à Paris que rarement. Du reste il est bien gênant pour un galant homme de compter ainsi avec les morts et de dire : « Vous vous trompez. Bien que ce fût un hôte aimable, on ne m'a pas souvent vu chez lui. » Qu'il me suffise donc de déclarer qu'en parlant du fils de la mère Françoise comme je l'ai fait, j'ai voulu le rendre sympathique et que le reproche d'ingratitude me paraît de toute façon une absurdité. Cela est si vrai que bien des gens trouvent le portrait trop flatté, plus intéressant que nature. A ces gens-là ma réponse est fort simple : « Jansoulet m'a fait l'effet d'un brave homme; mais en tout cas, si je me trompe, prenez-vous-en aux journaux qui vous ont dit son vrai nom. Moi je vous ai livré mon roman comme un roman, mauvais ou bon, sans ressemblance garantie. »

Quant à Mora, c'est autre chose. On a parlé d'indiscrétion, de défection politique... Mon Dieu, je ne m'en suis jamais caché. J'ai été, à l'âge de vingt ans, attaché au cabinet du haut fonctionnaire qui m'a servi de type ; et mes amis de ce temps-là savent quel grave personnage politique je faisais. L'Administration elle aussi a dû garder un singulier souvenir de ce fantastique employé à crinière Mérovingienne, toujours le dernier venu au bureau, le premier parti, et ne montant jamais chez le duc que pour lui demander des congés; avec cela d'un naturel indépendant, les mains nettes de toute cantate, et si peu inféodé à l'Empire que le jour où le duc lui offrit d'entrer à son cabinet, le futur attaché crut devoir déclarer avec une solennité juvénile et touchante « qu'il était Légitimiste. »

« L'Impératrice l'est aussi, » répondit l'Excellence en souriant d'un grand air impertinent et tranquille C'est avec ce sourire-là que je l'ai toujours vu, sans avoir besoin pour cela de regarder par le trou des serrures; et c'est ainsi que je l'ai peint, tel qu'il aimait à se montrer, dans son attitude de Richelieu-Brümmel. L'histoire s'occupera de l'homme d'État. Moi j'ai fait voir, en le mêlant de fort loin à la fiction de mon drame, le mondain qu'il était et qu'il voulait être, assuré d'ailleurs que de son vivant il ne lui eût point déplu d'être présenté ainsi.

Voilà ce que j'avais à dire. Et maintenant, ces déclarations faites en toute franchise, retournons bien vite au travail. On trouvera ma préface un peu courte et les curieux y auront en vain cherché le piment attendu. Tant pis pour eux. Si brève que soit cette page, elle est pour moi trois fois trop longue. Les préfaces ont cela de mauvais surtout qu'elles vous empêchent d'écrire des livres.

Alphonse DAUDET.

LE NABAB

I

LES MALADES DU DOCTEUR JENKINS

Debout sur le perron de son petit hôtel de la rue de Lisbonne, rasé de frais, l'œil brillant, la lèvre entr'ouverte d'aise, ses longs cheveux vaguement grisonnants épandus sur un vaste collet d'habit, carré d'épaules, robuste et sain comme un chêne, l'illustre docteur irlandais Robert Jenkins, chevalier du Medjïdjié et de l'ordre distingué de Charles III d'Espagne, membre de plusieurs sociétés savantes ou bienfaisantes, président fondateur de l'œuvre de Bethléem, Jenkins enfin, le Jenkins des perles Jenkins à base arsenicale, c'est-à-dire le médecin à la mode de l'année 1864, l'homme le plus occupé de Paris, s'apprêtait à monter en voiture, un matin de la fin de novembre, quand une croisée s'ouvrit au premier étage sur la cour intérieure de l'hôtel, et une voix de femme demanda timidement :

« Rentrerez-vous déjeuner, Robert ? »

Oh ! de quel bon et loyal sourire s'éclaira tout à coup cette belle tête de savant et d'apôtre, et dans le tendre bonjour que ses yeux envoyèrent là-haut vers le chaud peignoir blanc entrevu derrière les tentures soulevées, comme on devinait bien une de ces passions conjugales, tranquilles et sûres, que l'habitude resserre de toute la souplesse et la solidité de ses liens.

« Non, madame Jenkins... Il aimait à lui donner ainsi publiquement son titre d'épouse légitime, comme s'il eût trouvé là une intime satisfaction, une sorte d'acquit de conscience envers la femme qui lui rendait la vie si riante... Non, ne m'attendez pas ce matin. Je déjeune place Vendôme.

— Ah! oui... le Nabab, dit la belle madame Jenkins avec une nuance très-marquée de respect pour ce personnage des *Mille et une Nuits* dont tout Paris parlait depuis un mois; puis, après un peu d'hésitation, bien tendrement, tout bas, entre les lourdes tapisseries, elle chuchota rien que pour le docteur:

— Surtout n'oubliez pas ce que vous m'avez promis. »

C'était vraisemblablement quelque chose de bien difficile à tenir, car au rappel de cette promesse les sourcils de l'apôtre se froncèrent, son sourire se pétrifia, toute sa figure prit une expression d'incroyable dureté; mais ce fut l'affaire d'un instant. Au chevet de leurs riches malades, ces physionomies de médecins à la mode deviennent expertes à mentir. Avec son air le plus tendre, le plus cordial, il répondit en montrant une rangée de dents éblouissantes:

« Ce que j'ai promis sera fait, madame Jenkins. Maintenant, rentrez vite et fermez votre croisée. Le brouillard est froid ce matin. »

Oui, le brouillard était froid, mais blanc comme de la vapeur de neige; et, tendu derrière les glaces du grand coupé, il égayait de reflets doux le journal déplié dans les mains du docteur. Là-bas, dans les quartiers populeux, resserrés et noirs, dans le Paris commerçant et ouvrier, on ne connaît pas cette jolie brume matinale qui s'attarde aux grandes avenues; de bonne heure l'activité du réveil, le va-et-vient des voitures maraîchères, des omnibus, des lourds camions secouant leurs ferrailles, l'ont vite hachée, effiloquée, éparpillée. Chaque passant en emporte un peu dans un paletot râpé, un cache-nez qui montre la trame, des gants grossiers frottés l'un contre l'autre. Elle imbibe les blouses frissonnantes, les waterproofs jetés sur les jupes de travail; elle se fond à toutes les haleines, chaudes d'insomnie ou d'alcool, s'engouffre au fond des estomacs vides, se répand dans les boutiques qu'on ouvre, les cours noires, le long des escaliers dont elle inonde la rampe et les murs, jusque dans les mansardes sans feu. Voilà pourquoi il en reste si peu dehors. Mais dans cette portion de Paris espacée et grandiose, où demeurait la clientèle de Jenkins, sur ces larges boulevards plantés d'arbres, ces quais déserts, le brouillard planait immaculé, en nappes nombreuses, avec des légèretés et des floconnements de ouate. C'était fermé, discret, presque luxueux, parce que le soleil derrière cette paresse de son lever commençait à répandre des teintes doucement pourprées, qui donnaient à la brume enveloppant jusqu'au faîte les hôtels alignés, l'aspect d'une mousseline blanche jetée sur des étoffes écarlates. On aurait dit un grand rideau abritant le sommeil tardif et léger de la fortune, épais rideau où rien ne s'entendait que le battement discret d'une porte cochère, les mesures en fer-blanc des laitiers, les grelots d'un troupeau d'ânesses passant au grand trot suivies du souffle court et haletant de leur berger, et le roulement sourd du coupé de Jenkins commençant sa tournée de chaque jour.

D'abord à l'hôtel de Mora. C'était, sur le quai d'Orsay, tout à côté de l'ambassade d'Espagne, dont les longues terrasses faisaient suite aux siennes, un magnifique palais ayant son entrée principale rue de Lille et une porte sur le bord de l'eau. Entre deux hautes murailles revêtues de lierre, reliées entre elles par d'imposants arcs de voûte, le coupé fila comme une flèche, annoncé par deux coups d'un timbre retentissant qui tirèrent Jenkins de l'extase où la lecture de son journal semblait l'avoir plongé. Puis les roues amortirent leur bruit sur le sable d'une vaste cour et s'arrêtèrent, après un élégant circuit, contre le perron de l'hôtel, surmonté d'une large marquise en rotonde. Dans la confusion du brouillard, on apercevait une dizaine de voitures rangées en ligne, et le long d'une avenue d'acacias, tout secs en cette saison et nus dans leur écorce, les silhouettes de palefreniers anglais promenant à la main les chevaux de selle du duc. Tout révélait un luxe ordonné, reposé, grandiose et sûr.

« J'ai beau venir matin, d'autres arrivent toujours avant moi, » se dit Jenkins en voyant la file où son coupé prenait place; mais, certain de ne pas attendre, il gravit, la tête haute, d'un air d'autorité tranquille, ce perron officiel que franchissaient chaque jour tant d'ambitions frémissantes, d'inquiétudes aux pieds trébuchants.

Dès l'antichambre, élevée et sonore comme une église, et que deux grands feux de bois, en dépit des calorifères brûlant nuit et jour, emplissaient d'une vie rayonnante, le luxe de cet intérieur arrivait par bouffées tièdes et capiteuses. Cela tenait à la fois de la serre et de l'étuve. Beaucoup de chaleur dans de la clarté; des boiseries blanches, des marbres blancs, des fenêtres immenses, rien d'étouffé ni d'enfermé, et pourtant une atmosphère égale faite pour entourer quelque existence rare, affinée et nerveuse. Jenkins s'épanouissait à ce soleil factice de la richesse; il saluait d'un « bonjour, mes enfants » le suisse poudré, au large baudrier d'or, les valets de pied en culotte courte, livrée or et bleu, tous debout pour lui faire honneur, effleurait du doigt la grande cage des ouistitis pleine de cris aigus et de cabrioles, et s'élançait en sifflotant sur l'escalier de marbre clair rembourré d'un tapis épais comme une pelouse, conduisant aux appartements du duc. Depuis six mois qu'il venait à l'hôtel de Mora, le bon docteur ne s'était pas encore blasé sur l'impression toute physique de gaieté, de légèreté que lui causait l'air de cette maison.

Quoiqu'on fût chez le premier fonctionnaire de l'empire, rien ne sentait ici l'administration ni ses cartons de paperasses poudreuses. Le duc n'avait consenti à accepter ses hautes dignités de ministre d'État, président du conseil, qu'à la condition de ne pas quitter son hôtel; il n'allait au ministère qu'une heure ou deux par jour, le temps de donner les signatures indispensables, et tenait ses audiences dans sa chambre à coucher. En ce moment, malgré l'heure matinale, le salon était plein. On voyait là des figures graves, anxieuses, des préfets de province aux lèvres rases, aux favoris administratifs, un peu moins arrogants dans cette antichambre que là-bas dans leurs préfectures, des magistrats, l'air austère, sobres de gestes, des députés aux allures importantes, gros bonnets de la finance, usiniers cossus et rustiques, parmi lesquels se détachait çà et là la grêle tournure ambitieuse d'un substitution d'un conseiller de préfecture, en tenue de solliciteur, habit noir et cravate blanche; et tous, debout, assis, groupés ou solitaires, crochetaient silencieusement du regard cette haute porte fermée sur leur destin, par laquelle ils sortiraient tout à l'heure triomphants ou la tête basse. Jenkins traversa la foule rapidement, et chacun suivait d'un œil d'envie ce nouveau venu que l'huissier à chaîne, correct et glacial, assis devant une table à côté de la porte, accueillait d'un petit sourire à la fois respectueux et familier.

« Avec qui est-il? » demanda le docteur en montrant la chambre du duc.

Du bout des lèvres, non sans un frisement d'œil légèrement ironique, l'huissier murmura un nom qui, s'ils l'avaient entendu, aurait indigné tous ces hauts personnages attendant depuis une heure que le costumier de l'Opéra eût terminé son audience.

Un bruit de voix, un jet de lumière... Jenkins venait d'entrer chez le duc; il n'attendait jamais, lui.

Debout, le dos à la cheminée, serré dans une veste en fourrure bleue dont les douceurs de reflet affinaient une tête énergique et hautaine, le président du conseil faisait dessiner sous ses yeux un costume de pierrette que la duchesse porterait à son prochain bal, et donnait ses indications avec la même gravité que s'il eût dicté un projet de loi.

« Ruchez la fraise très-fin et ne ruchez pas les manchettes... Bonjour, Jenkins... Je suis à vous. »

Jenkins s'inclina et fit quelques pas dans l'immense chambre dont les croisées, ouvrant sur un jardin qui allait jusqu'à la Seine, encadraient un des plus beaux aspects de Paris, les ponts, les Tuileries, le Louvre, dans un entrelacement d'arbres noirs comme tracés à l'encre de Chine sur le fond flottant du brouillard. Un large lit très-bas, élevé de quelques marches, deux ou trois petits paravents de laque aux vagues et capricieuses dorures, indiquant ainsi que les doubles portes et les tapis de haute laine, la crainte du froid poussée jusqu'à l'excès, des siéges divers, chaises longues, chauffeuses, répandus un peu au hasard, tous bas, arrondis, de forme indolente ou voluptueuse, composaient l'ameublement de cette chambre célèbre où se traitaient les plus graves questions et aussi les plus légères avec le même sérieux d'intonation. Au mur, un beau portrait de la duchesse; sur la cheminée, un buste du duc, œuvre de Félicia Ruys, qui avait eu au récent Salon les honneurs d'une première médaille.

« Eh bien ! Jenkins, comment va, ce matin ? dit l'Excellence en s'approchant, pendant que le costumier ramassait ses dessins de modes, épars sur tous les fauteuils.

— Et vous, mon cher duc ? Je vous ai trouvé un peu pâle hier soir aux Variétés.

— Allons donc ! Je ne me suis jamais si bien porté... Vos perles me font un effet du diable... Je me sens une vivacité, une verdeur... Quand je pense comme j'étais fourbu il y a six mois. »

Jenkins, sans rien dire, avait appuyé sa grosse tête sur la fourrure du ministre d'État, à l'endroit où le cœur bat chez le commun des hommes. Il écouta un moment pendant que l'Excellence continuait à parler sur le ton indolent, excédé, qui faisait un des caractères de sa distinction.

« Avec qui étiez-vous donc, docteur, hier soir ? Ce

grand Tartare bronzé qui riait si fort sur le devant de votre avant-scène?...

— C'était le Nabab, monsieur le duc... Ce fameux Jansoulet, dont il est tant question en ce moment.

— J'aurais dû m'en douter. Toute la salle le regardait. Les actrices ne jouaient que pour lui... Vous le connaissez? Quel homme est-ce?

— Je le connais... C'est-à-dire je le soigne... Merci, mon cher duc, j'ai fini. Tout va bien par là... En arrivant à Paris, il y a un mois, le changement de climat l'avait un peu éprouvé. Il m'a fait appeler, et depuis m'a pris en grande amitié... Ce que je sais de lui, c'est qu'il a une fortune colossale, gagnée à Tunis, au service du bey, un cœur loyal, une âme généreuse, où les idées d'humanité...

— A Tunis?... interrompit le duc fort peu sentimental et humanitaire de sa nature... Alors, pourquoi ce nom de Nabab?

— Bah! les Parisiens n'y regardent pas de si près... Pour eux, tout riche étranger est un nabab, n'importe d'où il vienne... Celui-ci du reste a bien le physique de l'emploi, un teint cuivré, des yeux de braise ardente, de plus une fortune gigantesque dont il fait, je ne crains pas de le dire, l'usage le plus noble et le plus intelligent. C'est à lui que je dois, — ici le docteur prit un air modeste, — que je dois d'avoir enfin pu constituer l'œuvre de Bethléem pour l'allaitement des enfants, qu'un journal du matin, que je parcourais tout à l'heure, le *Messager*, je crois, appelle « la grande pensée philanthropique du siècle. »

Le duc jeta un regard distrait sur la feuille que Jenkins lui tendait. Ce n'était pas celui-là qu'on prenait avec des phrases de réclame.

« Il faut qu'il soit très-riche, ce M. Jansoulet, dit-il froidement. Il commandite le théâtre de Cardailhac. Monpavon lui fait payer ses dettes, Bois-Landry lui monte une écurie, le vieux Schwalbach une galerie de tableaux... C'est de l'argent, tout cela. »

Jenkins se mit à rire :

« Que voulez-vous, mon cher duc, vous le préoccupez beaucoup, ce pauvre Nabab. Arrivant ici avec la ferme volonté de devenir Parisien, homme du monde, il vous a pris pour modèle en tout, et je ne vous cache pas qu'il voudrait bien étudier son modèle de plus près.

— Je sais, je sais... Monpavon m'a déjà demandé de me l'amener... Mais je veux attendre, je veux voir... Avec ces grandes fortunes, qui viennent de si loin, il faut se garder... Mon Dieu, je ne dis pas... Si je le rencontrais ailleurs que chez moi, au théâtre, dans un salon...

— Justement madame Jenkins compte donner une petite fête le mois prochain. Si vous vouliez nous faire l'honneur...

— J'irai très-volontiers chez vous, mon cher docteur, et dans le cas où votre Nabab serait là, je ne m'opposerais pas à ce qu'il me fût présenté. »

A ce moment l'huissier de service entr'ouvrit la porte.

« M. le ministre de l'intérieur est dans le salon bleu... Il n'a qu'un mot à dire à Son Excellence... M. le préfet de police attend toujours en bas, dans la galerie.

— C'est bien, dit le duc, j'y vais... Mais je voudrais en finir avant avec ce costume... Voyons, père chose, qu'est-ce que nous décidons pour ces ruches? A revoir, docteur... Rien à faire, n'est-ce pas, que continuer les perles?

— Continuer les perles, dit Jenkins en saluant; et il

sortit, tout radieux des deux bonnes fortunes qui lui arrivaient en même temps, l'honneur de recevoir le duc et le plaisir d'obliger son cher Nabab. Dans l'antichambre, la foule des solliciteurs qu'il traversa était encore plus nombreuse qu'à son entrée; de nouveaux venus s'étaient joints aux patients de la première heure, d'autres montaient l'escalier, affairés et tout pâles, et dans la cour, les voitures continuaient à arriver, à se ranger en cercle sur deux rangs, gravement, solennellement, pendant que la question des ruches aux manchettes se discutait là-haut avec non moins de solennité.

— Au cercle, dit Jenkins à son cocher. »

Le coupé roula le long des quais, repassa les ponts, gagna la place de la Concorde, qui n'avait déjà plus le même aspect que tout à l'heure. Le brouillard s'écartait vers le Garde-Meuble et le temple grec de la Madeleine, laissant deviner çà et là l'aigrette blanche d'un jet d'eau, l'arcade d'un palais, le haut d'une statue, les massifs des Tuileries, groupés frileusement près des grilles. Le voile non soulevé, mais déchiré par places, découvrait des fragments d'horizon; et l'on voyait sur l'avenue menant à l'Arc-de-Triomphe, des breaks passer au grand trot, chargés de cochers et de maquignons, des dragons de l'impératrice, des guides chamarrés et couverts de fourrures s'en aller deux par deux en longues files, avec un cliquetis de mors, d'éperons, des ébrouements de chevaux frais, tout cela s'éclairant d'un soleil encore invisible, sortant du vague de l'air, y rentrant par masses, comme une vision rapide du luxe matinal de ce quartier.

Jenkins descendit à l'angle de la rue Royale. Du haut en bas de la grande maison de jeu, les domestiques circulaient, secouant les tapis, aérant les salons où flottait la buée des cigares, où des monceaux de cendre fine tout embrâsée s'écroulaient au fond des cheminées, tandis que sur les tables vertes, encore frémissantes des parties de la nuit, brûlaient quelques flambeaux d'argent dont la flamme montait toute droite dans la lumière blafarde du grand jour. Le bruit, le va-et-vient s'arrêtaient au troisième étage, où quelques membres du cercle avaient leur appartement. De ce nombre était le marquis de Monpavon, chez qui Jenkins se rendait.

« Comment! c'est vous, docteur?... Diable emporte!... Quelle heure est-il donc?... Suis pas visible.

— Pas même pour le médecin?

— Oh! pour personne... Question de tenue, mon cher... C'est égal, entrez tout de même... Chaufferez les pieds un moment pendant que Francis finit de me coiffer. »

Jenkins pénétra dans la chambre à coucher, banale comme tous les garnis, et s'approcha du feu sur lequel chauffaient des fers à friser de toutes les dimensions, tandis que dans le laboratoire à côté, séparé de la chambre par une tenture algérienne, le marquis de Monpavon s'abandonnait aux manipulations de son valet de chambre. Des odeurs de patchouli, de coldcream, de corne et de poils brûlés s'échappaient de l'espace restreint; et de temps en temps, quand Francis venait retirer un fer, Jenkins entrevoyait une immense toilette chargée de mille petits instruments d'ivoire, de nacre et d'acier, limes, ciseaux, houppes et brosses, de flacons, de godets, de cosmétiques, étiquetés, rangés, alignés, et parmi tout cet étalage, maladroite et déjà tremblante, une main de vieillard, sèche et longue, soignée aux ongles comme celle d'un peintre japonais, qui hésitait au milieu de ces quincailleries menues et de ces faïences de poupée.

Tout en arrangeant son visage, la plus longue, la plus compliquée de ses occupations du matin, Monpavon causait avec le docteur, racontait ses malaises, le bon effet des perles, qui le rajeunissaient, disait-il. Et de loin, ainsi, sans le voir, on aurait cru entendre le duc de Mora, tellement il lui avait pris ses façons de parler. C'étaient les mêmes phrases inachevées, terminées en « ps... ps... ps... » du bout des dents, des « machin, » des « chose, » intercalés à tout propos dans le discours, une sorte de bredouillement aristocratique, fatigué, paresseux, où se sentait un mépris profond pour l'art vulgaire de la parole. Dans l'entourage du duc, tout le monde cherchait à imiter cet accent, ces intonations dédaigneuses avec une affectation de simplicité.

Jenkins, trouvant la séance un peu longue, s'était levé pour partir :

« Adieu, je m'en vais... On vous verra chez le Nabab?

— Oui, je compte y déjeuner... promis de lui amener chose, machin, comment donc?... Vous savez, pour notre grosse affaire... ps... ps... ps... Sans quoi dispenserais bien d'y aller... vraie ménagerie, cette maison-là... »

L'Irlandais, malgré sa bienveillance, convint que la société était un peu mêlée chez son ami. Mais quoi! Il ne fallait pas lui en vouloir. Il ne savait pas, ce pauvre homme.

« Sait pas, et veut pas apprendre, fit Monpavon avec aigreur... Au lieu de consulter les gens d'expérience... ps... ps... ps... premier écornifleur venu. Avez-vous vu chevaux que Bois-Landry lui a fait acheter?

De la roustissure, ces bêtes-là. Et il les a payées vingt mille francs. Parions que Bois-Landry les a eues pour six mille.

— Oh! fi donc... un gentilhomme! » dit Jenkins avec l'indignation d'une belle âme se refusant à croire au mal.

Monpavon continua sans avoir l'air d'entendre :

« Tout ça parce que les chevaux sortaient de l'écurie de Mora.

— C'est vrai que le duc lui tient au cœur, à ce cher Nabab. Aussi je vais le rendre bien heureux en lui apprenant... »

Le docteur s'arrêta, embarrassé.

« En lui apprenant quoi, Jenkins? »

Assez penaud, Jenkins dut avouer qu'il avait obtenu de Son Excellence la permission de lui présenter son ami Jansoulet. A peine eut-il achevé sa phrase, qu'un long spectre, au visage flasque, aux cheveux, aux favoris multicolores, s'élança du cabinet dans la chambre, croisant de ses deux mains sur un cou décharné mais très-droit un peignoir de soie claire a pois violets, dont il s'enveloppait comme un bonbon dans sa papillote. Ce que cette physionomie héroï-comique avait de plus saillant, c'était un grand nez busqué tout luisant de cold-cream, et un regard vif, aigu, trop jeune, trop clair pour la paupière lourde et plissée qui le recouvrait. Les malades de Jenkins avaient tous ce regard-là.

Vraiment il fallait que Monpavon fût bien ému pour se montrer ainsi dépourvu de tout prestige. En effet, les lèvres blanches, la voix changée, il s'adressa au docteur vivement, sans zézayer cette fois, et tout d'un trait :

« Ah ça! mon cher, pas de farce entre nous, n'est-ce

pas?... Nous nous sommes rencontrés tous les deux devant la même écuelle ; mais je vous laisse votre part, j'entends que vous me laissiez la mienne. » Et l'air étonné de Jenkins ne l'arrêta pas. « Que ceci soit dit une fois pour toutes. J'ai promis au Nabab de le présenter au duc, ainsi que je vous ai présenté jadis. Ne vous mêlez donc pas de ce qui me regarde seul. »

Jenkins mit la main sur son cœur, protesta de son innocence. Il n'avait jamais eu l'intention... Certainement Monpavon était trop l'ami du duc, pour qu'un autre... Comment avait-il pu supposer?...

« Je ne suppose rien, dit le vieux gentilhomme, plus calme mais toujours froid. J'ai voulu seulement avoir une explication très-nette avec vous à ce sujet. »

L'Irlandais lui tendit sa main large ouverte.

« Mon cher marquis, les explications sont toujours nettes entre gens d'honneur.

— D'honneur est un grand mot, Jenkins... Disons gens de tenue... Cela suffit. »

Et cette tenue, qu'il invoquait comme suprême frein de conduite, le rappelant tout à coup au sentiment de sa comique situation, le marquis offrit un doigt à la poignée de main démonstrative de son ami et repassa dignement derrière son rideau, pendant que l'autre s'en allait, pressé de reprendre sa tournée.

Quelle magnifique clientèle il avait, ce Jenkins! Rien que des hôtels princiers, des escaliers chauffés, chargés de fleurs à tous leurs étages, des alcôves capitonnées et soyeuses, où la maladie se faisait discrète, élégante, où rien ne sentait cette main brutale qui jette sur un lit de misère ceux qui ne cessent de travailler que pour mourir. Ce n'était pas à vrai dire des malades, ces clients du docteur irlandais. On n'en aurait pas voulu dans un hospice. Leurs organes n'ayant pas même la force d'une secousse, le siége de leur mal ne se trouvait nulle part, et le médecin penché sur eux aurait cherché en vain la palpitation d'une souffrance dans ces corps que l'inertie, le silence de la mort habitaient déjà. C'étaient des épuisés, des exténués, des anémiques, brûlés par une vie absurde, mais la trouvant si bonne encore qu'ils s'acharnaient à la prolonger. Et les perles Jenkins devenaient fameuses justement pour ce coup de fouet donné aux existences surmenées.

« Docteur, je vous en conjure, que j'aille au bal ce soir! » disait la jeune femme anéantie sur sa chaise longue et dont la voix n'était plus qu'un souffle.

— Vous irez, ma chère enfant. »

Et elle y allait, et jamais elle n'avait paru plus belle.

« Docteur, à tout prix, dussé-je en mourir, il faut que demain matin je sois au conseil des ministres. »

Il y était, et il en rapportait un triomphe d'éloquence et de diplomatie ambitieuse. Après... oh! après, par exemple... Mais n'importe! jusqu'au dernier jour, les clients de Jenkins circulaient, se montraient, trompaient l'égoïsme dévorant de la foule. Ils mouraient debout, en gens du monde.

Après mille détours dans la Chaussée-d'Antin, les Champs-Élysées, après avoir visité tout ce qu'il y avait de millionnaire ou de titré dans le faubourg Saint-Honoré, le médecin à la mode arriva à l'angle du Cours-la-Reine et de la rue François 1er, devant une façade arrondie qui tenait le coin du quai, et pénétra au rez-de-chaussée dans un intérieur qui ne ressemblait en rien à ceux qu'il traversait depuis le matin. Dès l'entrée, des tapisseries couvrant les murs, de vieux vitraux coupant de lanières de plomb un jour discret et mélangé, un saint gigantesque en bois sculpté qui faisait face à un monstre japonais aux yeux saillants, au dos couvert d'écailles finement tuilées, indiquaient le goût imaginatif et curieux d'un artiste. Le petit domestique qui vint ouvrir tenait en laisse un lévrier arabe plus grand que lui.

« Madame Constance est à la messe, dit-il, et mademoiselle est dans l'atelier, toute seule... Nous travaillons depuis six heures du matin, » ajouta l'enfant avec un bâillement lamentable que le chien attrapa au vol et qui lui fit ouvrir toute grande sa gueule rose aux dents aiguës.

Jenkins, que nous avons vu entrer si tranquillement dans la chambre du ministre d'État, tremblait un peu en soulevant la tenture qui masquait la porte de l'atelier restée ouverte. C'était un superbe atelier de sculpture, dont la façade en coin arrondissait tout un côté vitré, bordé de pilastres, une large baie lumineuse opalisée en ce moment par le brouillard. Plus ornée que ne le sont d'ordinaire ces pièces de travail, que les souillures du plâtre, les ébauchoirs, la terre glaise, les flaques d'eau font ressembler à des chantiers de maçonnerie, celle-ci ajoutait un peu de coquetterie à sa destination artistique. Des plantes vertes dans tous les coins, quelques bons tableaux accrochés au mur nu, et çà et là — portées par des consoles en chêne — deux ou trois œuvres de Sébastien Ruys, dont la dernière, exposée après sa mort, était couverte d'une gaze noire.

La maîtresse de la maison, Félicia Ruys, la fille du célèbre sculpteur, connue déjà elle-même par deux chefs-d'œuvre, le buste de son père et celui du duc de Mora, se tenait au milieu de l'atelier, en train de modeler une figure. Serrée dans une amazone de drap bleu à longs plis, un fichu de Chine roulé autour de son cou comme une cravate de garçon, ses cheveux noirs et fins, groupés sans apprêt sur la forme antique de sa petite tête, Félicia travaillait avec une ardeur extrême, qui ajoutait à sa beauté la condensation, le resserrement de tous les traits d'une expression attentive et satisfaite. Mais cela changea tout de suite à l'arrivée du docteur.

« Ah! c'est vous, » dit-elle brusquement, comme éveillée d'un rêve... « On a donc sonné?... Je n'avais pas entendu. »

Et dans l'ennui, la lassitude répandus subitement sur cet adorable visage, il ne resta plus d'expressif et de brillant que les yeux, des yeux où l'éclat factice des perles Jenkins s'avivait d'une sauvagerie de nature.

Oh! comme la voix du docteur se fit humble et condescendante en lui répondant :

« Votre travail vous absorbe donc bien, ma chère Félicia?... C'est nouveau ce que vous faites là?... Cela me paraît très-joli. »

Il s'approcha de l'ébauche encore informe, d'où sortait vaguement un groupe de deux animaux, dont un lévrier qui détalait à fond de train avec une lancée vraiment extraordinaire.

« L'idée m'en est venue cette nuit... J'ai commencé à travailler à la lampe... C'est mon pauvre Kadour qui ne s'amuse pas, » dit la jeune fille en regardant d'un air de bonté caressante le lévrier à qui le petit domestique essayait d'écarter les pattes pour les remettre à la pose.

Jenkins remarqua paternellement qu'elle avait tort de se fatiguer ainsi, et lui prenant le poignet avec des précautions ecclésiastiques :

« Voyons, je suis sûr que vous avez la fièvre. »

Au contact de cette main sur la sienne, Félicia eut un mouvement presque répulsif.

« Laissez... laissez... vos perles n'y peuvent rien... Quand je ne travaille pas, je m'ennuie; je m'ennuie à mourir, je m'ennuie à tuer; mes idées sont de la couleur de cette eau qui coule là-bas, saumâtre et lourde... Commencer la vie, et en avoir le dégoût! C'est dur... J'en suis réduite à envier ma pauvre Constance, qui passe ses journées sur sa chaise, sans ouvrir la bouche, mais en souriant toute seule au passé dont elle se souvient... Je n'ai pas même cela, moi, de bons souvenirs à ruminer... Je n'ai que le travail... le travail! »

Tout en parlant, elle modelait furieusement, tantôt avec l'ébauchoir, tantôt avec ses doigts, qu'elle essuyait de temps en temps à une petite éponge posée sur la selle de bois soutenant le groupe; de telle sorte que ses plaintes, ses tristesses, inexplicables dans une bouche de vingt ans et qui avait au repos la pureté d'un sourire grec, semblaient proférées au hasard et ne s'adresser à personne. Pourtant Jenkins en paraissait inquiet, troublé, malgré l'attention évidente qu'il prêtait à l'ouvrage de l'artiste, ou plutôt à l'artiste elle-même, à la grâce triomphante de cette fille, que sa beauté semblait avoir prédestinée à l'étude des arts plastiques.

Gênée par ce regard admiratif qu'elle sentait posé sur elle, Félicia reprit :

« A propos, vous savez que je l'ai vu, votre Nabab... On me l'a montré vendredi dernier à l'Opéra.

— Vous étiez à l'Opéra vendredi?

— Oui... Le duc m'avait envoyé sa loge. »

Jenkins changea de couleur.

« J'ai décidé Constance à m'accompagner. C'était la

première fois depuis vingt-cinq ans, depuis sa représentation d'adieu, qu'elle entrait à l'Opéra. Ça lui a fait un effet. Pendant le ballet surtout, elle tremblait, elle rayonnait, tous ses anciens triomphes pétillaient dans ses yeux. Est-on heureux d'avoir des émotions pareilles... Un vrai type, ce Nabab. Il faudra que vous me l'ameniez. C'est une tête qui m'amuserait à faire.

— Lui, mais il est affreux!... Vous ne l'avez pas bien regardé.

— Parfaitement, au contraire. Il était en face de nous... Ce masque d'Éthiopien blanc serait superbe en marbre. Et pas banal, au moins, celui-là... D'ailleurs, puisqu'il est si laid que ça, vous ne serez pas aussi malheureux que l'an dernier quand je faisais le buste de Mora... Quelle mauvaise figure vous aviez, Jenkins, à cette époque!

— Pour dix années d'existence, murmura Jenkins d'une voix sombre, je ne voudrais recommencer ces moments-là... Mais cela vous amuse, vous, de voir souffrir.

— Vous savez bien que rien ne m'amuse, » dit-elle en haussant les épaules avec une impertinence suprême.

Puis, sans le regarder, sans ajouter une parole, elle s'enfonça dans une de ces activités muettes par lesquelles les vrais artistes échappent à eux-mêmes et à tout ce qui les entoure.

Jenkins fit quelques pas dans l'atelier, très-ému, la lèvre gonflée d'aveux qui n'osaient pas sortir, commença deux ou trois phrases demeurées sans réponse; enfin, se sentant congédié, il prit son chapeau et marcha vers la porte.

« Ainsi, c'est entendu... Il faut vous l'amener.

— Qui donc?

— Mais le Nabab... C'est vous qui à l'instant même...

— Ah ! oui... fit l'étrange personne dont les caprices ne duraient pas longtemps, amenez-le si vous voulez; je n'y tiens pas autrement. »

Et sa belle voix morne, où quelque chose semblait brisé, l'abandon de tout son être disaient bien que c'était vrai, qu'elle ne tenait à rien au monde.

Jenkins sortit de là très-troublé le front assombri. Mais, sitôt dehors, il reprit sa physionomie riante et cordiale, étant de ceux qui vont masqués dans les rues. La matinée s'avançait. La brume, encore visible aux abords de la Seine, ne flottait plus que par lambeaux et donnait une légèreté vaporeuse aux maisons du quai, aux bateaux dont on ne voyait pas les roues, à l'horizon lointain dans lequel le dôme des Invalides planait comme un aérostat doré dont le filet aurait secoué des rayons. Une tiédeur répandue, le mouvement du quartier disaient que midi n'était pas loin, qu'il sonnerait bientôt au battant de toutes les cloches.

Avant d'aller chez le Nabab, Jenkins avait pourtant une autre visite à faire. Mais celle-là paraissait l'ennuyer beaucoup. Enfin, puisqu'il l'avait promis ! Et résolûment :

« 68, rue Saint-Ferdinand, aux Ternes, » dit-il en sautant dans sa voiture.

Le cocher Joë, scandalisé, se fit répéter l'adresse deux fois ; le cheval lui-même eut une petite hésitation, comme si la bête de prix, la fraîche livrée se fussent révoltés à l'idée d'une course dans un faubourg aussi lointain, en dehors du cercle restreint mais si brillant où se groupait la clientèle de leur maître. On arriva tout de même, sans encombre, au bout d'une rue provinciale, inachevée, et à la dernière de ses bâtisses, un immeuble à cinq étages, que la rue semblait avoir envoyé en reconnaissance pour savoir si elle pouvait continuer de ce côté, isolé qu'il était entre des terrains vagues attendant des constructions prochaines ou remplis de matériaux de démolitions, avec des pierres de taille, de vieilles persiennes posées sur le vide, des ais moisis dont les ferrures pendaient, immense ossuaire de tout un quartier abattu.

D'innombrables écriteaux se balançaient au-dessus de la porte décorée d'un grand cadre de photographies blanc de poussière, auprès duquel Jenkins resta un moment en arrêt. L'illustre médecin était-il donc venu si loin pour se faire faire un portrait-carte ? On aurait pu le croire, à l'attention qui le retenait devant cet étalage, dont les quinze ou vingt photographies représentaient la même famille en des allures, des poses et des expressions différentes : un vieux monsieur, le menton soutenu par une haute cravate blanche, une serviette de cuir sous le bras, entouré d'une nichée de jeunes filles coiffées en nattes ou en boucles, de modestes ornements sur leurs robes noires. Quelquefois le vieux monsieur n'avait posé qu'avec deux de ses fillettes ; ou bien une de ces jeunes et jolies silhouettes se dessinait, solitaire, le coude sur une colonne tronquée, la tête penchée sur un livre, dans un pose naturelle et abandonnée. Mais en somme c'était toujours le même motif avec des variantes, et il n'y avait pas dans la vitrine d'autre monsieur que le vieux monsieur à cravate blanche, pas d'autres figures féminines que celles de ses nombreuses filles.

« Les ateliers dans la maison, au cinquième, » disait une ligne dominant le cadre. Jenkins soupira, mesura de l'œil la distance qui séparait le sol du petit balcon là-haut, près des nuages ; puis il se décida à entrer. Dans le couloir, il se croisa avec une cravate blanche et une majestueuse serviette en cuir, évidemment le vieux monsieur de l'étalage. Interrogé, celui-ci répondit que M. Maranne habitait en effet le cinquième : « Mais, ajouta-t-il avec un sourire engageant, les étages ne sont pas hauts. » Sur cet encouragement, l'Irlandais se mit à monter un escalier étroit et tout neuf avec des paliers pas plus grands qu'une marche, une seule porte par étage, et des fenêtres coupées qui laissaient voir une cour aux pavés tristes et d'autres cages d'escalier, toutes vides ; une de ces affreuses maisons modernes, bâties à la douzaine par des entrepreneurs sans le sou et dont le plus grand inconvénient consiste en des cloisons minces qui font vivre tous les habitants dans une communauté de phalanstère. En ce moment, l'incommodité n'était pas grande, le quatrième et le cinquième étages se trouvant seuls occupés, comme si les locataires y étaient tombés du ciel.

Au quatrième, derrière une porte dont la plaque en cuivre annonçait « M. JOYEUSE, *expert en écritures,* » le docteur entendit un bruit de rires frais, de jeunes bavardages, de pas étourdis qui l'accompagnèrent jusqu'au-dessus, jusqu'à l'établissement photographique.

C'est une des surprises de Paris que ces petites industries perchées dans des coins et qui ont l'air de n'avoir aucune communication avec le dehors. On se demande comment vivent les gens qui s'installent dans ces métiers-là, quelle providence méticuleuse peut envoyer par exemple des clients à un photographe logé au cinquième dans des terrains vagues, tout en haut de la rue Saint-Ferdinand, ou des écritures à tenir au comptable du dessous. Jenkins, en se faisant cette réflexion, sourit de pitié, puis entra tout droit comme l'y invitait l'inscription suivante : « Entrez sans frapper. » Hélas! on n'abusait guère de la permission... Un grand garçon à lunettes, en train d'écrire sur une petite table, les jambes entortillées d'une couverture de voyage, se leva précipitamment pour venir au-devant du visiteur que sa myopie l'avait empêché de reconnaître.

« Bonjour, André... dit le docteur tendant sa main loyale.

— Monsieur Jenkins !

— Tu vois, je suis bon enfant comme toujours... Ta conduite envers nous, ton obstination à vivre loin de tes parents commandaient à ma dignité une grande réserve ; mais ta mère a pleuré. Et me voilà. »

Il regardait, tout en parlant, ce pauvre petit atelier, dont les murs nus, les meubles rares, l'appareil photographique tout neuf, la petite cheminée à la prussienne, neuve aussi, et n'ayant jamais vu le feu, s'éclairaient désastreusement sous la lumière droite qui tombait du toit de verre. La mine tirée, la barbe grêle du jeune homme, à qui la couleur claire de ses yeux, la hauteur étroite de son front, ses cheveux longs et blonds rejetés en arrière donnaient l'air d'un illuminé, tout s'accentuait dans le jour cru ; et aussi l'âpre vouloir de ce regard limpide qui fixait Jenkins froidement et d'avance opposait à toutes ses raisons, à toutes ses protestations, une invincible résistance.

Mais le bon Jenkins feignait de ne pas s'en apercevoir :

« Tu le sais, mon cher André... Du jour où j'ai épousé ta mère, je t'ai regardé comme mon fils. Je comptais te laisser mon cabinet, ma clientèle, te mettre le pied dans un étrier doré, heureux de te voir suivre une carrière consacrée au bien de l'humanité... Tout à coup sans dire pourquoi, sans te préoccuper de l'effet qu'une pareille rupture pourrait avoir aux yeux du monde, tu t'es écarté de nous, tu as laissé là tes études, renoncé à ton avenir pour te lancer dans je ne sais quelle vie déroutée, entreprendre un métier ridicule, le refuge et le prétexte de tous les déclassés.

— Je fais ce métier pour vivre... C'est un gagne-pain en attendant.

— En attendant quoi ? la gloire littéraire ? »

Il regardait dédaigneusement le griffonnage épars sur la table.

« Mais tout cela n'est pas sérieux, et voici ce que je viens te dire : une occasion s'offre à toi, une porte à deux battants ouverte sur l'avenir... L'œuvre de Bethléem est fondée... Le plus beau de mes rêves humanitaires a pris corps... Nous venons d'acheter une superbe villa à Nanterre pour installer notre premier établissement. C'est la direction, c'est la surveillance de cette maison que j'ai songé à te confier comme à un autre moi-même. Une habitation princière, des appointements de chef de division et la satisfaction d'un service rendu à la grande famille humaine... Dis un mot et je t'emmène chez le Nabab, chez l'homme au grand cœur qui fait les frais de notre entreprise... Acceptes-tu ?

— Non, dit l'autre si sèchement que Jenkins en fut décontenancé.

— C'est bien cela... Je m'attendais à ce refus en venant ici, mais je suis venu quand même. J'ai pris pour devise : « Faire le bien sans espérance. » Et je reste fidèle à ma devise... Ainsi, c'est entendu... tu préfères à l'existence honorable, digne, fructueuse que je viens te proposer, une vie de hasard sans issue et sans dignité... »

André ne répondit rien ; mais son silence parlait pour lui.

« Prends garde... tu sais ce qu'entraînera cette décision, un éloignement définitif, mais tu l'as toujours désiré... Je n'ai pas besoin de te dire, continua Jenkins, que briser avec moi, c'est rompre aussi avec ta mère. Elle et moi ne faisons qu'un. »

Le jeune homme pâlit, hésita une seconde, puis dit avec effort :

« S'il plaît à ma mère de venir me voir ici, j'en serai certes bien heureux... mais ma résolution de sortir de chez vous, de n'avoir plus rien de commun avec vous est irrévocable.

— Et au moins diras-tu pourquoi ? »

Il fit signe que « non, » qu'il ne le dirait pas.

Pour le coup, l'Irlandais eut un vrai mouvement de colère. Toute sa figure prit une expression sournoise, farouche, qui aurait bien étonné ceux qui ne connaissaient que le bon et loyal Jenkins; mais il se garda bien d'aller plus loin dans une explication qu'il craignait peut-être autant qu'il la désirait.

« Adieu, fit-il du seuil en retournant à demi la tête... Et ne vous adressez jamais à nous.

— Jamais... répondit son beau-fils d'une voix ferme. »

Cette fois, quand le docteur eut dit à Joë: « place Vendôme, » le cheval, comme s'il avait compris qu'on allait chez le Nabab, agita fièrement ses gourmettes étincelantes, et le coupé partit à fond de train, transformant en soleil chaque essieu de ses roues... « Venir si loin pour chercher une réception pareille ! Une célébrité du temps traitée ainsi par ce bohème ! Essayez donc de faire le bien !... » Jenkins écoula sa colère dans un long monologue de ce genre; puis tout à coup se secouant :

« Ah! bah... » Et ce qui restait de soucieux à son front se dissipa vite sur le trottoir de la place Vendôme. Midi sonnait partout dans le soleil. Sorti de son rideau de brume, Paris luxueux, réveillé et debout, commençait sa journée tourbillonnante. Les vitrines de la rue de la Paix resplendissaient. Les hôtels de la place paraissaient s'aligner fièrement pour les réceptions d'après-midi; et, tout au bout de la rue Castiglione aux blanches arcades, les Tuileries, sous un beau rayon d'hiver, dressaient des statues grelottantes, roses de froid, dans le dénûment des quinconces.

II

UN DÉJEUNER PLACE VENDOME.

Ils n'étaient guère plus d'une vingtaine ce matin-là dans la salle à manger du Nabab, une salle à manger en chêne sculpté, sortie la veille de chez quelque grand tapissier, qui du même coup avait fourni les quatre salons en enfilade entrevus dans une porte ouverte, les tentures du plafond, les objets d'art, les lustres, jusqu'à la vaisselle plate étalée sur les dressoirs, jusqu'aux domestiques qui servaient. C'était bien l'intérieur improvisé, dès la descente du chemin de fer, par un gigantesque parvenu pressé de jouir. Quoiqu'il n'y eût pas autour de la table la moindre robe de femme, un bout d'étoffe claire pour l'égayer, l'aspect n'en était pas monotone, grâce au disparate, à la bizarrerie des convives, des éléments de tous les mondes, des échantillons d'humanité détachés de toutes les races, en France, en Europe, dans l'univers entier, du haut en bas de l'échelle sociale. D'abord, le maître du logis, espèce de géant, — tanné, hâlé, safrané, la tête dans les épaules, — à qui son nez court et perdu dans la bouffissure du visage, ses cheveux crépus massés comme un bonnet d'astrakan sur un front bas et têtu, ses sourcils en broussailles avec des yeux de chapard embusqué, donnaient l'aspect féroce d'un Kalmouck, d'un sauvage de frontières, vivant de guerre et de rapines. Heureusement le bas de la figure, la lèvre lippue et double, qu'un sourire adorable de bonté épanouissait, relevait, retournait tout à coup, tempérait d'une expression à la saint Vincent de Paul cette laideur farouche, cette physionomie si originale qu'elle en oubliait d'être commune. Et pourtant l'extraction inférieure se trahissait d'autre façon par la voix, une voix de marinier du Rhône, éraillée et voilée, où l'accent méridional devenait plus grossier que dur, et deux mains élargies et courtes, phalanges velues, doigts carrés et sans ongles, qui, posées sur la blancheur de la nappe, parlaient de leur passé avec une éloquence gênante. En face, de l'autre côté de la table, dont il était un des commensaux habituels, se tenait le marquis de Monpavon, mais un Monpavon qui ne ressemblait en rien au spectre maquillé, aperçu plus haut, un homme superbe et sans âge, grand nez majestueux, prestance seigneuriale, étalant un large plastron de linge immaculé, qui craquait sous l'effort continu de la poitrine à se cambrer en avant, et se bombait chaque fois avec le bruit d'un dindon blanc qui se gonfle, ou d'un paon qui fait la roue. Son nom de Monpavon lui allait bien.

De grande famille, richement apparenté, mais ruiné par le jeu et les spéculations, l'amitié du duc de Mora lui avait valu une recette générale de première classe. Malheureusement sa santé ne lui avait pas permis de garder ce beau poste, — les gens bien informés disaient que sa santé n'y était pour rien, — et depuis un an il vivait à Paris, attendant d'être guéri, disait-il, pour reprendre sa position. Les mêmes gens assuraient qu'il ne la retrouverait jamais, et que même, sans de hautes protections... Du reste, le personnage important du déjeuner; cela se sentait à la façon dont les domestiques le servaient, dont le Nabab le consultait, l'appelant « monsieur le marquis, » comme à la Comédie-Française, moins encore par déférence que par fierté, pour l'honneur qui en rejaillissait sur lui-même. Plein de dédain pour l'entourage, M. le marquis parlait peu, de très-haut, et comme en se penchant vers ceux qu'il honorait de sa conversation. De temps en temps, il jetait au Nabab, par-dessus la table, quelques phrases énigmatiques pour tous.

« J'ai vu le duc hier... M'a beaucoup parlé de vous à propos de cette affaire... Vous savez, chose... machin... Comment donc?

— Vraiment?... Il vous a parlé de moi? » Et le bon Nabab, tout glorieux, regardait autour de lui avec des mouvements de tête tout à fait risibles, ou bien il prenait l'air recueilli d'une dévote entendant nommer Notre-Seigneur.

— Son Excellence vous verrait avec plaisir entrer dans la... ps... ps... ps... dans la chose.

— Elle vous l'a dit?

— Demandez au gouverneur... l'a entendu comme moi. »

Celui qu'on appelait le gouverneur, Paganetti de son vrai nom, était un petit homme expressif et gesticulant, fatigant à regarder, tellement sa figure prenait d'aspects divers en une minute. Il dirigeait la *Caisse territoriale* de la Corse, une vaste entreprise financière, et venait dans la maison pour la première fois, amené par Monpavon; aussi occupait-il une place d'honneur. De l'autre côté du Nabab, un vieux, boutonné jusqu'au menton dans une redingote sans revers à collet droit comme une tunique orientale, la face tailladée de mille petites éraillures, une moustache blanche coupée militairement. C'était Brahim-Bey, le plus vaillant colonel de la régence de Tunis, aide de camp de l'ancien bey qui avait fait la fortune de Jansoulet. Les exploits glorieux de ce guerrier se montraient écrits en rides, en flétrissures de débauche, sur sa lèvre inférieure sans ressort, comme détendue, ses yeux sans cils, brûlés et rouges. Une de ces têtes qu'on voit au banc des accusés dans les affaires à huis clos. Les autres convives s'étaient assis pêle-mêle, au hasard de l'arrivée, de la rencontre, car le logis s'ouvrait à tout le monde, et le couvert était mis chaque matin pour trente personnes.

Il y avait là le directeur du théâtre que le Nabab commanditait, Cardailhac, renommé pour son esprit presque autant que pour ses faillites, ce merveilleux découpeur qui, tout en détachant les membres d'un perdreau, préparait un de ses bons mots et le déposait avec une aile dans l'assiette qu'on lui présentait. C'était un ciseleur plutôt qu'un improvisateur, et la nouvelle manière de servir les viandes, à la russe et préalablement découpées, lui avait été fatale en lui enlevant tout prétexte à un silence préparatoire. Aussi, disait-on généralement qu'il baissait. Parisien, d'ailleurs, dandy jusqu'au bout des ongles, et, comme il s'en vantait lui-même, « pas gros comme ça de superstition par tout le corps, » ce qui lui permettait de donner des détails très-piquants sur les femmes de son théâtre à Brahim-Bey, qui l'écoutait comme on feuillette un mauvais livre, et de parler théologie au jeune prêtre son plus proche voisin, un curé de quelque petite bourgade méridionale, maigre et le teint brûlé comme le drap de sa soutane, avec les pommettes ardentes, le nez pointu, tout en avant des ambitieux, et disant à Cardailhac, très-haut, sur un ton de protection, d'autorité sacerdotale :

« Nous sommes très-contents de M. Guizot... Il va bien, il va très-bien... c'est une conquête pour l'Église. »

A côté de ce pontife au rabat ciré, le vieux Schwalbach, le fameux marchand de tableaux, montrait sa barbe de prophète, jaunie par places comme une toison malpropre, ses trois paletots aux tons moisis, toute cette tenue lâchée et négligente qu'on lui pardonnait au nom de l'art, et parce qu'il était de bon goût d'avoir chez soi, dans un temps où la manie des galeries remuait déjà des millions, l'homme le mieux placé pour ces transactions vaniteuses. Schwalbach ne parlait pas, se contentant de promener autour de lui son énorme monocle en forme de loupe et de sourire dans sa barbe devant les singuliers voisinages que faisait cette tablée unique au monde. C'est ainsi que M. de Monpavon avait tout près de lui — et il fallait voir comme la courbe dédaigneuse de son nez s'accentuait à chaque regard dans cette direction — le chanteur Garrigou, un « pays » de Jansoulet, ventriloque distingué, qui chantait Figaro dans le patois du Midi et n'avait pas son pareil pour les imitations d'animaux. Un peu plus loin, Cabassu, un autre « pays, » petit homme court et trapu, au cou de taureau, aux biceps michelangesques, qui tenait à la fois du coiffeur marseillais et de l'hercule de foire, masseur, pédicure, manicure, et quelque peu dentiste, mettait ses deux coudes sur la table avec l'aplomb d'un charlatan qu'on reçoit le matin et qui sait les petites infirmités, les misères intimes de l'intérieur où il se trouve. M. Bompain complétait ce défilé des subalternes, classés du moins dans une spécialité, Bompain, le secrétaire, l'intendant, l'homme de confiance, entre les mains de qui toutes les affaires de la maison passaient; et il suffisait de voir cette attitude solennellement abrutie, cet air vague, ce fez turc posé maladroitement sur cette tête d'instituteur de village pour comprendre à quel personnage des intérêts comme ceux du Nabab avaient été abandonnés.

Enfin, pour remplir les vides parmi ces figures esquissées, la turquerie! Des Tunisiens, des Marocains, des Égyptiens, des Levantins; et, mêlée à cet élément exotique, toute une bohème parisienne et multicolore de gentilshommes décavés, d'industriels louches, de journalistes vidés, d'inventeurs de produits bizarres, de gens du Midi débarqués sans un sou, tout ce que cette grande fortune attirait, comme la lumière d'un phare, de navires perdus à ravitailler, ou de bandes d'oiseaux tourbillonnant dans le noir. Le Nabab admettait ce ramassis à sa table par bonté, par générosité, par faiblesse, par une grande facilité de mœurs, jointe à une ignorance absolue, par un reste de ces mélancolies d'exilé, de ces besoins d'expansion qui lui faisaient accueillir, là-bas, à Tunis, dans son splendide palais du Bardo, tout ce qui débarquait de France, depuis le petit industriel exportant des articles Paris, jusqu'au fameux pianiste en tournée, jusqu'au consul général.

En écoutant ces accents divers, ces intonations étrangères brusquées ou bredouillantes, en regardant ces physionomies si différentes, les unes violentes, barbares, vulgaires, d'autres extra-civilisées, fanées, boulevardières, comme blettes, les mêmes variétés, se trouvant dans le service, où des « larbins » sortis la veille de quelque bureau, l'air insolent, têtes de dentistes ou de garçons de bains, s'affairaient parmi des Éthiopiens immobiles et luisants comme des torchères de marbre noir, il était impossible de dire exactement où l'on se trouvait; en tout cas, on ne se serait jamais cru place Vendôme, en plein cœur battant et centre de vie de notre Paris moderne. Sur la table, même dépaysement de mets exotiques, de sauces au safran ou aux anchois, d'épices compliquées de friandises turques, de poulets aux amandes frites ; cela, joint à la banalité de l'intérieur, aux dorures de ses boiseries, au tintement criard des sonnettes neuves, donnait l'impression d'une table d'hôte de quelque grand hôtel de Smyrne ou de Calcutta, ou d'une luxueuse salle à manger de paquebot transatlantique, le *Péreire* ou le *Sinaï*.

Il semble que cette diversités de convives, — j'allais dire de passagers, — dût rendre le repas animé et bruyant. Loin de là. Ils mangeaient tous nerveusement, silencieusement, en s'observant du coin de l'œil, et même les plus mondains, ceux qui paraissaient le plus à l'aise, avaient dans le regard l'égarement et le trouble d'une pensée fixe, une fièvre anxieuse qui les faisaient parler sans répondre, écouter sans comprendre un mot de ce qu'on avait dit.

Tout à coup la porte de la salle à manger s'ouvrit :

« Ah! voilà Jenkins, fit le Nabab tout joyeux... Salut, salut, docteur... Comment ça va, mon camarade ? »

Un sourire circulaire, une énergique poignée de main à l'amphitryon, et Jenkins s'assit en face de lui, à côté de Monpavon, devant le couvert qu'un domestique venait d'apporter en toute hâte et sans avoir reçu d'ordre, exactement comme à une table d'hôte. Au milieu de ces figures préoccupées et fiévreuses, au moins celle-là contrastait par sa bonne humeur, son épanouissement, cette bienveillance loquace et complimenteuse qui fait des Irlandais un peu les Gascons de l'Angleterre. Et quel robuste appétit, avec quel entrain, quelle liberté de conscience il manœuvrait, tout en parlant, sa double rangée de dents blanches :

« Eh bien ! Jansoulet, vous avez lu ?

— Quoi donc ?

— Comment ! vous ne savez pas ?... Vous n'avez pas lu ce que le *Messager* dit de vous ce matin ? »

Sous le hâle épais de ses joues, le Nabab rougit comme un enfant, et les yeux brillants de plaisir :

« C'est vrai ?... le *Messager* a parlé de r ?

— Pendant deux colonnes... Comment Moëssard ne vous l'a-t-il pas montré ?

— Oh ! fit Moëssard modestement, cela ne valait pas la peine. »

C'était un petit journaliste, blondin et poupin, assez joli garçon, mais dont la figure présentait cette fanure particulière aux garçons de restaurants de nuit, aux comédiens et aux filles, faite de grimaces de convention et du reflet blafard du gaz. Il passait pour être l'amant gagé d'une reine exilée et très-légère. Cela se chuchotait autour de lui, et lui faisait dans son monde une place enviée et méprisable.

Jansoulet insista pour lire l'article, impatient de savoir ce qu'on disait de lui. Malheureusement, Jenkins avait laissé son exemplaire chez le duc.

« Qu'on aille vite me chercher un *Messager*, dit le Nabab au domestique derrière lui. »

Moëssard intervint :

« C'est inutile, je dois avoir la chose sur moi. »

Et avec le sans-façon de l'habitué d'estaminet, du reporter qui griffonne son fait-divers en face d'une chope, le journaliste tira un portefeuille bourré de notes, papiers timbrés, découpures de journaux, billets satinés à devises, — qu'il éparpilla sur la table, en reculant son assiette pour chercher l'épreuve de son article.

« Voilà... » Il la passait à Jansoulet; mais Jenkins réclama :

— Non... non... lisez tout haut. »

L'assemblée faisant chorus, Moëssard reprit son épreuve et commença à lire à haute voix l'Œuvre de Bethléem et M. Bernard Jansoulet, un long dithyrambe en faveur de l'allaitement artificiel, écrit sur des notes de Jenkins, reconnaissables à certaines phrases en baudruche que l'Irlandais affectionnait... le long martyrologe de l'enfance... le mercenariat du sein... La chèvre bienfaitrice et nourrice..., et finissant, après une pompeuse description du splendide établissement de Nanterre, par l'éloge de Jenkins et la glorification de Jansoulet : « O Bernard Jansoulet, bienfaiteur de l'enfance... »

Il fallait voir la mine vexée, scandalisée des convives. Quel intrigant que ce Moëssard !... Quelle impudente flagornerie !... Et le même sourire envieux, dédaigneux tordait toutes les bouches. Le diable, c'est qu'on était forcé d'applaudir, de paraître enchanté, le maître de maison n'ayant pas l'odorat blasé en fait d'encens et prenant tout très au sérieux, l'article et les bravos qu'il soulevait. Sa large face rayonnait pendant la lecture. Souvent, là-bas, au loin, il avait fait ce rêve d'être ainsi cantiqué dans les journaux parisiens, d'être quelqu'un au milieu de cette société, la première de toutes, sur laquelle le monde entier a les yeux fixés comme sur un porte-lumière. Maintenant ce rêve devenait réel. Il regardait tous ces gens attablés, cette desserte somptueuse, cette salle à manger lambrissée, aussi haute certainement que l'église de son village; il écoutait le bruit sourd de Paris roulant et piétinant sous ses fenêtres, avec le sentiment intime qu'il allait devenir un gros rouage de cette machine active et compliquée. Et alors, dans le bien-être du repas, entre les lignes de cette triomphante apologie, par un effet de contraste, il voyait se dérouler sa propre existence, son enfance misérable, sa jeunesse aventureuse et tout aussi triste, les jours sans pain, les nuits sans asile. Puis tout à coup, la lecture finie, au milieu d'un débordement de joie, d'une de ces effusions méridionales qui forcent à penser tout haut, il s'écria, en avançant vers ses convives son sourire franc et lippu :

« Ah! mes amis, mes chers amis, si vous saviez comme je suis heureux, quel orgueil j'éprouve! »

Il n'y avait guère que six semaines qu'il était débarqué. A part deux ou trois compatriotes, il connaissait à peine de la veille et pour leur avoir prêté de l'argent ceux qu'il appelait ses amis. Aussi cette subite expansion parut assez extraordinaire; mais Jansoulet, trop ému pour rien observer, continua :

« Après ce que je viens d'entendre, quand je me vois là dans ce grand Paris, entouré de tout ce qu'il contient de noms illustres, d'esprits distingués, et puis que je me souviens de l'échoppe paternelle! Car je suis né dans une échoppe... Mon père vendait des vieux clous au coin d'une borne, au Bourg-Saint-Andéol. C'est à peine si nous avions du pain chez nous tous les jours et du fricot tous les dimanches. Demandez à Cabassu. Il m'a connu dans ce temps-là. Il peut dire si je mens... Oh! oui, j'en ai fait de la misère. — Il releva la tête avec un sursaut d'orgueil en humant le goût des truffes répandu dans l'air étouffé. — J'en ai fait, et de la vraie, et pendant longtemps. J'ai eu froid, j'ai eu faim, mais la grande faim, vous savez, celle qui soûle, qui tord l'estomac, vous fait des ronds dans la tête, vous empêche d'y voir comme si on vous vidait l'intérieur des yeux avec un couteau à huîtres. J'ai passé des journées au lit faute d'un paletot pour sortir; heureux encore quand j'avais un lit, ce qui manquait quelquefois. J'ai demandé mon pain à tous les métiers; et ce pain m'a coûté tant de mal, il était si noir, si coriace que j'en ai encore un goût amer et moisi dans la bouche. Et comme ça jusqu'à trente ans. Oui, mes amis, à trente ans — et je n'en ai pas cinquante — j'étais encore un gueux, sans un sou, sans avenir, avec le remords de la pauvre maman devenue veuve qui crevait la faim là-bas dans son échoppe et à qui je ne pouvais rien donner. »

Les physionomies des gens étaient curieuses autour de cet amphytrion racontant son histoire des mauvais jours. Quelques-uns paraissaient choqués, Monpavon surtout. Cet étalage de guenilles était pour lui d'un goût exécrable, un manque absolu de tenue. Cardailhac, ce sceptique et ce délicat, ennemi des scènes d'attendrissement, le visage fixe et comme hypnotisé, découpait un fruit au bout de sa fourchette en lamelles aussi fines que des papiers à cigarettes. Le gouverneur avait au contraire une mimique platement admirative, des exclamations de stupeur, d'apitoiement; pendant que, non loin, comme un contraste singulier, Brahim-Bey, le foudre de guerre, chez qui cette lecture suivie d'une conférence après un repas copieux avait déterminé un sommeil réparateur, dormait la bouche en rond dans sa moustache blanche, la face congestionnée par son hausse-col qui remontait. Mais l'expression la plus générale, c'était l'indifférence et l'ennui. Qu'est-ce que cela pouvait leur faire, je vous le demande, l'enfance de Jansoulet au Bourg-Saint-Andéol, ce qu'il avait souffert, comme il avait trimé? Ce n'est pas pour ces sornettes-là qu'ils étaient venus. Aussi des airs faussement intéressés, des regards qui comptaient les oves du plafond ou les miettes de pain de la nappe, des bouches serrées pour retenir un bâillement, trahissaient l'impatience générale causée par cette histoire intempestive. Et lui ne se lassait pas. Il se plaisait dans le récit de ses souffrances passées, comme le marin à l'abri se rappelant ses courses sur les mers lointaines, et les dangers, et les grands naufrages. Venait ensuite l'histoire de sa chance, le prodigieux hasard qui l'avait mis tout à coup sur le chemin de la fortune. « J'errais sur le port de Marseille, avec un camarade aussi pouilleux que moi, qui s'est enrichi chez le bey, lui aussi, et, après avoir été mon copain, mon associé, est devenu mon plus cruel ennemi. Je peux bien vous dire son nom, pardi! Il est assez connu... Hemerlingue... Oui, Messieurs, le chef de la grande maison de banque « Hemerlingue et fils » n'avait pas, en ce temps-là, de quoi seulement se payer deux sous de *clauvisses*, sur le quai... Grisés par l'air voyageur qu'il y a là-bas, la pensée nous vint de partir, d'aller chercher notre vie dans quelque pays de soleil, puisque les pays de brume nous étaient si durs... Mais où aller? Nous fîmes ce que font parfois les matelots pour savoir dans quel bouge manger leur paie. On colle un bout de papier sur le bord de son chapeau. On fait tourner le chapeau sur une canne; quand il s'arrête, on prend le point... Pour nous, l'aiguille en papier marquait Tunis... Huit jours après, je débarquais à Tunis avec un demi-louis dans ma poche, et j'en reviens aujourd'hui avec vingt-cinq millions... »

Il y eut une commotion électrique autour de la table, un éclair dans tous les yeux, même dans ceux des domestiques. Cardailhac dit : « Mazette ! » Le nez de Monpavon s'humanisa.

« Oui, mes enfants, vingt-cinq millions liquides, sans parler de tout ce que j'ai laissé à Tunis, de mes deux palais du Bardo, de mes navires dans le port de la Goulette, de mes diamants, de mes pierreries, qui valent certainement plus du double. Et vous savez, ajouta-t-il avec son bon sourire, sa voix éraillée et canaille, quand il n'y en aura plus, il y en aura encore. »

Toute la table se leva, galvanisée.

« Bravo... Ah ! bravo...

— Superbe.

— Très-chic... très-chic...

— Ça, c'est envoyé.

— Un homme comme celui-là devrait être à la Chambre.

— Il y sera, per Bacco, j'en réponds, » dit le gouverneur d'une voix éclatante; et, dans un transport d'admiration, ne sachant comment prouver son enthousiasme, il prit la grosse main velue du Nabab et la porta à ses lèvres par un mouvent irréfléchi. Ils sont démonstratifs dans ce pays-là... Tout le monde était debout; on ne se rassit pas.

Jansoulet, rayonnant, s'était levé à son tour et jetant sa serviette :

« Allons prendre le café... »

Aussitôt un tumulte joyeux se répandit dans les salons, vastes pièces dont l'or composait à lui seul la lumière, l'ornementation, la somptuosité. Il tombait du plafond en rayons aveuglants, suintait des murs en filets, croisillons, encadrements de toute sorte. On en gardait un peu aux mains lorsqu'on roulait un meuble ou qu'on ouvrait une fenêtre ; et les tentures elles-mêmes, trempées dans ce Pactole, conservaient sur leurs plis droits la raideur, le scintillement d'un métal. Mais rien de personnel, d'intime, de cherché. Le luxe uniforme de l'appartement garni. Et ce qui ajoutait à cette impression de camp volant, d'installation provisoire, c'était l'idée de voyage planant sur cette fortune aux sources lointaines, comme une incertitude ou une menace.

Le café servi à l'orientale, avec tout son marc, dans de petites tasses filigranées d'argent, les convives se groupèrent autour, se hâtant de boire, s'échaudant, se surveillant du regard, guettant surtout le Nabab et l'instant favorable pour lui sauter dessus, l'entraîner dans un coin de ces immenses pièces et négocier enfin leur emprunt. Car voilà ce qu'ils attendaient depuis deux heures, voilà l'objet de leur visite et l'idée fixe qui leur donnait, pendant le repas, cet air égaré, faussement attentif. Mais ici plus de gêne, plus de grimace. Cela se sait dans ce singulier monde qu'au milieu de la vie encombrée du Nabab l'heure du café reste la seule libre pour les audiences confidentielles, et chacun voulant en profiter, tous venus là pour arracher une poignée à cette toison d'or qui s'offre d'elle-même avec tant de bonhomie, on ne cause plus, on n'écoute plus, on est tout à son affaire.

C'est le bon Jenkins qui commence. Il a pris son ami Jansoulet dans une embrasure et lui soumet les devis de la maison de Nanterre. Une grosse acquisition, fichtre! Cent cinquante mille francs d'achat, puis des frais considérables d'installation, le personnel, la literie, les chèvres nourricières, la voiture du directeur, les omnibus allant chercher les enfants à chaque train... Beaucoup d'argent... Mais comme ils seront bien là, ces chers petits êtres; quel service rendu à Paris, à l'humanité! Le gouvernement ne peut pas manquer de récompenser d'un bout de ruban rouge un dévouement philanthropique aussi désintéressé. « La croix, le 15 août... » Avec ces mots magiques, Jenkins aura tout ce qu'il veut. De sa voix joyeuse et grasse, qui semble toujours héler un canot dans le brouillard, le Nabab appelle : « Bompain. » L'homme au fez, s'arrachant à la cave aux liqueurs, traverse le salon majestueusement, chuchote, s'éloigne et revient avec un encrier et un cahier à souches dont les feuilles se détachent, s'envolent toutes seules. Belle chose que la richesse! Signer sur son genou un chèque de deux cent mille francs ne coûte pas plus à Jansoulet que de tirer un louis de sa poche.

Furieux, le nez dans leur tasse, les autres guettent de loin cette petite scène. Puis, lorsque Jenkins s'en va, léger, souriant, saluant d'un geste les différents groupes, Monpavon saisit le gouverneur : « à nous. » Et tous deux, s'élançant sur le Nabab, l'entraînent vers un divan, l'asseyent de force, le serrent entre eux avec un petit rire féroce qui semble signifier : « Qu'est-ce que nous allons lui faire ? » Lui tirer de l'argent, le plus d'argent possible. Il en faut, pour remettre à flot la *Caisse territoriale*, ensablée depuis des années, enlisée jusqu'en haut de sa mature... Une opération superbe, ce renflouement, s'il faut en croire ces deux messieurs; car la caisse submergée est remplie de lingots, de matières précieuses, des mille richesses variées d'un pays neuf dont tout le monde parle et que personne ne connaît. En fondant cet établissement sans pareil, Paganetti de Porto-Vecchio a eu pour but de monopoliser l'exploitation de toute la Corse : mines de fer, de soufre, de cuivre, carrières de marbre, corailleries, huîtrières, eaux ferrugineuses, sulfureuses, immenses forêts de thuyas, de chênes-liége, et d'établir pour faciliter cette exploitation, un réseau de chemins de fer à travers l'île, plus un service de paquebots. Telle est l'œuvre gigantesque à laquelle il s'est attelé. Il y a englouti des capitaux considérables, et c'est le nouveau venu, l'ouvrier de la dernière heure, qui bénéficiera de tout.

Pendant qu'avec son accent italien, des gestes effrénés, le Corse énumère les « esplendeurs » de l'affaire, Monpavon, hautain et digne, approuve de la tête avec conviction, et de temps en temps, quand il juge le moment convenable, jette dans la conversation le nom du duc de Mora, qui fait toujours son effet sur le Nabab.

« Enfin, qu'est-ce qu'il faudrait ?

— Des millions, » dit Monpavon fièrement, du ton d'un homme qui n'est pas embarrassé pour s'adresser ailleurs. Oui, des millions. Mais l'affaire est magnifique. Et, comme disait Son Excellence, il y aurait là pour un capitaliste une haute situation à prendre, même une situation politique. Pensez donc ! dans ce pays sans numéraire. On pouvait devenir conseiller général, député... Le Nabab tressaille... Et le petit Paganetti, qui sent l'appât frémir sur son hameçon : « Oui, député, vous le serez quand je voudrai... Sur un signe de moi, toute la Corse est à votre dévotion... » Puis il se lance dans une improvisation étourdissante, comptant les voix dont il dispose, les cantons qui se lèveront à son appel. « Vous m'apportez vos capitaux... moi zé vous donne tout oun pople. » L'affaire est enlevée.

« Bompain... Bompain... » appelle le Nabab enthousiasmé. Il n'a plus qu'une peur, c'est que la chose lui échappe ; et pour engager Paganetti, qui n'a pas caché ses besoins d'argent, il se hâte d'opérer un premier versement à la *Caisse territoriale*. Nouvelle apparition de l'homme en calotte rouge avec le livre de souches qu'il presse contre sa poitrine gravement, comme un enfant de chœur changeant l'évangile de côté. Nouvelle apposition de la signature de Jansoulet sur un feuillet, que le gouverneur enfourne d'un air négligent et qui opère sur sa personne une subite transformation. Le Paganetti, si humble, si plat tout à l'heure, s'éloigne avec l'aplomb d'un homme équilibré de quatre cent mille francs, tandis que Monpavon, portant plus haut encore que d'habitude, le suit dans ses pas et le couve d'une sollicitude plus que paternelle.

« Voilà une bonne affaire de faite, se dit le Nabab, je vais pouvoir prendre mon café. » Mais dix emprunteurs l'attendent au passage. Le plus prompt, le plus adroit, c'est Cardailhac, le directeur, qui le happe et l'emporte dans un salon à l'écart : « Causons un peu, mon bon. Il faut que je vous expose la situation de notre théâtre. » Très-compliquée, sans doute, la situation ; car voici de nouveau M. Bompain qui s'avance et des feuilles qui s'envolent du cahier de papier azur... A qui le tour maintenant? C'est le journaliste Moëssard qui vient se faire payer l'article du *Messager;* le Nabab saura ce qu'il en coûte pour se faire appeler « bienfaiteur de l'enfance » dans les journaux du matin. C'est le curé de province qui demande des fonds pour reconstruire son église, et prend les chèques d'assaut avec la brutalité d'un Pierre l'Ermite. C'est le vieux Schwalbach s'approchant, le nez dans sa barbe, clignant de l'œil d'un air mystérieux. « Chut!... il a drufé une berle » pour la galerie de monsieur, un Hobbéma qui vient de la collection du duc de Mora. Mais ils sont plusieurs à le guigner. Ce sera difficile. « Je le veux à tout prix, dit le Nabab amorcé par le nom de Mora... Entendez-vous, Schwalbach. Il me faut ce *Nobbéma*... Vingt mille francs pour vous si vous le décrochez.

— J'y ferai mon possible, monsieur Jansoulet. »

Et le vieux coquin calcule, tout en s'en retournant, que les vingt mille du Nabab ajoutés aux dix mille que le duc lui a promis, s'il le débarrasse de son tableau, lui feront un assez joli bénéfice.

Pendant que ces heureux défilent, d'autres surveillent à l'entour, enragés d'impatience, rongeant leurs ongles jusqu'aux phalanges; car tous sont venus dans la même intention. Depuis le bon Jenkins, qui a ouvert la marche, jusqu'au masseur Cabassu, qui la ferme, tous ramènent le Nabab dans un salon écarté. Mais si loin qu'ils l'entraînent dans cette galerie de pièces de réception, il se trouve quelque glace indiscrète pour refléter la silhouette du maître de la maison et la mimique de son large dos. Ce dos est d'une éloquence! Par moments, il se redresse indigné. « Oh! non... c'est trop. » Ou bien il s'affaisse avec une résignation comique : « Allons, puisqu'il le faut. » Et toujours le fez de Bompain dans quelque coin du paysage...

Quand ceux-là ont fini, il en arrive encore; c'est le frétin qui vient à la suite des gros mangeurs dans les chasses féroces des rivières. Il y a un va-et-vient continuel à travers ces beaux salons blanc et or, un bruit de portes, un courant établi d'exploitation effrontée et banale attiré des quatre coins de Paris et de la banlieue par cette gigantesque fortune et cette incroyable facilité.

Pour ces petites sommes, cette distribution permanente, on n'avait pas recours au livre à souches. Le Nabab gardait à cet effet, dans un de ses salons, une commode en bois d'acajou, horrible petit meuble représentant des économies de concierge, le premier que Jansoulet eût acheté lorsqu'il avait pu renoncer aux garnis, qu'il conservait depuis, comme un fétiche de joueur, et dont les trois tiroirs contenaient toujours deux cent mille francs en monnaie courante. C'est à cette ressource constante qu'il avait recours les jours de grandes audiences, mettant une certaine ostentation à remuer l'or, l'argent, à pleines mains brutales, à l'engloutir au fond de ses poches pour le tirer de là avec un geste de marchand de bœufs, une certaine façon canaille de relever les pans de sa redingote, et d'envoyer sa main « à fond et dans le tas. » Aujourd'hui, les tiroirs de la petite commode doivent avoir une terrible brèche...

Après tant de chuchotements mystérieux, de demandes plus ou moins nettement formulées, d'entrées fortuites, de sorties triomphantes, le dernier client expédié, la commode refermée à clef, l'appartement de la place Vendôme se désemplissait sous le jour douteux de quatre heures, cette fin des journées de novembre si longuement prolongées ensuite aux lumières. Les domestiques desservaient le café, le raki, emportaient les boîtes à cigares ouvertes et à moitié vides. Le Nabab, se croyant seul, eut un soupir de soulagement : « Ouf !... c'est fini... » Mais non. En face de lui, quelqu'un se détache d'un angle déjà obscur et s'approche une lettre à la main.

Encore !

Et tout de suite, machinalement, le pauvre homme fit son geste éloquent de maquignon. Instinctivement aussi, le visiteur eut un mouvement de recul si prompt, si offensé, que le Nabab comprit qu'il se méprenait et se donna la peine de regarder le jeune homme qui se tenait devant lui, simplement mais correctement vêtu, le teint mat, sans le moindre frison de barbe, les traits réguliers, peut-être un peu trop sérieux et fermés pour son âge, ce qui, avec ses cheveux d'un blond pâle, frisés par petites boucles comme une perruque poudrée, lui donnait l'aspect d'un jeune député du tiers sous Louis XVI, la tête d'un Barnave à vingt ans. Cette physionomie, quoique le Nabab la vît pour la première fois, ne lui était pas absolument inconnue.

« Que désirez-vous, Monsieur ? »

Prenant la lettre que le jeune homme lui offrait, il s'approcha d'une fenêtre pour la lire.

« Té !... C'est de maman... »

Il dit cela d'un air si heureux, ce mot de « maman » illumina toute sa figure d'un sourire si jeune, si bon, que le visiteur, d'abord repoussé par l'aspect vulgaire de ce parvenu, se sentit plein de sympathie pour lui.

A demi-voix, le Nabab lisait ces quelques lignes d'une grosse écriture incorrecte et tremblée, qui contrastait avec le grand papier satiné, ayant pour en-tête : « Château de Saint-Romans. »

« Mon cher fils, cette lettre te sera remise par l'aîné des enfants de M. de Géry, l'ancien juge de paix du Bourg-Saint-Andéol, qui s'est montré si bon pour nous... »

Le Nabab s'interrompit :

« J'aurais dû vous reconnaître, monsieur de Géry... Vous ressemblez à votre père... Asseyez-vous, je vous en prie. »

Puis il acheva de parcourir la lettre. Sa mère ne lui demandait rien de précis, mais, au nom des services que la famille de Géry leur avait rendus autrefois, elle lui recommandait M. Paul. Orphelin, chargé de ses deux jeunes frères, il s'était fait recevoir avocat dans le Midi et venait à Paris chercher fortune. Elle suppliait Jansoulet de l'aider, « car il en avait bien besoin, le pauvre. » Et elle signait : « Ta mère qui se languit de toi, Françoise. »

Cette lettre de sa mère, qu'il n'avait pas vue depuis six ans, ces expressions méridionales où il trouvait des intonations connues, cette grosse écriture qui dessinait pour lui un visage adoré, tout ridé, brûlé, crevassé, mais riant sous une coiffe de paysanne, avaient ému le Nabab. Depuis six semaines qu'il était en France, perdu dans le tourbillon de Paris, de son installation, il n'avait pas encore pensé à sa chère vieille ; et maintenant il la revoyait toute dans ces lignes. Il resta un moment à regarder la lettre, qui tremblait entre ses gros doigts...

Puis, cette émotion passée :

« Monsieur de Géry, dit-il, je suis heureux de l'occasion qui va me permettre de vous rendre un peu des bontés que les vôtres ont eues pour les miens... Dès aujourd'hui, si vous y consentez, je vous prends avec moi... Vous êtes instruit, vous semblez intelligent, vous pouvez me rendre de grands services... J'ai mille projets, mille affaires. On me mêle à une foule de grosses entreprises industrielles... Il me faut quelqu'un qui m'aide, qui me supplée au besoin... J'ai bien un secrétaire, un intendant, ce brave Bompain; mais le malheureux ne connaît rien de Paris, il est comme ahuri depuis son arrivée... Vous me direz que vous tombez de votre province, vous aussi... Mais ça ne fait rien... Bien élevé comme vous l'êtes, Méridional, alerte et souple, ça se prend vite le courant du boulevard... D'ailleurs je me charge de faire votre éducation à ce point de vue-là. Dans quelques semaines vous aurez, j'en réponds, le pied aussi parisien que moi. »

Pauvre homme. C'était attendrissant de l'entendre parler de son pied *parisien* et de son expérience, lui qui devait en être toujours à ses débuts.

« ... Voilà qui est entendu, n'est-ce pas?... Je vous prends comme secrétaire... Vous aurez un appointement fixe que nous allons régler tout à l'heure; et je vous fournirai l'occasion de faire votre fortune rapidement... »

Et comme de Géry, tiré subitement de toutes ses incertitudes d'arrivant, de solliciteur, de néophyte, ne bougeait pas de peur de s'éveiller d'un rêve :

« Maintenant, lui dit le Nabab d'une voix douce, asseyez-vous là, près de moi, et parlons un peu de maman. »

III

MÉMOIRES D'UN GARÇON DE BUREAU. — SIMPLE COUP-D'ŒIL JETÉ SUR LA CAISSE TERRITORIALE

... Je venais d'achever mon humble collation du matin, et de serrer selon mon habitude le restant de mes petites provisions dans le coffre-fort de la salle du conseil, un magnifique coffre-fort à secret, qui me sert de garde-manger depuis bientôt quatre ans que je suis à la *Territoriale*; soudain, le gouverneur entre dans les bureaux, tout rouge, les yeux allumés comme au sortir d'une bombance, respire bruyamment, et me dit en termes grossiers, avec son accent d'Italie :

« Mais ça empeste ici, *Moussiou* Passajon. »

Ça n'empestait pas, si vous voulez. Seulement, le dirai-je? J'avais fait revenir quelques oignons, pour mettre autour d'un morceau de jarret de veau, que m'avait descendu mademoiselle Séraphine, la cuisinière du second, dont j'écris la dépense tous les soirs. J'ai voulu expliquer la chose au gouverneur; mais il s'est mis furieux, disant par sa raison qu'il n'y avait point de bon sens d'empoisonner des bureaux de cette manière, et que ce n'était pas la peine d'avoir un local de douze mille francs de loyer, avec huit fenêtres de façade en plein boulevard Malesherbes, pour y faire roussir des oignons. Je ne sais pas tout ce qu'il ne m'a pas dit, dans son effervescence. Moi, naturellement, je me suis vexé de m'entendre parler sur ce ton insolent. C'est bien le moins qu'on soit poli avec les gens qu'on ne paie pas, que diantre! Alors, je lui ai répondu que c'était bien fâcheux, en effet; mais que si la *Caisse territoriale* me réglait ce qu'elle me doit, assavoir quatre ans d'appointements arriérés, plus sept mille francs d'avances personnelles par moi faites au gouverneur pour frais de voitures, journaux, cigares et grogs américains, les jours de conseil,—je m'en irais manger honnêtement à la gargote prochaine et je ne serais pas réduit à faire cuire dans la salle de nos séances un malheureux fricot dû à la commisération publique des cuisinières. Attrape...

En parlant ainsi, j'avais cédé à un mouvement d'indignation bien excusable aux yeux de toute personne quelconque connaissant ma situation ici. Encore n'avais-je rien dit de malséant, et m'étais-je tenu dans les bornes d'un langage conforme à mon âge et à mon éducation. (Je dois avoir consigné quelque part dans ces mémoires que, sur mes soixante-cinq ans révolus, j'en avais passé plus de trente comme appariteur à la Faculté des lettres de Dijon. De là mon goût pour les rapports, les mémoires, et ces notions de style académique dont on trouvera la trace en maint endroit de cette élucubration.) Je m'étais donc exprimé vis-à-vis du gouverneur avec la plus grande réserve, sans employer aucune de ces injures dont tout chacun ici l'abreuve à la journée, depuis nos deux censeurs, M. de Monpavon, qui toutes les fois qu'il vient l'appelle en riant « Fleur-de-Mazas, » et M. de Bois-Landry, du cercle des Trompettes, grossier comme un palefrenier, qui lui dit toujours pour adieu :

« A ton bois de lit, punaise! » jusqu'à notre caissier, que j'ai entendu lui répéter cent fois en tapant sur son grand livre : « Qu'il a là de quoi le faire fiche aux galères quand il voudra. » Eh bien! c'est égal, ma simple observation a produit sur lui un effet extraordinaire. Le tour de ses yeux est devenu tout jaune, et il a proféré ces paroles en tremblant de colère, une de ces mauvaises colères de son pays : « Passajon, vous êtes un goujat... Un mot de plus, et je vous chasse. » J'en suis resté cloué de stupeur. Me chasser, moi! et mes quatre ans d'arriéré, et mes sept mille francs d'avances... Comme s'il lisait couramment mon idée, le gouverneur m'a répondu que tous les comptes allaient être réglés, y compris le mien. « Du reste, a-t-il ajouté, faites venir ces messieurs dans mon cabinet. J'ai une grande nouvelle à leur apprendre. » Là-dessus, il est entré chez lui, en claquant les portes.

Ce diable d'homme. On a beau le connaître à fond, savoir comme il est menteur, comédien, il s'arrange toujours pour vous retourner avec ses histoires... Mon compte, à moi... à moi... J'en étais si ému que mes jambes se dérobaient pendant que j'allais prévenir le personnel.

Réglementairement, nous sommes douze employés à la *Caisse territoriale*, y compris le gouverneur, et le beau Moëssard, directeur de *la Vérité financière;* mais il y en a plus de la moitié qui manque. D'abord, depuis que la *Vérité* ne paraît plus — voilà deux ans de ça — M. Moëssard n'a pas remis une fois les pieds chez nous. Il paraît qu'il est dans les honneurs, dans les richesses, qu'il a pour bonne amie une reine, une vraie reine, qui lui donne autant d'argent qu'il veut... Oh! ce Paris, quelle Babylone... Les autres viennent de temps en temps s'informer s'il n'y a pas par hasard du nouveau à la caisse; et, comme il n'y en a jamais, on reste des semaines sans les voir. Quatre ou cinq fidèles, tous des pauvres vieux comme moi, s'entêtent à paraître régulièrement tous les matins à la même heure, par habitude, par désœuvrement, embarras de savoir que devenir; seulement chacun s'occupe de choses tout à fait étrangères au bureau. Il faut vivre, écoutez donc! Et puis on ne peut pas passer sa journée à se traîner de fauteuil en fauteuil, de fenêtre en fenêtre, pour regarder dehors (huit fenêtres de façade sur le boulevard). Alors on tâche de travailler comme on peut. Moi, n'est-ce pas, je tiens les écritures de mademoiselle Séraphine et d'une autre cuisinière de la maison. Puis j'écris mes mémoires, ce qui me prend encore pas mal de temps. Notre garçon de recette, — en voilà un qui n'a pas grande besogne chez nous, — fait du filet pour une maison d'ustensiles de pêche. De nos deux expéditionnaires, l'un, qui a une belle main, copie des pièces pour une agence dramatique; l'autre invente des petits jouets d'un sou que les camelots vendent au coin des rues au moment du jour de l'an, et trouve moyen avec cela de s'empêcher de mourir de faim tout le reste de l'année. Il n'y a que notre caissier qui ne travaille pas pour le dehors. Il se croirait perdu d'honneur. C'est un homme très-fier, qui ne se plaint jamais, et dont la seule crainte est d'avoir l'air de manquer de linge. Fermé à clef dans son bureau, il s'occupe du matin au soir à fabriquer des devants de chemise, des cols et des manchettes en papier. Il est arrivé à y être d'une très-grande adresse, et son linge toujours éblouissant fait illusion, sinon qu'au moindre mouvement, quand il marche, quand il s'assied, ça craque sur lui comme s'il avait une boîte en carton dans l'estomac. Malheureusement tout ce papier ne le nourrit pas; et il est maigre, il vous a une mine, on se demande de quoi il peut vivre. Entre nous, je le soupçonne de faire quelquefois une visite à mon garde-manger. Cela lui est facile; car, en qualité de caissier, il a le « mot » qui ouvre le coffre à secret, et je crois que, quand j'ai le dos tourné, il fourrage un peu dans mes nourritures.

Voilà certainement un intérieur de maison de banque bien extraordinaire, bien incroyable. C'est pourtant la vérité pure que je raconte, et Paris est plein d'institutions financières du genre de la nôtre. Ah! si jamais je publie mes mémoires... Mais reprenons le fil interrompu de mon récit.

En nous voyant tous réunis dans son cabinet, le directeur nous a dit avec solennité :

« Messieurs et chers camarades, le temps des épreuves est fini... La Caisse territoriale inaugure une nouvelle phase. » Sur ce, il s'est mis à nous parler d'une superbe *combinazione*, — c'est son mot favori, et il le dit d'une façon si insinuante, — une *combinazione* dans laquelle entrait ce fameux Nabab, dont parlent tous les journaux. La *Caisse territoriale* allait donc pouvoir s'acquitter envers les serviteurs fidèles, reconnaître les dévouements, se défaire des inutilités. Ceci pour moi, j'imagine. Et enfin : « Préparez vos notes... Tous les comptes seront soldés, dès demain. » Par malheur, il nous a si souvent bercés de paroles mensongères, que l'effet de son discours a été perdu. Autrefois, ces belles promesses prenaient toujours. A l'annonce d'une nouvelle *combinazione*, on sautait, on pleurait de joie dans les bureaux, on s'embrassait comme des naufragés apercevant une voile.

Chacun préparait sa note pour le lendemain, comme il nous l'avait dit. Mais le lendemain, pas de gouverneur. Le surlendemain, encore personne. Il était allé faire un petit voyage.

Enfin, quand on se trouvait tous là, exaspérés, tirant la langue, enragés de cette eau qu'il vous avait fait venir à la bouche, le gouverneur arrivait, se laissait choir dans un fauteuil, la tête dans ses mains, et, avant qu'on eût pu lui parler : « Tuez-moi, disait-il, tuez-moi. Je suis un misérable imposteur... La *combinazione* a manqué... Elle a manqué, *péchéro!* la *combinazione*. » Et il criait, sanglotait, se jetait à genoux, s'arrachait les cheveux par poignées, se roulait sur le tapis; il nous appelait tous par nos petits noms, nous suppliait de prendre ses jours, parlait de sa femme et de ses enfants dont il avait consommé la ruine. Et personne de nous n'avait la force de réclamer devant un désespoir pareil. Que dis-je? On finissait par s'attendrir avec lui. Non, depuis qu'il y a des théâtres, jamais il ne s'est vu un comédien de cette force. Seulement aujourd'hui c'est fini, la confiance est perdue. Quand il a été parti, tout le monde a levé les épaules. Je dois avouer pourtant qu'un moment j'avais été ébranlé. Cet aplomb de me donner mon compte, puis le nom du Nabab, cet homme si riche...

« Vous croyez ça, vous? m'a dit le caissier... Vous serez donc toujours naïf, mon pauvre Passajon... Soyez tranquille, allez! Il en sera du Nabab, comme de la reine à Moëssard. »

Et il est retourné fabriquer ses devants de chemise.

Ce qu'il disait là se rapportait au temps où Moëssard faisait la cour à sa reine et où il avait promis au gouverneur, qu'en cas de réussite, il engagerait Sa Majesté à mettre des fonds dans notre entreprise. Au bureau, nous étions tous informés de cette nouvelle affaire, et très-intéressés, vous pensez bien, à ce qu'elle réussît vite, puisqu'il y avait notre argent au bout. Pendant deux mois, cette histoire nous tint tous en haleine. On s'inquiétait, on épiait la figure de Moëssard, on trouvait que la dame y mettait bien des façons ; et notre vieux caissier, avec son air fier et sérieux, quand on l'interrogeait là-dessus, répondait gravement, derrière son grillage : « Rien de nouveau, » ou bien : « L'affaire est en bonne voie. » Alors, tout le monde était content, l'on se disait des uns aux autres : « Ça marche... ça marche... » comme s'il s'agissait d'une entreprise ordinaire... Non, vrai, il n'y a qu'un Paris, où l'on puisse voir des choses semblables... Positivement, la tête vous en tourne quelquefois... En définitive, Moëssard, un beau matin, cessa de venir au bureau. Il avait réussi, paraît-il ; mais la *Caisse territoriale* ne lui avait pas semblé un placement assez avantageux pour l'argent de sa bonne amie. Est-ce honnête, voyons ?

D'ailleurs, le sentiment de l'honnêteté se perd si aisément que c'est à ne pas le croire. Quand je pense que moi, Passajon, avec mes cheveux blancs, mon air vénérable, mon passé si pur, — trente ans de services académiques, — je me suis habitué à vivre comme un poisson dans l'eau, au milieu de ces infamies, de ces tripotages ! C'est à se demander ce que je fais ici, pourquoi j'y reste, comment j'y suis venu.

Comment j'y suis venu ? Oh ! mon Dieu, bien simplement. Il y a quatre ans, ma femme étant morte, mes enfants mariés, je venais de prendre ma retraite de garçon de salle à la Faculté, lorsqu'une annonce de journal me tomba incidemment sous les yeux : « On demande un garçon de bureau d'un certain âge à la *Caisse territoriale*, 56, boulevard Malesherbes. Bonnes références. » Faisons-en l'aveu tout d'abord. La Babylone moderne m'avait toujours tenté. Puis, je me sentais encore vert, je voyais devant moi dix bonnes années pendant lesquelles je pourrais gagner un peu d'argent, beaucoup peut-être, en plaçant mes économies dans la maison de banque où j'entrerais. J'écrivis donc en envoyant ma photographie, celle de chez Crespon, de la place du Marché, où je suis représenté le menton bien rasé, l'œil vif sous mes gros sourcils blancs, avec ma chaîne d'acier au cou, mon ruban d'officier d'académie, « l'air d'un père conscrit sur sa chaise curule! » comme disait notre doyen, M. Chalmette. (Il prétendait encore que je ressemblais beaucoup à feu Louis XVIII; moins fort cependant.)

Je fournis aussi les meilleures références, les apostilles les plus flatteuses de ces messieurs de la Faculté. Courrier par courrier, le gouverneur me répondit que ma figure lui convenait, — je crois bien, parbleu! c'est une amorce pour l'actionnaire, qu'une antichambre gardée par un visage imposant comme le mien, — et que je pouvais arriver quand je voudrais. J'aurais dû, me direz-vous, prendre mes renseignements; moi aussi. Eh! sans doute. Mais j'en avais tant à fournir sur moi-même, que la pensée ne me vint pas de leur en demander sur eux. Comment se méfier, d'ailleurs, en voyant cette installation admirable, ces hauts plafonds, ces coffres-forts, grands comme des armoires, et ces glaces, où l'on se voit de la tête aux genoux. Puis ces prospectus ronflants, ces millions que j'entendais passer dans l'air, ces entreprises colossales à bénéfices fabuleux. Je fus ébloui, fasciné... Il faut dire aussi, qu'à l'époque, la maison avait une autre mine qu'aujourd'hui. Certainement, les affaires allaient déjà mal, — elles sont toujours allées mal, nos affaires, — le journal ne paraissait plus que d'une façon irrégulière. Mais une petite *combinazione* du gouverneur lui permettait de sauver les apparences.

Il avait eu l'idée, figurez-vous, d'ouvrir une souscription patriotique pour élever une statue au général Paolo, Paoli, enfin, à un grand homme de son pays. Les Corses ne sont pas riches, mais ils sont vaniteux comme des dindons. Aussi l'argent affluait à la *Territoriale*. Malheureusement, cela ne dura pas. Au bout de deux mois, la statue était dévorée avant d'être construite et la série des protêts, des assignations recommençait. Aujourd'hui, je m'y suis habitué. Mais, en arrivant de ma province, les affiches par autorité de justice, les Auvergnats devant la porte me causaient une impression fâcheuse. Dans la maison, on n'y faisait plus attention. On savait qu'au dernier moment il arriverait toujours un Monpavon, un Bois-Landry, pour apaiser les huissiers; car, tous ces messieurs, engagés très-avant dans l'affaire, sont intéressés à éviter la faillite. C'est bien ce qui le sauve, notre malin gouverneur. Les autres courent après leur argent, — on sait ce que cela veut dire au jeu, — et ils ne seraient pas flattés que toutes les actions qu'ils ont dans les mains ne fussent plus bonnes qu'à vendre au poids du papier.

Du petit au grand, nous en sommes tous là dans la maison. Depuis le propriétaire, à qui l'on doit deux ans de loyer, et qui de peur de tout perdre, nous garde pour rien, jusqu'à nous autres, pauvres employés, jusqu'à moi, qui en suis pour mes sept mille francs d'économies, et mes quatre ans d'arriéré, nous courons après notre argent. C'est pour cela que je m'entête à rester ici.

Sans doute, j'aurais pu, malgré mon grand âge, grâce à ma bonne tournure, à mon éducation, au soin que j'ai toujours pris de mes hardes, me présenter dans une autre administration. Il y a une personne fort honorable que je connais, M. Joyeuse, un teneur de livres de chez Hemerlingue et fils, les grands banquiers de la rue Saint-Honoré, qui, à chaque fois qu'il me rencontre, ne manque jamais de me dire :

« Passajon, mon ami, ne reste pas dans cette caverne de brigands. Tu as tort de t'obstiner, tu n'en tireras jamais un sou. Viens donc chez Hemerlingue. Je me charge de t'y trouver un petit coin. Tu gagneras moins ; mais tu toucheras beaucoup plus. »

Je sens bien qu'il a raison, ce brave homme. Mais c'est plus fort que moi, je ne peux pas me décider à m'en aller. Elle n'est pourtant pas gaie, la vie que je mène ici, dans ces grandes salles froides, où il ne vient jamais personne, où chacun se rencoigne sans parler... Que voulez-vous ? On se connaît trop, on s'est tout dit... Encore, jusqu'à l'année dernière, nous avions des réunions du conseil de surveillance, des assemblées d'actionnaires, séances orageuses et bruyantes, vraies batailles de sauvages, dont les cris s'entendaient jusqu'à la Madeleine. Il venait aussi, plusieurs fois la semaine, des souscripteurs indignés de n'avoir plus jamais de nouvelles de leur argent. C'est là que notre gouverneur était beau. J'ai vu des gens, Monsieur, entrer dans son cabinet, furieux comme des loups altérés de carnage, et en sortir, au bout d'un quart-d'heure, plus doux que des moutons, satisfaits, rassurés, et la poche soulagée de quelques billets de banque. Car, c'était cela la malice : extirper de l'argent à des malheureux qui venaient en réclamer. Aujourd'hui, les actionnaires de la *Caisse territoriale* ne bougent plus. Je crois qu'ils sont tous morts, ou qu'ils se sont résignés. Le Conseil ne se réunit jamais. Nous n'avons de séances que sur le papier; c'est moi qui suis chargé de faire un soi-disant compte rendu, — toujours le même, — que je recopie tous les trois mois. Nous ne verrions jamais âme qui vive, si de loin en loin, il ne tombait du fond de la Corse quelque souscripteur à la statue de Paoli, curieux de savoir si le monument avance; ou encore un bon lecteur de la *Vérité financière* disparue depuis plus de deux ans, qui vient renouveler son abonnement d'un air timide, et demande, si c'est possible, un peu plus de régularité dans les envois. Il y a des confiances que rien n'ébranle. Alors, quand un de ces innocents tombe au milieu de notre bande affamée, c'est quelque chose de terrible. On l'entoure, on l'enlace, on tâche de l'intercaler sur une de nos listes, et, en cas de résistance, s'il ne veut souscrire ni au monument de Paoli, ni aux chemins de fer Corses, ces messieurs lui font ce qu'ils appellent, — ma plume rougit de l'écrire, — ce qu'ils appellent, dis-je, « le coup du camionneur. »

Voici ce que c'est: nous avons toujours au bureau un paquet préparé d'avance, une caisse bien ficelée qui arrive censément du chemin de fer, pendant que le visiteur est là. « C'est vingt francs de port, » dit celui d'entre nous qui apporte l'objet. (Vingt francs, quelquefois trente, selon la tête du patient.) Aussitôt chacun de se fouiller: « Vingt francs de port! mais je ne les ai pas. — Ni moi non plus. » Malheur! On court à la caisse. Fermée. On cherche le caissier. Sorti. Et la grosse voix du camionneur qui s'impatiente dans l'antichambre: « Allons, allons, dépêchons-nous. » (C'est moi généralement qui imite le camionneur, à cause de mon organe.) Que faire cependant ? Retourner le colis, c'est le gouverneur qui ne sera pas content. « Messieurs, je vous en prie, voulez-vous me permettre, hasarde alors l'innocente victime en ouvrant son porte-monnaie. — Ah! Monsieur, par exemple... » Il donne ses vingt francs, on l'accompagne jusqu'à la porte, et dès qu'il a les talons tournés, on partage entre tous le fruit du crime, en riant comme des bandits.

Fi! monsieur Passajon... A votre âge, un métier pareil... Eh! mon Dieu, je le sais bien. Je sais que je me ferais plus d'honneur en sortant de ce mauvais lieu. Mais, quoi! il faudrait donc que je renonçasse à tout ce que j'ai ici. Non, ce n'est pas possible. Il est urgent que je reste, au contraire, que je surveille, que je sois toujours là pour profiter au moins d'une aubaine, s'il en arrive une... Oh! par exemple, j'en jure sur mon ruban, sur mes trente ans de services académiques, si jamais une affaire comme celle du Nabab me permet de rentrer dans mes débours, je n'attendrai pas seulement une minute, je m'en irai vite soigner ma jolie petite vigne là-bas, vers Monbars, à tout jamais guéri de mes idées de spéculation. Mais hélas! c'est là un espoir bien chimérique. Usés, brûlés, connus comme nous le sommes sur la place de Paris, avec nos actions qui ne sont plus cotées à la Bourse, nos obligations qui tournent à la paperasse, tant de mensonges, tant de dettes, et le trou qui se creuse de plus en plus... (Nous devons à l'heure qu'il est trois millions cinq cent mille francs. Et ce n'est pas encore ces trois millions-là qui nous gênent. Au contraire, c'est ce qui nous soutient; mais nous avons chez le concierge une petite note de cent vingt-cinq francs pour timbres-poste, mois du gaz et autres. Ça c'est le terrible.) Et l'on voudrait nous faire croire qu'un homme, un grand financier comme ce Nabab, fût-il arrivé du Congo, descendu de la lune le jour même, serait assez fou pour mettre son argent dans une baraque pareille... Allons donc!... Est-ce que c'est possible?... A d'autres, mon cher gouverneur.

IV

UN DÉBUT DANS LE MONDE

« Monsieur Bernard Jansoulet !... »

Ce nom plébéien, accentué fièrement par la livrée, lancé d'une voix retentissante, sonna dans les salons de Jenkins comme un coup de cymbale, un de ces gongs qui, sur les théâtres de féerie, annoncent les apparitions fantastiques. Les lustres pâlirent, il y eut une montée de flamme dans tous les yeux, à l'éblouissante perspective des trésors d'Orient, des pluies de sequins et de perles secouées par les syllabes magiques de ce nom hier inconnu.

Lui, c'était lui, le Nabab, le riche des riches, la haute curiosité parisienne, épicée de ce ragoût d'aventures qui plaît tant aux foules rassasiées. Toutes les têtes se tournèrent, toutes les conversations s'interrompirent; il y eut vers la porte une poussée de monde, une bousculade comme sur le quai d'un port de mer pour voir entrer une felouque chargée d'or.

Jenkins lui-même, si accueillant, si maître de lui, qui se tenait dans le premier salon pour recevoir ses invités, quitta brusquement le groupe d'hommes dont il faisait partie et s'élança au-devant des galions.

« Mille fois, mille fois aimable... Madame Jenkins va être bien heureuse, bien fière... Venez que je vous conduise. »

Et, dans sa hâte, dans sa vaniteuse jouissance, il entraîna si vite Jansoulet que celui-ci n'eut pas le temps de lui présenter son compagnon Paul de Géry, auquel il faisait faire son début dans le monde. Le jeune homme fut bien heureux de cet oubli. Il se faufila dans la masse d'habits noirs sans cesse refoulée plus loin à chaque nouvelle entrée, s'y engloutit, pris de cette terreur folle qu'éprouve tout jeune provincial introduit dans un salon de Paris, surtout lorsqu'il est intelligent et fin, et qu'il ne porte pas comme une cotte de mailles sous son plastron de toile l'imperturbable aplomb des rustres.

Vous tous, Parisiens de Paris, qui dès l'âge de seize ans avez, dans votre premier habit noir et le claque sur la cuisse, promené votre adolescence à travers les réceptions de tous les mondes, vous ne connaissez pas cette angoisse faite de vanité, de timidité, de souvenirs de lectures romanesques, qui nous visse les dents l'une dans l'autre, engoue nos gestes, fait de nous pour toute une nuit un entre-deux de porte, un meuble d'embrasure, un pauvre être errant et lamentable incapable de manifester son existence autrement qu'en changeant de place de temps en temps, mourant de soif plutôt que d'approcher du buffet, et s'en allant sans avoir dit un mot, à moins qu'il n'ait bégayé une de ces sottises égarées dont on se souvient pendant des mois et qui nous font, la nuit, en y songeant, pousser un « ah! » de rage honteuse, la tête cachée dans l'oreiller.

Paul de Géry était ce martyr. Là-bas dans son pays, il avait toujours vécu fort retiré près d'une vieille tante dévote et triste, jusqu'au moment où l'étudiant en droit, destiné d'abord à une carrière dans laquelle son père laissait d'excellents souvenirs, s'était vu attiré dans quelques salons de conseillers à la cour, anciennes demeures mélancoliques à trumeaux fanés où il allait faire un quatrième au whist avec de vénérables ombres. La soirée de Jenkins était donc un début pour ce provincial, que son ignorance même et sa souplesse méridionale firent du premier coup observateur.

De l'endroit où il se trouvait, il assistait au défilé curieux et non encore terminé à minuit des invités de Jenkins, toute la clientèle du médecin à la mode : la fine fleur de la société, beaucoup de politique et de finance, des banquiers, des députés, quelques artistes, tous les surmenés du high life parisien, blafards, les yeux brillants, saturés d'arsenic comme des souris gourmandes, mais insatiables de poison et de vie. Le salon ouvert, la vaste antichambre dont on avait enlevé les portes laissait voir l'escalier de l'hôtel chargé de fleurs sur les côtés, où se développaient les longues traînes dont le poids soyeux semblait rejeter en arrière le buste décolleté des femmes dans ce joli mouvement ascensionnel qui les faisait apparaître, peu à peu, jusqu'au complet épanouissement de leur gloire. Les couples arrivés en haut paraissaient entrer en scène ; et cela était doublement vrai, chacun laissant sur la dernière marche les froncements de sourcils, les plis préoccupés, les airs excédés, ses colères, ses tristesses, pour montrer une physionomie satisfaite, un sourire épanoui sur l'ensemble reposé des traits. Les hommes échangeaient des poignées de mains loyales, des effusions fraternelles; les femmes, sans rien entendre, préoccupées d'elles-mêmes, avec de petits caracolements sur place, des grâces frissonnantes, les jeux de prunelles et d'épaules, murmuraient quelques mots d'accueil.

« Merci... Oh! merci... comme vous êtes bonne... »

Puis les couples se séparaient, car les soirées ne sont plus ces réunions d'esprits aimables, où la finesse féminine forçait le caractère, les hautes connaissances, le génie même des hommes à s'incliner gracieusement pour elle, mais ces cohues trop nombreuses dans lesquelles les femmes, seules assises, gazouillant ensemble comme des captives de harem, n'ont plus que le plaisir d'être belles ou de le paraître. De Géry, après avoir erré dans la bibliothèque du docteur, la serre, la salle de billard où l'on fumait, ennuyé de conversations graves et arides, qui lui semblaient détonner dans un lieu si paré et dans l'heure courte du plaisir — quelqu'un lui avait demandé négligemment, sans le regarder, ce que la bourse faisait ce jour-là — se rapprocha de la porte du grand salon, que défendait un flot pressé d'habits noirs, une houle de têtes penchées les unes à côté des autres et regardant.

Une vaste pièce richement meublée avec le goût artistique qui caractérisait le maître et la maîtresse de la maison. Quelques tableaux anciens sur le fond clair des draperies. Une cheminée monumentale, décorée d'un beau groupe de marbre, « les Saisons, » de Sébastien Ruys, autour duquel de longues tiges vertes découpées en dentelle ou d'une raideur gaufrée de bronze se recourbaient vers la glace comme vers la limpidité d'une eau pure. Sur les siéges bas, les femmes groupées, pressées, confondant presque les couleurs vaporeuses de leurs toilettes, formant une immense corbeille de fleurs vivantes, au-dessus de laquelle flottaient le rayonnement des épaules nues, des chevelures semées de diamants, gouttes d'eau sur les brunes, reflets scintillants sur les blondes, et le même parfum capiteux, le même bourdonnement confus et doux, fait de chaleur vibrante et d'ailes insaisissables, qui caresse en été toute la floraison d'un parterre. Parfois un petit rire, montant dans cette atmosphère lumineuse, un souffle plus vif qui faisait trembler des aigrettes et des frisures, se détacher tout à coup un beau profil. Tel était l'aspect du salon.

Quelques hommes se trouvaient là, en très-petit nombre, tous des personnages de marque, chargés d'années et de croix, qui causaient au bord d'un divan, appuyés au renversement d'un siége avec cet air de condescendance que l'on prend pour parler à des enfants. Mais dans le susurrement paisible de ces conversations une voix ressortait éclatante et cuivrée, celle du Nabab, qui évoluait tranquillement à travers cette serre mondaine avec l'assurance que lui donnaient son immense fortune et un certain mépris de la femme, rapporté d'Orient.

En ce moment, étalé sur un siége, ses grosses mains gantées de jaune croisées sans façon l'une sur l'autre, il causait avec une très-belle personne dont la physionomie originale — beaucoup de vie sur des traits sévères — se détachait en pâleur au milieu des minois environnants, comme sa toilette toute blanche, classique de plis et moulée sur sa grâce souple, contrastait avec des mises plus riches, mais dont aucune n'avait cette allure de simplicité hardie. De son coin, de Géry admirait ce front court et uni sous la frange des cheveux abaissés, ces yeux long ouverts, d'un bleu profond, d'un bleu d'abîme, cette bouche qui ne cessait de sourire que pour détendre sa forme pure dans une expression lassée et retombante. En tout, l'apparence un peu hautaine d'un être d'exception.

Quelqu'un près de lui la nomma... Félicia Ruys... Dès lors il comprit l'attrait rare de cette jeune fille, continuatrice du génie de son père, et dont la célébrité naissante était arrivée jusqu'à sa province, auréolée d'une réputation de beauté. Pendant qu'il la contemplait, qu'il admirait ses moindre gestes, un peu intrigué par l'énigme de ce beau visage, il entendit chuchoter derrière lui :

« Mais voyez donc comme elle est aimable avec le Nabab... Si le duc arrivait...

— Le duc de Mora doit venir?

— Certainement. C'est pour lui que la soirée est donnée; pour le faire rencontrer avec Jansoulet.

— Et vous pensez que le duc et mademoiselle Ruys...

— D'où sortez-vous?... C'est une liaison connue de tout Paris... Ça date de la dernière exposition où elle a fait son buste.

— Et la duchesse?...

— Bah! Elle en a bien vu d'autres... Ah! voilà madame Jenkins qui va chanter. »

Il se fit un mouvement dans le salon, une pesée plus forte de la foule auprès de la porte, et les conversations cessèrent pour un moment. Paul de Géry respira. Ce qu'il venait d'entendre lui avait serré le cœur. Il se sentait atteint, sali par cette boue jetée à pleine main sur l'idéal qu'il s'était fait de cette jeunesse splendide, mûrie au soleil de l'art d'un charme si pénétrant. Il s'éloigna un peu, changea de place. Il avait peur d'entendre encore chuchoter quelque infamie... La voix de madame Jenkins lui fit du bien, une voix fameuse dans les salons de Paris et qui, malgré tout son éclat, n'avait rien de théâtral, mais semblait une parole émue vibrant sur des sonorités inapprises. La chanteuse, une femme de quarante à quarante-cinq ans, avait une magnifique chevelure cendrée, des traits fins un peu mous, une grande expression de bonté. Encore belle, elle était mise avec le goût coûteux d'une femme qui n'a pas renoncé à plaire. Elle n'y avait pas renoncé en effet; mariée en secondes noces avec le docteur depuis une dizaine d'années, ils semblaient en être encore aux premiers mois de leur bonheur à deux. Pendant qu'elle chantait un air populaire de Russie, sauvage et doux comme un sourire slave, Jenkins était fier naïvement, sans chercher à le dissimuler, toute sa large figure épanouie; et elle, chaque fois qu'elle penchait la tête pour reprendre son souffle, adressait de son côté un sourire craintif, épris, qui allait le chercher par-dessus la musique étalée. Puis, quand elle eut fini au milieu d'un murmure admiratif et ravi, c'était touchant de voir de quelle façon discrète elle serra furtivement la main de son mari, comme pour se faire un coin de bonheur intime parmi ce grand triomphe. Le jeune de Géry se sentait réconforté par la vue de ce couple heureux, quand tout près de lui une voix murmura, — ce n'était pourtant pas la même qui avait parlé tout à l'heure :

« Vous savez ce qu'on dit... que les Jenkins ne sont pas mariés.

— Quelle folie!

— Je vous assure... il paraîtrait qu'il y a une véritable madame Jenkins quelque part, mais pas celle qu'on nous a montrée... Du reste, avez-vous remarqué... »

Le dialogue continua à voix basse, madame Jenkins

s'approchait, saluant, souriant, tandis que le docteur, arrêtant un plateau au passage, lui apportait un verre de bordeaux avec l'empressement d'une mère, d'un imprésario, d'un amoureux. Calomnie, calomnie, souillure ineffaçable! Maintenant les attentions de Jenkins semblaient exagérées au provincial. Il trouvait qu'il y avait là quelque chose d'affecté, de voulu, et aussi dans le remerciment qu'elle adressa tout bas à son mari, il crut remarquer une crainte, une soumission contraires à la dignité de l'épouse légitime, heureuse et fière d'un bonheur assuré... « Mais c'est hideux, le monde! » se disait de Géry épouvanté, les mains froides. Ces sourires qui l'entouraient lui faisaient tous l'effet de grimaces. Il avait de la honte et du dégoût. Puis tout à coup se révoltant : « Allons donc! ce n'est pas possible. » Et, comme si elle avait voulu répondre à cette exclamation, derrière lui, la médisance reprit d'un ton dégagé : « Après tout, vous savez, je n'en suis pas sûr autrement. Je répète ce qu'on m'a dit... Tiens! la baronne Hemerlingue... Il a tout Paris, ce Jenkins. »

La baronne s'avançait au bras du docteur, qui s'était précipité au-devant d'elle, et si maître qu'il fût de tous les jeux de son visage, semblait un peu troublé et déconfit. Il avait imaginé cela, le bon Jenkins, de profiter de sa soirée pour réconcilier entre eux son ami Hemerlingue et son ami Jansoulet, ses deux clients les plus riches, et qui l'embarrassaient beaucoup avec leur guerre intestine. Le Nabab ne demandait pas mieux. Il n'en voulait pas à son ancien copain. Leur brouille était venue à la suite du mariage d'Hemerlingue avec une des favorites de l'ancien bey. « Histoire de femme, en somme, » disait Jansoulet, et qu'il aurait été heureux de voir finir, toute antipathie pesant à cette nature exubérante. Mais il paraît que le baron ne tenait pas à un rapprochement; car, malgré la promesse qu'il avait faite à Jenkins, sa femme arrivait seule, au grand dépit de l'Irlandais.

C'était une longue, mince, frêle personne, aux sourcils en plumes d'oiseau, l'air jeune et intimidé, trente ans qui en paraissaient vingt, coiffée d'herbes et d'épis tombants dans des cheveux très-noirs criblés de diamants. Avec ses longs cils sur ses joues blanches de cette limpidité de teint des femmes longtemps cloîtrées, un peu gênée dans sa toilette parisienne, elle ressemblait moins à une ancienne femme de harem qu'à une religieuse ayant renoncé à ses vœux et retournant au monde. Quelque chose de dévot, de confit dans le maintien, une certaine façon ecclésiastique de marcher en baissant les yeux, les coudes à la taille, les mains croisées, des manières qu'elle avait prises dans le milieu très-pratiquant où elle vivait depuis sa conversion et son récent baptême, complétaient cette ressemblance. Et vous pensez si la curiosité mondaine s'empressait autour de cette ancienne odalisque devenue catholique fervente, s'avançant escortée d'une figure livide de sacristain à lunettes, maître Le Merquier, député de Lyon, l'homme d'affaires d'Hemerlingue, qui accompagnait la baronne quand le baron « était un peu souffrant, » comme ce soir.

A leur entrée dans le second salon, le Nabab vint droit à elle, croyant voir apparaître à la suite la figure bouffie de son vieux camarade, auquel il était convenu qu'il irait tendre la main. La baronne l'aperçut, devint encore plus blanche. Un éclair d'acier filtra sous ses longs cils. Ses narines s'ouvrirent, palpitèrent, et, comme Jansoulet s'inclinait, elle pressa le pas, la tête haute et droite, laissant tomber de ses lèvres minces un mot arabe que personne ne put comprendre, mais où le pauvre Nabab entendit bien l'injure, lui ; car, en se relevant, son visage hâlé était de la couleur d'une terre cuite qui sort du four. Il resta un moment sans bouger, ses gros poings crispés, sa bouche tuméfiée de colère. Jenkins vint le rejoindre, et de Géry, qui avait suivi de loin toute cette scène, les vit causer ensemble vivement d'un air préoccupé.

L'affaire était manquée. Cette réconciliation, si savamment combinée, n'aurait pas lieu. Hemerlingue n'en voulait pas. Pourvu maintenant que le duc ne leur manquât pas de parole. C'est qu'il était tard. La Wauters, qui devait, en sortant de son théâtre, chanter l'air de la Nuit, de la *Flûte enchantée*, venait d'entrer tout emmitouflée dans ses capuchons de dentelles.

Et le ministre n'arrivait pas.

Pourtant c'était une affaire entendue, promise. Monpavon devait le prendre au cercle. De temps en temps le bon Jenkins tirait sa montre tout en jetant un bravo distrait au bouquet de notes perlées que la Wauters faisait jaillir de ses lèvres de fée, un bouquet de trois mille francs, inutile comme les autres frais de la soirée, si le duc ne venait pas.

Tout à coup la porte s'ouvrit à deux battants :

« Son Excellence M. le duc de Mora. »

Un long frémissement l'accueillit, une curiosité respectueuse, rangée sur deux haies, au lieu de la presse brutale qui s'était jetée sur les pas du Nabab.

Nul mieux que lui ne savait se présenter dans le monde, traverser un salon gravement, monter en souriant à la tribune, donner du sérieux aux choses futiles, traiter légèrement les choses graves ; c'était le résumé de son attitude dans la vie, une distinction paradoxale. Encore beau malgré ses cinquante-six ans, d'une beauté faite d'élégance et de proportion où la grâce du dandy se raffermissait par quelque chose de militaire dans la taille et la fierté du visage, il portait merveilleusement l'habit noir, sur lequel, pour faire honneur à Jenkins, il avait mis quelques-unes de ses plaques, qu'il n'arborait jamais qu'aux jours officiels. Le reflet du linge, de la cravate blanche, l'argent mat des décorations, la douceur des cheveux rares et grisonnants ajoutaient à la pâleur de la tête, plus exsangue que tout ce qu'il y avait d'exsangue ce soir-là chez l'Irlandais.

Il menait une vie si terrible ! La politique, le jeu sous toutes ses formes, coups de bourse et coups de baccarat, et cette réputation d'homme à bonnes fortunes qu'il fallait soutenir à tout prix. Oh ! celui-là était un vrai client de Jenkins ; et cette visite princière, il la devait bien à l'inventeur de ces mystérieuses perles qui donnaient à son regard cette flamme, à tout son être cet en-avant si vibrant et si extraordinaire.

« Mon cher duc, permettez-moi de vous... »

Monpavon, solennel, le jabot gonflé, essayait de faire la présentation si attendue ; mais l'Excellence, distraite, n'entendait pas, continuait sa route vers le grand salon, emportée par un de ces courants électriques qui rompent la monotomie mondaine. Sur son passage, et pendant qu'il saluait la belle madame Jenkins, les femmes se penchaient un peu avec des airs attirants, un rire doux, une préoccupation de plaire. Mais lui n'en voyait qu'une seule, Félicia, debout au centre d'un groupe d'hommes, discutant comme au milieu de son atelier, et qui regardait venir le duc, tout en mangeant tranquillement un sorbet. Elle l'accueillit avec un naturel parfait. Discrètement, l'entourage s'était retiré. Pourtant, et malgré ce qu'avait entendu Géry sur leurs relations présumées, il semblait n'y avoir entre eux qu'une camaraderie toute spirituelle, une familiarité enjouée.

« Je suis allé chez vous, Mademoiselle, en montant au Bois.

— On me l'a dit. Vous êtes même entré dans l'atelier.

— Et j'ai vu le fameux groupe... mon groupe.

— Eh bien?

— C'est très-beau... Le lévrier court comme un enragé... Le renard détale admirablement... Seulement je n'ai pas bien compris... Vous m'aviez dit que c'était notre histoire à tous les deux?

— Ah! voilà... Cherchez... C'est un apologue que j'ai lu dans... Vous ne lisez pas Rabelais, monsieur le duc?

— Ma foi, non. Il est trop grossier...

— Eh bien, moi, j'ai appris à lire là-dedans. Très-mal élevée, vous savez. Oh! très-mal... Mon apologue est donc tiré de Rabelais. Voici : Bacchus a fait un renard prodigieux, imprenable à la course. Vulcain de son côté a donné à un chien de sa façon le pouvoir d'attraper toute bête qu'il poursuivra. « Or, comme dit mon auteur, advint qu'ils se rencontrèrent. » Vous voyez quelle course enragée et... interminable. Il me semble, mon cher duc, que le destin nous a mis ainsi en présence, munis de qualités contraires, vous qui avez reçu des dieux le don d'atteindre tous les cœurs, moi dont le cœur ne sera jamais pris. »

Elle lui disait cela, bien en face, presque en riant, mais serrée et droite dans sa tunique blanche qui semblait garder sa personne contre les libertés de son esprit. Lui, le vainqueur, l'irrésistible, il n'en avait jamais rencontré de cette race audacieuse et volontaire. Aussi l'enveloppait-il de toutes les effluves magnétiques d'une séduction, pendant qu'autour d'eux le murmure montant de la fête, les rires flûtés, le frôlement des satins et des franges de perles faisaient l'accompagnement à ce duo de passion mondaine et de juvénile ironie.

Il reprit au bout d'une minute :

« Mais comment les dieux se sont-ils tirés de ce mauvais pas ?

— En changeant les deux coureurs en pierre.

— Par exemple, dit-il, voilà un dénoûment que je n'accepte point..... Je défie les dieux de jamais pétrifier mon cœur. »

Une flamme courte jaillit de ses prunelles, éteinte aussitôt à la pensée qu'on les regardait.

En effet, on les regardait beaucoup, mais personne aussi curieusement que Jenkins qui rôdait autour d'eux, impatient, crispé, comme s'il en eût voulu à Félicia de prendre pour elle seule le personnage important de la soirée. La jeune fille en fit, en riant, l'observation au duc :

« On va dire que je vous accapare. »

Elle lui montrait Monpavon attendant, debout près du Nabab qui, de loin, adressait à l'Excellence le regard quêteur et soumis d'un bon gros dogue. Le ministre d'État se souvint alors de ce qui l'avait amené. Il salua la jeune fille et revint à Monpavon, qui put lui présenter enfin « son honorable ami, M. Bernard Jansoulet. » L'Excellence s'inclina, le parvenu s'humilia plus bas que terre, puis ils causèrent un moment.

Un groupe curieux à observer. Jansoulet, grand, fort,

l'air peuple, la peau tannée, son large dos voûté comme s'il s'était pour jamais arrondi dans les salamaleks de la courtisanerie orientale, ses grosses mains courtes faisant éclater ses gants clairs, sa mimique excessive, son exubérance méridionale découpant les mots à l'emporte-pièce. L'autre, gentilhomme de race, mondain, l'élégance même, aisé dans ses moindres gestes fort rares d'ailleurs, laissant tomber négligemment des phrases inachevées, éclairant d'un demi-sourire la gravité de son visage, cachant sous une politesse imperturbable le grand mépris qu'il avait des hommes et des femmes ; et c'est de ce mépris surtout que sa force était faite... Dans un salon américain, l'antithèse eût été moins choquante. Les millions du Nabab auraient rétabli l'équilibre et fait même pencher le plateau de son côté. Mais Paris ne met pas encore l'argent au-dessus de toutes les autres puissances, et, pour s'en rendre compte, il suffisait de voir ce gros traitant frétiller d'un air aimable devant ce grand seigneur, jeter sous ses pieds, comme le manteau d'hermine du courtisan, son épais orgueil d'enrichi.

De l'angle où il s'était blotti, de Géry regardait la scène avec intérêt, sachant quelle importance son ami attachait à cette présentation, quand le hasard qui avait si cruellement démenti, toute la soirée, ses naïvetés de débutant, lui fit distinguer ce court dialogue, près de lui, dans cette houle des conversations particulières où chacun entend juste le mot qui l'intéresse :

« C'est bien le moins que Monpavon lui fasse faire quelques bonnes connaissances. Il lui en a tant procuré de mauvaises... Vous savez qu'il vient de lui jeter sur les bras Paganetti et toute sa bande.

— Le malheureux !... Mais ils vont le dévorer.

— Bah ! ce n'est que justice qu'on lui fasse un peu

rendre gorge... Il en a tant volé là-bas chez les Turcs.

— Vraiment, vous croyez?...

— Si je crois! J'ai là-dessus des détails très-précis que je tiens du baron Hemerlingue, le banquier qui a fait le dernier emprunt tunisien... Il en connaît des histoires, celui-là, sur le Nabab. Imaginez-vous... »

Et les infamies commencèrent. Pendant quinze ans, Jansoulet avait indignement exploité l'ancien bey. On citait des noms de fournisseurs et des tours admirables d'aplomb, d'effronterie; par exemple, l'histoire d'une frégate à musique, oui, véritablement à musique, comme un tableau de salle à manger, qu'il avait payée deux cent mille francs et revendue dix millions, un trône de trois millions, dont la note visible sur les livres d'un tapissier du faubourg Saint-Honoré n'allait pas à cent mille francs; et le plus comique, c'est que le bey ayant changé de fantaisie, le siége royal tombé en disgrâce avant même d'être déballé, était encore cloué dans sa caisse de voyage à la douane de Tripoli.

Puis, en dehors de ces commissions effrénées sur l'envoi du moindre jouet, on accentuait des accusations plus graves mais aussi certaines, puisqu'elles venaient toujours de la même source. C'était, à côté du sérail, un harem d'Européennes admirablement monté, pour Son Altesse, par le Nabab qui devait s'y connaître, ayant fait jadis à Paris — avant son départ pour l'Orient — les plus singuliers métiers: marchand de contre-marques, gérant d'un bal de barrière, d'une maison plus mal famée encore... Et les chuchotements se terminaient dans un rire étouffé, le rire lippu des hommes causant entre eux.

Le premier mouvement du jeune provincial, en entendant ces calomnies infâmes, fut de se retourner et de crier :

« Vous en avez menti. »

Quelques heures plus tôt, il l'aurait fait sans hésiter; mais, depuis qu'il était là, il avait appris la méfiance, le scepticisme. Il se contint donc et écouta jusqu'au bout, immobile à la même place, ayant tout au fond de lui-même le désir inavoué de connaître mieux celui qu'il servait. Quant au Nabab, sujet bien inconscient de cette hideuse chronique, tranquillement installé dans un petit salon auquel ses tentures bleues, deux lampes à abat-jour communiquaient un air recueilli, il faisait sa partie d'écarté avec le duc de Mora.

O magie du galion ! Le fils du revendeur de ferraille seul à une table de jeu en face du premier personnage de l'empire. Jansoulet en croyait à peine la glace de Venise où se reflétaient sa figure resplendissante et le crâne auguste, séparé d'une large raie. Aussi, pour reconnaître ce grand honneur, s'appliquait-il à perdre décemment le plus de billets de mille francs possible, se sentant quand même le gagnant de la partie et tout fier de voir passer son argent dans ces mains aristocratiques dont il étudiait les moindres gestes pendant qu'elles jetaient, coupaient ou soutenaient les cartes.

Autour d'eux un cercle se faisait, mais toujours à distance, les dix pas exigés pour le salut à un prince; c'était le public de ce triomphe où le Nabab assistait comme en rêve, grisé par ces accords féeriques un peu assourdis dans le lointain, ces chants qui lui arrivaient en phrases coupées comme par-dessus l'obstacle résonnant d'un étang, le parfum des fleurs épanouies d'une façon si singulière vers la fin des bals parisiens, alors que l'heure qui s'avance confondant toutes les notions du temps, la lassitude de la nuit blanche communiquent aux cerveaux allégés dans une atmosphère plus nerveuse, comme un étourdissement de jouissance. La robuste nature de Jansoulet, de ce sauvage civilisé, était plus sensible qu'une autre à ces raffinements inconnus; et il lui fallait toute sa force pour ne pas manifester par quelque joyeux hourrah, une intempestive effusion de gestes et de paroles, ce mouvement d'allégresse physique qui agitait tout son être, comme il arrive à ces grands chiens de montagne qu'une goutte d'essence respirée jette dans des folies épileptiques.

« Le ciel est beau, le pavé sec... Si vous voulez, mon cher enfant, nous renverrons la voiture et nous rentrerons à pied, » dit Jansoulet à son compagnon en sortant de chez Jenkins.

De Géry accepta avec empressement. Il avait besoin de se promener, de secouer dans l'air vif les infamies et les mensonges de cette comédie mondaine qui lui laissait le cœur froid et serré, tout le sang de sa vie réfugié sous ses tempes dont il entendait battre les veines gonflées. Il chancelait en marchant, semblable à ces malheureux opérés de la cataracte qui, dans l'effroi de la vision reconquise, n'osent plus mettre un pied devant l'autre. Mais avec quelle brutalité de main l'opération avait été faite! Ainsi cette grande artiste au nom glorieux, cette beauté pure et farouche, dont l'aspect seul l'avait troublé comme une apparition, n'était qu'une courtisane. Madame Jenkins, cette femme imposante, d'un maintien à la fois si fier et si doux, ne s'appelait pas madame Jenkins. Cet illustre savant au visage ouvert, à l'accueil si cordial, avait l'impudence d'étaler ainsi un concubinage honteux. Et Paris s'en doutait, mais cela ne l'empêchait pas d'accourir à leurs fêtes. Enfin, ce Jansoulet, si bon, si généreux, pour lequel il se sentait au cœur tant de reconnaissance, il le savait tombé aux mains d'une troupe de bandits, bandit lui-même et bien digne de l'exploitation organisée pour faire rendre gorge à ses millions...

Était-ce possible et qu'en fallait-il croire?

Un coup d'œil de côté jeté sur le Nabab, dont la vaste personne encombrait le trottoir, lui révéla tout à coup dans cette démarche calée par le poids des écus, quelque chose de bas et de canaille qu'il n'avait pas encore remarqué. Oui, c'était bien l'aventurier du Midi, pétri de ce limon qui couvre les quais de Marseille piétinés par tous les nomades, les errants de ports de mer. Bon, généreux, parbleu! comme les filles, comme les voleurs. Et l'or coulant par torrents dans ce milieu taré et luxueux, éclaboussant jusqu'aux murailles, lui semblait charrier maintenant toutes les scories, toutes les boues de sa source impure et fangeuse. Alors, lui, de Géry, n'avait plus qu'une chose à faire, partir, quitter au plus vite cette place où il risquait de compromettre son nom, l'unique héritage paternel. Sans doute. Mais les deux frérots, là-bas au pays, qui payerait leur pension? Qui soutiendrait le modeste foyer miraculeusement relevé par les beaux appointements de l'aîné, du chef de famille? Ce mot de chef de famille le rejetait aussitôt dans un de ces combats intérieurs où luttent l'intérêt et la conscience, — l'une brutale, solide, attaquant à fond avec des coups droits, l'autre fuyant, rompant par des dégagements subtils, — pendant que le brave Jansoulet, cause ignorante du conflit, marchait à grandes enjambées près de son jeune ami, aspirant l'air avec délices du bout de son cigare allumé.

Jamais il n'avait été si heureux de vivre; et cette soirée chez Jenkins, son entrée dans le monde, à lui aussi, lui avait laissé une impression de portiques dressés comme pour un triomphe, de foule accourue, de fleurs jetées sur son passage... Tant il est vrai que les choses n'existent que par les yeux qui les regardent... Quel succès! Le duc, au moment de le quitter, l'engageant à venir voir sa galerie; ce qui signifiait les portes de l'hôtel Mora ouvertes pour lui avant huit jours. Felicia Ruys consentant à faire son buste, de sorte qu'à la prochaine exposition le fils du cloutier aurait son portrait en marbre par la même grande artiste qui avait signé celui du ministre d'État. N'était-ce pas le contentement de toutes ses vanités enfantines?

Et tous deux ruminant leurs pensées sombres ou joyeuses, ils marchaient l'un près de l'autre, absorbés, absents d'eux-mêmes, si bien que la place Vendôme, silencieuse, inondée d'une lumière bleue et glacée, sonna sous leurs pas avant qu'ils se fussent dit un mot.

« Déjà, dit le Nabab... J'aurais bien voulu marcher encore un peu... Ça vous va-t-il? » Et, tout en faisant deux ou trois fois le tour de la place, il laissait aller, par bouffées, l'immense joie dont il était plein :

« Comme il fait bon! Comme on respire!... Tonnerre de Dieu! ma soirée de ce soir, je ne la donnerais pas pour cent mille francs... Quel brave cœur que ce Jenkins... Aimez-vous le genre de beauté de Félicia Ruys? Moi, j'en raffole... Et le duc, quel grand seigneur! si simple, si aimable... C'est beau Paris, n'est-ce pas, mon fils?

— C'est trop compliqué pour moi... ça me fait peur, répondit Paul de Géry d'une voix sourde.

— Oui, oui, je comprends, reprit l'autre avec une fatuité adorable. Vous n'avez pas encore l'habitude, mais on s'y fait vite, allez! Regardez comme en un mois je me suis mis à l'aise.

— C'est que vous étiez déjà venu à Paris, vous... Vous l'aviez habité autrefois.

— Moi? jamais de la vie... Qui vous a dit cela?

— Tiens, je croyais... répondit le jeune homme; et tout de suite une foule de réflexions se précipitant dans son esprit :

— Que lui avez-vous donc fait à ce baron Hemerlingue? C'est une haine à mort entre vous.

Le Nabab resta une minute interdit. Ce nom d'Hemerlingue, jeté tout à coup dans sa joie, lui rappelait le seul épisode fâcheux de la soirée :

« A celui-là comme aux autres, dit-il d'une voix attristée, je n'ai jamais fait que du bien. Nous avons commencé ensemble, misérablement. Nous avons grandi, prospéré côte à côte. Quand il a voulu partir de ses propres ailes, je l'ai toujours aidé, soutenu de mon mieux. C'est moi qui lui ai fait avoir dix ans de suite les fournitures de la flotte et de l'armée; presque toute sa fortune vient de là. Puis un beau matin, cet imbécile de Bernois à sang lourd ne va-t-il pas se toquer d'une odalisque que la mère du bey avait fait chasser du harem? La drôlesse était belle, ambitieuse, elle s'est fait épouser, et naturellement, après ce beau mariage, Hemerlingue a été obligé de quitter Tunis... On lui avait fait croire que j'excitais le bey à lui fermer la principauté. Ce n'est pas vrai. J'ai obtenu, au contraire, de Son Altesse, qu'Hemerlingue fils — un enfant de sa première femme — resterait à Tunis pour surveiller leurs intérêts en suspens, pendant que le père venait à Paris fonder sa maison de banque... Du reste, j'ai été bien récompensé de ma bonté... Lorsque, à la mort de mon pauvre Ahmed, le mouchir, son frère, est monté sur le trône, les Hemerlingue, rentrés en faveur, n'ont cessé de me desservir auprès du nouveau maître. Le bey me fait toujours bon visage; mais mon crédit est ébranlé. Eh bien! malgré cela, malgré tous les mauvais tours qu'Hemerlingue m'a joués, qu'il me joue encore, j'étais prêt ce soir à lui tendre la main... Non-seulement ce misérable-là me la refuse; mais il me fait insulter par sa femme, une bête sauvage et méchante, qui ne me pardonne pas de n'avoir jamais voulu la recevoir à Tunis... Savez-vous comment elle m'a appelé tout à l'heure en passant devant moi ? « Voleur et fils de chien... » Pas plus gênée que ça, l'odalisque... C'est-à-dire que si je ne connaissais pas mon Hemerlingue aussi capon qu'il est gros... Après tout, bah! qu'ils disent ce qu'ils voudront. Je me moque d'eux. Qu'est-ce qu'ils peuvent contre moi? Me démolir près du bey? Ça m'est égal. Je n'ai plus rien à faire en Tunisie, et je m'en retirerai le plus tôt possible... Il n'y a qu'une ville, qu'un pays au monde, c'est Paris, Paris accueillant, hospitalier, pas bégueule, où tout homme intelligent trouve du large pour faire de grandes choses... Et moi, maintenant, voyez-vous, de Géry, je veux faire de grandes choses... J'en ai assez de la vie de mercanti... J'ai travaillé pendant vingt ans pour l'argent; à présent je suis goulu de gloire, de considération, de renommée. Je veux être quelqu'un dans l'histoire de mon pays, et cela me sera facile. Avec mon immense fortune, ma connaissance des hommes, des affaires, ce que je sens là dans ma tête, je puis arriver à tout et j'aspire à tout... Aussi croyez-moi, mon cher enfant, ne me quittez jamais — on eût dit qu'il répondait à la pensée secrète de son jeune compagnon — restez fidèlement à mon bord. La mâture est solide ; j'ai du charbon plein mes soutes... Je vous jure que nous irons loin, et vite, nom d'un sort ! »

Le naïf Méridional répandait ainsi ses projets dans la nuit avec force gestes expressifs, et, de temps à autre, en arpentant la place agrandie et déserte, majestueusement entourée de ses palais muets et clos, il levait la tête vers l'homme de bronze de la colonne, comme s'il prenait à témoin ce grand parvenu dont la présence au milieu de Paris autorise toutes les ambitions, rend toutes les chimères vraisemblables.

Il y a chez la jeunesse une chaleur de cœur, un besoin d'enthousiasme que réveille le moindre effleurement. A mesure que le Nabab parlait, de Géry sentait fuir ses soupçons et toute sa sympathie renaître avec une nuance de pitié... Non, bien certainement cet homme-là n'était pas un coquin, mais un pauvre être illusionné à qui la fortune montait à la tête comme un vin trop capiteux pour un estomac longtemps abreuvé d'eau. Seul au milieu de Paris, entouré d'ennemis et d'exploiteurs, Jansoulet lui faisait l'effet d'un piéton chargé d'or traversant un bois mal hanté, dans l'ombre et sans armes. Et il pensait qu'il serait bien au protégé de veiller sans en avoir l'air sur le protecteur, de devenir le Télémaque clairvoyant de ce Mentor aveugle, de lui montrer les fondrières, de le défendre contre les détrousseurs, de l'aider enfin à se débattre dans tout ce fourmillement d'embuscades nocturnes qu'il sentait rôder férocement autour du Nabab et de ses millions.

V

LA FAMILLE JOYEUSE

Tous les matins de l'année, à huit heures très-précises, une maison neuve et presque inhabitée d'un quartier perdu de Paris s'emplissait de cris, d'appels, de jolis rires sonnant clair dans le désert de l'escalier :

« Père, n'oublie pas ma musique...

— Père, ma laine à broder...

— Père, rapporte-nous des petits pains... »

Et la voix du père qui appelait d'en bas :

« Yaïa, descends-moi donc ma serviette...

— Allons, bon ! il a oublié sa serviette... »

Et c'était un empressement joyeux du haut en bas de la maison, une course de tous ces minois brouillés de sommeil, de toutes ces chevelures ébouriffées que l'on rajustait en chemin, jusqu'au moment où, penchées sur la rampe, une demi-douzaine de jeunes filles adressaient leurs adieux sonores à un petit vieux monsieur, net et bien brossé, dont la face rougeaude, la silhouette étriquée, disparaissaient enfin dans la perspective tournante des marches. M. Joyeuse était parti pour son bureau... Alors, toute cette échappée de volière remontait vite au quatrième, et la porte tirée, se groupait à une croisée ouverte pour regarder le père encore une fois. Le petit homme se retournait, des baisers s'échangeaient de loin, puis les fenêtres se fermaient; la maison neuve et déserte redevenait tranquille, à part les écriteaux dansant leur folle sarabande au vent de la rue inachevée, comme mis en gaieté eux aussi par toutes ces évolutions. Un moment après, le photographe du cinquième descendait suspendre à la porte sa vitrine d'exposition toujours la même, où l'on voyait le vieux monsieur en cravate blanche entouré de ses filles en groupes variés; il remontait à son tour, et le calme succédant tout à coup à ce petit tapage matinal laissait à supposer que « le père » et ses demoiselles étaient rentrés dans le cadre de photographies, où ils se tenaient souriants et immobiles jusqu'au soir.

De la rue Saint-Ferdinand chez Hemerlingue et fils, ses patrons, M. Joyeuse avait bien trois quarts d'heure de route. Il marchait, la tête droite et raide, comme s'il avait craint de déranger le beau nœud de cravate attaché par ses filles, son chapeau posé par elles; et lorsque l'aînée, toujours inquiète et prudente, lui relevait au moment de sortir le collet de sa redingote pour éviter le maudit coup de vent du coin de la rue, même avec une température de serre chaude M. Joyeuse ne le rabattait plus jusqu'au bureau, pareil à l'amoureux qui sort des mains de sa maîtresse et n'ose plus bouger de peur de perdre l'enivrant parfum.

Veuf depuis quelques années, ce brave homme n'existait que pour ses enfants, ne songeait qu'à elles, s'en allait dans la vie entouré de ces petites têtes blondes qui voletaient autour de lui confusément comme dans un tableau d'Assomption. Tous ses désirs, tous ses projets se rapportaient à « ces demoiselles, » y revenaient sans cesse, parfois après de grands circuits, car M. Joyeuse — cela tenait sans doute à son cou très-court, à sa petite taille où son sang bouillant ne faisait qu'un tour — était un homme de féconde, d'étonnante imagination. Les idées évoluaient chez lui avec la rapidité de pailles vides autour d'un crible. Au bureau, les chiffres le fixaient encore par leur maniement positif; mais, dehors, son esprit prenait la revanche de ce métier inexorable. L'activité de la marche, l'habitude d'une route dont il connaissait les moindres incidents donnaient toute liberté à ses facultés imaginatives. Il inventait alors des aventures extraordinaires, de quoi défrayer vingt romans-feuilletons.

Si, par exemple, M. Joyeuse, en remontant le faubourg Saint-Honoré, sur le trottoir de droite — il prenait toujours celui-là — apercevait une lourde charrette de blanchisseuse qui s'en allait au grand trot, conduite par une femme de campagne dont l'enfant se penchait un peu, juché sur un paquet de linge :

« L'enfant ! criait le bonhomme effrayé, prenez garde à l'enfant ! »

Sa voix se perdait dans le bruit des roues et son avertissement dans le secret de la providence. La charrette passait. Il la suivait de l'œil un moment, puis se remettait en route; mais le drame commencé dans son esprit continuait à s'y dérouler, avec mille péripéties... L'enfant était tombé... Les roues allaient lui passer dessus... M. Joyeuse s'élançait, sauvait le petit être tout près de la mort; seulement le timon l'atteignait lui-même en pleine poitrine et il tombait baigné dans son sang. Alors il se voyait porté chez le pharmacien au milieu de la foule amassée. On le mettait sur une civière, on le montait chez lui, puis tout à coup il entendait le cri déchirant de ses filles, de ses bien-aimées, en l'apercevant dans cet état. Et ce cri désespéré l'atteignait si bien au cœur, il le percevait si distinctement, si profondément : « Papa, mon cher papa... » qu'il le poussait lui-même dans la rue, au grand étonnement des passants, d'une voix rauque qui le réveillait de son cauchemar inventif.

Voulez-vous un autre trait de cette imagination prodigieuse ?... Il pleut, il gèle ; un temps de loup. M. Joyeuse a pris l'omnibus pour aller à son bureau. Comme il est assis en face d'une espèce de colosse, tête brutale, biceps formidables, M. Joyeuse, tout petit, tout chétif, sa serviette sur les genoux, rentre ses jambes pour laisser la place aux énormes piles qui soutiennent le buste monumental de son voisin. Dans le train du véhicule, de la pluie sur les vitres, M. Joyeuse se prend à songer. Et tout à coup le colosse de vis-à-vis, qui a une bonne figure en somme, est très-surpris de voir ce petit homme changer de couleur, le regarder en grinçant des dents, avec des yeux féroces, des yeux d'assassin. Oui, d'assassin véritable, car en ce moment M. Joyeuse fait un rêve terrible... Une de ses filles est assise là, en face de lui, à côté de cette brute géante, et le misérable lui prend la taille sous son mantelet.

« Retirez votre main, Monsieur... » a déjà dit deux fois M. Joyeuse....L'autre n'a fait que ricaner... Maintenant il veut embrasser Élise...

« Ah ! bandit !... »

Trop faible pour défendre sa fille, M. Joyeuse, écumant de rage, cherche son couteau dans sa poche, frappe l'insolent en pleine poitrine, et s'en va la tête droite, fort de son droit de père outragé, faire sa déclaration au premier bureau de police.

« Je viens de tuer un homme dans un omnibus !... »

Au son de sa propre voix prononçant bien, en effet, ces paroles sinistres, mais non pas dans le bureau de police, le malheureux se réveille, devine à l'effarement des voyageurs qu'il a dû parler tout haut, et profite bien vite de l'appel du conducteur : « Saint-Philippe.. Panthéon... Bastille... » pour descendre, tout confus, au milieu d'une stupéfaction générale.

Cette imagination toujours en haleine donnait à M. Joyeuse une singulière physionomie, fiévreuse, ravagée, contrastant avec son enveloppe correcte de petit bureaucrate. Il vivait tant d'existences passionnées en un jour... La race est plus nombreuse qu'on ne croit de ces dormeurs éveillés chez qui une destinée trop restreinte comprime des forces inemployées, des facultés héroïques. Le rêve est la soupape où tout cela s'évapore avec des bouillonnements terribles, une vapeur de fournaise et des images flottantes aussitôt dissipées. De ces visions, les uns sortent radieux, les autres affaissés, décontenancés, se retrouvant au terre-à-terre de tous les jours. M. Joyeuse était de ceux-là, s'enlevant sans cesse à des hauteurs d'où l'on ne peut que redescendre un peu brisé par la rapidité du voyage.

Or, un matin que notre « Imaginaire » avait quitté sa maison à l'heure et dans les circonstances habituelles, il commença au détour de la rue Saint-Ferdinand un de ses petits romans intimes. La fin de l'année toute proche, peut-être une baraque en planches que l'on clouait dans le chantier voisin lui fit penser « étrennes... jour de l'an. » Et tout de suite le mot de gratification se planta dans son esprit comme le premier jalon d'une histoire étourdissante. Au mois de décembre, tous les employés d'Hemerlingue touchaient des appointements doubles, et vous savez que dans les petits ménages on base sur ces sortes d'aubaines mille projets ambitieux ou aimables, des cadeaux à faire, un meuble à remplacer, une petite somme gardée dans un tiroir pour l'imprévu.

C'est que M. Joyeuse n'était pas riche. Sa femme, une demoiselle de Saint-Amand, tourmentée d'idées de grandeur et de mondanité, avait mis ce petit intérieur d'employé sur un pied ruineux, et depuis trois ans qu'elle était morte et que Bonne Maman menait la maison avec tant de sagesse, on n'avait pas encore pu faire d'économies, tellement le passé se trouvait lourd. Tout à coup le brave homme se figura que cette année la gratification allait être plus forte à cause du surcroît de travail qu'on avait eu pour l'emprunt tunisien. Cet emprunt constituait une très-belle affaire pour les patrons, trop belle même, car M. Joyeuse s'était permis de dire dans les bureaux que cette fois « Hemerlingue et fils avaient tondu le Turc un peu trop ras. »

« Certainement, oui, la gratification sera doublée, » pensait l'imaginaire tout en marchant; et déjà il se voyait à un mois de là, montant avec ses camarades, pour la visite du jour de l'an, le petit escalier qui conduisait chez Hemerlingue. Celui-ci leur annonçait la bonne nouvelle; puis il retenait M. Joyeuse en particulier. Et voilà que ce patron si froid, d'habitude, enfermé dans sa graisse jaune comme dans un ballot de soie grége, devenait affectueux, paternel, communicatif. Il voulait savoir combien Joyeuse avait de filles.

« J'en ai trois... non, c'est-à-dire quatre, monsieur le baron... Je confonds toujours. L'aînée est si raisonnable. »

Savoir aussi quel âge elles avaient?

« Aline a vingt ans, monsieur le baron. C'est l'aînée... Puis nous avons Élise qui prépare son examen de dix-huit ans... Henriette qui en a quatorze, et Zaza ou Yaïa qui n'a que douze ans. »

Ce petit nom de Yaïa amusait prodigieusement M. le baron, qui voulait connaître encore quelles étaient les ressources de cette intéressante famille.

« Mes appointements, monsieur le baron... pas autre chose... J'avais un peu d'argent de côté, mais la maladie de ma pauvre femme, les études de ces demoiselles...

— Ce que vous gagnez ne suffit pas, mon cher Joyeuse... Je vous porte à mille francs par mois.

— Oh! monsieur le baron, c'est trop... »

Mais quoiqu'il eût dit cette dernière phrase tout haut, dans le dos d'un sergent de ville qui regarda passer d'un œil de méfiance ce petit homme gesticulant et hochant la tête, le pauvre imaginaire ne se réveilla pas. Il s'admira rentrant chez lui, annonçant la nouvelle à ses filles, les conduisant le soir au théâtre, pour fêter cet heureux jour. Dieu! qu'elles étaient jolies sur le devant de leur loge, les demoiselles Joyeuse, quel bouquet de têtes vermeilles! Et puis, le lendemain, voilà les deux aînées demandées en mariage par... Impossible de savoir par qui, car M. Joyeuse venait de se retrouver subitement sous la voûte de l'hôtel Hemerlingue, devant la porte battante surmontée d'un « Caisse » en lettres d'or.

« Je serai donc toujours le même, » se dit-il en riant un peu et passant sa main sur son front où la sueur perlait.

Mis en belle humeur par sa chimère, par le feu ronflant dans l'enfilade des bureaux parquetés, grillagés, discrets sous le jour froid du rez-de-chaussée, où l'on pouvait compter les pièces d'or sans s'éblouir les yeux, M. Joyeuse salua gaîment les autres employés, passa sa jaquette de travail et son bonnet de velours noir. Soudain, on siffla d'en haut; et le caissier, appliquant son oreille au cornet, entendit la voix grasse et gélatineuse d'Hemerlingue, le seul, le véritable Hemerlingue, — l'autre, le fils, était toujours absent, — qui demandait M. Joyeuse. Comment! Est-ce que le rêve continuait?... Il se sentit tout ému, prit le petit escalier intérieur qu'il montait tout à l'heure si gaillardement, et se trouva dans le cabinet du banquier, pièce étroite, très-haute de plafond, meublée seulement de rideaux verts et d'énormes fauteuils de cuir proportionnés à l'effroyable capacité du chef de la maison. Il était là, assis à son pupitre dont son ventre l'empêchait de s'approcher, obèse, anhelant et si jaune que sa face ronde au nez crochu, tête de hibou gras et malade, faisait comme une lumière au fond de ce cabinet solennel et assombri. Un gros marchand maure moisi dans l'humidité de sa petite cour. Sous ses lourdes paupières soulevées péniblement, son regard brilla une seconde quand le comptable entra; il lui fit signe de venir près de lui, et lentement, froidement, coupant de repos ses phrases essoufflées, au lieu de: « M. Joyeuse, combien avez-vous de filles? » Il dit ceci:

« Joyeuse, vous vous êtes permis de critiquer dans les bureaux nos dernières opérations sur la place de Tunis. Inutile de vous défendre. Vos paroles m'ont été rapportées mot pour mot. Et comme je ne saurais les admettre dans la bouche d'un de mes employés, je vous avertis qu'à dater de la fin de ce mois vous cessez de faire partie de la maison. »

Un flot de sang monta à la figure du comptable, redescendit, revint encore, apportant chaque fois un sifflement confus dans ses oreilles, à son cerveau un tumulte de pensées et d'images.

Ses filles !

Qu'allaient-elles devenir ?

Les places sont si rares à cette époque de l'année.

La misère lui apparut, et aussi la vision d'un malheureux tombant aux genoux d'Hemerlingue, le suppliant, le menaçant, lui sautant à la gorge dans un accès de rage désespérée. Toute cette agitation passa sur son visage comme un coup de vent qui ride un lac en y creusant toutes sortes de gouffres mobiles ; mais il resta muet, debout à la même place, et sur l'avis du patron qu'il pouvait se retirer, descendit en chancelant reprendre sa tâche à la caisse.

Le soir, en rentrant rue Saint-Ferdinand, M. Joyeuse ne parla de rien à ses filles. Il n'osa pas. L'idée d'assombrir cette gaieté rayonnante dont la vie de la maison était faite, d'embuer de grosses larmes ces jolis yeux clairs, lui parut insupportable. Avec cela craintif et faible, de ceux qui disent toujours : « Attendons à demain. » Il attendit donc pour parler, d'abord que le mois de novembre fût fini, se berçant du vague espoir qu'Hemerlingue changerait d'avis, comme s'il ne connaissait pas cette volonté de mollusque flasque et tenace sur son lingot d'or. Puis quand, ses appointements soldés, un autre comptable eut pris sa place devant le haut pupitre où il s'était tenu debout si longtemps, il espéra trouver promptement autre chose et réparer son malheur avant d'être obligé de l'avouer.

Tous les matins, il feignait de partir au bureau, se laissait équiper et conduire comme à l'ordinaire, sa vaste serviette en cuir toute prête pour les nombreuses commissions du soir. Quoiqu'il en oubliât exprès quelques-unes à cause de la prochaine fin de mois si problématique, le temps ne lui manquait plus maintenant pour les faire. Il avait sa journée à lui, toute une journée interminable, qu'il passait à courir Paris à la recherche d'une place. On lui donnait des adresses, des recommandations excellentes. Mais en ce terrible mois de décembre, si froid et si court de jour, chargé de dépenses et de préoccupations, les employés patientent et les patrons aussi. Chacun tâche de finir l'année dans le calme, remettant au mois de janvier, à ce grand saut du temps vers une autre étape, les changements, les améliorations, des tentatives de vie nouvelle.

Partout où M. Joyeuse se présentait, il voyait les visages se refroidir subitement dès qu'il expliquait le but de sa visite : « Tiens ! vous n'êtes plus chez Hemerlingue et fils ? Comment cela se fait-il ? » Il expliquait la chose de son mieux par un caprice du patron, ce féroce Hemerlingue que Paris connaissait ; mais il sentait de la froideur, de la méfiance, dans cette réponse uniforme : « Revenez nous voir après les fêtes. » Et, timide comme il était déjà, il en arrivait à ne plus se présenter nulle part, à passer vingt fois devant la même porte, dont il n'aurait jamais franchi le seuil sans la pensée de ses filles. Cela seul le poussait par les épaules, lui donnait du cœur aux jambes, l'envoyait dans la même journée aux extrémités opposées de Paris, à des adresses très-vagues que des camarades lui donnaient, à Aubervilliers, dans une grande fabrique de noir animal, où on le faisait revenir pour rien trois jours de suite.

Oh ! les courses sous la pluie, sous le givre, les portes fermées, le patron qui est sorti ou qui a du monde, les paroles données et tout à coup reprises, les espoirs déçus, l'énervement des longues attentes, les humiliations réservées à tout homme qui demande de l'ouvrage, comme si c'était une honte d'en manquer, M. Joyeuse connut toutes ces tristesses et aussi les bonnes volontés qui se lassent, se découragent devant la persistance du guignon. Et vous pensez si le dur martyre de « l'homme qui cherche une place » fut décuplé par les mirages de son imagination, par ces chimères qui se levaient pour lui du pavé de Paris pendant qu'il l'arpentait en tous sens.

Il fut pendant tout un mois une de ces marionnettes lamentables, monologuant, gesticulant sur les trottoirs, à qui chaque heurt de la foule arrache une exclamation somnambulante : « Je l'avais bien dit, » ou « gardez-vous d'en douter, Monsieur. » On passe, on rirait presque, mais on est saisi de pitié devant l'inconscience de ces malheureux possédés d'une idée fixe, aveugles que le rêve conduit, tirés par une laisse invisible. Le terrible, c'est qu'après ces longues, cruelles journées d'inaction et de fatigue, quand M. Joyeuse revenait chez lui, il fallait qu'il jouât la comédie de l'homme rentrant du travail, qu'il racontât les événements du jour, ce qu'il avait entendu dire, les cancans de bureau dont il entretenait de tout temps ces demoiselles.

Dans les petits intérieurs, il y a toujours un nom qui revient plus souvent que les autres, qu'on invoque aux jours d'orage, qui se mêle à tous les souhaits, à tous les espoirs, même aux jeux des enfants pénétrés de son importance, un nom qui tient dans la maison le rôle d'une sous-providence, ou plutôt d'un dieu lare familier et surnaturel. C'est celui du patron, du directeur d'usine, du propriétaire, du ministre, de l'homme enfin qui porte dans sa main puissante le bonheur, l'existence du foyer. Chez les Joyeuse, c'était Hemerlingue, toujours Hemerlingue, revenant dix fois, vingt fois par jour, dans la conversation de ces demoiselles, qui l'associaient à tous leurs projets, aux plus petits détails de leurs ambitions féminines : « Si Hemerlingue voulait... Tout cela dépend d'Hemerlingue. » Et rien de plus charmant que la familiarité avec laquelle ces fillettes parlaient de ce gros richard, qu'elles n'avaient jamais vu.

On demandait de ses nouvelles... Le père lui avait-il parlé ?... Était-il de bonne humeur ?... Et dire que tous, tant que nous sommes, si humbles, si courbés que le destin nous tienne, nous avons toujours au-dessous de nous de pauvres êtres plus humbles, plus courbés, pour qui nous sommes grands, pour qui nous sommes dieux, et en notre qualité de dieux, indifférents, dédaigneux ou cruels.

On se figure le supplice de M. Joyeuse, obligé d'inventer des épisodes, des anecdotes sur le misérable qui l'avait si férocement congédié après dix ans de bons services. Pourtant il jouait sa petite comédie, de façon à tromper complétement tout le monde. On n'avait remarqué qu'une chose, c'est que le père en rentrant le soir se mettait toujours à table avec un grand appétit. Je crois bien! Depuis qu'il avait perdu sa place, le pauvre homme ne déjeunait plus.

Les jours se passaient. M. Joyeuse ne trouvait rien. Si, une place de comptable à la *Caisse territoriale*, mais qu'il ret isait, trop au courant des opérations de banque, de tous les coins et recoins de la bohème financière en général, et de la *Caisse territoriale* en particulier, pour mettre les pieds dans cet antre.

« Mais, lui disait Passajon... car c'était Passajon qui, rencontrant le bonhomme et le voyant sans emploi, lui avait parlé de venir chez Paganetti... Mais puisque je vous répète que c'est sérieux. Nous avons beaucoup d'argent. On paye, on m'a payé, regardez comme je suis flambant. »

En effet, le vieux garçon de bureau avait une livrée neuve, et, sous sa tunique à boutons argentés, sa bedaine s'avançait, majestueuse. N'importe, M. Joyeuse ne s'était pas laissé tenter, même après que Passajon, arrondissant ses yeux bleus à fleur de tête, lui eut glissé emphatiquement dans l'oreille ces mots gros de promesses :

« Le Nabab est dans l'affaire. »

Même après cela, M. Joyeuse avait eu le courage de dire non. Ne valait-il pas mieux mourir de faim que d'entrer dans une maison fallacieuse dont il serait peut-être un jour appelé à expertiser les livres devant les tribunaux?

Il continua donc à courir ; mais, découragé, il ne cherchait plus. Comme il lui fallait rester dehors, il s'attardait aux étalages sur les quais, s'accoudait des heures aux parapets, regardait l'eau couler et les bateaux qu'on déchargeait. Il devenait ce flâneur qu'on rencontre au premier rang des attroupements de la rue, s'abritant des averses sous les porches, s'approchant pour se chauffer des poêles en plein air où fume le goudron des asphalteurs, s'affaissant sur un banc du boulevard lorsque ses pas ne pouvaient plus le porter.

Ne rien faire, quel bon moyen de s'allonger la vie!

A certains jours, cependant, quand M. Joyeuse était trop las ou le ciel trop féroce, il attendait au bout de la rue que ces demoiselles eussent refermé leur croisée, et, revenant à la maison le long des murailles, montait l'escalier bien vite, passait devant sa porte en retenant son souffle, et se réfugiait chez le photographe André Maranne qui, au courant de son infortune, lui faisait cet accueil apitoyé que les pauvres diables ont entre eux. Les clients sont rares si près des banlieues. Il restait de longues heures dans l'atelier à causer tout bas, à lire à côté de son ami, à écouter la pluie sur les vitres ou le vent qui soufflait comme en pleine mer, heurtant les vieilles portes et les châssis, en bas, dans le chantier de démolitions. Au-dessous il entendait des bruits connus et pleins de charme, des chansons envolées du contentement d'une tâche, des rires assemblés, la leçon de piano que donnait Bonne Maman, le tic-tac du métronome, tout un remue-ménage délicieux qui lui chatouillait le cœur. Il vivait avec ses chéries, qui certes ne croyaient pas l'avoir si près d'elles.

Une fois, pendant une absence de Maranne, M. Joyeuse, gardant fidèlement l'atelier et son appareil neuf, entendit frapper deux petits coups au plafond du quatrième, deux coups séparés, très-distincts, puis un roulement discret comme un trot de souris. L'intimité du photographe avec ses voisins autorisait bien ces communications de prisonniers; mais qu'est-ce que cela signifiait? Comment répondre à ce qui semblait un appel? A tout hasard, il répéta les deux coups, le tambourinement léger, et la conversation en resta là. Au retour d'André Maranne, il eut l'explication du fait. C'était b simple: quelquefois, au courant de la journée, ces demoiselles, qui ne voyaient leur voisin que le soir, s'informaient de ses nouvelles, si la clientèle allait un peu. Le signal entendu voulait dire : « Est-ce que les affaires vont bien aujourd'hui? » Et M. Joyeuse avait répondu, d'instinct, sans savoir : « Pas trop mal pour la saison. » Bien que le jeune Maranne fût très-rouge en affirmant cela, M. Joyeuse le croyait sur parole. Seulement cette idée de communication fréquente entre les deux ménages lui fit peur pour le secret de sa situation, et dès lors il s'abstint de ce qu'il appelait « ses journées artistiques. » D'ailleurs, le moment approchait où il ne pourrait plus dissimuler sa détresse, la fin du mois arrivant compliquée d'une fin d'année.

Paris prenait déjà sa physionomie de fête des dernières semaines de décembre. En fait de réjouissance nationale ou populaire, il n'a guère plus que celle-là. Les folies du carnaval sont mortes en même temps que Gavarni, les fêtes religieuses, dont on entend à peine le carillon sur le bruit des rues, s'enferment derrière leurs lourdes portes d'église, le quinze août n'a jamais été que la Saint-Charlemagne des casernes; mais Paris a gardé le respect du jour de l'an.

Dès le commencement de décembre, un immense enfantillage se répand par la ville. On voit passer des voitures à bras remplies de tambours dorés, de chevaux de bois, de jouets à la douzaine. Dans les quartiers industrieux, du haut en bas des maisons à cinq étages, des vieux hôtels du marais, où les magasins ont de si hauts plafonds et des doubles portes majestueuses, on passe les nuits à manier de la gaze, des fleurs et du paillon, à coller des étiquettes sur des boîtes satinées, à trier, marquer, emballer ; les mille détails du joujou, ce grand commerce auquel Paris donne le cachet de son élégance. Cela sent le bois neuf, la peinture fraîche, le vernis reluisant, et, dans la poussière des mansardes, par les escaliers misérables où le peuple met toutes les boues qu'il a traversées, traînent des copeaux de bois de rose, des rognures de satin et de velours, des parcelles de clinquant, tous les débris du luxe employé pour l'éblouissement des yeux enfantins. Puis, les étalages se parent. Derrière les vitrines claires, la dorure des livres d'étrennes monte comme un flot scintillant sous le gaz, les étoffes de couleurs variées et tentantes montrent leurs plis cassants et lourds, pendant que les demoiselles de magasin, les cheveux en étage, un ruban sous leur col, font l'article, un petit doigt en l'air, ou remplissent des sacs de moire, dans lesquels les bonbons tombent en pluie de perles.

Mais, en face de ce commerce bourgeois, bien chez lui, chauffé, retranché derrière ses riches devantures, s'installe l'industrie improvisée de ces baraques en planches, ouvertes au vent de la rue, et dont la double rangée donne aux boulevards l'aspect d'un mail forain. C'est là qu'est le vrai intérêt et la poésie des étrennes. Luxueuses dans le quartier de la Madeleine, bourgeoises vers le boulevard Saint-Denis, plus « peuple » en remontant à la Bastille, ces petites baraques se modifient pour leur public, calculent leurs chances de succès au porte-monnaie plus ou moins garni des passants. Entre elles, se dressent des tables volantes, chargées de menus objets, miracles de la petite industrie parisienne, bâtis de rien, frêles et chétifs, et que la vogue entraîne quelquefois dans son grand coup de vent, à cause de leur légèreté même. Enfin, au long des trottoirs, perdues dans la file des voitures qui frôlent leur marche errante, les marchandes d'oranges complètent ce commerce ambulant, entassant les fruits couleur de soleil sous leur lanterne de papier rouge, criant : « La Valence, » dans le brouillard, le tumulte, la hâte excessive que Paris met à finir son année.

D'ordinaire, M. Joyeuse faisait partie de cette foule affairée qui circule avec un bruit d'argent en poche et des paquets dans toutes les mains. Il courait en compagnie de Bonne Maman à la recherche des étrennes pour ces demoiselles, s'arrêtait devant ces petits marchands émus du moindre client, sans l'habitude de la vente, et qui ont basé sur cette courte phase des projets de bénéfices extraordinaires. Et c'étaient des colloques, des réflexions, un embarras du choix interminable dans ce petit cerveau compliqué, toujours au delà de la minute présente et de l'occupation du moment.

Cette année, hélas! rien de semblable. Il errait mélancoliquement dans la ville en liesse, plus triste, plus désœuvré de toute l'activité environnante, heurté, bousculé, comme tous ceux qui gênent la circulation des actifs, le cœur battant d'une crainte perpétuelle, car Bonne Maman, depuis quelques jours, lui faisait à table des allusions clairvoyantes et significatives à propos des étrennes. Aussi, évitait-il de se trouver seul avec elle, et lui avait-il défendu de venir le chercher à la sortie du bureau. Mais, malgré tous ses efforts, le moment approchait, il le sentait bien, où le mystère serait impossible et son lourd secret dévoilé... Elle était donc bien terrible, cette Bonne Maman, que M. Joyeuse la craignait si fort?... Mon Dieu, non. Un peu sévère, voilà tout, avec un joli sourire qui graciait à la minute tous les coupables. Mais M. Joyeuse était un craintif, un timide de naissance; vingt ans de ménage avec une maîtresse femme, « une personne de la noblesse, » l'ayant esclavagé pour toujours, comme ces forçats qui, après leur temps de fers, doivent encore subir une période de surveillance. Et lui en avait pour toute sa vie.

Un soir, la famille Joyeuse était réunie dans le petit salon, dernière épave de sa splendeur, où il restait deux fauteuils capitonnés, beaucoup de garnitures au crochet, un piano, deux lampes carcels coiffées de petits chapeaux verts, et un bonheur du jour rempli de bibelots.

La vraie famille est chez les humbles.

Par économie, on n'allumait pour la maison entière qu'un seul feu et qu'une lampe autour de laquelle toutes les occupations, toutes les distractions se groupaient, bonne grosse lampe de famille, dont le vieil abat-jour, — des scènes de nuit, semées de points brillants, — avait été l'étonnement et la joie de toutes ces fillettes dans leur petite enfance. Sortant doucement de l'ombre de la pièce, quatre jeunes têtes se penchaient, blondes ou brunes, souriantes ou appliquées, sous ce rayon intime et réchauffant qui les éclairait à la hauteur des yeux, semblait alimenter la flamme de leur regard, la jeunesse lumineuse sous leurs fronts transparents, les couver, les abriter, les garder du froid noir ventant dehors, des fantômes, des embûches, des misères et des terreurs, de tout ce que promène de sinistre une nuit d'hiver parisien au fond d'un quartier perdu.

Ainsi serrée dans une petite pièce en haut de la maison déserte, dans la chaleur, la sécurité de son intérieur, bien garni et soigné, la famille Joyeuse a l'air d'un nid tout en haut d'un grand arbre. On coud, on lit, on cause un peu. Un sursaut de la flamme, un pétillement du feu, voilà ce qu'on entend, avec de temps à autre une exclamation de M. Joyeuse, un peu en dehors de son petit cercle, perdu dans l'ombre où il abrite son front anxieux et toutes les démences de son imagination. Maintenant, il se figure que, dans la détresse où il se trouve acculé, dans cette nécessité absolue de tout avouer à ses enfants, ce soir, au plus tard demain, il lui arrive un secours inespéré. Hemerlingue, pris de remords, lui envoie comme à tous ceux qui ont travaillé au Tunisien sa gratification de décembre. C'est un grand laquais qui l'apporte : « De la part de M. le baron. » L'Imaginaire dit cela tout haut. Les jolis visages se tournent vers lui; on rit, on s'agite, et le malheureux se réveille en sursaut...

Oh! comme il s'en veut à présent de sa lenteur à tout avouer, de cette sécurité menteuse maintenue autour de lui, et qu'il va falloir détruire tout à coup. Aussi quel besoin avait-il de critiquer cet emprunt de Tunis! Il se reproche même à cette heure de n'avoir pas accepté une place à la *Caisse territoriale*. Est-ce qu'il avait le droit de refuser?... Ah! le triste chef de famille, sans force pour garder ou défendre le bonheur des siens... Et, devant le joli groupe encerclé par l'abat-jour et dont l'aspect reposant forme un si grand contraste avec ses agitations intérieures, il est pris d'un remords si violent pour son âme faible, que son secret lui vient aux lèvres, va lui échapper dans un débordement de sanglots, quand un coup de sonnette — pas chimérique, celui-là — les fait tous tressaillir et l'arrête au moment de parler.

Qui donc pouvait venir à cette heure? Ils vivaient à l'écart depuis la mort de la mère, ne fréquentaient presque personne. André Maranne, quand il descendait passer un moment avec eux, frappait familièrement comme ceux pour qui la porte est toujours ouverte. Profond silence dans le salon, long colloque sur le palier. Enfin, la vieille bonne — elle était dans la maison depuis aussi longtemps que la lampe — introduisit un jeune homme complétement inconnu, qui s'arrêta, saisi, devant l'adorable tableau des quatre chéries pressées autour de la table. Son entrée en fut intimidée, un peu gauche. Pourtant il expliqua fort bien le motif de sa visite. Il était adressé à M. Joyeuse par un brave homme de sa connaissance, le vieux Passajon, pour prendre des leçons de comptabilité. Un de ses amis se trouvait engagé dans de grosses affaires d'argent, une commandite considérable. Lui aurait voulu le servir en surveillant l'emploi des capitaux, la droiture des opérations; mais il était avocat, peu au courant des systèmes financiers, du langage de la banque. Est-ce que M. Joyeuse ne pourrait pas, en quelques mois, à trois ou quatre leçons par semaine...

« Mais si bien, Monsieur, si bien... bégayait le père tout étourdi de cette chance inespérée... Je me charge parfaitement, en quelques mois, de vous rendre apte à ce travail de vérification... Où prendrons-nous nos leçons ?

— Chez vous, si vous le permettez, dit le jeune homme, car je tiens à ce qu'on ne sache pas que je travaille... Seulement, je serai désolé si, chaque fois que j'arrive, je mets tout le monde en fuite comme ce soir. »

En effet, dès les premiers mots du visiteur, les quatre têtes bouclées avaient disparu, avec des petits chuchotements, des froissements de jupes, et le salon paraissait bien nu, maintenant que le grand cercle de lumière blanche était vide.

Toujours très-ombrageux, quand il s'agissait de ses filles, M. Joyeuse répondit, que « ces demoiselles se retiraient tous les soirs de bonne heure ; » et cela d'un petit ton bref qui signifiait très-nettement : « Parlons de nos leçons, jeune homme, je vous prie. » On convint alors des jours, des heures libres dans la soirée.

Quant aux conditions, ce serait ce que Monsieur voudrait.

Monsieur dit un chiffre.

Le comptable devint tout rouge : c'était ce qu'il gagnait chez Hemerlingue.

« Oh ! non, c'est trop. »

Mais l'autre ne l'écoutait plus, cherchait, tortillait sa langue, comme pour une chose très-difficile à dire, et tout à coup résolûment :

« Voilà votre premier mois...

— Mais, Monsieur... »

Le jeune homme insista. On ne le connaissait pas. Il était juste qu'il payât d'avance... Évidemment Passajon l'avait prévenu... M. Joyeuse le comprit, et dit à demi-voix : « Merci, oh ! merci... » tellement ému, que les paroles lui manquaient. La vie, c'était la vie pendant quelques mois, le temps de se retourner, de retrouver une place. Ses mignonnes ne manqueraient de rien. Elles auraient leurs étrennes. O Providence !

« Alors à mercredi, monsieur Joyeuse.

— A mercredi... monsieur ?...

— De Géry... Paul de Géry. »

Et tous deux se séparèrent ravis, éblouis, l'un de l'apparition de ce sauveur inattendu, l'autre de l'adorable tableau qu'il n'avait fait qu'entrevoir, toute cette jeunesse féminine groupée autour de la table couverte de livres, de cahiers et d'écheveaux, avec un air de pureté, d'honnêteté laborieuse. Il y avait là pour de Géry tout un Paris nouveau, courageux, familial, bien différent de celui qu'il connaissait déjà, un Paris dont les feuilletonistes ni les reporters ne parlent jamais, et qui lui rappelait sa province, avec un raffinement en plus, ce que la mêlée, le tumulte environnants prêtent de charme au tranquille refuge épargné.

VI

FÉLICIA RUYS

« Et votre fils, Jenkins, qu'est-ce que vous en faites?... Pourquoi ne le voit-on plus chez vous?... Il était gentil, ce garçon. »

Tout en disant cela de ce ton de brusquerie dédaigneuse qu'elle avait presque toujours lorsqu'elle parlait à l'Irlandais, Félicia travaillait au buste du Nabab qu'elle venait de commencer, posait son modèle, quittait et reprenait l'ébauchoir, essuyait lestement ses doigts à la petite éponge, tandis que la lumière et la tranquillité d'une belle après-midi de dimanche tombaient sur la rotonde vitrée de l'atelier. Félicia « recevait » tous les dimanches, si c'est recevoir que laisser sa porte ouverte, les gens entrer, sortir, s'asseoir un moment, sans bouger pour eux de son travail ni même interrompre la discussion commencée pour faire accueil aux arrivants. C'étaient des artistes, têtes fines, barbes rutilantes, avec çà et là une toison blanche de vieux romantiques amis du père Ruys; puis des amateurs, des hommes du monde, banquiers, agents de change et quelques jeunes gandins venus plutôt pour la belle fille que pour sa sculpture, pour avoir le droit de dire au club le soir : « J'étais aujourd'hui chez Félicia. » Parmi eux, Paul de Géry, silencieux, absorbé dans une admiration qui lui entrait au cœur chaque jour un peu plus, cherchait à comprendre le beau sphinx enveloppé de cachemire pourpre et de guipures écrues qui taillait bravement en pleine glaise, un tablier de brunisseuse — remonté presque jusqu'au cou, — laissant la tête petite et fière émerger avec ces tons transparents, ces lueurs de rayons voilés dont l'esprit, l'inspiration colorent les visages en passant. Paul se rappelait toujours ce qu'on avait dit d'elle devant lui, essayait de se faire une opinion, doutait, plein de trouble et charmé, se jurant chaque fois qu'il ne reviendrait plus, et ne manquant pas un dimanche. Il y avait là aussi de fondation, toujours à la même place, une petite femme en cheveux gris et poudrés, une fanchon autour de sa figure rose, pastel un peu effacé par les ans qui, sous le jour discret d'une embrasure, souriait doucement, les mains abandonnées sur ses genoux, dans une immobilité de fakir. Jenkins, aimable, la face ouverte, avec ses yeux noirs et son air d'apôtre, allait de l'un à l'autre, aimé et connu de tous. Lui non plus ne manquait pas un des jours de Félicia ; et vraiment il y mettait de la patience, toutes les rebuffades de l'artiste et de la jolie femme étant réservées à lui seul. Sans paraître s'en apercevoir, avec la même sérénité souriante, indulgente, il continuait à venir chez la fille de son vieux Ruys, de celui qu'il avait tant aimé, soigné jusqu'à la dernière minute.

Cette fois cependant la question que venait de lui adresser Félicia à propos de son fils lui parut extrêmement désagréable ; et c'est le sourcil froncé, avec une expression réelle de mauvaise humeur, qu'il répondit :

« Ce qu'il est devenu, ma foi! je n'en sais pas plus que vous... Il nous a quittés tout à fait. Il s'ennuyait chez nous... Il n'aime que sa bohème... »

Félicia eut un bond qui les fit tous tressaillir, et l'œil dardé, la narine frémissante :

« C'est trop fort... Ah ça! voyons, Jenkins, qu'est-ce que vous appelez la bohème?... Un mot charmant, par parenthèse, et qui devrait évoquer de longues courses errantes au soleil, des haltes au coin d'un bois, toute la primeur des fruits et des fontaines prise au hasard des grands chemins... Mais puisque de toute cette grâce vous avez fait une injure, une souillure, à qui l'appliquez-vous?... A quelques pauvres diables à longs crins, épris de l'indépendance en guenilles, qui crèvent de faim à un cinquième, en regardant le bleu de trop près, ou en cherchant des rimes sous des tuiles où filtre la pluie, à ces fous de plus en plus rares, qui, par horreur du convenu, du traditionnel, du bêta de la vie, ont sauté à pieds joints dans sa marge?... Mais, voyons, c'est l'ancien jeu, ça. C'est la bohème de Murger, avec l'hôpital au bout, terreur des enfants, tranquillité des parents, le Chaperon-Rouge mangé par le loup. Elle est finie, il y a beau temps, cette histoire-là... Aujourd'hui, vous savez bien que les artistes sont les gens les plus rangés de la terre, qu'ils gagnent de l'argent, paient leurs dettes et s'arrangent pour ressembler au premier venu... Les vrais bohèmes ne manquent pas pourtant, notre société en est faite, seulement c'est dans votre monde surtout qu'on les trouve... Parbleu! Ils ne portent pas d'étiquette extérieure, et personne ne se méfie d'eux; mais pour l'incertain, le décousu de l'existence, ils n'ont rien à envier à ceux qu'ils appellent si dédaigneusement « des irréguliers... » Ah! si l'on savait tout ce qu'un habit noir, le plus correct de vos affreux vêtements modernes, peut masquer de turpitudes, d'histoires fantastiques ou monstrueuses. Tenez, Jenkins, l'autre soir chez vous, je m'amusais à les compter, tous ces aventuriers de la haute...

La petite vieille, rose et poudrée, lui dit doucement de sa place :

« Félicia... prends garde. »

Mais elle continua sans l'écouter :

« Qu'est-ce que c'est que Monpavon, docteur ?... Et Bois-Landry ?... Et de Mora lui-même ?... Et... »

Elle allait dire : et le Nabab ? mais se contint.

« Et combien d'autres ! Oh ! vraiment, je vous conseille d'en parler avec mépris de la bohème... Mais votre clientèle de médecin à la mode, ô sublime Jenkins, n'est faite que de cela. Bohème de l'industrie, de la finance, de la politique ; des déclassés, des tarés de toutes les castes, et plus on monte, plus il y en a, parce que le rang donne l'impunité et que la fortune paie bien des silences. »

Elle parlait, très-animée, l'air dur, la lèvre retroussée par un dédain féroce. L'autre riait d'un rire faux, prenait un petit ton léger, condescendant : « Ah ! tête folle... tête folle. » Et son regard se tournait, inquiet et suppliant, du côté du Nabab, comme pour lui demander grâce de toutes ces impertinences paradoxales.

Mais Jansoulet, bien loin de paraître vexé, lui qui était si fier de poser devant cette belle artiste, si orgueilleux de l'honneur qu'on lui faisait, remuait la tête d'un air approbatif :

« Elle a raison, Jenkins, dit-il à la fin, elle a raison. La vraie bohème, c'est nous autres. Regardez-moi, par exemple, regardez Hemerlingue, deux des plus gros manieurs d'écus de Paris. Quand je pense d'où nous sommes partis, tous les métiers à travers lesquels on a roulé sa bosse. Hemerlingue, un ancien cantinier de régiment; moi, qui pour vivre, ai porté des sacs de blé sur le port de Marseille... Et les coups de raccroc dont notre fortune s'est faite, comme se font d'ailleurs toutes les fortunes maintenant... Nom d'un chien! Allez-vous-en sous le péristyle de la Bourse de trois à cinq... Mais, pardon, Mademoiselle, avec ma manie de gesticuler en parlant, voilà que j'ai perdu la pose... voyons, comme ceci?...

— C'est inutile, dit Félicia en jetant son ébauchoir d'un geste d'enfant gâté. Je ne ferai plus rien aujourd'hui. »

C'était une étrange fille, cette Félicia. Une vraie fille d'artiste, d'un artiste génial et désordonné, bien dans la tradition romantique, comme était Sébastien Ruys. Elle n'avait pas connu sa mère, étant née d'un de ces amours de passage qui entraient tout à coup dans la vie de garçon du sculpteur comme des hirondelles dans un logis dont la porte est toujours ouverte, et en ressortaient aussitôt parce qu'on n'y pouvait faire un nid.

Cette fois, la dame, en s'envolant, avait laissé au grand artiste, alors âgé d'une quarantaine d'années, un bel enfant qu'il avait reconnu, fait élever, et qui devint la joie et la passion de sa vie. Jusqu'à treize ans, Félicia était restée chez son père, mettant une note enfantine et tendre dans cet atelier encombré de flâneurs, de modèles, de grands lévriers couchés en long sur les divans. Il y avait là un coin réservé pour elle, pour ses essais de sculpture, toute une installation microscopique, un trépied, de la cire ; et le vieux Ruys criait à ceux qui entraient :

« Va pas par là... Dérange rien... C'est le coin de la petiote... »

Ce qui fait qu'à dix ans elle savait à peine lire et maniait l'ébauchoir avec une merveilleuse adresse. Ruys aurait voulu garder toujours auprès de lui cette enfant qui ne le gênait en rien, entrée toute petite dans la grande confrérie. Mais c'était pitié de voir cette fillette parmi la libre allure des habitués de la maison, l'éternel va-et-vient des modèles, les discussions d'un art pour ainsi dire tout physique, et même aux bruyantes tablées du dimanche, assise au milieu de cinq ou six femmes que le père tutoyait toutes, comédiennes, danseuses ou chanteuses, et qui, après le dîner, s'installaient à fumer, les coudes sur la nappe, avachies dans ces histoires grasses si goûtées du maître de la maison. Heureusement, l'enfance est protégée d'une candeur résistante, d'un émail sur lequel glissent toutes les souillures. Félicia devenait bruyante, turbulente, mal élevée, mais sans être atteinte par tout ce qui passait au-dessus de sa petite âme au ras de terre.

Tous les ans, à la belle saison, elle allait demeurer quelques jours chez sa marraine, Constance Crenmitz, la Crenmitz aînée, que l'Europe entière avait si longtemps appelée « l'illustre danseuse, » et qui vivait paisiblement retirée à Fontainebleau.

L'arrivée du « petit démon » mêlait pendant quelque temps à la vie de la vieille danseuse une agitation dont elle avait ensuite toute l'année pour se remettre. Les terreurs que l'enfant lui causait avec ses audaces à grimper, à sauter, à monter à cheval, tous les emportements de sa nature échappée, lui rendaient ce séjour à la fois délicieux et terrible ; délicieux, car elle adorait Félicia, la seule attache familiale qui restât à cette pauvre vieille salamandre en retraite après trente ans de « battus » dans les flamboiements du gaz; terrible, car le démon fourrageait sans pitié l'intérieur de la danseuse, paré, soigné, parfumé, comme sa loge à l'Opéra, et garni d'un musée de souvenirs datés de toutes les scènes du monde.

Constance Crenmitz fut le seul élément féminin dans l'enfance de Félicia. Futile, bornée, ayant gardé sur son esprit le rose du maillot pour toute sa vie, elle avait du moins un soin coquet, des doigts agiles sachant coudre, broder, ajuster, mettre dans tous les angles d'une pièce leur trace légère et minutieuse. Elle seule entreprit de redresser le jeune sauvageon, et d'éveiller discrètement la femme dans cet être étrange sur le dos duquel les manteaux, les fourrures, tout ce que la mode inventait d'élégant, prenait des plis trop droits ou des brusqueries singulières.

C'est encore la danseuse, — fallait-il qu'elle fût abandonnée, cette petite Ruys, — qui, triomphant de l'égoïsme paternel, exigea du sculpteur une séparation nécessaire, quand Félicia eut douze à treize ans ; et elle prit de plus la responsabilité de chercher une pension convenable, une pension qu'elle choisit à dessein très-cossue et très-bourgeoise, tout en haut d'un faubourg aéré, installée dans une vaste demeure du vieux temps, entourée de grands murs, de grands arbres, une sorte de couvent, moins la contrainte et le mépris des sérieuses études.

On travaillait beaucoup au contraire dans l'institution de madame Belin, sans autres sorties que celles des grandes fêtes, sans communications du dehors que la visite des parents, le jeudi, dans un petit jardin planté d'arbustes en fleurs ou dans l'immense parloir aux dessus de portes sculptés et dorés. La première entrée de Félicia au milieu de cette maison presque monastique causa bien une certaine rumeur ; sa toilette choisie par la danseuse autrichienne, ses cheveux bouclés jusqu'à la taille, cette allure déhanchée et garçon excitèrent quelque malveillance, mais elle était Parisienne, et vite assimilée à toutes les situations, à tous les endroits. Quelques jours après, mieux que personne elle portait le petit tablier noir, auquel les plus coquettes attachaient leur montre, la jupe droite — prescription sévère et dure, à cette époque, où la mode élargissait les femmes d'une infinité de volants, — la coiffure d'uniforme, deux nattes rattachées un peu bas, dans le cou, à la façon des paysannes romaines.

Chose étrange, l'assiduité des classes, leur calme exactitude convinrent à la nature de Félicia, toute intelligente et vivante, où le goût de l'étude s'égayait d'une expansion juvénile à l'aise dans la bonne humeur bruyante des récréations. On l'aima. Parmi ces filles de grands industriels, de notaires parisiens ou de fermiers gentilshommes, tout un petit monde solide, un peu gourmé, le nom bien connu du vieux Ruys, le respect dont s'entoure à Paris une réputation artistique, firent à Félicia une place à part et très-enviée, rendue plus brillante encore par ses succès de classe, un véritable talent de dessinateur, et sa beauté, cette supériorité qui s'impose, même chez les toutes jeunes filles.

Dans l'atmosphère purifiée du pensionnat, elle ressentait une douceur extrême à se féminiser, à reprendre son sexe, à connaître l'ordre, la régularité, autrement que de cette danseuse aimable dont les balsers gardaient toujours un goût de fard et les expansions des ronds de bras peu naturels. Le père Ruys s'extasiait, chaque fois qu'il venait voir sa fille, de la trouver plus demoiselle, sachant entrer, marcher, sortir d'une pièce avec cette jolie révérence qui faisait désirer à toutes les pensionnaires de madame Belin le frou-frou traînant d'une longue robe.

D'abord il vint souvent, puis comme le temps lui manquait pour tous les travaux acceptés, entrepris, dont les avances payaient les gâchis, les facilités de son existence, on le vit moins au parloir. Enfin, la maladie s'en mêla. Terrassé par une anémie invincible, il restait des semaines sans sortir, sans travailler. Alors il voulut ravoir sa fille; et du pensionnat ombragé d'une paix si saine, Félicia retomba dans l'atelier paternel que hantaient toujours les mêmes commensaux, le parasitisme installé autour de toute célébrité, parmi lequel la maladie avait introduit un nouveau personnage, le docteur Jenkins.

Cette belle figure ouverte, l'air de franchise, de sérénité répandu sur la personne de ce médecin, déjà connu, qui parlait de son art avec tant de sans-façon et opérait pourtant des cures miraculeuses, les soins dont il entourait son père, firent une grande impression sur la jeune fille. Tout de suite Jenkins fut l'ami, le confident, un tuteur vigilant et doux. Parfois dans l'atelier lorsque quelqu'un — le père tout le premier — lançait un mot trop accentué, une plaisanterie risquée, l'Irlandais fronçait les sourcils, faisait un petit claquement de langue, ou bien détournait l'attention de Félicia. Il l'emmenait souvent passer la journée chez madame Jenkins, s'efforçant d'empêcher qu'elle redevînt le sauvageon d'avant le pensionnat, ou même quelque chose de pis, ce qui la menaçait dans l'abandon moral, plus triste que tout autre, où on la laissait.

Mais la jeune fille avait, pour la défendre, mieux encore que l'exemple irréprochable et mondain de la belle madame Jenkins : l'art qu'elle adorait, l'enthousiasme qu'il mettait dans sa nature tout en dehors, le sentiment de la beauté, de la vérité, qui de son cerveau réfléchi, plein d'idées, passait dans ses doigts avec un petit frémissement de nerfs, un désir de la chose faite, de l'image réalisée. Tout le jour elle travaillait à sa sculpture, fixait ses rêveries avec ce bonheur de la jeunesse instinctive qui prête tant de charme aux premières œuvres; cela l'empêchait de trop regretter l'austérité de l'institution Belin, abritante et légère comme le voile d'une novice sans vœux, et cela la gardait aussi des conversations dangereuses, inentendues dans sa préoccupation unique.

Ruys était fier de ce talent qui grandissait à son côté. De jour en jour plus affaibli, déjà dans cette phase où l'artiste se regrette, il suivait Félicia avec une consolation de sa propre carrière terminée. L'ébauchoir, qui tremblait dans sa main, était ressaisi tout près de lui avec une fermeté, une assurance viriles, tempérées par tout ce que la femme peut appliquer des finesses de son être à la réalisation d'un art. Sensation singulière que cette paternité double, cette survivance du génie abandonnant celui qui s'en va pour passer dans celui qui vient, comme ces beaux oiseaux familiers qui, dès la veille d'une mort, désertent le toit menacé pour voler sur un logis moins triste.

Aux derniers temps, Félicia — grande artiste et toujours enfant — exécutait la moitié des travaux paterternels; et rien n'était plus touchant que cette collaboration du père et de la fille, dans le même atelier, autour du même groupe. La chose ne se passait pas toujours paisiblement. Quoique élève de son père, Félicia sentait déjà sa personnalité rebelle à une direction despotique. Elle avait ces audaces des commençants, ces presciences de l'avenir réservées aux talents jeunes, et, contre les traditions romantiques de Sébastien Ruys, une tendance de réalisme moderne, un besoin de planter ce vieux drapeau glorieux sur quelque monument nouveau.

C'étaient alors de terribles empoignades, des discussions dont le père sortait vaincu, dompté par la logique de sa fille, étonné de tout le chemin que font les enfants sur les routes, alors que les vieux, qui leur ont ouvert les barrières, restent immobiles à l'endroit du départ. Quand elle travaillait pour lui, Félicia cédait plus facilement; mais, sur sa sculpture à elle, on la trouvait intraitable. Ainsi le *Joueur de boules*, sa première œuvre exposée, qui obtint un si grand succès au Salon de 1862, fut l'objet de scènes violentes entre les deux artistes, de contradictions si fortes, que Jenkins dut intervenir et assister au départ du plâtre que Ruys avait menacé de briser.

A part ces petits drames qui ne touchaient en rien aux tendresses de leur cœur, ces deux êtres s'adoraient avec le pressentiment et peu à peu la cruelle certitude d'une séparation prochaine, quand tout à coup il se passa dans la vie de Félicia un événement horrible. Un jour, Jenkins l'avait emmenée dîner chez lui, comme cela arrivait souvent. Madame Jenkins était absente, en voyage ainsi que son fils pour deux jours; mais l'âge du docteur, son intimité quasi-paternelle l'autorisaient à garder près de lui, même en l'absence de sa femme,

cette fillette que ses quinze ans, les quinze ans d'une
juive d'Orient resplendissante de beauté hâtive, laissaient encore près de l'enfance.

Le dîner fut très-gai, Jenkins aimable, cordial à son
ordinaire. Puis on passa dans le cabinet du docteur;
et soudain, sur le divan, au milieu d'une conversation
intime, tout amicale, sur son père, sa santé, leurs travaux, Félicia sentit comme le froid d'un gouffre entre
elle et cet homme, puis l'étreinte brutale d'une patte de
faune. Elle vit un Jenkins inconnu, égaré, bégayant, le
rire hébété, les mains outrageantes. Dans la surprise,
l'inattendu de ce ruement de brute, une autre que Félicia, une enfant de son âge, mais vraiment innocente,
aurait été perdue. Elle, pauvre petite, ce qui la sauva,
ce fut de savoir. Elle en avait tant entendu conter à la
table de son père! Et puis l'art, la vie d'atelier... Ce
n'était pas une ingénue. Tout de suite elle comprit ce
que voulait cette étreinte, lutta, bondit, puis n'étant
pas assez forte, cria. Il eut peur, lâcha prise, et subitement elle se trouva debout, dégagée, avec l'homme
à ses genoux pleurant, demandant pardon... Il avait
cédé à une folie. Elle était si belle, il l'aimait tant. Depuis des mois il luttait... Mais maintenant c'était fini,
jamais plus, oh! jamais plus... Pas même toucher le
bord de sa robe... Elle ne répondait pas, tremblait,
rajustait ses cheveux, ses vêtements avec des doigts de
folle. Partir, elle voulait partir sur l'heure, toute seule.
Il la fit accompagner par une servante; et tout bas,
comme elle montait en voiture : « Surtout pas un mot...
Votre père en mourrait. » Il la connaissait si bien, il
était si sûr de la tenir avec cette idée, le misérable,
qu'il revint le lendemain comme si rien ne s'était passé,
toujours épanoui et la face loyale. En effet, elle

n'en parla jamais à son père, ni à personne. Mais à dater de ce jour, un changement se fit en elle, comme une détente de ses fiertés. Elle eut des caprices, des lassitudes, un pli de dégoût sur son sourire, et parfois contre son père des colères subites, un regard de mépris qui lui reprochait de n'avoir pas su veiller sur elle.

« Qu'est-ce qu'elle a ? » disait le père Ruys ; et Jenkins, avec l'autorité du médecin, mettait cela sur le compte de l'âge et d'un trouble physique. Lui-même évitait d'adresser la parole à la jeune fille, comptant sur les jours pour effacer l'impression sinistre, et ne désespérant pas d'arriver où il voulait, car il voulait encore, plus que jamais, pris d'un amour enragé d'homme de quarante-sept ans, d'une incurable passion de maturité ; et c'était son châtiment, à cet hypocrite... Ce singulier état de sa fille constitua un vrai chagrin pour le sculpteur ; mais ce chagrin fut de courte durée. Soudainement Ruys s'éteignit, s'écroula d'un coup, comme tous ceux que soignait l'Irlandais. Son dernier mot fut :

« Jenkins, je vous recommande ma fille. »

Il était si ironiquement lugubre, ce mot, que Jenkins, présent à l'agonie, ne put s'empêcher de pâlir...

Félicia fut plus stupéfaite encore que désolée. A l'étonnement de la mort, qu'elle n'avait jamais vue et qui se présentait à elle sous des traits aussi chers, se joignait le sentiment d'une solitude immense entourée de nuit et de dangers.

Quelques amis du sculpteur se réunirent en conseil de famille pour délibérer sur le sort de cette malheureuse enfant sans parents ni fortune. On avait trouvé cinquante francs dans le vide-poche où Sébastien mettait son argent sur un meuble de l'atelier bien connu des besogneux et qu'ils visitaient sans scrupule. Pas d'autre héritage, du moins en numéraire; seulement un mobilier d'art et de curiosité des plus somptueux, quelques tableaux de prix et des créances égarées couvrant à peine des dettes innombrables. On parla d'organiser une vente. Félicia, consultée, répondit que cela lui était égal qu'on vendît tout, mais, pour Dieu! qu'on la laissât tranquille.

La vente n'eut pas lieu cependant, grâce à la marraine, la bonne Crenmitz, qu'on vit apparaître tout à coup, tranquille et douce comme d'habitude :

« Ne les écoute pas, ma fille, ne vends rien. Ta vieille Constance a quinze mille francs de rente qui t'étaient destinés. Tu en profiteras dès à présent, voilà tout. Nous vivrons ensemble ici. Tu verras, je ne suis pas gênante. Tu feras ta sculpture, je mènerai la maison. Ça te va-t-il? »

C'était dit si tendrement, dans cet enfantillage d'accent des étrangers s'exprimant en français, que la jeune fille en fut profondément émue. Son cœur pétrifié s'ouvrit, un flot brûlant déborda de ses yeux, et elle se précipita, s'engloutit dans les bras de l'ancienne danseuse : « Ah! marraine, que tu es bonne... Oui, oui, ne me quitte plus... reste toujours avec moi... La vie me fait peur et dégoût... J'y vois tant d'hypocrisie, de mensonge! » Et la vieille femme s'étant arrangé un nid soyeux et brodé dans cet intérieur qui ressemblait à un campement de voyageurs chargés de richesses de tous les pays, la vie à deux s'établit entre ces natures si différentes.

Ce n'était pas un petit sacrifice que Constance avait fait au cher démon de quitter sa retraite de Fontainebleau pour Paris, dont elle avait la terreur. Du jour où cette danseuse, aux caprices extravagants, qui fit couler des fortunes princières entre ses cinq doigts écartés, descendue des apothéoses un reste de leur éblouissement dans les yeux, avait essayé de reprendre l'existence commune, d'administrer ses petites rentes et son modeste train de maison, elle avait été en butte à une foule d'exploitations effrontées, d'abus faciles devant l'ignorance de ce pauvre papillon effaré de la réalité, se cognant à toutes ses difficultés inconnues. Chez Félicia, la responsabilité devint autrement sérieuse à cause du gaspillage installé jadis par le père, continué par la fille, deux artistes dédaigneux de l'épargne. Elle eut encore d'autres difficultés à vaincre. L'atelier lui était insupportable avec cette fumée de tabac permanente, le nuage impénétrable pour elle où les discussions d'art, le déshabillement des idées se confondaient dans des tourbillons brillants et vagues, qui lui causaient infailliblement la migraine. La « blague » surtout lui faisait peur. En sa qualité d'étrangère, d'ancienne divinité du foyer de la danse, nourrie de politesses surannées, de galanteries à la Dorat, elle ne la comprenait pas bien, restait épouvantée devant les exagérations frénétiques, les paradoxes de ces Parisiens raffinés par la liberté de l'atelier.

Elle qui n'avait eu d'esprit que dans la vivacité de ses pieds, cela l'intimidait, la mettait au rang d'une simple dame de compagnie ; et en regardant cette aimable vieille silencieuse et souriante, assise dans le jour de la rotonde vitrée, son tricot sur les genoux, comme une bourgeoise de Chardin, ou remontant à pas pressés, à côté de sa cuisinière, la longue rue de Chaillot, où se trouvait le plus proche marché, jamais on n'aurait pu se douter que cette bonne femme avait tenu des rois, des princes, toute la noblesse et la finance amoureuses, sous le caprice de ses pointes et de ses ballons.

Paris est plein de ces astres éteints, retombés dans la foule.

Quelques-uns de ces illustres, de ces triomphateurs de jadis, gardent une rage au cœur; d'autres, au contraire, savourent le passé béatement, digèrent dans un bien-être ineffable toutes leurs joies glorieuses et finies, ne demandant que du repos, le silence et l'ombre, de quoi se souvenir et se recueillir, si bien que, quand ils meurent, on est tout étonné d'apprendre qu'ils vivaient encore.

Constance Crenmitz était de ces heureux. Mais quel singulier ménage d'artistes que celui de ces deux femmes, aussi enfants l'une que l'autre, mettant en commun l'inexpérience et l'ambition, la tranquillité d'une destinée accomplie et la fièvre d'une vie en pleine lutte, toutes les différences visibles même dans la tournure tranquille de cette blonde, toute blanche comme une rose déteinte, paraissant habillée sous ses couleurs claires d'un reste de feu de bengale, et cette brune aux traits corrects, enveloppant presque toujours sa beauté d'étoffes sombres, aux plis simples, comme d'un semblant de virilité.

L'imprévu, le caprice, l'ignorance des moindres choses amenaient dans les ressources du ménage un désordre extrême, d'où l'on ne sortait parfois qu'à force de privations, de renvois de domestiques, de réformes risibles dans leur exagération. Pendant une de ces crises, Jenkins avait fait des offres voilées, délicates, repoussées avec mépris par Félicia.

« Ce n'est pas bien, lui disait Constance, de rudoyer ainsi ce pauvre docteur. En somme, ce qu'il faisait là, n'avait rien d'offensant. Un vieil ami de ton père.

— Lui ! l'ami de quelqu'un... Ah ! le beau tartufe ! »

Et Félicia ayant peine à se contenir, tournait en ironie sa rancune, imitait Jenkins, le geste arrondi, la main sur son cœur, puis, gonflant ses joues, disait d'une grosse voix soufflée, pleine d'effusions menteuses :

« Soyons humains, soyons bons... Le bien sans espérance !... tout est là. »

Constance riait aux larmes malgré elle, tellement la ressemblance était vraie.

« C'est égal, tu es trop dure... tu finiras par l'éloigner.

— Ah bien oui !... » disait un hochement de tête de la jeune fille.

En effet, il revenait toujours, doux, aimable, dissimulant sa passion visible seulement quand elle se faisait jalouse à l'égard des nouveaux venus, comblant d'assiduités l'ancienne danseuse à laquelle plaisait malgré tout sa douceur, et qui reconnaissait en lui un homme de son temps à elle, du temps où l'on abordait les femmes en leur baisant la main, avec un compliment sur la bonne mine de leur visage.

Un matin, Jenkins, étant venu pendant sa tournée, trouva Constance seule dans l'antichambre et désœuvrée.

« Vous voyez, docteur, je monte la garde, fit-elle tranquillement.

— Comment cela?

— Oui, Félicia travaille. Elle ne veut pas être dérangée, et les domestiques sont si bêtes. Je veille moi-même à la consigne. »

Puis voyant l'Irlandais faire un pas vers l'atelier.

« Non, non, n'y allez pas... Elle m'a bien recommandé de ne laisser entrer personne...

— Mais moi?

— Je vous en prie... vous me feriez gronder. »

Jenkins allait se retirer, quand un éclat de rire de Félicia passant à travers les tentures lui fit lever la tête.

« Elle n'est donc pas seule?

— Non. Le Nabab est avec elle... Ils ont séance... pour le portrait.

— Et pourquoi ce mystère?... Voilà qui est singulier... »

Il marchait de long en large, l'air furieux, mais se contenant.

Enfin, il éclata.

C'était d'une inconvenance inouïe de laisser une jeune fille s'enfermer ainsi avec un homme.

Il s'étonnait qu'une personne aussi sérieuse, aussi dévouée que Constance... De quoi avait-on l'air?...

La vieille dame le regardait avec stupeur. Comme si Félicia était une jeune fille pareille aux autres! Et puis quel danger y avait-il avec le Nabab, un homme si sérieux, si laid? D'ailleurs Jenkins devait bien savoir que Félicia ne consultait jamais personne, qu'elle n'agissait qu'à sa tête.

« Non, non, c'est impossible, je ne peux pas tolérer cela, » fit l'Irlandais.

Et, sans s'inquiéter autrement de la danseuse qui levait les bras au ciel pour le prendre à témoin de ce qui allait se passer, il se dirigea vers l'atelier; mais, au lieu d'entrer droit, il entr'ouvrit la porte doucement, et souleva un coin de tenture par lequel une partie de la pièce, celle où posait précisément le Nabab, devint visible pour lui, quoique à une assez grande distance.

Jansoulet assis, sans cravate, le gilet ouvert, causait avec un air d'agitation, à demi-voix. Félicia répondait de même en chuchotements rieurs. La séance était très-animée... Puis un silence, un « frou » de jupes, et l'artiste, s'approchant de son modèle, lui rabattit d'un geste familier son col de toile tout autour en faisant courir sa main légère sur cette peau basanée.

Ce masque éthiopien dont les muscles tressaillaient d'une ivresse de bien-être avec ses grands cils baissés de fauve endormi qu'on chatouille, la silhouette hardie de la jeune fille penchée sur cet étrange visage pour en vérifier les proportions, puis un geste violent, irrésistible, agrippant la main fine au passage et l'appliquant sur deux grosses lèvres éperdues, Jenkins vit tout cela dans un éclair rouge...

Le bruit qu'il fit en entrant remit les deux personnages dans leurs positions respectives, et, sous le grand jour qui éblouissait ses yeux de chat guetteur, il aperçut la jeune fille debout devant lui, indignée, stupéfaite : « Qui est là ? Qui se permet ? » et le Nabab sur son estrade, le col rabattu, pétrifié, monumental.

Jenkins, un peu penaud, effaré de sa propre audace, balbutia quelques excuses. Il avait une chose très-pressée à dire à M. Jansoulet, une nouvelle très-importante et qui ne souffrait aucun retard... « Il savait de source certaine qu'il y aurait des croix données pour le 16 mars. » Aussitôt la figure du Nabab, un instant contractée, se détendit.

« Ah ! vraiment ? »

Il quitta la pose... L'affaire en valait la peine,

diable ! M. de la Perrière, un secrétaire des commandements, avait été chargé par l'impératrice de visiter l'asile de Bethléem. Jenkins venait chercher le Nabab pour le mener aux Tuileries chez le secrétaire et prendre jour. Cette visite à Bethléem, c'était la croix pour lui.

« Vite, partons; mon cher docteur, je vous suis. »

Il n'en voulait plus à Jenkins d'être venu le déranger, et fébrilement il rattachait sa cravate, oubliant sous l'émotion nouvelle le bouleversement de tout à l'heure, car chez lui l'ambition primait tout.

Pendant que les deux hommes causaient à demi-voix, Félicia, immobile devant eux, les narines frémissantes, le mépris retroussant sa lèvre, les regardait de l'air de dire : « Eh bien ! j'attends. »

Jansoulet s'excusa d'être obligé d'interrompre la séance; mais une visite de la plus haute importance... Elle eut un sourire de pitié :

« Faites, faites... Au point où nous en sommes, je puis travailler sans vous.

— Oh ! oui, dit le docteur, l'œuvre est à peu près terminée. »

Il ajouta d'un air connaisseur :

« C'est un beau morceau. »

Et, comptant sur ce compliment pour se faire une sortie, il s'esquivait, les épaules basses; mais Félicia le retint violemment :

« Restez, vous... J'ai à vous parler. »

Il vit bien à son regard qu'il fallait céder, sous peine d'un éclat :

« Vous permettez, cher ami ?... Mademoiselle a un mot à me dire... Mon coupé est à la porte... Montez. Je vous rejoins. »

L'atelier refermé sur ce pas lourd qui s'éloignait, ils se regardèrent tous deux bien en face.

« Il faut que vous soyez ivre ou fou pour vous être permis une chose pareille ? Comment, vous osez entrer chez moi quand je ne veux pas recevoir ?... Pourquoi cette violence ? de quel droit ?...

— Du droit que donne la passion désespérée et invincible.

— Taisez-vous, Jenkins, vous prononcez des paroles que je ne veux pas entendre... Je vous laisse venir ici par pitié, par habitude, parce que mon père vous aimait... Mais ne me reparlez jamais de votre... amour, — elle dit le mot très-bas, comme une honte, — ou vous ne me reverrez plus, oui, dussé-je mourir pour vous échapper une bonne fois. »

Un enfant pris en faute ne courbe pas plus humblement la tête que Jenkins répondant :

« C'est vrai... J'ai eu tort... Un moment de folie, d'aveuglement... Mais pourquoi vous plaisez-vous à me déchirer le cœur comme vous faites ?

— Je pense bien à vous, seulement.

— Que vous pensiez ou non à moi, je suis là, je vois ce qui se passe, et votre coquetterie me fait un mal affreux. »

Un peu de rouge lui vint aux joues devant ce reproche :

« Coquette, moi ?... et avec qui ?

— Avec ça... » dit l'Irlandais en montrant le buste simiesque et superbe.

Elle essaya de rire :

« Le Nabab... Quelle folie !

— Ne mentez donc pas... Croyez-vous que je sois aveugle, que je ne me rende pas compte de tous vos manéges? Vous restez seule avec lui très-longtemps... Tout à l'heure j'étais là... Je vous voyais... » Il baissait la voix comme si le souffle lui eût manqué... « Que cherchez-vous donc, étrange et cruelle enfant? Je vous ai vue repousser les plus beaux, les plus nobles, les plus grands. Ce petit de Géry vous dévore des yeux, vous n'y prenez pas garde. Le duc de Mora lui-même n'a pas pu arriver jusqu'à votre cœur. Et c'est celui-là qui est affreux, vulgaire, qui ne pensait pas à vous, qui a toute autre chose que l'amour en tête... Vous avez vu comme il est parti!... Où voulez-vous donc en venir? Qu'attendez-vous de lui?

— Je veux... Je veux qu'il m'épouse. Voilà »

Froidement, d'un ton radouci, comme si cet aveu l'avait rapprochée de celui qu'elle méprisait tant, elle exposa ses motifs. La vie qu'elle menait la poussait à une impasse. Elle avait des goûts de luxe, de dépense, des habitudes de désordre que rien ne pouvait vaincre et qui la conduiraient fatalement à la misère, elle et cette bonne Crenmitz, qui se laissait ruiner sans rien dire. Dans trois ans, quatre ans au plus, tout serait fini. Et alors les expédients, les dettes, la loque et les savates des petits ménages d'artistes. Ou bien l'amant, l'entreteneur, c'est-à-dire la servitude et l'infamie.

« Allons donc, dit Jenkins... Et moi, est-ce que je ne suis pas là?

— Tout plutôt que vous, fit-elle en se redressant... Non, ce qu'il me faut, ce que je veux, c'est un mari qui me défende des autres et de moi-même, qui me garde d'un tas de choses noires dont j'ai peur quand je m'ennuie, des gouffres où je sens que je puis m'abîmer, quelqu'un qui m'aime pendant que je travaille, et relève de faction ma pauvre vieille fée à bout de forces... Celui-là me convient et j'ai pensé à lui dès que je l'ai vu. Il est laid, mais il a l'air bon ; puis il est follement riche et la fortune, à ce degré-là, ce doit être amusant... Oh! je sais bien. Il y a sans doute dans sa vie quelque tare qui lui a porté chance. Tout cet or ne peut pas être fait d'honnêteté... Mais là, vrai, Jenkins, la main sur ce cœur que vous invoquez si souvent, pensez-vous que je sois une épouse bien tentante pour un honnête homme? Voyez : de tous ces jeunes gens qui sollicitent comme une grâce de venir ici, lequel a songé à demander ma main? Jamais un seul. Pas plus de Géry que les autres... Je séduis, mais je fais peur... Cela se comprend... Que peut-on supposer d'une fille élevée comme je l'ai été, sans mère, sans famille, à tas avec les modèles, les maîtresses de mon père?... Quelles maîtresses, mon Dieu!... Et Jenkins pour seul protecteur... Oh! quand je pense... Quand je pense... »

Et de cette mémoire déjà lointaine, des choses lui arrivaient qui montaient d'un ton sa colère : « Eh! oui, parbleu! Je suis une fille d'aventure, et cet aventurier est bien le mari qu'il me faut.

— Vous attendrez au moins qu'il soit veuf, répondit Jenkins tranquillement... Et, dans ce cas, vous risquez d'attendre longtemps encore, car sa Levantine a l'air de se bien porter. »

Félicia Ruys devint blême.

« Il est marié?

— Marié, certes, et père d'une trimballée d'enfants. Toute la smala est débarquée depuis deux jours. »

Elle resta une minute atterrée, regardant le vide, un frisson aux joues.

En face d'elle, le large masque du Nabab, avec son

nez épaté, sa bouche sensuelle et bonasse, criait de vie et de vérité dans les luisants de l'argile. Elle le contempla un moment, puis fit un pas, et, d'un geste de dégoût, renversa avec sa haute selle de bois le bloc luisant et gras qui s'écrasa par terre en tas de boue.

VII

JANSOULET CHEZ LUI

Marié, il l'était depuis douze ans, mais n'en avait parlé à personne de son entourage parisien, par une habitude orientale, ce silence que les gens de là-bas gardent sur le gynécée. Subitement on apprit que Madame allait venir, qu'il fallait préparer des appartements pour elle, ses enfants et ses femmes. Le Nabab loua tout le second étage de la maison de la place Vendôme, dont le locataire fut exproprié à des prix de Nabab. On agrandit aussi les écuries, le personnel fut doublé; puis, un jour, cochers et voitures allèrent chercher à la gare de Lyon madame, qui arrivait emplissant d'une suite de négresses, de gazelles, de négrillons un train chauffé exprès pour elle depuis Marseille.

Elle débarqua dans un état d'affaissement épouvantable, anéantie, ahurie de son long voyage en wagon, le premier de sa vie, car, amenée toute enfant à Tunis, elle ne l'avait jamais quitté. De sa voiture, deux nègres la portèrent dans les appartements, sur un fauteuil qui depuis resta toujours en bas sous le porche, tout prêt pour ces déplacements difficiles. Madame Jansoulet ne pouvait monter l'escalier, qui l'étourdissait; elle ne voulut pas des ascenseurs que son poids faisait crier; d'ailleurs, elle ne marchait jamais. Énorme, boursouflée au point qu'il était impossible de lui assigner un âge, entre vingt-cinq ans et quarante, la figure assez jolie, mais tous les traits déformés, des yeux morts sous des paupières tombantes et striées comme des coquilles, fagotée dans des toilettes d'exportation, chargée de diamants et de bijoux en manière d'idole hindoue, c'était le plus bel échantillon de ces Européennes transplantées qu'on appelle des Levantines. Race singulière de créoles obèses, que le langage seul et le costume rattachent à notre monde, mais que l'Orient enveloppe de son atmosphère stupéfiante, des poisons subtils de son air opiacé où tout se détend, se relâche, depuis les tissus de la peau jusqu'aux ceintures des vêtements, jusqu'à l'âme même et la pensée.

Celle-ci était fille d'un Belge immensément riche qui faisait à Tunis le commerce du corail, et chez qui Jansoulet, à son arrivée dans le pays, avait été employé pendant quelques mois. Mademoiselle Afchin, alors une délicieuse poupée d'une dizaine d'années, éblouissante de teint, de cheveux, de santé, venait souvent chercher son père au comptoir dans le grand carrosse attelé de mules qui les emmenait à leur belle villa de la Marse, aux environs de Tunis. Cette gamine, toujours décolletée, aux épaules éclatantes, entrevue dans un cadre luxueux, avait ébloui l'aventurier; et, des années après, lorsque devenu riche, favori du bey, il songea à s'établir, ce fut à elle qu'il pensa. L'enfant s'était changé en une grosse fille, lourde et blanche. Son intelligence, déjà bien obtuse, s'était encore obscurcie dans l'engourdissement d'une existence de loir, l'incurie d'un père tout aux affaires, l'usage des tabacs saturés d'opium et des confitures de rose, la torpeur de son sang flamand compliquée de paresse orientale ; en outre, mal élevée, gourmande, sensuelle, altière, un bijou levantin perfectionné.

Mais Jansoulet ne vit rien de tout cela.

Pour lui elle était, elle fut toujours jusqu'à son arrivée à Paris une créature supérieure, une personne du plus grand monde, une demoiselle Afchin ; il lui parlait avec respect, gardait vis-à-vis d'elle une attitude un peu courbée et timide, lui donnait l'argent sans compter, satisfaisait ses fantaisies les plus coûteuses, ses caprices les plus fous, toutes les bizarreries d'un cerveau de Levantine détraqué par l'ennui et l'oisiveté. Un seul mot excusait tout : c'était une demoiselle Afchin. Du reste, aucun rapport entre eux : lui toujours à la Kasbah ou au Bardo, près du bey, à faire sa cour, ou bien dans ses comptoirs ; elle passant sa journée au lit coiffée d'un diadème de perles de trois cent mille francs qu'elle ne quittait jamais, s'abrutissant à fumer, vivant comme dans un harem, se mirant, se parant, en compagnie de quelques autres Levantines dont la distraction suprême consistait à mesurer avec leurs colliers des bras et des jambes qui rivalisaient d'embonpoint, faisant des enfants dont elle ne s'occupait pas, qu'elle ne voyait jamais, dont elle n'avait pas même souffert, car on l'accouchait au chloroforme. Un paquet de chair blanche parfumée au musc. Et, comme disait Jansoulet avec fierté : « J'ai épousé une demoiselle Afchin ! »

Sous le ciel de Paris et sa lumière froide, la désillusion commença. Résolu à s'installer, à recevoir, à donner des fêtes, le Nabab avait fait venir sa femme pour la mettre à la tête de la maison ; mais quand il vit débarquer cet étalage d'étoffes criardes, de bijouterie du

Palais-Royal, et tout l'attirail bizarre qui suivait, il eut vaguement l'impression d'une reine Pomaré en exil. C'est que maintenant il avait vu de vraies mondaines, et il comparait. Après avoir projeté un grand bal pour l'arrivée, prudemment il s'abstint. D'ailleurs madame Jansoulet ne voulait voir personne. Ici son indolence naturelle s'augmentait de la nostalgie que lui causèrent, dès en débarquant, le froid d'un brouillard jaune et la pluie qui ruisselait. Elle passa plusieurs jours sans se lever, pleurant tout haut comme un enfant, disant que c'était pour la faire mourir qu'on l'avait amenée à Paris, et ne souffrant pas même le moindre soin de ses femmes. Elle restait là à rugir dans les dentelles de son oreiller, ses cheveux embroussaillés autour de son diadème, les fenêtres de l'appartement fermées, les rideaux rejoints, les lampes allumées nuit et jour, criant qu'elle voulait s'en aller...er, s'en aller...er ; et c'était lamentable de voir, dans cette nuit de catafalque, les malles à moitié pleines errant sur les tapis, ces gazelles effarées, ces négresses accroupies autour de la crise de nerfs de leur maîtresse, gémissant elles aussi et l'œil hagard comme ces chiens des voyageurs polaires qui deviennent fous à ne plus apercevoir le soleil.

Le docteur irlandais introduit dans cette détresse n'eut aucun succès avec ses manières paternes, ses belles phrases de bouche-en-cœur. La Levantine ne voulut à aucun prix des perles à base d'arsenic pour se donner du ton. Le Nabab était consterné. Que faire ? La renvoyer à Tunis avec les enfants ? Ce n'était guère possible. Il se trouvait décidément en disgrâce là-bas. Les Hemerlingue triomphaient. Un dernier affront avait comblé la mesure : au départ de Jansoulet, le bey l'avait chargé de faire frapper à la Monnaie de Paris pour plusieurs millions de pièces d'or d'un nouveau module ; puis la commande, retirée tout à coup, avait été donnée à Hemerlingue. Outragé publiquement, Jansoulet riposta par une manifestation publique, mettant en vente tous ses biens, son palais du Bardo donné par l'ancien bey, ses villas de la Marse, tout en marbre blanc, entourées de jardins splendides, ses comptoirs les plus vastes, les plus somptueux de la ville, chargeant enfin l'intelligent Bompain de lui ramener sa femme et ses enfants pour bien affirmer un départ définitif. Après un éclat pareil, il ne lui était pas facile de retourner là-bas ; c'est ce qu'il essayait de faire comprendre à mademoiselle Afchin, qui ne lui répondait que par de longs gémissements. Il tâcha de la consoler, de l'amuser, mais quelle distraction faire arriver jusqu'à cette nature monstrueusement apathique ? Et puis, pouvait-il changer le ciel de Paris, rendre à la malheureuse Levantine son *patio* dallé de marbre où elle passait de longues heures dans un assoupissement frais, délicieux, à entendre l'eau ruisseler sur la grande fontaine d'albâtre à trois bassins superposés, et sa barque dorée, recouverte d'un tendelet de pourpre, que huit rameurs tripolitains, souples et vigoureux, promenaient, le soleil couché, sur le beau lac d'El-Baheira ? Si luxueux que fût l'appartement de la place Vendôme, il ne pouvait compenser la perte de ces merveilles. Et plus que jamais elle s'abîmait dans la désolation. Un familier de la maison parvint pourtant à l'en tirer, Cabassu, celui qui s'intitulait sur ses cartes : « professeur de massage, » un gros homme noir et trapu, sentant l'ail et la pommade, carré d'épaules, poilu jusqu'aux yeux, et qui savait des histoires de sérails parisiens, des racontars à la portée de l'intelligence de Madame. Venu une fois pour la masser, elle voulut le revoir, le retint. Il dut quitter tous ses autres clients, et devenir, à des appointements de sénateur, le masseur de cette forte personne, son page, sa lectrice, son garde du corps. Jansoulet, enchanté de voir sa femme contente, ne sentit pas le ridicule bête qui s'attachait à cette intimité.

On apercevait Cabassu au Bois, dans l'énorme et somptueuse calèche à côté de la gazelle favorite, au fond des loges de théâtre que louait la Levantine, car elle sortait maintenant, désengourdie par le traitement de son masseur et décidée à s'amuser. Le théâtre lui plaisait, surtout les farces ou les mélodrames. L'apathie de son gros corps s'animait à la lumière fausse de la rampe. Mais c'était au théâtre de Cardailhac qu'elle allait le plus volontiers. Là, le Nabab se trouvait chez lui. Du premier contrôleur jusqu'à la dernière des ouvreuses, tout le personnel lui appartenait. Il avait une clef de communication pour passer des couloirs sur la scène ; et le salon de sa loge décoré à l'orientale, au plafond creusé en nid d'abeilles, aux divans en poil de chameau, le gaz enfermé dans une petite lanterne mauresque, pouvait servir à une sieste pendant les entr'actes un peu longs: une galanterie du directeur à la femme de son commanditaire. Ce singe de Cardailhac ne s'en était pas tenu là ; voyant le goût de la demoiselle Afchin pour le théâtre, il avait fini par lui persuader qu'elle en possédait aussi l'intuition, la science, et par lui demander de jeter à ses moments perdus un coup d'œil de juge sur les pièces qu'on lui envoyait. Bonne façon d'agrafer plus solidement la commandite.

Pauvres manuscrits à couverture bleue ou jaune, que l'espérance a noués de rubans fragiles, qui vous en allez gonflés d'ambitions et de rêves, qui sait quelles mains vous entr'ouvrent, vous feuillettent, quels doigts indiscrets déflorent votre charme d'inconnu, cette poussière brillante que garde l'idée toute fraîche? Qui vous juge et qui vous condamne? Parfois, avant d'aller dîner en ville, Jansoulet, montant dans la chambre de sa femme, la trouvait sur sa chaise longue, en train de fumer, la tête renversée, des liasses de manuscrits à côté d'elle, et Cabassu, armé d'un crayon bleu, lisant avec sa grosse voix et ses intonations du Bourg-Saint-Andéol quelque élucubration dramatique qu'il biffait, balafrait sans pitié à la moindre critique de la dame. « Ne vous dérangez pas, » faisait avec la main le bon Nabab entrant sur la pointe des pieds. Il écoutait, hochait la tête d'un air admiratif en regardant sa femme : « Elle est étonnante, » car lui n'entendait rien à la littérature et là, du moins, il retrouvait la supériorité de mademoiselle Afchin.

« Elle avait l'instinct du théâtre, » comme disait Cardailhac ; mais, en revanche, l'instinct maternel lui manquait. Jamais elle ne s'occupait de ses enfants, les abandonnant à des mains étrangères, et, quand on les lui amenait une fois par mois, se contentant de leur tendre la chair flasque et morte de ses joues entre deux bouffées de cigarette, sans s'informer de ces détails de soins, de santé qui perpétuent l'attache physique de la maternité, font saigner dans le cœur des vraies mères la moindre souffrance de leurs enfants.

C'étaient trois gros garçons lourds et apathiques, de onze, neuf et sept ans, ayant dans le teint blême et l'enflure précoce de la Levantine les yeux noirs, veloutés et bons de leur père. Ignorants comme de jeunes seigneurs du moyen âge; à Tunis M. Bompain dirigeait leurs études, mais à Paris, le Nabab, tenant à leur donner le bénéfice d'une éducation parisienne, les avait mis dans le pensionnat le plus « chic, » le plus cher, au collége Bourdaloue dirigé par de bons Pères qui cherchaient moins à instruire leurs élèves qu'à en faire des hommes du monde bien tenus et bien pensants, et arrivaient à former de petits monstres gourmés et ridicules, dédaigneux du jeu, absolument ignorants, sans rien de spontané ni d'enfantin, et d'une précocité désespérante. Les petits Jansoulet ne s'amusaient pas beaucoup dans cette serre à primeurs, malgré les immunités dont jouissait leur immense fortune; ils étaient vraiment trop abandonnés. Encore les créoles confiés à l'institution avaient-ils des correspondants et des visites; eux, n'étaient jamais appelés au parloir, on ne connaissait personne de leurs proches, seulement de temps à autre ils recevaient des pannerées de friandises, des écroulements de brioches. Le Nabab en course dans Paris dévalisait pour eux toute une devanture de confiseur qu'il faisait porter au collége avec cet élan de cœur mêlé d'une ostentation de nègre, qui caractérisait tous ses actes. De même pour les joujoux, toujours trop beaux, pomponnés, inutiles, de ces joujoux qui font la montre et que le Parisien n'achète pas. Mais ce qui attirait surtout aux petits Jansoulet le respect des élèves et des maîtres, c'était leur porte-monnaie gonflé d'or, toujours prêt pour les quêtes, pour les fêtes de professeur, et les visites de charité, ces fameuses visites organisées par le collége Bourdaloue, une des tentations du programme, l'émerveillement des âmes sensibles.

Deux fois par mois, à tour de rôle, les élèves faisant partie de la petite Société de Saint-Vincent-de-Paul, fondée au collége sur le modèle de la grande, s'en allaient par petites escouades, seuls comme des hommes, porter au fin fond des faubourgs populeux des secours et des consolations. On voulait leur apprendre ainsi la charité expérimentale, l'art de connaître les besoins, les misères du peuple, et de panser ces plaies, toujours un peu écœurantes, à l'aide d'un cérat de bonnes paroles et de maximes ecclésiastiques. Consoler, évangéliser les masses par l'enfance, désarmer l'incrédulité religieuse par la jeunesse et la naïveté des apôtres : tel était le but de la petite Société, but entièrement manqué, du reste. Les enfants, bien portants, bien vêtus, bien nourris, n'allant qu'à des adresses désignées d'avance, trouvaient des pauvres de bonne mine, parfois un peu malades, mais très-propres, déjà inscrits et secourus par la riche organisation de l'Église. Jamais ils ne tombaient dans un de ces intérieurs nauséabonds, où la faim, le deuil, l'abjection, toutes les tristesses physiques ou morales s'inscrivent en lèpre sur les murs, en rides indélébiles sur les fronts. Leur visite était préparée comme celle du souverain entrant dans un corps de garde pour goûter la soupe du soldat; le corps de garde est prévenu, et la soupe assaisonnée pour les papilles royales... Avez-vous vu ces images des livres édifiants, où un petit communiant, sa ganse au bras, son cierge à la main, et tout frisé, vient assister sur son grabat un pauvre vieux qui tourne vers le ciel des yeux blancs ? Les visites de charité avaient le même convenu de mise en scène, d'intonation. Aux gestes compassés des petits prédicateurs aux bras trop courts, répondaient des paroles apprises, fausses à faire loucher. Aux encouragements comiques, aux « consolations prodiguées » en phrases de livres de prix par des voix de jeunes coqs enrhumés, les bénédictions attendries, les momeries geignardes et piteuses d'un porche d'église à la sortie de vêpres. Et sitôt les jeunes visiteurs partis, quelle explosion de rires et de cris dans la mansarde, quelle danse en rond autour de l'offrande apportée, quel bouleversement du fauteuil où l'on avait joué au malade, de la tisane répandue dans le feu, un feu de cendres très-artistement préparé !

Quand les petits Jansoulet sortaient chez leurs parents, on les confiait à l'homme au fez rouge, à l'indispensable Bompain. C'est Bompain qui les menait aux Champs-Élysées, parés de vestons anglais, de melons à la dernière mode, — à sept ans ! — de petites cannes au bout de leurs gants en peau de chien. C'est Bompain, qui faisait bourrer de victuailles le break de courses où il montait avec les enfants, leur carte au chapeau contourné d'un voile vert, assez semblables à ces personnages de pantomimes lilliputiennes dont tout le comique réside dans la grosseur des têtes, comparée aux petites jambes et aux gestes de nains. On fumait, on buvait à pitié. Quelquefois, l'homme au fez, tenant à peine debout, les ramenait affreusement malades... Et pourtant, Jansoulet les aimait ses « petits, » le cadet, surtout, qui lui rappelait, avec ses grands cheveux, son air poupin, la petite Afchin passant dans son carrosse. Mais ils avaient encore l'âge où les enfants appartiennent à la mère, où ni le grand tailleur, ni les maîtres parfaits, ni la pension chic, ni les poneys sanglés pour les petits hommes dans l'écurie, rien ne remplace la main attentive et soigneuse, la chaleur et la gaieté du nid. Le père ne pouvait pas leur donner cela, lui; et puis il était si occupé !

Mille affaires : la *Caisse territoriale,* l'installation de la galerie de tableaux, des courses au Tattersall avec Bois-Landry, un bibelot à aller voir, ici ou là, chez des amateurs désignés par Schwalbach, des heures passées avec les entraîneurs, les jockeys, les marchands de curiosités, l'existence encombrée et multiple d'un bourgeois gentilhomme du Paris moderne. Il gagnait à tous ces frottements de se parisianiser un peu plus chaque jour, reçu au cercle de Monpavon, au foyer de la danse, dans les coulisses de théâtre, et présidant toujours ses fameux déjeuners de garçon, les seules réceptions possibles dans son intérieur. Son existence était réellement très-remplie, et encore, de Géry le déchargeait-il de la plus grande corvée, le département si compliqué des demandes et des secours.

Maintenant, le jeune homme assistait à sa place à toutes les inventions audacieuses et burlesques, à toutes les combinaisons héroï-comiques de cette mendicité de grande ville, organisée comme un ministère, innombrable comme une armée, abonnée aux journaux, et sachant son *Bottin* par cœur. Il recevait la dame blonde, hardie, jeune et déjà fanée, qui ne demande que cent louis, avec la menace de se jeter à l'eau tout de suite en sortant, si on ne les lui donne pas, et la grosse matrone, l'air avenant, sans façon, qui dit en entrant : « Monsieur, vous ne me connaissez pas... Je n'ai pas l'honneur de vous connaître non plus ; mais nous aurons fait vite connaissance... Veuillez vous asseoir et causons. » Le commerçant aux abois, à la veille de la faillite, — c'est quelquefois vrai, — qui vient supplier qu'on lui sauve l'honneur, un pistolet tout prêt pour le suicide, bossuant la poche de son paletot, — quelquefois, ce n'est pas l'étui de sa pipe. Et souvent de vraies détresses, fatigantes et prolixes, de gens qui ne savent même pas raconter combien ils sont malhabiles à gagner leur vie. A côté de ces mendicités découvertes, il y avait celles qui se déguisent : charité, philanthropie, bonnes œuvres, encouragements artistiques, les quêtes à domicile pour les crèches, les paroisses, les repenties, les Sociétés de bienfaisance, les bibliothèques d'arrondissement. Enfin, celles qui se parent d'un masque mondain : les billets de concert, les représentations à bénéfices, les cartes de toutes couleurs, « estrade, premières, places réservées. » Le Nabab exigeait qu'on ne refusât aucune offrande, et c'était encore un progrès qu'il ne s'en chargeât plus lui-même. Assez longtemps, il avait couvert d'or, avec une indifférence généreuse, toute cette exploitation hypocrite, payant cinq cents francs une entrée au concert de quelque citharistе wurtembergeoise ou d'un joueur de galoubet languedocien, qu'aux Tuileries ou chez le duc de Mora on aurait cotée dix francs. A certains jours, le jeune de Géry sortait de ces séances écœuré jusqu'à la nausée. Toute l'honnêteté de sa jeunesse se révoltait; il essayait auprès du Nabab des tentatives de réforme. Mais celui-ci, au premier mot, prenait la physionomie ennuyée des natures faibles, mises en demeure de se prononcer, ou bien il répondait avec un haussement de ses solides épaules : « Mais, c'est Paris, cela, mon cher enfant... Ne vous effarouchez pas, laissez-moi faire... Je sais où je vais et ce que je veux. »

Il voulait alors deux choses, la députation et la croix. Pour lui, c'étaient les deux premiers étages de la grande montée, où son ambition le poussait. Député, il le serait certainement par la *Caisse territoriale*, à la tête de laquelle il se trouvait. Paganetti de Porto-Vecchio le lui disait souvent :

— Quand le jour sera venu, l'île se lèvera et votera pour vous, comme un seul homme.

Seulement, ce n'est pas tout d'avoir des électeurs; il faut encore qu'un siége soit vacant à la Chambre, et la Corse y comptait tous ses représentants au complet. L'un d'eux, pourtant, le vieux Popolasca, infirme, hors d'état d'accomplir sa tâche, aurait peut-être, à de certaines clauses, donné volontiers sa démission. C'était une affaire délicate à traiter, mais très-faisable, le bonhomme ayant une famille nombreuse, des terres qui ne rapportaient pas le deux, un palais en ruine à Bastia, où ses enfant se nourrissaient de *polenta*, et un logement à Paris, dans un garni de dix-huitième ordre. En ne regardant pas à cent ou deux cent mille francs, on devait venir à bout de cet honorable affamé, qui, tâté par Paganetti, ne disait ni oui ni non, séduit par la grosse somme, retenu par la gloriole de sa situation. L'affaire en était là, pouvait se décider un jour ou l'autre.

Pour la croix, tout allait encore mieux. L'œuvre de Bethléem avait décidément fait aux Tuileries un bruit du diable. On n'attendait plus que la visite de M. de La Perrière et son rapport qui ne pouvait manquer d'être favorable, pour inscrire sur la liste du 16 mars, à la date d'un anniversaire impérial, le glorieux nom de Jansoulet... Le 16 mars, c'est-à-dire avant un mois... Que dirait le gros Hemerlingue de cette insigne faveur, lui qui, depuis si longtemps, devait se contenter du Nisham. Et le bey, à qui l'on avait fait croire que Jansoulet était au ban de la société parisienne, et la vieille mère, là-bas, à Saint-Romans, toujours si heureuse des succès de son fils!... Est-ce que cela ne valait pas quelques millions habilement gaspillés et laissés aux oiseaux sur cette route de la gloire où le Nabab marchait en enfant, sans souci d'être dévoré tout au bout? Et n'y avait-il pas dans ces joies extérieures, ces honneurs cette considération chèrement achetés, une compensation à tous les déboires de cet Oriental reconquis à la vie européenne, qui voulait un foyer et n'avait qu'un caravansérail, cherchait une femme et ne trouvait qu'une Levantine?

VIII

L'ŒUVRE DE BETHLÉEM

Bethléem! Pourquoi ce nom légendaire et doux, chaud comme la paille de l'étable miraculeuse, vous faisait-il si froid à voir écrit en lettres dorées tout en haut de cette grille de fer? Cela tenait peut-être à la mélancolie du paysage, cette immense plaine triste qui va de Nanterre à Saint-Cloud, coupée seulement par quelques bouquets d'arbres ou la fumée des cheminées d'usine. Peut-être aussi à la disproportion existant entre l'humble bourgade invoquée, et l'établissement grandiose, cette villa genre Louis XIII en béton aggloméré, toute rose entre les branches de son parc défeuillé, où s'étalaient de grandes pièces d'eau épaissies de mousses vertes. Ce qui est sûr, c'est qu'en passant là, le cœur se serrait. Quand on entrait, c'était bien autre chose. Un silence lourd, inexplicable, pesait sur la maison, où les figures apparues aux fenêtres avaient un aspect lugubre derrière les petits carreaux verdâtres à l'ancienne mode. Les chèvres nourricières promenées dans les allées mordillaient languissamment les premières pousses, avec des « bêê » vers leur gardienne ennuyée aussi et suivant les visiteurs d'un œil morne. Un deuil planait.

le désert et l'effroi d'une contagion. Ç'avait été pourtant une propriété joyeuse, et où naguère encore on ripaillait largement. Aménagée pour la chanteuse célèbre qui l'avait vendue à Jenkins, elle révélait bien l'imagination particulière aux théâtres de chant, par un pont jeté sur sa pièce d'eau où la nacelle défoncée s'emplissait de feuilles moisies, et son pavillon tout en rocailles, enguirlandé de lierres grimpants. Il en avait vu de drôles, ce pavillon, du temps de la chanteuse, maintenant il en voyait de tristes, car l'infirmerie était installée là.

A vrai dire, tout l'établissement n'était qu'une vaste infirmerie. Les enfants, à peine arrivés, tombaient malades, languissaient et finissaient par mourir, si les parents ne les remettaient vite sous la sauvegarde du foyer. Le curé de Nanterre s'en allait si souvent à Bethléem avec ses vêtements noirs et sa croix d'argent, le menuisier avait tant de commandes pour la maison, qu'on le savait dans le pays et que les mères indignées montraient le poing à la nourricerie modèle, de très-loin seulement pour peu qu'elles eussent sur les bras un poupon blanc et rose à soustraire à toutes les contagions de l'endroit. C'est ce qui donnait à cette pauvre demeure un aspect si navrant. Une maison où les enfants meurent ne peut pas être gaie; impossible d'y voir les arbres fleurir, les oiseaux nicher, l'eau couler en risettes d'écume.

La chose paraissait désormais acquise. Excellente en soi, l'œuvre de Jenkins était d'une application extrêmement difficile, presque impraticable. Dieu sait pourtant qu'on avait monté l'affaire avec un excès de zèle dans tous les moindres détails, autant d'argent et de monde qu'il en fallait. A la tête, un praticien des plus habiles,

M. Pondevèz, élève des hôpitaux de Paris; et près de lui, pour les soins plus intimes, une femme de confiance, madame Polge. Puis des bonnes, des lingères, des infirmières. Et que de perfectionnements et d'entretien, depuis l'eau distribuée dans cinquante robinets à système jusqu'à l'omnibus, avec son cocher à la livrée de Bethléem, s'en allant vers la gare de Rueil à tous les trains de la journée, en secouant ses grelots de poste. Enfin des chèvres magnifiques, des chèvres du Thibet, soyeuses, gonflées de lait. Tout était admirable comme organisation; mais il y avait un point où tout choppait. Cet allaitement artificiel, tant prôné par la réclame, n'agréait pas aux enfants. C'était une obstination singulière, un mot d'ordre qu'ils se donnaient entre eux, d'un coup d'œil, pauvres petits chats, car ils ne parlaient pas encore, la plupart même ne devaient jamais parler: « Si vous voulez, nous ne téterons pas les chèvres. » Et ils ne les tétaient pas, ils aimaient mieux mourir l'un après l'autre que de les téter. Est-ce que le Jésus de Bethléem, dans son étable, était nourri par une chèvre? Est-ce qu'il ne pressait pas au contraire un sein de femme doux et plein sur lequel il s'endormait quand il n'avait plus soif? Qui donc a jamais vu de chèvre entre le bœuf et l'âne légendaires dans cette nuit où les bêtes parlaient? Alors pourquoi mentir, pourquoi s'appeler Bethléem?...

Le directeur s'était ému d'abord de tant de victimes. Épave de la vie du « quartier, » ce Pondevèz, étudiant de vingtième année bien connu dans tous les débits de prunes du boulevard Saint-Michel sous le nom de Pompon, n'était pas un méchant homme. Quand il vit le peu de succès de l'alimentation artificielle, il prit tout bonnement quatre ou cinq vigoureuses nourrices dans le pays, et il n'en fallut pas plus pour rendre l'appétit aux enfants. Ce mouvement d'humanité faillit lui coûter sa place.

« Des nourrices à Bethléem, dit Jenkins furieux lorsqu'il vint faire sa visite hebdomadaire... Êtes-vous fou ? Eh bien ! alors, pourquoi les chèvres, et les pelouses pour les nourrir, et mon idée, et les brochures sur mon idée ?... Qu'est-ce que tout cela devient ?... Mais vous allez contre mon système, vous volez l'argent du fondateur...

— Cependant, mon cher maître, essayait de répondre l'étudiant passant les mains dans les poils de sa longue barbe rousse, cependant... puisqu'ils ne veulent pas de cette nourriture...

— Eh bien ! qu'ils jeûnent, mais que le principe de l'allaitement artificiel soit respecté... Tout est là... Je ne veux plus avoir à vous le répéter. Renvoyez-moi ces affreuses nourrices... Nous avons pour élever nos enfants le lait de chèvre, le lait de vache à l'extrême rigueur ; mais je ne saurais leur accorder davantage. »

Il ajouta en prenant son air d'apôtre :

« Nous sommes ici pour la démonstration d'une grande idée philanthropique. Il faut qu'elle triomphe, même au prix de quelques sacrifices. Veillez-y. »

Pondevèz n'insista pas. Après tout, la place était bonne, assez près de Paris pour permettre le dimanche des descentes du Quartier à Nanterre ou la visite du directeur à ses anciennes brasseries. Madame Polge — que Jenkins appelait toujours « notre intelligente surveillante » et qu'il avait mise là en effet pour tout surveiller, principalement le directeur — n'était pas aussi sévère que ses attributions l'auraient fait croire et cédait volontiers à quelques petits verres de « fine » ou à une partie de bézigue en quinze cents. Il renvoya donc les nourrices et essaya de se blaser sur tout ce qui pouvait arriver. Ce qu'il arriva? Un vrai Massacre des Innocents. Aussi les quelques parents un peu aisés, ouvriers ou commerçants de faubourg, qui, tentés par les annonces, s'étaient séparés de leurs enfants, les reprenaient bien vite, et il ne resta plus dans l'établissement que les petits malheureux ramassés sous les porches ou dans les terrains vagues, expédiés par les hospices, voués à tous les maux dès leur naissance. La mortalité augmentant toujours, même ceux-là vinrent à manquer, et l'omnibus parti en poste au chemin de fer s'en revenait bondissant et léger comme un corbillard vide. Combien cela durerait-il? Combien de temps mettraient-ils à mourir les vingt-cinq ou trente petits qui restaient? C'est ce que se demandait un matin M. le directeur ou plutôt, comme il s'était surnommé lui-même, M. le préposé aux décès Pondevèz, assis en face des coques vénérables de madame Polge et faisant après le déjeuner la partie favorite de cette personne.

« Oui, ma bonne madame Polge, qu'allons-nous devenir?... Ça ne peut pas durer longtemps comme cela... Jenkins ne veut pas en démordre, les gamins sont entêtés comme des chevaux... Il n'y a pas à dire, ils nous passeront tous entre les mains... Voilà le petit Valaque — je marque le roi, madame Polge — qui va mourir d'un moment à l'autre. Vous pensez, ce pauvre petit gosse, depuis trois jours qu'il ne s'est rien collé dans l'œsophage... Jenkins a beau dire; on ne bonifie pas les enfants comme les escargots, en les faisant jeûner... C'est désolant tout de même de n'en pas pouvoir sauver un... L'infirmerie est bondée... Vrai de vrai, ça prend une fichue tournure... Quarante de bezigue... »

Deux coups sonnés à la grille de l'entrée interrompirent son monologue. L'omnibus revenait du chemin de fer et ses roues grinçaient sur le sable d'une façon inaccoutumée.

« C'est étonnant, dit Pondevèz... la voiture n'est pas vide. »

Elle vint effectivement se ranger au bas du perron avec une certaine fierté, et l'homme qui en descendit franchit l'escalier d'un bond. C'était une estafette de Jenkins apportant une grande nouvelle : le docteur arriverait dans deux heures pour visiter l'asile, avec le Nabab et un monsieur des Tuileries. Il recommandait bien que tout fût prêt pour les recevoir. La chose s'était décidée si brusquement qu'il n'avait pas eu le temps d'écrire ; mais il comptait que M. Pondevèz ferait le nécessaire.

« Il est bon là avec son nécessaire ! » murmura Pondevèz tout effaré... La situation était critique. Cette visite importante tombait au plus mauvais moment, en pleine débâcle du système. Le pauvre Pompon, très-perplexe, tiraillait sa barbe, en en mâchant des brins.

— Allons, dit-il tout à coup à madame Polge, dont la longue figure s'allongeait encore entre ses coques. Nous n'avons qu'un parti à prendre. Il nous faut déménager l'infirmerie, transporter tous les malades dans le dortoir. Ils n'en iront ni mieux ni plus mal pour être réinstallés là une demi-journée. Quant aux gourmeux, nous les serrerons dans un coin. Ils sont trop laids, on ne les montrera pas... Allons-y, haut! tout le monde sur le pont. »

La cloche du dîner mise en branle, aussitôt des pas se précipitent. Lingères, infirmières, servantes, gardeuses, sortent de partout, courent, se heurtent dans les escaliers, à travers les cours. Des ordres se croisent, des cris, des appels; mais ce qui domine, c'est le bruit d'un grand lavage, d'un ruissellement d'eau, comme si Bethléem venait d'être surpris par les flammes. Et ces plaintes d'enfants malades, arrachés à la tiédeur de leurs lits, tous ces petits paquets beuglants transportés à travers le parc humide, avec des flottements de couvertures entre les branches, complètent bien cette impression d'incendie. Au bout de deux heures, grâce à une activité prodigieuse, la maison du haut en bas est prête à la visite qu'elle va recevoir, tout le personnel à son poste, le calorifère allumé, les chèvres pittoresquement disséminées dans le parc. Madame Polge a revêtu sa robe de soie verte, le directeur, une tenue un peu moins négligée qu'à l'ordinaire, mais dont la simplicité exclut toute idée de préméditation. Le secrétaire des commandements peut venir.

Et le voilà.

Il descend avec Jenkins et Jansoulet d'un carrosse superbe, à la livrée rouge et or du Nabab. Feignant le plus grand étonnement, Pondevèz s'est élancé au-devant de ses visiteurs :

« Ah! M. Jenkins, quel honneur!... Quelle surprise! »

Il y a des saluts échangés sur le perron, des révérences, des poignées de main, des présentations. Jenkins, son paletot flottant, large ouvert sur sa loyale poitrine, épanouit son meilleur et plus cordial sourire; pourtant un pli significatif traverse son front. Il est inquiet des surprises que leur ménage l'établissement dont il connaît mieux que personne la détresse. Pourvu que Pondevèz ait pris ses précautions... Cela commence bien, du reste. Le coup d'œil un peu théâtral de l'entrée, ces toisons blanches bondissant à travers les taillis ont ravi M. de la Perrière, qui ressemble lui-même avec ses yeux naïfs, sa barbiche blanche, le hochement continuel de sa tête, à une chèvre échappée à son pieu.

« D'abord, Messieurs, la pièce importante de la maison, la Nursery, » dit le directeur en ouvrant une porte massive au fond de l'antichambre. Ces messieurs le suivent, descendent quelques marches, et se trouvent dans une immense salle basse, carrelée, l'ancienne cuisine du château. Ce qui frappe en entrant, c'est une haute et vaste cheminée sur le modèle d'autrefois, en briques rouges, deux bancs de pierre se faisant face sous le manteau, avec les armes de la chanteuse — une lyre énorme barrée d'un rouleau de musique — sculptées au fronton monumental. L'effet est saisissant; mais il vient de là un vent terrible, qui, joint au froid du carrelage, à la lumière blafarde tombant des soupiraux au ras de terre, effraie pour le bien-être des enfants. Que voulez-vous ? On a été obligé d'installer la Nursery dans cet endroit insalubre à cause des nourrices champêtres et capricieuses habituées au sans-gêne de l'étable; il n'y a qu'à voir les mares de lait, les grandes flaques rougeâtres séchant sur le carreau, qu'à respirer l'odeur âcre qui vous saisit en entrant, mêlée de petit-lait, de poil mouillé et de bien d'autres choses, pour se convaincre de cette absolue nécessité.

La pièce est si haute dans ses parois obscures que les visiteurs, tout d'abord, ont cru la nourricerie déserte. On distingue pourtant dans le fond un groupe bêlant, geignant et remuant... Deux femmes de campagne, l'air dur, abruti, la face terreuse, deux « nourrices sèches » qui méritent bien leur nom, sont assises sur des nattes, leur nourrisson sur les bras, chacune ayant devant elle une grande chèvre qui tend son pis, les pattes écartées. Le directeur paraît joyeusement surpris :

« Ma foi, Messieurs, voici qui se trouve bien... Deux de nos enfants sont en train de faire un petit lunch... Nous allons voir comment nourrices et nourrissons s'entendent.

— Qu'est-ce qu'il a ?... Il est fou, » se dit Jenkins terrifié.

Mais le directeur est très-lucide au contraire, et lui-même a savamment organisé la mise en scène, en choisissant deux bêtes patientes et douces, et deux sujets exceptionnels, deux petits enragés qui veulent vivre à tout prix et ouvrent le bec à n'importe quelle nourriture comme des oiseaux encore au nid.

« Approchez-vous, Messieurs, et rendez-vous compte. »

C'est qu'ils tètent véritablement, ces chérubins. L'un, blotti, ramassé sous le ventre de la chèvre, y va de si bon cœur qu'on entend les glouglous du lait chaud descendre jusque dans ses petites jambes agitées par le contentement du repas. L'autre, plus calme, étendu paresseusement, a besoin de quelques petits encouragements de sa gardienne auvergnate :

« Tète, mais tète donc, bougrri !... »

Puis, à la fin, comme s'il avait pris une résolution subite, il se met à boire avec tant d'ardeur que la femme se penche vers lui, surprise de cet appétit extraordinaire, et s'écrie en riant :

« Ah ! le bandit, en a-t-il de la malice... c'est son pouce qu'il tète à la place de la cabre. »

Il a trouvé cela, cet ange, pour qu'on le laisse tranquille... L'incident ne fait pas mauvais effet ; au contraire, M. de la Perrière s'amuse beaucoup de cette idée de nourrice, que l'enfant a voulu leur faire une niche. Il sort de la Nursery enchanté. « Positivement en... en... enchanté, » répète-t-il la tête branlante, en montant le grand escalier aux murs sonores, décorés de bois de cerf, qui conduit au dortoir.

Très-claire, très-aérée, cette vaste salle, occupant toute une façade, a de nombreuses fenêtres, des berceaux espacés, tendus de rideaux floconneux et blancs comme des nuées. Des femmes vont et viennent dans la large travée du milieu, des piles de linge sur les bras, des clefs à la main, surveillantes ou « remueuses. » Ici l'on a voulu trop bien faire, et la première impression des visiteurs est mauvaise. Toutes ces blancheurs de mousseline, ce parquet ciré où la lumière s'étale sans se fondre, la netteté des vitres reflétant le ciel tout triste de voir ces choses, font mieux ressortir la maigreur, la pâleur malsaine de ces petits moribonds couleur de suaire... Hélas! les plus âgés n'ont que six mois, les plus jeunes quinze jours à peine, et déjà il y a sur tous ces visages, ces embryons de visages, une expression chagrine, des airs renfrognés et vieillots, une précocité souffrante, visible dans les plis nombreux de ces petits fronts chauves, engoncés de béguins festonnés de maigres dentelles d'hospice. De quoi souffrent-ils? Qu'est-ce qu'ils ont? Ils ont tout, tout ce qu'on peut avoir : maladies d'enfant et maladies d'homme. Fruits du vice et de la misère, ils apportent en naissant de hideux phénomènes d'hérédité. Celui-là a le palais perforé, un autre de grandes plaques cuivrées sur le front, tous le muguet. Puis ils meurent de faim. En dépit des cuillerées de lait, d'eau sucrée, qu'on leur introduit de force dans la bouche, d'un peu de biberon employé malgré la défense, ils s'en vont d'inanition. Il faudrait à ces épuisés avant de naître la nourriture la plus jeune, la plus fortifiante; les chèvres pourraient peut-être la leur donner, mais ils ont juré de ne pas téter les chèvres. Et voilà ce qui rend le dortoir lugubre et silencieux, sans une de ces petites colères à poings fermés, un de ces cris montrant les gencives roses et droites, où l'enfant essaie son souffle et ses forces; à peine un vagissement plaintif, comme l'inquiétude d'une âme qui se retourne en tous sens dans un petit corps malade, sans pouvoir trouver la place pour y rester.

Jenkins et le directeur, qui se sont aperçus du mauvais effet que la visite du dortoir produit sur leurs hôtes, essaient d'animer la situation, parlent très-fort, d'un air bon enfant, tout rond et satisfait. Jenkins donne une grande poignée de main à la surveillante :

« Eh bien! madame Polge, ça va, nos petits élèves?
— Comme vous voyez, monsieur le docteur, » répond-elle en montrant les lits.

Elle est funèbre dans sa robe verte, cette grande Madame Polge, idéal des nourrices sèches; elle complète le tableau.

Mais où donc est passé M. le secrétaire des commandements? Il s'est arrêté devant un berceau, qu'il examine tristement, debout et la tête branlante.

« Bigre de bigre! dit Pompon tout bas à Madame Polge... C'est le Valaque. »

La petite pancarte bleue accrochée en haut du berceau, comme dans les hospices, constate en effet la nationalité de l'enfant : « Moldo-Valaque. » Quel guignon que l'attention de M. le secrétaire se soit portée justement sur celui-là!... Oh! la pauvre petite tête couchée sur l'oreiller, son béguin de travers, les narines pincées, la bouche entr'ouverte par un souffle court, haletant, le souffle de ceux qui viennent de naître, aussi de ceux qui vont mourir...

« Est-ce qu'il est malade? demande doucement M. le secrétaire au directeur qui s'est rapproché.

— Mais pas le moins du monde... » a répondu l'effronté Pompon, et s'avançant vers le berceau, il fait une risette au petit avec son doigt, redresse l'oreiller, dit d'une voix mâle un peu bourrue de tendresse : « Eh bien, mon vieux bonhomme?... » Secoué de sa torpeur, sortant de l'ombre qui l'enveloppe déjà, le petit ouvre les yeux sur ces visages penchés vers lui, les regarde avec une morne indifférence, puis, retournant à son rêve qu'il trouve plus beau, crispe ses petites mains ridées et pousse un soupir insaisissable. Mystère! Qui dira ce qu'il était venu faire dans la vie, celui-là? Souffrir deux mois, et s'en aller sans avoir rien vu, rien compris, sans qu'on connaisse seulement le son de sa voix.

« Comme il est pâle!... » murmure M. de la Perrière, très-pâle lui-même. Le Nabab est livide aussi. Un souffle froid vient de passer. Le directeur prend un air dégagé :

« C'est le reflet... Nous sommes tous verts ici.

— Mais oui... mais oui... fait Jenkins, c'est le reflet de la pièce d'eau... Venez donc voir, monsieur le secrétaire. » Et il l'attire vers la croisée pour lui montrer la grande pièce d'eau où trempent les saules, pendant que madame Polge se dépêche de tirer sur le rêve éternel du petit Valaque les rideaux détendus de sa bercelonnette.

Il faut continuer bien vite la visite de l'établissement, pour détruire cette fâcheuse impression.

D'abord on montre à M. de la Perrière une buanderie splendide, avec étuves, séchoirs, thermomètres, immenses armoires de noyer ciré, pleines de béguins, de brassières, étiquetés, noués par douzaines. Une fois le linge chauffé, la lingère le passe par un petit guichet en échange du numéro que laisse la nourrice. On le voit, c'est un ordre parfait, et tout, jusqu'à sa bonne odeur de lessive, donne à cette pièce un aspect sain et campagnard. Il y a ici de quoi vêtir cinq cents enfants. C'est ce que Bethléem peut contenir, et tout a été établi sur ces proportions : la pharmacie immense, étincelante de verreries et d'inscriptions latines, des pilons de marbre dans tous les coins, l'hydrothérapie aux larges piscines de pierre, aux baignoires luisantes, au gigantesque appareil traversé de tuyaux de toutes tailles pour la douche ascendante et descendante, en pluie, en jet, en coups de fouet, et les cuisines ornées de superbes chaudrons de cuivre gradués, de fourneaux économiques à charbon et à gaz. Jenkins a voulu faire un établissement modèle ; et la chose lui a été facile, car on a travaillé dans le grand, comme quand les fonds ne manquent pas. On sent aussi sur tout cela l'expérience et la main de fer de « notre intelligente surveillante, » à qui le directeur ne peut s'empêcher de rendre un hommage public. C'est le signal d'une congratulation générale ; M. de la Perrière, ravi de la façon dont l'établissement est monté, félicite le docteur Jenkins de sa belle création, Jenkins complimente son ami Pondevèz, qui remercie à son tour le secrétaire des commandements d'avoir bien voulu honorer Bethléem de sa visite. Le bon Nabab mêle sa voix à ce concert d'éloges, trouve un mot aimable pour chacun, mais s'étonne un peu tout de même qu'on ne l'ait pas félicité lui aussi, puisqu'on y était. Il est vrai que la meilleure des félicitations l'attend au 16 mars en tête du *Journal officiel*, dans un décret qui flamboie d'avance à ses yeux et le fait loucher du côté de sa boutonnière.

Ces bonnes paroles s'échangent le long d'un grand corridor où les voix sonnent dans leurs intonations prud'hommesques ; mais, tout à coup, un bruit épouvantable interrompt la conversation et la marche des visiteurs. Ce sont des miaulements de chats en délire, des beuglements, des hurlements de sauvages au poteau de guerre, une effroyable tempête de cris humains, répercutée, grossie et prolongée par la sonorité des hautes voûtes. Cela monte et descend, s'arrête soudain, puis reprend avec un ensemble extraordinaire. M. le directeur s'inquiète, interroge. Jenkins roule des yeux furibonds.

« Continuons, dit le directeur, un peu troublé cette fois... je sais ce que c'est. »

Il sait ce que c'est ; mais M. de la Perrière veut le savoir aussi, et, avant que Pondevèz ait pu l'ouvrir, il pousse la porte massive d'où vient cet horrible concert.

Dans un chenil sordide qu'a épargné le grand lessivage, car on ne comptait certes pas le montrer, sur des matelas rangés à terre, une dizaine de petits monstres sont étendus, gardés par une chaise vide où se prélasse un tricot commencé, et par un petit pot égueulé, plein de vin chaud, bouillant sur un feu de bois qui fume. Ce sont les teigneux, les gourmeux, les disgraciés de Bethléem que l'on a cachés au fond de ce coin retiré, — avec recommandation à leur nourrice sèche de les bercer, de les apaiser, de s'asseoir dessus au besoin pour les empêcher de crier ; — mais que cette femme de campagne, inepte et curieuse, a laissés là pour aller voir le beau carrosse stationnant dans la cour. Derrière elle, les maillots se sont vite fatigués de leur position horizontale; et rouges, couverts de boutons, tous ces petits « croûte-levés » ont poussé leur concert robuste, car ceux-là, par miracle, sont bien portants, leur mal les sauve et les nourrit. Éperdus et remuants comme des hannetons renversés, s'aidant des reins, des coudes, les uns, tombés sur le côté, ne pouvant plus reprendre d'équilibre, les autres, dressant en l'air, toutes gourdes, leurs petites jambes emmaillotées, ils arrêtent spontanément leurs gesticulations et leurs cris en voyant la porte s'ouvrir; mais la barbiche branlante de M. de Laperrière les rassure, les encourage de plus belle, et, dans le vacarme recrudescent, c'est à peine si l'on distingue l'explication donnée par le directeur : « Enfants mis à part... Contagion... maladies de peau. » M. le secrétaire des commandements n'en demande pas davantage; moins héroïque que Bonaparte en sa visite aux pestiférés de Jaffa, il se précipite vers la porte, et, dans son trouble craintif, voulant dire quelque chose, ne trouvant rien, il murmure avec un sourire ineffable : « Ils sont cha...armants. »

A présent, l'inspection finie, les voici tous installés dans le salon du rez-de-chaussée, où madame Polge a fait préparer une petite collation. La cave de Bethléem est bien garnie. L'air vif du plateau, ces montées, ces descentes ont donné au vieux monsieur des Tuileries un appétit qu'il ne se connaît plus depuis longtemps, si bien qu'il cause et rit avec une familiarité toute campagnarde, et qu'au moment du départ, tous debout, il lève son verre en remuant la tête pour boire : « A Bé... Bé... Bethléem! » On s'émeut, les verres se choquent, puis, au grand trot, le carrosse emporte la compagnie par la longue avenue de tilleuls, où se couche un soleil rouge et froid, sans rayons. Derrière eux, le parc reprend son silence morne. De grandes masses sombres s'accumulent au fond des taillis, envahissent la maison, gagnent peu à peu les allées et les ronds-points. Bientôt il ne reste plus d'éclairées que les lettres ironiques qui s'incrustent sur la grille d'entrée, et là-bas, à une fenêtre du premier étage, une tache rouge et tremblottante, la lueur d'un cierge allumé au chevet du petit mort.

« *Par décret du 12 mars 1865, rendu sur la proposition du ministre de l'intérieur, M. le docteur Jenkins, président-fondateur de l'œuvre de Bethléem, est nommé chevalier de l'ordre impérial de la Légion d'honneur. Grand dévouement à la cause de l'humanité.* »

En lisant ces lignes à la première page du *Journal officiel*, le matin du 16, le pauvre Nabab eut un éblouissement.

Était-ce possible?

Jenkins décoré, et pas lui.

Il relut la note deux fois, croyant à une erreur de sa vision. Ses oreilles bourdonnaient. Les lettres dansaient, doubles, devant ses yeux avec ces cercles rouges qu'elles prennent au grand soleil. Il s'attendait si bien à voir son nom à cette place; Jenkins — la veille encore — lui avait dit avec tant d'assurance : « C'est fait ! » qu'il lui semblait toujours s'être trompé. Mais non, c'était bien Jenkins... Le coup fut profond, intime, prophétique, comme un premier avertissement du destin, et ressenti d'autant plus vivement que, depuis des années, cet homme n'était plus habitué aux déconvenues, vivait au-dessus de l'humanité. Tout ce qu'il y avait de bon en lui apprit en même temps la méfiance.

« Eh bien, dit-il à de Géry, entrant comme chaque matin dans sa chambre et qui le surprit tout ému le journal à la main, vous avez vu?... je ne suis pas à l'*Officiel*. »

Il essayait de sourire, les traits gonflés comme un enfant qui retient des larmes. Puis, tout à coup, avec cette franchise qui plaisait tant chez lui : « Cela me fait beaucoup de peine... je m'y attendais trop. »

La porte s'ouvrit sur ces mots, et Jenkins se précipita essoufflé, balbutiant, extraordinairement agité :

« C'est une infamie... Une infamie épouvantable... Cela ne peut pas être, cela ne sera pas. »

Les paroles se pressaient en tumulte sur ses lèvres, voulant toutes sortir à la fois; puis il parut renoncer à exprimer sa pensée, et jeta sur la table une petite boîte en chagrin, et une grande enveloppe, toutes deux au timbre de la chancellerie.

« Voilà ma croix et mon brevet... Ils sont à vous, ami... Je ne saurais les conserver... »

Au fond, cela ne signifiait pas grand'chose. Jansoulet se parant du ruban de Jenkins se serait fait très-bien condamner pour port illégal de décoration. Mais un coup de théâtre n'est pas forcé d'être logique; celui-ci amena entre les deux hommes une effusion, des étreintes, un combat généreux, à la suite duquel Jenkins remit les objets dans sa poche, en parlant de réclamations, de lettres aux journaux... Le Nabab fut encore obligé de l'arrêter :

« Gardez-vous-en bien, malheureux... D'abord, ce serait me nuire pour une autre fois... Qui sait? peut-être qu'au 15 août prochain...

— Oh! ça, par exemple... » dit Jenkins sautant sur cette idée; et le bras tendu, comme dans le *Serment* de David : « J'en prends l'engagement sacré. »

L'affaire en resta là. Au déjeuner, le Nabab ne parla de rien, fut aussi gai que de coutume. Cette bonne humeur ne se démentit pas de la journée ; et de Géry, pour qui cette scène avait été une révélation sur le vrai Jenkins, l'explication des ironies, des colères contenues de Félicia Ruys en parlant du docteur, se demandait en vain comment il pourrait éclairer son cher patron sur tant d'hypocrisie. Il aurait dû savoir pourtant que chez les Méridionaux, en dehors et tout effusion, il n'y a jamais d'aveuglement complet, « d'emballement » qui résiste aux sagesses de la réflexion. Dans la soirée, le Nabab avait ouvert un petit portefeuille misérable, écorné aux angles, où depuis dix ans il faisait battre des millions, écrivant dessus en hiéroglyphes connus de lui seul, ses bénéfices et ses dépenses. Il s'absorbait dans ses comptes depuis un moment, quand se tournant vers de Géry :

« Savez-vous ce que je fais, mon cher Paul? demanda-t-il.

— Non, Monsieur.

— Je suis en train — et son regard farceur, bien de son pays, raillait la bonhomie de son sourire — je suis en train de calculer que j'ai déboursé quatre cent trente mille francs pour faire décorer Jenkins. »

Quatre cent trente mille francs! Et ce n'était pas fini...

IX

BONNE MAMAN

Trois fois par semaine, Paul de Géry, le soir venu, allait prendre sa leçon de comptabilité dans la salle à manger des Joyeuse, non loin de ce petit salon où la famille lui était apparue le premier jour; aussi, pendant que, les yeux fixés sur son professeur en cravate blanche, il s'initiait à tous les mystères du « doit et avoir, » il écoutait malgré lui derrière la porte le bruit léger de la veillée laborieuse, en regrettant la vision de tous ces jolis fronts abaissés sous la lampe. M. Joyeuse ne disait jamais un mot de ses filles. Jaloux de leurs grâces comme un dragon gardant de belles princesses dans une tour, excité par les imaginations fantastiques de sa tendresse excessive, il répondait assez sèchement aux questions de son élève s'informant de « ces demoiselles, » si bien que le jeune homme ne lui en parla plus. Il s'étonnait seulement de ne pas voir une fois cette Bonne Maman dont le nom revenait à propos de tout dans les discours de M. Joyeuse, les moindres détails de son existence, planant sur la maison comme l'emblème de sa parfaite ordonnance et de son calme.

Tant de réserve, de la part d'une vénérable dame qui

devait pourtant avoir passé l'âge où les entreprises des jeunes gens sont à craindre, lui semblait exagérée. Mais, en somme les leçons étaient bonnes, données d'une façon très-claire, le professeur avait une méthode excellente de démonstration, un seul défaut, celui de s'absorber dans des silences coupés de soubresauts, d'interjections qui partaient comme des fusées. En dehors de cela, le meilleur des maîtres, intelligent, patient et droit. Paul apprenait à se retrouver dans le labyrinthe compliqué des livres de commerce et se résignait à n'en pas demander davantage.

Un soir, vers neuf heures, au moment où le jeune homme se levait pour partir, M. Joyeuse lui demanda s'il voulait bien lui faire l'honneur de prendre une tasse de thé en famille, une habitude du temps de la pauvre madame Joyeuse, née de Saint-Amand, qui recevait autrefois ses amis le jeudi. Depuis qu'elle était morte et que leur position de fortune avait changé, les amis s'étaient dispersés ; mais on avait maintenu ce petit «extra hebdomadaire. » Paul ayant accepté, le bonhomme entr'ouvrit la porte et appela :

« Bonne Maman... »

Un pas alerte dans le couloir, et, tout de suite, un visage de vingt ans, nimbé de cheveux bruns, abondants et légers, fit son apparition. De Géry, stupéfait, regarda M. Joyeuse :

« Bonne Maman ?

— Oui, c'est un nom que nous lui avons donné quand elle était petite fille. Avec son bonnet à ruches, son autorité d'aînée, elle avait une drôle de petite figure, si raisonnable... Nous trouvions qu'elle ressemblait à sa grand'mère. Le nom lui en est resté. »

Au ton du brave homme en parlant ainsi, on sentait

que pour lui c'était la chose la plus naturelle que cette appellation de grand parent décernée à tant de jeunesse attrayante. Chacun pensait comme lui dans l'entourage ; et les autres demoiselles Joyeuse accourues auprès de leur père, groupées un peu comme à la vitrine du rez-de-chaussée, et la vieille servante apportant sur la table du salon, où l'on venait de passer, un magnifique service à thé, débris des anciennes splendeurs du ménage, tout le monde appelait la jeune fille « Bonne Maman... » sans qu'elle s'en fatiguât une seule fois, l'influence de ce nom béni mettant dans leur tendresse à tous une déférence qui la flattait et donnait à son autorité idéale une singulière douceur de protection.

Est-ce à cause de ce titre d'aïeule que tout enfant il avait appris à chérir, mais de Géry trouva à cette jeune fille une séduction inexprimable. Cela ne ressemblait pas au coup subit qu'il avait reçu d'une autre en plein cœur, à ce trouble où se mêlaient l'envie de fuir, d'échapper à une possession, et la mélancolie persistante que laisse un lendemain de fête, lustres éteints, refrains perdus, parfums envolés dans la nuit. Non, devant cette jeune fille debout, surveillant la table de famille, regardant si rien ne manquait, abaissant sur ses enfants, ses petits enfants, la tendresse active de ses yeux, il lui venait la tentation de la connaître, d'être de ses amis depuis longtemps, de lui confier des choses qu'il ne s'avouait qu'à lui-même, et quand elle lui offrit sa tasse sans mièvrerie mondaine ni gentillesse de salon, il aurait voulu dire comme les autres un « merci, Bonne Maman » où il aurait mis tout son cœur.

Soudain, un coup joyeux, vigoureusement frappé, fit tressauter tout le monde.

« Ah! voilà M. André... Élise, vite une tasse... Yaïa, les petits gâteaux... » Pendant ce temps mademoiselle Henriette, la troisième des demoiselles Joyeuse, qui avait hérité de sa mère, née de Saint-Amand, un certain côté mondain, voyant cette affluence, ce soir-là, dans les salons, se précipitait pour allumer les deux bougies du piano.

— Mon cinquième acte est fini... » s'écria le nouveau venu dès en entrant, puis il s'arrêta net. « Ah! pardon. » et sa figure prit une expression un peu déconfite en face de l'étranger. M. Joyeuse les présenta l'un à l'autre : M. Paul de Géry — M. André Maranne, non sans une certaine solenxité. Il se rappelait les anciennes réceptions de sa femme; et les vases de la cheminée, les deux grosses lampes, le bonheur-du-jour, les fauteuils groupés en rond avaient l'air de partager cette illusion, plus brillants et rajeunis par cette presse inaccoutumée.

— Alors, votre pièce est finie?

— Finie, M. Joyeuse, et je compte bien vous la lire un de ces soirs.

— Oh! oui, M. André... Oh! oui... dirent en chœur toutes les jeunes filles. »

Le voisin travaillait pour le théâtre et personne ici ne doutait de son succès. Par exemple, la photographie promettait moins de bénéfices. Les clients étaient très-rares, les passants mal disposés. Pour s'entretenir la main et dérouiller son appareil neuf, M. André recommençait tous les dimanches la famille de ses amis, qui se prêtait aux expériences avec une longanimité sans égale, la prospérité de cette photographie suburbaine et commençante étant pour tous une affaire d'amour-propre, éveillant, même chez les jeunes filles, cette confraternité touchante qui serre l'une contre l'autre les destinées infimes comme des passereaux au bord d'un toit. Du reste, André Maranne, avec les ressources inépuisables de son grand front plein d'illusion, expliquait sans amertume l'indifférence du public. Tantôt la saison était défavorable ou bien l'on se plaignait du mauvais état des affaires, et il finissait par un même refrain consolant : « Quand j'aurai fait jouer *Révolte!* » C'était le titre de sa pièce.

« C'est étonnant tout de même, dit la quatrième demoiselle Joyeuse, douze ans, les cheveux à la chinoise, c'est étonnant qu'on fasse si peu d'affaires avec un si beau balcon !...

— Et puis le quartier est très-passant, ajoute Élise avec assurance. » Bonne Maman lui fait remarquer en souriant que le boulevard des Italiens l'est encore davantage.

— Ah! s'il était boulevard des Italiens... » fait M. Joyeuse tout songeur, et le voilà parti sur sa chimère arrêtée tout à coup par un geste et ces mots qu'il prononce d'une manière lamentable « fermé pour cause de faillite. » En une minute, le terrible Imaginaire vient d'installer son ami dans un splendide appartement du boulevard où il gagne un argent énorme, tout en augmentant ses dépenses d'une façon si disproportionnée qu'un « pouf » formidable engloutit en peu de mois photographe et photographie. On rit beaucoup quand il donne cette explication; mais en somme chacun est d'accord que la rue Saint-Ferdinand, quoique moins brillante, est bien plus sûre que le boulevard des Italiens. En outre, elle se trouve tout près du bois de Boulogne, et si une fois le grand monde se mettait à passer par ici... Cette belle société que sa mère recherchait tant, est l'idée fixe de mademoiselle Henriette;

et elle s'étonne que la pensée de recevoir le high-life à son petit cinquième, étroit comme une cloche à melon, fasse rire leur voisin. L'autre semaine pourtant, il lui est venu une voiture avec livrée. Tantôt il a eu aussi une visite « très-cossue. »

— Oh ! tout à fait une grande dame, interrompt Bonne Maman... Nous étions à la fenêtre à attendre le père... Nous l'avons vue descendre de voiture et regarder le cadre; nous pensions bien que c'était pour vous.

— C'était pour moi, dit André, un peu gêné.

— Un moment, nous avons eu peur qu'elle passe comme tant d'autres, à cause de vos cinq étages. Alors nous étions là toutes les quatre à la fixer, à l'aimanter sans qu'elle s'en doute avec nos quatre paires d'yeux ouverts. Nous la tirions tout doucement par les plumes de son chapeau et les dentelles de sa pelisse. « Mais montez donc, Madame, montez donc, » à la fin, elle est entrée... Il y a tant d'aimant dans des yeux qui veulent bien ! »

De l'aimant, certes, elle en avait la chère créature, non-seulement dans ses regards de couleur indécise, voilés ou riants comme le ciel de son Paris, mais dans sa voix, dans les draperies de sa robe. Jusqu'à la longue boucle, ombrageant son cou de statuette droit et fin, qui vous attirait par sa pointe un peu blondie, joliment tournée sur un doigt souple.

Le thé servi, pendant que ces messieurs finissaient de causer et de boire — le père Joyeuse était toujours très-long à tout ce qu'il faisait, à cause de ses subites échappées dans la lune, — les jeunes filles rapprochèrent leur ouvrage, la table se couvrit de corbeilles d'osier, de broderies, de jolies laines rajeunissant de leurs tons éclatants les fleurs passées du vieux tapis, et le groupe de l'autre soir se reforma dans le cercle lumineux de l'abat-jour, au grand contentement de Paul de Géry. C'était la première soirée de ce genre qu'il passait dans Paris; elle lui en rappelait d'autres bien lointaines, bercées par les mêmes rires innocents, le bruit doux des ciseaux reposés sur la table, de l'aiguille piquant du linge, ou ce froissement du feuillet qu'on tourne, et de chers visages, à jamais disparus, serrés eux aussi autour de la lampe de famille, hélas! si brusquement éteinte...

Entré dans cette intimité charmante, désormais il n'en sortit plus, prit ses leçons parmi les jeunes filles, et s'enhardit à causer avec elles, quand le bonhomme refermait son grand livre. Ici tout le reposait de cette vie tourbillonnante où le jetait la luxueuse mondanité du Nabab; il se retrempait à cette atmosphère d'honnêteté, de simplicité, essayait aussi d'y guérir les blessures dont une main plus indifférente que cruelle lui criblait le cœur sans merci.

« Des femmes m'ont haï, d'autres femmes m'ont aimé. Celle qui m'a fait le plus de mal n'a jamais eu pour moi ni amour ni haine. » C'est cette femme, dont parle Henri Heine, que Paul avait rencontrée. Félicia était pleine d'accueil et de cordialité pour lui. Il n'y avait personne à qui elle fît meilleur visage. Elle lui réservait un sourire particulier où l'on sentait la bienveillance d'un œil d'artiste s'arrêtant sur un type qui lui plaît, et la satisfaction d'un esprit blasé que le nouveau amuse, si simple qu'il paraisse. Elle aimait cette réserve, piquante chez un Méridional, la droiture de ce jugement dépourvu de toute formule artistique ou mondaine et ragaillardi d'une pointe d'accent local. Cela la changeait du coup de pouce en zigzag dessinant l'éloge par un geste de rapin, des compliments de camarades sur la manière dont elle campait un bonhomme, ou bien de ces admirations poupines, des « chaamant... tès-gentil » dont la gratifiaient les jeunes gandins mâchonnant le bout de leur canne. Celui-là au moins ne lui disait rien de semblable. Elle l'avait surnommé Minerve, à cause de sa tranquillité apparente, de la régularité de son profil; et du plus loin qu'elle le voyait :

« Ah! voilà Minerve... Salut, belle Minerve. Posez votre casque et causons. »

Mais ce ton familier, presque fraternel, convainquait le jeune homme de l'inutilité de son amour. Il sentait bien qu'il n'entrerait pas plus avant dans cette camaraderie féminine où manquait la tendresse, et qu'il perdait chaque jour son charme d'imprévu aux yeux de cette ennuyée de naissance qui semblait avoir déjà vécu sa vie et trouvait à tout ce qu'elle entendait ou voyait la fadeur d'un recommencement. Félicia s'ennuyait. Son art seul pouvait la distraire, l'enlever, la transporter dans une féerie éblouissante, d'où elle retombait toute meurtrie, étonnée chaque fois de ce réveil qui ressemblait à une chute. Elle se comparait elle-même à ces méduses dont l'éclat transparent, si vif dans la fraîcheur et le mouvement des vagues, s'en vient mourir sur le rivage en petites flaques gélatineuses. Pendant ces chômages artistiques où la pensée absente laisse la main lourde sur l'outil, Félicia, privée du seul nerf moral de son esprit, devenait farouche, inabordable, d'une taquinerie harcelante, revanche des mesquineries humaines contre les grands cerveaux lassés. Après qu'elle avait mis des larmes dans les yeux de tout ce qui l'aimait, cherché les souvenirs pénibles ou les inquiétudes énervantes, touché le fond brutal et meurtrissant de sa fatigue, comme il fallait toujours que quelque drôlerie se mêlât en elle aux choses les plus tristes, elle évaporait ce qui lui restait d'ennui dans une espèce de cri de fauve embêté, un bâillement rugi qu'elle appelait « le cri du chacal au désert » et qui faisait pâlir la bonne Crenmitz surprise dans l'inertie de sa quiétude.

Pauvre Félicia! C'était bien un affreux désert que sa vie quand l'art ne l'égayait pas de ses mirages, un désert morne et plat où tout se perdait, se nivelait sous la même immensité monotone, amour naïf d'un enfant de vingt ans, caprice d'un duc passionné, où tout se recouvrait d'un sable aride soufflé par les destins brûlants. Paul sentait ce néant, voulait s'y soustraire; mais quelque chose le retenait, comme un poids qui déroule une chaîne, et, malgré les calomnies entendues, les bizarreries de l'étrange créature, il s'attardait délicieusement auprès d'elle, quitte à n'emporter de cette longue contemplation amoureuse que le désespoir d'un croyant réduit à n'adorer que des images.

L'asile, c'était là-bas, dans ce quartier perdu où le vent soufflait si fort sans empêcher la flamme de monter blanche et droite, c'était le cercle de famille présidé par Bonne Maman. Oh! celle-là ne s'ennuyait pas, elle ne poussait jamais le cri du « chacal au désert. » Sa vie était bien trop remplie : le père à encourager, à soutenir, les enfants à instruire, tous les soins matériels d'un logis auquel la mère manque, ces préoccupations éveillées avec l'aube et que le soir endort, à moins qu'il les ramène en rêve, un de ces dévouements infatigables, mais sans effort apparent, très-commodes pour le pauvre égoïsme humain, parce qu'ils dispensent de toute reconnaissance et se font à peine sentir tellement ils ont la main légère. Ce n'était pas la fille courageuse, qui travaille pour nourrir ses parents, court le cachet du matin au soir, oublie dans l'agitation d'un métier tous les embarras de la maison. Non, elle avait compris la tâche autrement, abeille sédentaire restreignant ses soins au rucher, sans un bourdonnement au dehors parmi le grand air et les fleurs. Mille fonctions : tailleuse, modiste, raccommodeuse, comptable aussi, car M. Joyeuse, incapable de toute responsabilité, lui laissait la libre disposition des ressources, maîtresse de piano, institutrice.

Comme il arrive dans les familles qui ont commencé par l'aisance, Aline, en sa qualité d'aînée, avait été élevée dans un des meilleurs pensionnats de Paris. Élise y était restée deux ans avec elle; mais les deux dernières, venues trop tard, envoyées dans de petits externats de quartier, avaient toutes leurs études à compléter, et ce n'était pas chose commode, la plus jeune riant à tout propos d'un rire de santé, d'épanouissement, de jeunesse, gazouillis d'alouette ivre de blé vert et s'envolant à perte de vue loin du pupitre et des méthodes, tandis que mademoiselle Henriette, toujours hantée par ses idées de grandeur, son amour du « cossu, » ne mordait pas non plus très-volontiers au travail. Cette jeune personne de quinze ans, à qui son père avait légué un peu de ses facultés imaginatives, arrangeait déjà sa vie d'avance et déclarait formellement qu'elle épouserait quelqu'un de la noblesse et n'aurait jamais plus de trois enfants : « Un garçon pour le nom, et deux petites filles... pour les habiller pareil... »

— Oui, c'est cela, disait Bonne Maman, tu les habilleras pareil. En attendant, voyons un peu nos participes. »

Mais la plus occupante était Élise avec son examen subi trois fois sans succès, toujours refusée à l'histoire et se préparant à nouveau, prise d'un grand effroi et d'une méfiance d'elle-même qui lui faisaient promener partout, ouvrir à chaque instant ce malheureux traité d'histoire de France, en omnibus, dans la rue, jusque sur la table du déjeuner; mais, jeune fille déjà et fort jolie, elle n'avait plus cette petite mémoire mécanique de l'enfance où dates et événements s'incrustent pour toute la vie. Parmi d'autres préoccupations, la leçon s'envolait en une minute malgré l'apparente application de l'écolière, ses longs cils enfermant ses yeux, ses boucles balayant les pages, et sa bouche rose animée d'un petit tremblement attentif répétant dix fois à la file : « Louis dit le Hutin 1314-1316. — Philippe V dit le Long 1316-1322... 1322... Ah! Bonne Maman, je suis perdue... Jamais je ne saurai... » Alors Bonne Maman s'en mêlait, l'aidait à fixer son esprit, à emmagasiner quelques-unes de ces dates du moyen âge barbares et pointues comme les casques des guerriers du temps. Et dans les intervalles de ces travaux multiples, de cette surveillance générale et constante, elle trouvait encore moyen de chiffonner de jolies choses, de tirer de sa corbeille à ouvrage quelque menue dentelle au crochet ou la tapisserie en train qui ne la quittait pas plus que la jeune Élise son histoire de France. Même en causant, ses doigts ne restaient pas inoccupés une minute.

— Vous ne vous reposez donc jamais? lui disait de Géry, pendant qu'elle comptait à demi-voix les points de sa tapisserie, « trois, quatre, cinq, » pour en varier les nuances.

« Mais c'est du repos ce travail-là, répondait-elle... Vous ne pouvez, vous autres hommes, savoir combien un travail à l'aiguille est utile à l'esprit des femmes. Il régularise la pensée, fixe par un point la minute qui passe et ce qu'elle emporterait avec elle... Et que de chagrins calmés, d'inquiétudes oubliées grâce à cette attention toute physique, à cette répétition d'un mouvement égal, où l'on retrouve — de force et bien vite — l'équilibre de tout son être... Cela ne m'empêche pas d'être à ce qu'on dit autour de moi, de vous écouter encore mieux que je ne le ferais dans l'inaction... trois, quatre, cinq... »

Oh! oui, elle écoutait. C'était visible à l'animation de son visage, à la façon dont elle se redressait tout à coup, l'aiguille en l'air, le fil tendu sur son petit doigt relevé. Puis elle repartait bien vite à l'ouvrage, quelquefois en jetant un mot juste et profond, qui s'accordait en général avec ce que pensait l'ami Paul. Une similitude de natures, des responsabilités et des devoirs pareils rapprochaient ces deux jeunes gens, les faisaient s'intéresser à leurs préoccupations réciproques. Elle savait le nom de ses deux frères, Pierre et Louis, ses projets pour leur avenir quand ils sortiraient du collège... Pierre voulait être marin... « Oh! non, pas marin, disait Bonne Maman, il vaut bien mieux qu'il vienne à Paris avec vous. » Et comme il avouait que Paris l'effrayait pour eux, elle se moquait de ses terreurs, l'appelait provincial, remplie d'affection pour la ville où elle était née, où elle avait grandi chastement, et qui lui donnait en retour ces vivacités, ces raffinements de nature, cette bonne humeur railleuse qui feraient penser que Paris avec ses pluies, ses brouillards, son ciel qui n'en est pas un, est la véritable patrie des femmes, dont il ménage les nerfs et développe les qualités intelligentes et patientes.

Chaque jour Paul de Géry appréciait mieux mademoiselle Aline, — il était seul à la nommer ainsi dans la maison, — et, chose étrange! ce fut Félicia qui acheva de resserrer leur intimité. Quels rapports pouvait-il y avoir entre cette fille d'artiste, lancée dans les sphères les plus hautes, et cette petite bourgeoise perdue au fond d'un faubourg? Des rapports d'enfance et d'amitié, des souvenirs communs, la grande cour de l'institution Belin, où elles avaient joué trois ans ensemble. Paris est plein de ces rencontres. Un nom prononcé au hasard de la conversation éveille tout à coup cette question stupéfaite:

« Vous la connaissez donc?

— Si je connais Félicia... Mais nous étions voisines de pupitre en première classe. Nous avions le même jardin. Quelle bonne fille, belle, intelligente... »

Et, voyant le plaisir qu'on prenait à l'écouter, Aline rappelait les temps si proches qui déjà lui faisaient un passé, charmeur et mélancolique comme tous les passés. Elle était bien seule dans la vie, la petite Félicia. Le jeudi, quand on criait les noms au parloir, personne pour elle; excepté de temps en temps une bonne dame un peu ridicule, une ancienne danseuse, disait-on, que Félicia appelait la Fée. Elle avait ainsi des surnoms pour tous ceux qu'elle affectionnait et qu'elle transformait dans son imagination. Pendant les vacances on se voyait. Madame Joyeuse, tout en refusant d'envoyer Aline dans l'atelier de M. Ruys, invitait Félicia pour des journées entières, journées bien courtes, entremêlées de travail, de musique, de rêves à deux, de jeunes causeries en liberté. « Oh! quand elle me parlait de son art, avec cette ardeur qu'elle mettait à tout, comme j'étais heureuse de l'entendre... Que de choses j'ai comprises par elle, dont je n'aurais jamais eu aucune idée! Encore maintenant, quand nous allons au Louvre avec papa, ou à l'exposition du 1er mai, cette émotion particulière que vous cause une belle sculpture, un bon tableau, me reporte tout de suite à Félicia. Dans ma jeunesse elle a représenté l'art, et cela allait bien à sa beauté, à sa nature un peu décousue mais si bonne, où je sentais quelque chose de supérieur à moi, qui m'enlevait très-haut sans m'intimider... Elle a cessé de me voir tout à coup... Je lui ai écrit, pas de réponse... Ensuite la gloire est venue pour elle, pour moi les grands chagrins, les devoirs absorbants... Et de toute cette amitié, bien profonde pourtant, puisque je n'en puis parler sans... « trois, quatre, cinq... » il ne reste plus rien que de vieux souvenirs à remuer comme une cendre éteinte...»

Penchée sur son travail, la vaillante fille se dépêchait de compter ses points, d'enfermer son chagrin dans les dessins capricieux de sa tapisserie, pendant que de Géry, ému d'entendre le témoignage de cette bouche pure en face des calomnies de quelques gandins évincés ou de camarades jaloux, se sentait relevé, rendu à la fierté de son amour. Cette sensation lui parut si douce qu'il revint la chercher très-souvent, non seulement les soirs de leçon, mais d'autres soirs encore, et qu'il oubliait presque d'aller voir Félicia, pour le plaisir d'entendre Aline parler d'elle.

Un soir, comme il sortait de chez les Joyeuse, Paul trouva sur le palier le voisin, M. André, qui l'attendait et prit son bras fébrilement :

« M. de Géry, lui dit-il d'une voix tremblante, avec des yeux flamboyants derrière leurs lunettes, la seule chose qu'on pût voir de son visage dans la nuit, j'ai une explication à vous demander. Voulez-vous monter chez moi un instant?... »

Il n'y avait entre ce jeune homme et lui que des relations banales de deux habitués de la même maison, qu'aucun autre lien ne rattache, qui semblent même séparés par une certaine antipathie de nature, de manière d'être. Quelle explication pouvaient-ils donc avoir ensemble? Il le suivit fort intrigué.

L'aspect du petit atelier transi sous son vitrage, la cheminée vide, le vent soufflant comme au dehors et faisant vaciller la bougie, seule flamme de cette veillée de pauvre et de solitaire reflétée sur des feuillets épars tout griffonnés, enfin cette atmosphère des endroits habités où l'âme des habitants se respire, fit comprendre à de Géry l'abord exalté d'André Maranne, ses longs cheveux rejetés et flottants, cette apparence un peu excentrique, bien excusable quand on la paye d'une vie de souffrances et de privations, et sa sympathie alla tout de suite vers ce courageux garçon dont il devinait d'un coup d'œil toutes les fiertés énergiques. Mais l'autre était bien trop ému pour s'apercevoir de cette évolution. Sitôt la porte refermée, avec l'accent d'un héros de théâtre s'adressant au traître séducteur :

« Monsieur de Géry, lui dit-il, je ne suis pas encore un Cassandre... »

Et devant la stupéfaction de son interlocuteur :

« Oui, oui, nous nous entendons... J'ai très-bien compris ce qui vous attire chez M. Joyeuse, et l'accueil empressé qu'on vous y fait ne m'a pas échappé non plus... Vous êtes riche, vous êtes noble, on ne peut hésiter entre vous et le pauvre poëte qui fait un métier ridicule pour laisser tout le temps d'arriver au succès, lequel ne viendra peut-être jamais... Mais je ne me laisserai pas voler mon bonheur... Nous nous battrons, Monsieur, nous nous battrons, répétait-il excité par le calme pacifique de son rival... J'aime depuis longtemps mademoiselle Joyeuse... Cet amour est le but, la gaieté et la force d'une existence très-dure, douloureuse par bien des côtés. Je n'ai que cela au monde, et je préférerais mourir que d'y renoncer. »

Bizarrerie de l'âme humaine ! Paul n'aimait pas cette charmante Aline. Tout son cœur était à une autre. Il y pensait seulement comme à une amie, la plus adorable des amies. Eh bien ! l'idée que Maranne s'en occupait, qu'elle répondait sans doute à cette attention amoureuse, lui procura le frisson jaloux d'un dépit, et ce fut assez vivement qu'il demanda si mademoiselle Joyeuse connaissait ce sentiment d'André et l'avait autorisé de quelque façon à proclamer ainsi ses droits.

« Oui, Monsieur, mademoiselle Élise sait que je l'aime, et avant vos fréquentes visites...

— Élise... c'est d'Élise que vous parlez ?

— Et de qui voulez-vous donc que ce soit ?... Les deux autres sont trop jeunes... »

Il entrait bien dans les traditions de la famille, celui-là. Pour lui, les vingt ans de Bonne Maman, sa grâce triomphante étaient dissimulés par un surnom plein de respect et ses attributions providentielles.

Une très-courte explication ayant calmé l'esprit d'André Maranne, il présenta ses excuses à de Géry, le fit asseoir sur le fauteuil en bois sculpté qui servait à la pose, et leur causerie prit vite un caractère intime et sympathique, amené par l'aveu si vif du début. Paul confessa qu'il était amoureux, lui aussi, et qu'il ne venait si souvent chez M. Joyeuse que pour parler de celle qu'il aimait avec Bonne Maman qui l'avait connue autrefois.

« C'est comme moi, dit André. Bonne Maman a toutes mes confidences; mais nous n'avons encore rien osé dire au père. Ma situation est trop médiocre... Ah! quand j'aurai fait jouer *Révolte!* »

Alors ils parlèrent de ce fameux drame *Révolte!* auquel il travaillait depuis six mois, le jour, la nuit, qui lui avait tenu chaud pendant tout l'hiver, un hiver bien rude, mais dont la magie de la composition corrigeait les rigueurs dans le petit atelier qu'elle transformait. C'est là, dans cet étroit espace, que tous les héros de sa pièce étaient apparus au poëte comme des kobolds familiers tombés du toit ou chevauchant des rayons de lune, et avec eux les tapisseries de haute lisse, les lustres étincelants, les fonds de parc aux perrons lumineux, tout le luxe attendu des décors, ainsi que le tumulte glorieux de sa première représentation dont la pluie criblant le vitrage, les écriteaux qui claquaient sur la porte figuraient pour lui les applaudissements, tandis que le vent, passant en bas dans le triste chantier de démolitions avec un bruit de voix flottantes apportées de loin et loin remportées, ressemblait à la rumeur des loges ouvertes sur le couloir et laissant circuler le succès parmi les caquetages et l'étourdissement de la foule. Ce n'était pas seulement la gloire et l'argent qu'elle devait lui procurer, cette bienheureuse pièce, mais quelque chose de plus précieux encore. Aussi avec quel soin il feuilletait le manuscrit en cinq gros cahiers tout de bleu recouverts, de ces cahiers comme la Levantine en étalait sur le divan de ses siestes et qu'elle marquait de son crayon directorial.

Paul s'étant, à son tour, rapproché de la table, afin d'examiner le chef-d'œuvre, son regard fut attiré par un portrait de femme richement encadré, et qui, si près du travail de l'artiste, semblait être là pour y présider... Élise, sans doute?... Oh! non, André n'avait pas encore le droit de sortir de son entourage protecteur le portrait de sa petite amie... C'était une femme d'une quarantaine d'années, l'air doux, blonde, et d'une grande élégance. En la voyant, de Géry ne put retenir une exclamation.

« Vous la connaissez? fit André Maranne.

— Mais oui... madame Jenkins, la femme du docteur Irlandais. J'ai soupé chez eux cet hiver.

— C'est ma mère... » Et le jeune homme ajouta sur un ton plus bas :

— Madame Maranne a épousé en secondes noces le docteur Jenkins... Vous êtes surpris, n'est-ce pas, de me voir dans cette détresse quand mes parents vivent au milieu du luxe?.. Mais, vous savez, les hasards de la famille groupent parfois ensemble des natures si différentes... Mon beau-père et moi nous n'avons pu nous entendre... Il voulait faire de moi un médecin, tandis que je n'avais de goût que pour écrire. Alors, afin d'éviter des débats continuels dont ma mère souffrait, j'ai préféré quitter la maison et tracer mon sillon tout seul, sans le secours de personne... Rude affaire! les fonds manquaient... Toute la fortune est à ce... à M. Jenkins... Il s'agissait de gagner sa vie, et vous n'ignorez pas comme c'est une chose difficile pour des gens tels que nous, soi-disant bien élevés... Dire que, dans tout l'acquis de ce qu'on est convenu d'appeler une éducation complète, je n'ai trouvé que ce jeu d'enfant à l'aide duquel je pouvais espérer gagner mon pain. Quelques économies, ma bourse de jeune homme, m'ont servi à acheter mes premiers outils, et je me suis installé bien loin, tout au bout de Paris, pour ne pas gêner mes parents. Entre nous, je crois que je ne ferai jamais fortune dans la photographie. Les premiers temps surtout ont été d'un dur... Il ne venait personne, ou, si par hasard quelque malheureux montait, je le manquais, je le répandais sur ma plaque en un mélange blafard et vague comme une apparition. Un jour, dans tout le commencement, il m'est arrivé une noce, la mariée tout en blanc, le marié avec un gilet... comme ça!... Et tous les invités dans des gants blancs qu'ils tenaient à conserver sur leur portrait pour la rareté du fait... Non, j'ai cru que je deviendrais fou... Ces figures noires, les grandes taches blanches de la robe, des gants, des fleurs d'oranger, la malheureuse mariée en reine des Niams-Niams sous sa couronne qui fondait dans ses cheveux... Et tous si pleins de bonne volonté, d'encouragements pour l'artiste... Je les ai recommencés au moins vingt fois, tenus jusqu'à cinq heures du soir. Ils ne m'ont quitté qu'à la nuit pour aller dîner. Voyez-vous cette journée de noces passée dans une photographie... »

Pendant qu'André lui racontait avec cette bonne humeur les tristesses de sa vie, Paul se rappelait la sortie de Félicia à propos des bohèmes et tout ce qu'elle disait à Jenkins sur ces courages exaltés, avides de privations et d'épreuves. Il songeait aussi à la passion d'Aline pour son cher Paris dont il ne connaissait, lui, que les excentricités malsaines, tandis que la grande ville cachait dans ses replis tant d'héroïsmes inconnus et de nobles illusions. Cette impression déjà ressentie à l'abri de la grosse lampe des Joyeuse, il l'avait peut-être plus vive dans ce milieu moins tiède, moins tranquille, où l'art mettait en plus son incertitude désespérée ou glorieuse; et c'est le cœur touché qu'il écoutait André Maranne lui parler d'Élise, de l'examen si long à passer, de la photographie difficile, de tout cet imprévu de sa vie, qui cesserait certainement « quand il aurait fait jouer *Révolte*, » un adorable sourire accompagnant sur les lèvres du poëte cet espoir si souvent formulé et qu'il se dépêchait de railler lui-même comme pour ôter aux autres le droit de le faire.

X

MÉMOIRES D'UN GARÇON DE BUREAU. — LES DOMESTIQUES

Vraiment la fortune à Paris a des tours de roue vertigineux !

Avoir vu la *Caisse territoriale* comme je l'ai vue, des pièces sans feu, jamais balayées, le désert avec sa poussière, haut de ça de protêts sur les bureaux, tous les huit jours une affiche de vente à la porte, mon fricot répandant là-dessus l'odeur d'une cuisine de pauvre; puis assister maintenant à la reconstitution de notre Société dans ses salons meublés à neuf, où je suis chargé d'allumer des feux de ministère, au milieu d'une foule affairée, des coups de sifflet, des sonnettes électriques, des piles d'écus qui s'écroulent, cela tient du prodige. Il faut que je me regarde moi-même pour y croire, que j'aperçoive dans une glace mon habit gris de fer, rehaussé d'argent, ma cravate blanche, ma chaîne d'huissier comme j'en avais une à la Faculté les jours de séance... Et dire que pour opérer cette transformation, pour ramener sur nos fronts la gaieté mère de la concorde, rendre à notre papier sa valeur décuplée, à notre cher gouverneur l'estime et la confiance dont il était si injustement privé, il a suffi d'un homme, de ce richard surnaturel que les cent voix de la renommée désignent sous le nom du Nabab.

Oh! la première fois qu'il est venu dans les bureaux, avec sa belle prestance, sa figure un peu chiffonnée peut-être, mais si distinguée, ses manières d'un habitué des cours, à tu et à toi avec tous les princes d'Orient, enfin ce je ne sais pas quoi d'assuré et de grand que donne l'immense fortune, j'ai senti mon cœur se fondre dans mon gilet à deux rangs de boutons. Ils auront beau dire avec leurs grands mots d'égalité, de fraternité, il y a des hommes qui sont tellement au-dessus des autres qu'on voudrait s'aplatir devant eux, trouver des formules d'adoration nouvelles pour les forcer à s'occuper de vous. Hâtons-nous d'ajouter que je n'ai eu besoin de rien de semblable pour attirer l'attention du Nabab. Comme je m'étais levé sur son passage, — ému, mais toujours digne, on peut se fier à Passajon, — il m'a regardé en souriant et il a dit à demi-voix au jeune homme qui l'accompagnait : « Quelle bonne tête de... » puis un mot après que je n'ai pas bien entendu, un mot en *art*, comme léopard. Pourtant non, ça ne doit pas être cela, je ne me sache pas une tête de léopard. Peut-être Jean-Bart, quoique cependant je ne voie pas le rapport... Enfin, il a toujours dit : « Quelle bonne tête... » et cette bienveillance m'a rendu fier. Du reste, tous ces messieurs sont avec moi d'une bonté, d'une politesse. Il paraît qu'il y a eu une discussion à mon sujet dans le conseil pour savoir si on me garderait ou si l'on me renverrait comme notre caissier, cette espèce de grincheux qui parlait toujours de « faire fiche » le monde aux galères et qu'on a prié d'aller fabriquer ailleurs ses devants de chemises économiques. Bien fait! Ça lui apprendra à être grossier avec les gens.

Pour moi, M. le gouverneur a bien voulu oublier mes paroles un peu vives en souvenir de mes états de services à la *territoriale* et ailleurs ; et à la sortie du conseil, il m'a dit avec son accent musical : « Passajon, vous nous restez. » On se figure si j'ai été heureux, si je me suis confondu en marques de reconnaissance. Songez donc ! Je serais parti avec mes quatre sous sans espoir d'en gagner jamais d'autres, obligé d'aller cultiver ma vigne dans ce petit pays de Montbars, bien étroit pour un homme qui a vécu au milieu de toute l'aristocratie financière de Paris et des coups de banque qui font les fortunes. Au lieu de cela, me voilà établi à nouveau dans une place magnifique, ma garde-robe renouvelée, et mes économies, que j'ai palpées tout un jour, confiées aux bons soins du gouverneur qui s'est chargé de les faire fructifier. Je crois qu'il s'y entend à la manœuvre, celui-là. Et pas la moindre inquiétude à avoir. Toutes les craintes s'évanouissent devant le mot à la mode en ce moment dans tous les conseils d'administration, dans toutes les réunions d'actionnaires, à la Bourse, sur les boulevards et partout : « le Nabab est dans l'affaire... » C'est-à-dire l'or déborde, les pires *combinazione* sont excellentes...

Il est si riche cet homme-là !

Riche à un point qu'on ne peut pas croire. Est-ce qu'il ne vient pas de prêter de la main à la main quinze millions au bey de Tunis... Je dis bien, quinze millions... Histoire de faire une niche aux Hemerlingue, qui voulaient le brouiller avec ce monarque et lui couper l'herbe sous le pied dans ces beaux pays d'Orient où elle pousse dorée, haute et drue... C'est un vieux Turc que je connais, le colonel Brahim, un de nos conseils à la *Territoriale*, qui a arrangé cette affaire.

Naturellement, le bey qui se trouvait, paraît-il, à court d'argent de poche, a été très-touché de l'empressement du Nabab à l'obliger, et il vient de lui envoyer par Brahim une lettre de remerciment dans laquelle il lui annonce qu'à son prochain voyage à Vichy il passera deux jours chez lui, à ce beau château de Saint-Romans, que l'ancien bey, le frère de celui-ci, a déjà honoré de sa visite. Vous pensez, quel honneur! Recevoir un prince régnant. Les Hemerlingue sont dans une rage. Eux qui avaient si bien manœuvré, le fils à Tunis, le père à Paris, pour mettre le Nabab en défaveur... C'est vrai aussi que quinze millions sont une grosse somme. Et ne dites pas : « Passajon nous en compte. » La personne qui m'a mis au courant de l'histoire a tenu entre ses mains le papier envoyé par le bey dans une enveloppe de soie verte timbrée du sceau royal. Si elle ne l'a pas lu, c'est que ce papier était écrit en lettres arabes, sans quoi elle en aurait pris connaissance comme de toute la correspondance du Nabab. Cette personne, c'est son valet de chambre, M. Noël, auquel j'ai eu l'honneur d'être présenté vendredi dernier à une petite soirée de gens en condition qu'il offrait à tout son entourage. Je consigne le récit de cette fête dans mes mémoires, comme une des choses les plus curieuses que j'aie vues pendant mes quatre ans passés de séjour à Paris.

J'avais cru d'abord quand M. Francis, le valet de chambre de Monpavon, me parla de la chose, qu'il s'agissait d'une de ces petites boustifailles clandestines comme on en fait quelquefois dans les mansardes de notre boulevard avec les restes montés par mademoiselle Séraphine et les autres cuisinières de la maison, où l'on boit du vin volé, où l'on s'empiffre, assis sur des malles avec le tremblement de la peur et deux bougies qu'on éteint au moindre craquement dans les couloirs. Ces cachotteries répugnent à mon caractère... Mais quand je reçus, comme pour le bal des gens de maison, une invitation sur papier rose écrite d'une très-belle main :

M. Noël pri M... de se randre à sa soire du 25 couran
On soupra.

Je vis bien, malgré l'orthographe défectueuse, qu'il s'agissait de quelque chose de sérieux et d'autorisé ; je m'habillai donc de ma plus neuve redingote, de mon linge le plus fin, et me rendis place Vendôme, à l'adresse indiquée par l'invitation.

M. Noël avait profité pour donner sa fête d'une première représentation à l'Opéra où la belle société se rendait en masse, ce qui mettait jusqu'à minuit la bride sur le cou à tout le service et la baraque entière à notre disposition. Nonobstant, l'amphitryon avait préféré nous recevoir en haut dans sa chambre, et je l'approuvai fort, étant en cela de l'avis du bonhomme :

Fi du plaisir
Que la crainte peut corrompre !

Mais parlez-moi des combles de la place Vendôme. Un tapis-feutre sur le carreau, le lit caché dans une alcôve, des rideaux d'algérienne à raies rouges, une pendule à sujet en marbre vert, le tout éclairé par des lampes modérateurs. Notre doyen M. Chalmette n'est pas mieux logé que cela à Dijon. J'arrivai sur les neuf heures avec le vieux Francis à Monpavon, et je dois avouer que mon entrée fit sensation, précédé que j'étais par mon passé académique, ma réputation de civilité et de grand savoir. Ma belle mine fit le reste, car il faut bien dire qu'on sait se présenter. M. Noël, en habit noir, très-brun de peau, favoris en côtelette, vint au-devant de nous :

— Soyez le bienvenu, monsieur Passajon, me dit-il; et prenant ma casquette à galons d'argent que j'avais gardée, pour entrer, à la main droite, selon l'usage, il la donne à un nègre gigantesque en livrée rouge et or.

— Tiens, Lakdar, accroche ça... et ça..., ajouta-t-il par manière de risée en lui allongeant un coup de pied en un certain endroit du dos.

On rit beaucoup de cette saillie, et nous nous mîmes à causer d'amitié. Un excellent garçon, ce M. Noël, avec son accent du Midi, sa tournure décidée, la rondeur et la simplicité de ses manières. Il m'a fait penser au Nabab, moins la distinction toutefois. J'ai remarqué d'ailleurs ce soir-là que ces ressemblances sont fréquentes chez les valets de chambre qui, vivant en commun avec leurs maîtres, dont ils sont toujours un peu éblouis, finissent par prendre de leur genre et de leurs façons. Ainsi M. Francis a un certain redressement du corps en étalant son plastron de linge, une manie de lever les bras pour tirer ses manchettes, c'est le Monpavon tout craché. Quelqu'un, par exemple, qui ne ressemble pas à son maître, c'est Joë, le cocher du docteur Jenkins. Je l'appelle Joë, mais à la soirée tout le monde l'appelait Jenkins; car dans ce monde-là, les gens d'écurie se donnent entre eux le nom de leurs patrons, se traitent de Bois-Landry, de Monpavon et de Jenkins, tout court. Est-ce pour avilir les supérieurs, relever la domesticité? Chaque pays a ses usages; il n'y a qu'un sot qui doive s'en étonner. Pour en revenir à Joë Jenkins, comment le docteur si affable, si parfait de tout point, peut-il garder à son service cette brute gonflée de *porter* et de *gin* qui reste silencieuse pendant des heures, puis, au premier coup de boisson dans la tête, se met à hurler, à vouloir boxer tout le monde, à preuve la scène scandaleuse qui venait d'avoir lieu quand nous sommes entrés.

Le petit groom du marquis, Tom Bois-Landry comme on l'appelle ici, avait voulu rire avec ce malotru d'Irlandais qui — sur une raillerie de gamin Parisien — lui avait riposté par un terrible coup de poing de Belfast au milieu de la figure.

— Saucisson à pattes, moâ !... Saucisson à pattes, moâ !... » répétait le cocher en suffoquant, tandis qu'on emportait son innocente victime dans la pièce à côté, où ces dames et demoiselles étaient en train de lui bassiner le nez. L'agitation s'apaisa bientôt grâce à notre arrivée, grâce aussi aux sages paroles de M. Barreau, un homme d'âge, posé et majestueux, dans mon genre. C'est le cuisinier du Nabab, un ancien chef du café Anglais que Cardailhac, le directeur des Nouveautés, a procuré à son ami. A le voir en habit, cravate blanche, sa belle figure pleine et rasée, vous l'auriez pris pour un des grands fonctionnaires de l'Empire. Il est vrai qu'un cuisinier dans une maison où l'on a tous les matins la table mise pour trente personnes, plus le couvert de Madame, tout cela se nourrissant de fin et de surfin, n'est pas un fricoteur ordinaire. Il touche des appointements de colonel, logé, nourri, et puis la gratte ! On ne s'imagine pas ce que c'est que la gratte dans une boîte comme celle-ci. Aussi chacun lui parlait-il respectueusement, avec les égards dus à un homme de son importance : « Monsieur Barreau » par-ci, « Mon cher monsieur Barreau » par-là. C'est qu'il ne faut pas s'imaginer que les gens de maison entre eux soient tous compères et compagnons. Nulle part plus que chez eux on n'observe la hiérarchie. Ainsi j'ai bien vu à la soirée de M. Noël que les cochers ne frayaient pas avec leurs palefreniers, ni les valets de chambre avec les valets de pied et les chasseurs, pas plus que l'argentier, le maître d'hôtel ne se mêlaient au bas office; et lorsque M. Barreau faisait une petite plaisanterie quelconque, c'était plaisir de voir comme ses sous-ordres avaient l'air de s'amuser. Je ne suis pas contre ces choses-là. Bien au contraire. Comme disait notre doyen : « Une société sans hiérarchie, c'est une maison sans escalier. » Seulement le fait m'a paru bon à relater dans ces mémoires.

La soirée, je n'ai pas besoin de le dire, ne jouit de tout son éclat qu'au retour de son plus bel ornement, les dames et demoiselles qui étaient allées soigner le petit Tom, femmes de chambre aux cheveux luisants et pommadés, femmes de charge en bonnets garnis de rubans, négresses, gouvernantes, brillante assemblée où j'eus tout de suite beaucoup de prestige grâce à ma tenue respectable et au surnom de « mon oncle » que les plus jeunes parmi ces aimables personnes voulurent bien me donner. Je pense qu'il y avait là pas mal de friperie, de la soie, de la dentelle, même du velours assez fané, des gants à huit boutons nettoyés plusieurs fois et de la parfumerie ramassée sur la toilette de madame; mais les visages étaient contents, les esprits tout à la gaieté, et je sus me faire un petit coin très-animé, toujours à la convenance — cela va sans dire — et comme il sied à un individu dans ma position. Ce fut du reste le ton général de la soirée. Jusque vers la fin du repas je n'entendis aucun de ces propos malséants, aucune de ces histoires scandaleuses qui amusent si fort ces messieurs du conseil; et je me plais à constater que Bois-Landry le cocher, pour ne citer que celui-là, est autrement bien élevé que Bois-Landry le maître.

M. Noël, seul, tranchait par son ton familier et la vivacité de ses reparties. En voilà un qui ne se gêne pas pour appeler les choses par leur nom. C'est ainsi qu'il disait tout haut à M. Francis, d'un bout à l'autre du salon: « Dis donc, Francis, ton vieux filou nous a encore tiré une carotte cette semaine... » Et comme l'autre se rengorgeait d'un air digne, M. Noël s'est mis à rire: « T'offusque pas, ma vieille... Le coffre est solide... Vous n'en viendrez jamais à bout. » Et c'est alors qu'il nous a raconté le prêt des quinze millions dont j'ai parlé plus haut.

Cependant je m'étonnais de ne voir faire aucun préparatif pour ce souper que mentionnaient les cartes d'invitation, et je manifestais tout bas mon inquiétude à une de mes charmantes nièces qui me répondit:

« On attend M. Louis.

— M. Louis?...

— Comment! Vous ne connaissez pas M. Louis, le valet de chambre du duc de Mora? »

On m'apprit alors ce qu'était cet influent personnage dont les préfets, les sénateurs, même les ministres recherchent la protection, et qui doit la leur faire payer salé, puisqu'avec ses douze cents francs d'appointements chez le duc, il a économisé vingt-cinq mille livres de rente, qu'il a ses demoiselles en pension au Sacré-Cœur, son garçon au collège Bourdaloue, et un châlet en Suisse où toute la famille va s'installer aux vacances.

Le personnage arriva par là-dessus; mais rien dans son physique n'aurait fait deviner cette position unique à Paris. Pas de majesté dans la tournure, un gilet boutonné jusqu'au col, l'air chafouin et insolent, et une façon de parler sans remuer les lèvres, bien malhonnête pour ceux qui vous écoutent.

Il salua l'assemblée d'un léger mouvement de tête, tendit un doigt à M. Noël, et nous étions là à nous regarder, glacés par ses grandes manières, quand une porte s'ouvrit au fond et le souper nous apparut avec toutes sortes de viandes froides, des pyramides de fruits, des bouteilles de toutes les formes, sous les feux de deux candélabres.

« Allons, Messieurs, la main aux dames... »

En une minute nous voici installés, ces dames assises avec les plus âgés ou les plus conséquents de nous tous, les autres debout, servant, bavardant, buvant dans tous les verres, piquant un morceau dans toutes les assiettes. J'avais M. Francis pour voisin, et je dus entendre ses rancunes contre M. Louis, dont il jalousait la place si belle en comparaison de celle qu'il occupait chez son décavé de la noblesse.

« C'est un parvenu, me disait-il tout bas... Il doit sa fortune à sa femme, à Madame Paul. »

Il paraît que cette Madame Paul est une femme de charge, depuis vingt ans chez le duc, et qui s'entend comme personne à lui fabriquer une certaine pommade pour des incommodités qu'il a. Mora ne peut pas s'en passer. Voyant cela, M. Louis a fait la cour à cette vieille dame, l'a épousée quoique bien plus jeune qu'elle ; et afin de ne pas perdre sa garde-malade aux pommades, l'Excellence a pris le mari pour valet de chambre. Au fond, malgré ce que je disais à M. Francis, moi je trouvais ça très-bien et conforme à la plus saine morale puisque le maire et le curé y ont passé. D'ailleurs, cet excellent repas, composé de nourritures fines et très-chères que je ne connaissais pas même de nom, m'avait bien disposé l'esprit à l'indulgence et à la bonne humeur. Mais tout le monde n'était pas dans les mêmes dispositions, car j'entendais de l'autre côté de la table la voix de basse-taille de M. Barreau qui grondait :

« De quoi se mêle-t-il ? Est-ce que je mets le nez dans son service ? D'abord c'est Bompain que ça regarde et pas lui... Et puis, quoi ! Qu'est-ce qu'on me reproche ? Le boucher m'envoie cinq paniers de viande tous les matins. Je n'en use que deux, je lui revends les trois autres. Quel est le chef qui ne fait pas ça ? Comme si, au lieu de venir espionner dans mon sous-sol, il ne ferait pas mieux de veiller au grand coulage de là-haut. Quand je pense qu'en trois mois la clique du premier a fumé pour vingt-huit mille francs de cigares... Vingt-huit mille francs ! Demandez à Noël si je mens. Et au second, chez madame, c'est là qu'il y en a un beau gâchis de linge, de robes jetées au bout d'une fois, des bijoux à poignées, des perles qu'on écrase en marchant. Oh ! mais, attends un peu, je te le repincerai ce petit monsieur-là. »

Je compris qu'il s'agissait de M. de Géry, ce jeune secrétaire du Nabab qui vient souvent à la *Territoriale*, où il est toujours à farfouiller dans les livres. Très-poli certainement, mais un garçon très-fier qui ne sait pas se faire valoir. Ça n'a été autour de la table qu'un concert de malédictions contre lui. M. Louis lui-même a pris la parole à ce sujet avec son grand air :

— Chez nous, mon cher monsieur Barreau, le cuisinier a eu tout récemment une histoire dans le genre de la vôtre avec le chef de cabinet de Son Excellence qui s'était permis de lui faire quelques observations sur la dépense. Le cuisinier est monté chez le duc dare-dare, en tenue d'office, et la main sur le cordon de son tablier: « Que votre Excellence choisisse entre monsieur et moi... » Le duc n'a pas hésité. Des chefs de cabinet on en trouve tant qu'on en veut; tandis que les bons cuisiniers, on les connaît. Il y en a quatre en tout dans Paris... Je vous compte, mon cher Barreau... Nous avons congédié notre chef de cabinet en lui donnant une préfecture de première classe comme consolation; mais nous avons gardé notre chef de cuisine.

— Ah! voilà... dit M. Barreau, qui jubilait d'entendre cette histoire... Voilà ce que c'est de servir chez un grand seigneur... Mais les parvenus sont les parvenus, qu'est-ce que vous voulez?

— Et Jansoulet n'est que ça, ajouta M. Francis en tirant ses manchettes... Un homme qui a été portefaix à Marseille. »

Là-dessus, M. Noël prit la mouche.

« Hé! là-bas, vieux Francis, vous êtes tout de même bien content de l'avoir pour payer vos cuites de bouillotte, le portefaix de la Cannebière... On t'en collera des parvenus comme nous, qui prêtent des millions aux rois et que les grands seigneurs comme Mora ne rougissent pas d'admettre à leur table...

— Oh! à la campagne, » ricana M. Francis en faisant voir sa vieille dent.

L'autre se leva, tout rouge, il allait se fâcher, mais M. Louis fit signe avec la main qu'il avait quelque chose à dire et M. Noël s'assit tout de suite, mettant comme nous tous son oreille en cornet pour ne rien perdre des augustes paroles.

« C'est vrai, disait le personnage, parlant du bout des lèvres et sirotant son vin à petits coups, c'est vrai que nous avons reçu le Nabab à Grandbois l'autre semaine. Il s'est même passé quelque chose de très-amusant... Nous avons beaucoup de champignons dans le second parc, et Son Excellence s'amuse quelquefois à en ramasser. Voilà qu'à dîner on sert un grand plat d'oronges. Il y avait là, chose... machin... comment donc... Marigny, le ministre de l'intérieur, Monpavon, et votre maître, mon cher Noël. Les champignons font le tour de la table, ils avaient bonne mine, ces messieurs en remplissent leurs assiettes, excepté M. le duc qui ne les digère pas et croit par politesse devoir dire à ses invités : « Oh! vous savez, ce n'est pas que je me méfie. Ils sont très-sûrs... C'est moi-même qui les ai cueillis.

— Sapristi! dit Monpavon en riant, alors, mon cher Auguste, permettez que je n'y goûte pas. » Marigny, moins familier, regardait son assiette de travers.

« Mais si, Monpavon, je vous assure... ils ont l'air très-sains ces champignons. Je regrette vraiment de n'avoir plus faim. »

Le duc restait très-sérieux.

« Ah çà! monsieur Jansoulet, j'espère bien que vous n'allez pas me faire cet affront, vous aussi. Des champignons choisis par moi.

— Oh! Excellence, comment donc!... Mais les yeux fermés. »

Vous pensez s'il avait de la veine, ce pauvre Nabab, pour la première fois qu'il mangeait chez nous. Duperron, qui servait en face de lui, nous a raconté ça à l'office. Il paraît qu'il n'y avait rien de plus comique que de voir le Jansoulet se bourrer de champignons en roulant des yeux épouvantés, pendant que les autres le regardaient curieusement sans toucher à leurs assiettes. Il en suait, le malheureux! Et ce qu'il y a de plus fort, c'est qu'il en a repris, il a eu le courage d'en reprendre. Seulement il se fourrait des verrées de vin comme un maçon, entre chaque bouchée... Eh bien ! voulez-vous que je vous dise? C'est très-malin ce qu'il a fait là ; et ça ne m'étonne plus maintenant que ce gros bouvier soit devenu le favori des souverains. Il sait où les flatter, dans les petites prétentions qu'on n'avoue pas... Bref, le duc est toqué de lui depuis ce jour. »

Cette historiette fit beaucoup rire, et dissipa les nuages assemblés par quelques paroles imprudentes. Et alors, comme le vin avait délié les langues, que chacun se connaissait mieux, on posa les coudes sur la table et l'on se mit à parler des maîtres, des places où l'on avait servi, de ce qu'on y avait vu de drôle. Ah ! j'en ai entendu de ces aventures, j'en ai vu défiler de ces intérieurs. Naturellement j'ai fait aussi mon petit effet avec l'histoire de mon garde-manger à la *Territoriale*, l'époque où je mettais mon fricot dans la caisse vide, ce qui n'empêchait pas notre vieux caissier, très-formaliste, de changer le mot de la serrure tous les deux jours, comme s'il y avait eu dedans tous les trésors de la Banque de France. M. Louis a paru prendre plaisir à mon anecdote. Mais le plus étonnant, ça été ce que le petit Bois-Landry, avec son accent de voyou parisien, nous a raconté du ménage de ses maîtres...

Marquis et marquise de Bois-Landry, deuxième étage, boulevard Haussmann. Un mobilier comme aux Tuileries, du satin bleu sur tous les murs, des chinoiseries, des tableaux, des curiosités, un vrai musée, quoi! débordant jusque sur le palier. Service très-calé : six domestiques, l'hiver livrée marron, l'été livrée nankin. On voit ces gens-là partout, aux petits lundis, aux courses, aux premières représentations, aux bals d'ambassade, et toujours leur nom dans les journaux avec une remarque sur les belles toilettes de madame et le chic épatant de monsieur... Eh bien! tout ça n'est rien du tout que du fla-fla, du plaqué, de l'apparence, et quand il manque cent sous au marquis, personne ne les lui prêterait sur ses possessions... Le mobilier est loué à la quinzaine chez Fitily, le tapissier des cocottes. Les curiosités, les tableaux appartiennent au vieux Schwalbach, qui adresse là ses clients et leur fait payer doublement cher parce qu'on ne marchande pas quand on croit acheter à un marquis, à un amateur. Pour les toilettes de la marquise, la modiste et la couturière les lui fournissent à l'œil chaque saison, lui font porter les modes nouvelles, un peu cocasses parfois, mais que la société adopte ensuite parce que madame est très-belle femme encore et réputée pour l'élégance; c'est ce qu'on appelle une *lanceuse*. Enfin, les domestiques! Provisoires comme le reste, changés tous les huit jours au gré du bureau de placement qui les envoie là faire un stage pour les places sérieuses. Si l'on n'a ni répondants, ni certificats, qu'on tombe de prison ou d'ailleurs, Glavand, le grand placier de la rue de la Paix, vous expédie boulevard Hausmann. On sort une, deux semaines, le temps d'acheter les bons renseignements du marquis, qui, bien entendu, ne vous paye pas et vous nourrit à peine; car dans cette maison-là les fourneaux de la cuisine restent froids la plupart du temps, Monsieur et Madame s'en allant dîner en ville presque tous les soirs ou dans des bals où l'on soupe. C'est positif qu'il y a des gens à Paris qui prennent le buffet au sérieux et font le premier repas de leur journée passé minuit. Aussi les Bois-Landry sont renseignés sur les maisons à buffet. Ils vous diront qu'on soupe très-bien à l'ambassade d'Autriche, que l'ambassade d'Espagne néglige un peu les vins, et que c'est encore aux Affaires Étrangères qu'on trouve les meilleurs chaud-froid de volailles. Et voilà la vie de ce drôle de ménage. Rien de ce qu'ils ont ne tient sur eux, tout est faufilé, attaché avec des épingles. Un coup de vent, et tout s'envole. Mais au moins ils sont sûrs de ne rien perdre. C'est ça qui donne au marquis cet air blagueur de père Tranquille qu'il a en vous regardant, les deux mains dans ses poches, comme pour vous dire : « Eh bien, après ? qu'est-ce qu'on peut me faire ? »

Et le petit groom, dans l'attitude susdite, avec sa tête d'enfant vieillot et vicieux, imitait si bien son patron qu'il me semblait le voir lui-même au milieu de notre conseil d'administration, planté devant le gouverneur et l'accablant de ses plaisanteries cyniques. C'est égal, il faut avouer que Paris est une fièrement grande ville pour qu'on puisse y vivre ainsi quinze ans, vingt ans d'artifices, de ficelles, de poudre aux yeux, sans que tout le monde vous connaisse, et faire encore une entrée triomphante dans un salon derrière son nom crié à toute volée : « Monsieur le marquis de Bois-Landry. »

Non, voyez-vous, ce qu'on apprend de choses dans une soirée de domestiques ; ce que la société parisienne est curieuse à regarder ainsi par le bas, par les sous-sols, il faut y être allé pour le croire. Ainsi, me trouvant entre M. Francis et M. Louis, voici un petit bout de conversation confidentielle que j'ai saisi sur le sire de Monpavon. M. Louis disait :

« Vous avez tort, Francis, vous êtes en fonds en ce moment. Vous devriez en profiter pour rendre cet argent au Trésor.

— Qu'est-ce que vous voulez? répondait M. Francis d'un air malheureux... Le jeu nous dévore.

— Oui, je sais bien. Mais prenez garde. Nous ne serons pas toujours là. Nous pouvons mourir, descendre du pouvoir. Alors on vous demandera des comptes là-bas. Et ce sera terrible... »

J'avais bien souvent entendu chuchoter cette histoire d'un emprunt forcé de deux cent mille francs que le marquis aurait fait à l'État, du temps qu'il était receveur général; mais le témoignage de son valet de chambre était pire que tout... Ah! si les maîtres se doutaient de ce que savent les domestiques, de tout ce qu'on raconte à l'office, s'ils pouvaient voir leur nom traîner au milieu des balayures d'appartement et des détritus de cuisine, jamais ils n'oseraient plus seulement dire : « Fermez la porte » ou « attelez. » Voilà, par exemple, le docteur Jenkins, la plus riche clientèle de Paris, dix ans de ménage avec une femme magnifique, recherchée partout; il a eu beau tout faire pour dissimuler sa situation, annoncer à l'anglaise son mariage dans les journaux, n'admettre chez lui que des domestiques étrangers sachant à peine trois mots de français. Avec ces trois mots, assaisonnés de jurons de faubourg et de coups de poing sur la table, son cocher Joë, qui le déteste, nous a raconté toute son histoire pendant le souper.

« Elle va claquer, son Irlandaise, sa vraie... Savoir maintenant s'il épousera l'autre. Quarante-cinq ans, mistress Maranne, et pas un schelling... Faut voir comme elle a peur d'être lâchée... L'épousera, l'épousera pas... kss... kss... nous allons rire. » Et plus on le faisait boire, plus il en racontait, traitant sa malheureuse maîtresse comme la dernière des dernières... Moi j'avoue qu'elle m'intéressait, cette fausse madame Jenkins, qui pleure dans tous les coins, supplie son amant comme le bourreau et court le risque d'être plantée là, quand toute la société la croit mariée, respectable, établie. Les autres ne faisaient qu'en rire, les femmes surtout. Dame! c'est amusant quand on est en condition de voir que ces dames de la haute ont leurs affronts aussi et des tourments qui les empêchent de dormir.

Notre tablée présentait à ce moment le coup d'œil le plus animé, un cercle de figures joyeuses tendues vers cet Irlandais qui avait le pompon pour son anecdote. Cela excitait des envies; on cherchait, on ramassait dans sa mémoire ce qu'il pouvait y traîner de vieux scandales, d'aventures de maris trompés, de ces faits intimes vidés à la table de cuisine avec les fonds de plats et les fonds de bouteilles. C'est que le champagne commençait à faire des siennes parmi les convives. Joë voulait danser une gigue sur la nappe. Les dames, au moindre mot un peu gai, se renversaient avec des rires aigus de personnes qu'on chatouille, laissant traîner leurs jupons brodés sous la table pleine de débris de victuailles et de graisses répandues. M. Louis s'était retiré discrètement. On remplissait les verres sans les vider; une femme de charge trempait dans le sien rempli d'eau un mouchoir dont elle se baignait le front, parce que la tête lui tournait, disait-elle. Il était temps que cela finît; et de fait une sonnette électrique, carillonnant dans le couloir, nous avertissait que le valet de pied, de service au théâtre, venait appeler les cochers. Là-dessus Monpavon porta un toast au maître de la maison en le remerciant de sa petite soirée. M. Noël annonça qu'il la recommencerait à Saint-Romans, pour les fêtes du bey, où la plupart des assistants seraient probablement invités. Et j'allais me lever à mon tour, assez habitué aux repas de corps pour savoir qu'en pareille occasion le plus vieux de l'assemblée est tenu de porter une santé aux dames, quand la porte s'ouvrit brusquement, et un grand valet de pied tout crotté, un parapluie ruisselant à la main, suant, essoufflé, nous cria, sans respect pour la compagnie :

« Mais arrivez donc, tas de « mufes... » qu'est-ce que vous fichez là?... Quand on vous dit que c'est fini. »

XI

LES FÊTES DU BEY

Dans les régions du Midi, de civilisation lointaine, les châteaux historiques encore debout sont rares. A peine de loin en loin quelque vieille abbaye dresse-t-elle au flanc des collines sa façade tremblante et démembrée, percée de trous qui ont été des fenêtres et dont l'ouverture ne regarde plus que le ciel, monument de poussière calciné de soleil, datant de l'époque des croisades ou des cours d'amour, sans un vestige de l'homme parmi ses pierres où le lierre ne grimpe même plus, ni l'acanthe, mais qu'embaument les lavandes sèches et les férigoules. Au milieu de toutes ces ruines, le château de Saint-Romans fait une illustre exception. Si vous avez voyagé dans le Midi, vous l'avez vu et vous allez le revoir tout de suite. C'est entre Valence et Montélimart, dans un site où la voie ferrée court à pic tout le long du Rhône, au bas des riches coteaux de Beaume, de Raucoule, de Mercurol, tout le cru brûlant de l'Ermitage répandu sur cinq lieues de ceps serrés, alignés, dont les plantations moutonnent aux yeux, dégringolent jusque dans le fleuve, vert et plein d'îles à cet endroit comme le Rhin du côté de Bâle, mais avec un coup de soleil que le Rhin n'a jamais eu. Saint-Romans est en face sur l'autre rive ; et, malgré la rapidité de la vision, la lancée à toute vapeur des wagons qui semblent vouloir à chaque tournant se précipiter rageusement dans le Rhône, le château est si vaste, se développe si bien sur la côte voisine qu'en apparence il suit la course affolée du train et fixe à jamais dans vos yeux le souvenir de ses rampes, de ses balustres, de son architecture italienne, deux étages assez bas surmontés d'une terrasse à colonnettes, flanqués de deux pavillons coiffés d'ardoise et dominant les grands talus où l'eau des cascades rebondit, le lacis des allées sablées et remontantes, la perspective des immenses charmilles terminées par quelque statue blanche qui se découpe dans le bleu comme sur le fond lumineux d'un vitrail. Tout en haut, au milieu de vastes pelouses dont la verdure éclate ironiquement sous l'ardent climat, un cèdre gigantesque étage ses verdures crêtées aux ombres flottantes et noires, silhouette exotique qui fait songer, debout devant cette ancienne demeure d'un fermier général du temps de Louis XIV, à quelque grand nègre portant le parasol d'un gentilhomme de la cour.

De Valence à Marseille, dans toute la vallée du Rhône, Saint-Romans de Bellaigue est célèbre comme un palais de fées ; et c'est bien une vraie féerie dans ces pays brûlés de mistral que cette oasis de verdure et de belle eau jaillissante.

« Quand je serai riche, maman, disait Jansoulet tout gamin à sa mère qu'il adorait, je te donnerai Saint-Romans de Bellaigue. »

Et comme la vie de cet homme semblait l'accomplissement d'un conte des *Mille et une Nuits*, que tous ses souhaits se réalisaient, même les plus disproportionnés, que ses chimères les plus folles venaient s'allonger devant lui, lécher ses mains ainsi que des barbets familiers et soumis, il avait acheté Saint-Romans, pour l'offrir à sa mère, meublé à neuf et grandiosement restauré. Quoiqu'il y eût dix ans de cela, la brave femme ne s'était pas encore faite à cette installation splendide. « C'est le palais de la reine Jeanne que tu m'as donné, mon pauvre Bernard, écrivait-elle à son fils ; jamais je n'oserai habiter là. » Elle n'y habita jamais, en effet, s'étant logée dans la maison du régisseur, un pavillon de construction moderne placé tout au bout de la propriété d'agrément pour surveiller les communs et la ferme, les bergeries et les *moulins d'huile,* avec leur horizon champêtre de blés en meules, d'oliviers et de vignes s'étendant sur le plateau à perte de vue. Au grand château elle se serait crue prisonnière dans une de ces demeures enchantées où le sommeil vous prend en plein bonheur et ne vous quitte plus de cent ans. Ici du moins, la paysanne qui n'avait jamais pu s'habituer à cette fortune colossale, venue trop tard, de trop loin et en coup de foudre, se sentait rattachée à la réalité par le va-et-vient des travailleurs, la sortie et la rentrée des bestiaux, leurs promenades vers l'abreuvoir, toute cette vie pastorale qui l'éveillait au chant accoutumé des coqs, aux cris aigus des paons, et lui faisait descendre avant l'aube l'escalier en vrille du pavillon. Elle ne se considérait que comme dépositaire de ce bien magnifique, qu'elle gardait pour le compte de son fils et voulait lui rendre en bon état, le jour où, se trouvant assez riche, fatigué de vivre chez les *Turs*, il viendrait, selon sa promesse, demeurer avec elle sous les ombrages de Saint-Romans.

Aussi quelle surveillance universelle et infatigable.

Dans les brumes du petit jour, les valets de ferme entendaient sa voix rauque et voilée : « Olivier... Peyrol... Audibert... Allons!... C'est quatre heures. » Puis un saut dans l'immense cuisine, où les servantes, lourdes de sommeil, faisaient chauffer la soupe sur le feu clair et pétillant des souches. On lui donnait son petit plat en terre rouge de Marseille tout rempli de châtaignes bouillies, frugal déjeuner d'autrefois que rien ne lui aurait fait changer. Aussitôt la voilà courant à grandes enjambées, son large clavier d'argent à la ceinture où tintaient toutes ses clefs, son assiette à la main, équilibrée par la quenouille qu'elle tenait en bataille sous le bras, car elle filait tout le long du jour et ne s'interrompait même pas pour manger ses châtaignes. En passant, un coup d'œil à l'écurie encore noire où les bêtes se remuaient pesamment, à la crèche étouffante garnie vers sa porte de mufles impatients et tendus ; et les premières lueurs, glissant sur les assises de pierre qui soutenaient les remblais du parc, éclairaient la vieille femme courant dans la rosée avec la légèreté d'une jeune fille, malgré ses soixante-dix ans, vérifiant exactement chaque matin toutes les richesses du domaine, inquiète de constater si la nuit n'avait pas enlevé les statues et les vases, déraciné les quinconces centenaires, tari les sources qui s'égrenaient dans leurs vasques retentissantes. Puis le plein soleil de midi, bourdonnant et vibrant, découpait encore sur le sable d'une allée, contre le mur blanc d'une terrasse, cette longue taille de vieille, fine et droite comme son fuseau, ramassant des morceaux de bois mort, cassant une branche d'arbuste mal alignée, sans souci de l'ardente réverbération qui glissait sur sa peau dure comme sur la pierre d'un vieux banc. Vers cette heure là aussi, un autre promeneur se montrait dans le parc, moins actif, moins bruyant, se traînant plutôt qu'il ne marchait, s'appuyant aux murs, aux balustrades, un pauvre être voûté, branlant, ankylosé, figure éteinte et sans âge, ne parlant jamais, et lorsqu'il était las, poussant un petit cri plaintif vers le domestique toujours près de lui qui l'aidait à s'asseoir, à s'accroupir sur quelque marche, où il restait pendant des heures, immobile et muet, la bouche détendue, les yeux clignotants, bercé par la monotonie stridente des cigales, souillure d'humanité devant le splendide horizon.

Celui-là, c'était l'*aîné*, le frère de Bernard, l'enfant chéri du père et de la mère Jansoulet, la beauté, l'intelligence, l'espoir glorieux de la famille du cloutier, qui, fidèle comme tant d'autres dans le Midi à la superstition du droit d'aînesse, avait fait tous les sacrifices pour envoyer à Paris ce beau garçon ambitieux, parti avec quatre ou cinq bâtons de maréchal dans sa malle, l'admiration de toutes les filles du bourg, et que Paris, — après avoir, pendant dix ans, battu, tordu, pressuré dans sa grande cuve ce brillant chiffon méridional, l'avoir brûlé dans tous ses vitriols, roulé dans toutes ses fanges, — finit par renvoyer à cet état de loque et d'épave, abruti, paralysé, ayant tué son père de chagrin, et obligé sa mère à tout vendre chez elle, à vivre d'une domesticité passagère dans les maisons aisées du pays. Heureusement qu'à ce moment-là, lorsque ce débris des hospices parisiens, rapatrié par l'assistance publique, tomba au Bourg-Saint-Andéol, Bernard, — celui qu'on appelait Cadet, comme dans les familles méridionales à demi-arabes, où l'aîné prend toujours le nom familial et le dernier venu, celui de Cadet, — Bernard était déjà à Tunis, en train de faire fortune, envoyant régulièrement de l'argent au foyer. Mais, quels remords pour la pauvre maman, de tout devoir, même la vie, le bien-être du triste malade, au robuste et courageux garçon, que le père et elle avaient toujours aimé, sans tendresse, que, depuis l'âge de cinq ans, ils s'étaient habitués à traiter comme un manœuvre, parce qu'il était très-fort, crépu et laid, et s'entendait déjà mieux que personne à la maison à trafiquer sur les vieux clous. Ah ! comme elle aurait voulu l'avoir près d'elle, son Cadet, lui rendre un peu de tout le bien qu'il lui faisait, payer en une fois cet arriéré de tendresse, de câlineries maternelles qu'elle lui devait.

Mais, voyez-vous, ces fortunes de roi ont les charges, les tristesses des existences royales. Cette pauvre mère Jansoulet, dans son milieu éblouissant, était bien comme une vraie reine, connaissant les longs exils, les séparations cruelles et les épreuves qui compensent la grandeur ; un de ses fils, éternellement stupéfait, l'autre, au lointain, écrivant peu, absorbé par ses grandes affaires, disant toujours : « Je viendrai, » et ne venant pas. En douze ans, elle ne l'avait vu qu'une fois dans le tourbillon d'une visite du bey à Saint-Romans : un train de chevaux, de carrosses, de pétards, de fêtes. Puis, il était reparti derrière son monarque, ayant à peine le temps d'embrasser sa vieille mère, qui n'avait gardé de cette grande joie, si impatiemment attendue, que quelques images de journaux, où l'on montrait Bernard Jansoulet, arrivant au château avec Ahmed et lui présentant sa vieille mère, — n'est-ce pas ainsi que les rois et les reines ont leurs effusions de famille illustrées dans les feuilles, — plus un cèdre du Liban, amené du bout du monde, un grand « caramantran » de gros arbre, d'un transport aussi coûteux, aussi encombrant que l'obélisque, hissé, mis en place à force d'hommes, d'argent, d'attelages, et qui pendant longtemps avait bouleversé tous les massifs pour l'installation d'un souvenir commémoratif de la visite royale. Au moins, à ce voyage-ci, le sachant en France pour plusieurs mois, peut-être pour toujours, elle espérait avoir son Bernard tout à elle. Et voici qu'il lui arrivait un beau soir, enveloppé de la même gloire triomphante, du même appareil officiel, entouré d'une foule de comtes, de marquis, de beaux messieurs de Paris, remplissant, eux et leurs domestiques, les deux grands breacks qu'elle avait envoyés les attendre à la petite gare de Giffas, de l'autre côté du Rhône.

« Mais, embrassez-moi donc, ma chère maman. Il n'y a pas de honte à serrer bien fort contre son cœur son garçon, qu'on n'a pas vu depuis des années... D'ailleurs, tous ces messieurs sont nos amis... Voici M. le marquis de Monpavon, M. le marquis de Bois-Landry... Ah! ce n'est plus le temps où je vous amenais pour manger la soupe de fèves avec nous, le petit Cabassu et Bompain Jean-Baptiste... Vous connaissez M. de Géry?... Avec mon vieux Cardailhac, que je vous présente, voilà la première fournée... Mais il va en arriver d'autres... Préparez-vous à un branle-bas terrible... Nous recevons le bey dans quatre jours.

— Encore le bey!... dit la bonne femme épouvantée. Je croyais qu'il était mort. »

Jansoulet et ses invités ne purent s'empêcher de rire devant cet effarement comique, accentué par l'intonation méridionale.

« Mais c'est un autre, maman... Il y en a toujours des beys... Heureusement, sapristi!... Seulement, n'ayez pas peur. Vous n'aurez pas, cette fois, autant de tracas... L'ami Cardailhac s'est chargé de l'organisation. Nous allons avoir des fêtes superbes... En attendant, vite le dîner et des chambres. Nos Parisiens sont éreintés.

— Tout est prêt, mon fils, » dit simplement la vieille, raide et droite sous sa cambrésine, la coiffe aux barbes jaunies, qu'elle ne quittait pas même pour les grandes fêtes. La fortune ne l'avait pas changée, celle-là. C'était la paysanne de la vallée du Rhône, indépendante et fière, sans aucune des humilités sournoises des ruraux peints par Balzac, trop simple aussi pour avoir l'enflure de sa richesse. Une seule fierté, montrer à son fils avec quels soins méticuleux elle s'était acquittée de ses fonctions de gardienne. Pas un atome de poussière, pas une moisissure aux murs. Tout ce splendide rez-de-chaussée, les salons, aux chatoyantes soieries au dernier moment tirées des housses, les longues galeries d'été, pavées en mosaïque, fraîches et sonores, que leurs canapés Louis XV, cannés et fleuris, meublaient à l'ancien temps avec une coquetterie estivale, l'immense salle à manger, décorée de rameaux et de fleurs, et jusqu'à la salle de billard, avec ses rangées d'ivoires brillants, ses lustres et ses panoplies, toute la longueur du château, par ses portes-fenêtres, larges ouvertes sur le vaste perron seigneurial, s'étalait à l'admiration des arrivants, renvoyait à ce merveilleux horizon de nature et de soleil couchant sa richesse, paisible et sereine, reflétée dans les panneaux des glaces, les boiseries cirées ou vernies, avec la même pureté qui doublait sur le miroir des pièces d'eau les peupliers penchés l'un vers l'autre et les cygnes nageant au repos. Le cadre était si beau, l'aspect général si grandiose, que le luxe criard et sans choix se fondait, disparaissait aux yeux les plus subtils.

— Il y a de quoi faire... » dit le directeur Cardailhac, le lorgnon sur l'œil, le chapeau incliné, combinant déjà sa mise en scène.

Et la mine hautaine de Monpavon, que la coiffe de la vieille femme les recevant sur le perron avait choqué d'abord, fit place à un sourire condescendant. Il y avait de quoi faire certainement et, guidé par des gens de goût, leur ami Jansoulet pouvait donner à l'altesse maugrabine une réception fort convenable. Toute la soirée il ne fut question que de cela entre eux. Les coudes sur la table, dans la salle à manger somptueuse, enflammés et repus, ils combinaient, discutaient. Cardailhac, qui voyait grand, avait déjà tout son plan fait.

« D'abord, carte blanche, n'est-ce pas, Nabab?

— Carte blanche, mon vieux. Et que le gros Hemerlingue en crève de male rage. »

Alors le directeur racontait ses projets, la fête divisée en journées comme à Vaux quand Fouquet reçut Louis XIV ; un jour la comédie, un autre jour les fêtes provençales, farandoles, taureaux, musiques locales ; le troisième jour... Et déjà avec sa manie directoriale il esquissait des programmes, des affiches, pendant que Bois-Landry, les deux mains dans ses poches, renversé sur sa chaise, dormait, le cigare calé dans un coin de sa bouche ricaneuse, et que le marquis de Monpavon toujours à la tenue redressait son plastron à chaque instant pour se tenir éveillé.

De bonne heure, Géry les avait quittés. Il était allé se réfugier près de la vieille maman qui l'avait connu tout jeune, lui et ses frères, — dans l'humble parloir du pavillon aux rideaux blancs, aux tentures claires chargées d'images où la mère du Nabab essayait de faire revivre son passé d'artisane à l'aide de quelques reliques sauvées du naufrage.

Paul causait doucement en face de la belle vieille aux traits réguliers et sévères, aux cheveux blancs et massés comme le chanvre de sa quenouille, et qui tenait droit sur sa chaise son buste plat serré dans un petit châle vert, n'ayant de sa vie appuyé son dos à un dossier de siége, ne s'étant jamais assise dans un fauteuil. Il l'appelait Françoise, elle l'appelait M. Paul. C'étaient de vieux amis... Et devinez de quoi ils parlaient. De ses petits-enfants, pardi! des trois garçons de Bernard qu'elle ne connaissait pas, qu'elle aurait tant voulu connaître.

« Ah! monsieur Paul, si vous saviez comme il m'en tarde... J'aurais été si heureuse s'il me les avait amenés, mes trois petits, au lieu de tous ces beaux hommes... Pensez que je ne les ai jamais vus, excepté sur les portraits qui sont là... Leur mère me fait un peu peur, c'est une grande dame tout à fait, une demoiselle Afchin... Mais eux, les enfants, je suis sûre qu'ils ne sont pas farauds et qu'ils aimeraient bien leur vieille *grand*... Moi, il me semblerait que c'est leur père tout petit, et je leur rendrais ce que je n'ai pas donné au père... car, voyez-vous, monsieur Paul, les parents ne sont pas toujours justes. On a des préférences. Mais Dieu est juste, lui. Les figures qu'on a le mieux fardées et bichonnées au détriment des autres, il faut voir comme il vous les arrange... Et les préférences des vieux portent souvent malheur aux jeunes. »

Elle soupira en regardant du côté de la grande alcôve dont les hauts lambrequins, les rideaux tombants laissaient passer par intervalles un long souffle grelottant, comme la plainte endormie d'un enfant qu'on a battu et qui a beaucoup pleuré...

Un pas lourd dans l'escalier, une grosse voix douce disant tout bas : « C'est moi... ne bougez pas. » Et Jansoulet parut. Tout le monde couché au château, comme il savait les habitudes de la mère et que sa lampe veillait toujours la dernière allumée dans la maison, il venait la voir, causer un peu avec elle, lui donner ce vrai bonjour du cœur qu'ils n'avaient pu échanger devant les autres. « Oh! restez, mon cher Paul ; devant vous, nous ne nous gênons pas. » Et, redevenu enfant en présence de sa mère, il jeta par terre à ses pieds tout son grand corps, avec une câlinerie de gestes et de paroles vraiment touchante. Elle aussi était bien heureuse de l'avoir là tout près, mais elle s'en trouvait quand même un peu gênée, le considérant comme un être tout-puissant, extraordinaire, l'élevant dans sa naïveté à la hauteur d'un Olympien entouré d'éclairs et de foudres, possédant la toute-puissance. Elle lui parlait, s'informait s'il était toujours content de ses amis, de ses affaires, sans toutefois oser lui adresser la question qu'elle avait faite à de Géry : « Pourquoi ne m'a-t-on pas amené mes petits-enfants? » Mais c'est lui le premier qui en parla :

« Ils sont en pension, maman... sitôt les vacances, on vous les enverra avec Bompain... Vous vous rappelez bien, Bompain Jean-Baptiste?... Et vous les garderez deux grands mois. Ils viendront près de vous se faire raconter de belles histoires, ils s'endormiront la tête sur votre tablier, là, comme ça... »

Et lui-même, mettant sa tête crépue, lourde comme un lingot, sur les genoux de la vieille, se rappelant les bonnes soirées de son enfance où il s'endormait ainsi quand on voulait bien le lui permettre, quand la tête de l'aîné ne tenait pas toute la place ; il goûtait, pour la première fois depuis son retour en France, quelques minutes d'un repos délicieux en dehors de sa vie bruyante et factice, serré contre ce vieux cœur maternel qu'il entendait battre à coups réguliers comme le balancier de l'horloge centenaire adossée à un coin de la chambre, dans ce grand silence de la nuit et de la campagne que l'on sent planer sur tant d'espace illimité... Tout à coup le même long soupir d'enfant endormi dans un sanglot se fit entendre au fond de la chambre. Jansoulet releva la tête, regarda sa mère, et tout bas :

— Est-ce que c'est ?...
— Oui, dit-elle, je le fais coucher là... Il pourrait avoir besoin de moi, la nuit.
— Je voudrais bien le voir, l'embrasser.
— Viens !

La vieille se leva, grave, prit sa lampe, marcha à l'alcôve dont elle tira le grand rideau doucement, et fit signe à son fils d'approcher, sans bruit.

Il dormait... Et nul doute que dans le sommeil quelque chose revécût en lui qui n'y était pas pendant la veille, car au lieu de l'immobilité molle où il restait figé tout le jour, il avait à cette heure de grands sursauts qui le secouaient, et sur sa figure inexpressive et morte un pli de vie douloureuse, une contraction souffrante. Jansoulet, très-ému, regarda ces traits maigris, flétris, terreux, où la barbe, ayant pris toute la vitalité du corps, poussait avec une vigueur surprenante, puis il se pencha, posa ses lèvres sur le front moite de sueur et, le sentant tressaillir, il dit tout bas gravement, res-

pectueusement, comme on parle au chef de famille :
« Bonjour, l'Aîné. »

Peut-être l'âme captive l'avait-elle entendu du fond de ses limbes ténébreuses et abjectes. Mais les lèvres s'agitèrent, et un long gémissement lui répondit, plainte lointaine, appel désespéré qui remplit de larmes impuissantes le regard échangé entre Françoise et son fils et leur arracha à tous les deux un même cri où leur douleur se rencontrait : « Pécaïré ! » le mot local de toutes les pitiés, de toutes les tendresses.

Le lendemain, dès la première heure, le branle-bas commença par l'arrivée des comédiennes et des comédiens, une avalanche de toques, de chignons, de grandes bottes, de jupes courtes, de cris étudiés, de voiles flottant sur la fraîcheur du maquillage ; les femmes en grande majorité, Cardailhac ayant pensé que pour un bey le spectacle importait peu, qu'il s'agissait seulement de faire résonner des voix fausses dans de jolies bouches, de montrer de beaux bras, des jambes bien tournées dans le facile déshabillage de l'opérette. Toutes les célébrités plastiques de son théâtre étaient donc là, Amy Férat en tête, une gaillarde qui avait déjà essayé ses quenottes dans l'or de plusieurs couronnes ; plus deux ou trois grimaciers fameux, dont les faces blafardes faisaient dans la verdure des quinconces les mêmes taches crayeuses et spectrales que le plâtre des statues. Tout ce monde-là, émoustillé par le voyage, la surprise du grand air, une hospitalité plantureuse, aussi l'espoir de pêcher quelque chose dans ce passage de beys, de nababs et autres porte-sequins, ne demandait qu'à s'ébaudir, rigoler et chanter avec l'entrain canaille d'une flotte de canotiers de la Seine descendus des planches en terre ferme. Mais Cardailhac ne l'entendait pas ainsi. Sitôt débarqués, débarbouillés, le premier déjeuner pris, vite les brochures et répétons! On n'avait pas de temps à perdre. Les études se faisaient dans le petit salon près de la galerie d'été, où l'on commençait déjà à construire le théâtre; et le bruit des marteaux, les ariettes des couplets de revue, les voix grêles soutenues par le crin-crin du chef d'orchestre se mêlaient aux grands coups de trompette des paons sur leurs perchoirs, s'éparpillaient dans le mistral, qui ne reconnaissant pas la crécelle enragée de ses cigales, vous secouait tout cela avec mépris sur la pointe traînante de ses ailes.

Assis au milieu du perron, comme à l'avant-scène de son théâtre, Cardailhac, en surveillant les répétitions, commandait à un peuple d'ouvriers, de jardiniers, faisait abattre les arbres qui gênaient le point de vue, dessinait la coupe des arcs triomphaux, envoyait des dépêches, des estafettes aux maires, aux sous-préfets, à Arles pour avoir une députation des filles du pays en costume national, à Barbantane, où sont les plus beaux farandoleurs, à Faraman, renommé pour ses *manades* de taureaux sauvages et de chevaux camarguais; et comme le nom de Jansoulet flamboyait au bas de toutes les missives, que celui du bey de Tunis s'y ajoutait, de partout on acquiesçait avec empressement, les fils télégraphiques n'arrêtaient pas, les messagers crevaient des chevaux sur les routes, et cette espèce de petit Sardanapale de Porte-Saint-Martin qu'on appelait Cardailhac répétait toujours : « Il y a de quoi faire, » heureux de jeter l'or à la volée comme des poignées de semailles, d'avoir à brasser une mise en scène de cinquante lieues, toute cette Provence, dont ce Parisien forcené était originaire et connaissait à fond les ressources en pittoresque.

Dépossédée de ses fonctions, la vieille maman ne se montrait plus guère, s'occupait seulement de la ferme et de son malade, effarée par cette foule de visiteurs, ces domestiques insolents qu'on ne distinguait pas de leurs maîtres, ces femmes à l'air effronté et coquet, ces vieux rasés qui ressemblaient à de mauvais prêtres, tous ces fous se poursuivant la nuit dans les couloirs à grands coups d'oreillers, d'éponges mouillées, de glands de rideaux qu'ils arrachaient pour en faire des projectiles. Le soir, elle n'avait plus son fils, il était obligé de rester avec ses invités dont le nombre augmentait à mesure qu'approchaient les fêtes; pas même la ressource de causer de ses petits-enfants avec « Monsieur Paul » que Jansoulet, toujours bonhomme, un peu gêné par le sérieux de son ami, avait envoyé passer ces quelques jours près de ses frères. Et la soigneuse ménagère à qui l'on venait à chaque instant arracher ses clefs pour du linge, pour une chambre, de l'argenterie de renfort à donner, pensant à ses belles piles de surtouts ouvrés, au saccagement de ses dressoirs, de ses crédences, se rappelant l'état où le passage de l'ancien bey avait laissé le château, dévasté comme par un cyclone, disait dans son patois en mouillant fièvreusement le lin de sa quenouille :

« Que le feu de Dieu les brûle les beys et puis les beys ! »

Enfin il arriva le jour, ce jour fameux dont on parle encore aujourd'hui dans tout le pays de là-bas. Oh! vers trois heures de l'après-midi, après un déjeuner somptueux présidé cette fois par la vieille mère avec une cambrésine neuve à sa coiffe, et où s'étaient assis, à côté de célébrités parisiennes, des préfets, des députés, tous en tenue, l'épée au flanc, des maires en écharpe, de bons curés rasés de frais, lorsque Jansoulet, en habit noir et cravate blanche, entouré de ses convives, sortit sur le perron et qu'il vit dans ce cadre splendide de nature pompeuse, au milieu des drapeaux, des arcs, des trophées, ce fourmillement de têtes, ce flamboiement de costumes s'étageant sur les pentes, au tournant des allées ; ici, groupées en corbeille sur une pelouse, les plus jolies filles d'Arles, dont les petites têtes mates sortaient délicatement des fichus de dentelles ; au-dessous, la farandole de Barbantane, ses huit tambourins en queue, prête à partir, les mains enlacées, rubans au vent, chapeau sur l'oreille, la *taillole* rouge autour des reins ; plus bas, dans la succession des terrasses, les orphéons alignés tout noirs sous leurs casquettes éclatantes, le porte-bannière en avant, grave, convaincu, les dents serrées, tenant haut sa hampe ouvragée ; plus bas encore, sur un vaste rond-point transformé en cirque de combat, des taureaux noirs entravés et les gauchos camarguais sur leurs petits chevaux à longue crinière blanche, les houzeaux par-dessus les genoux, au poing le trident levé ; après, encore des drapeaux, des casques, des baïonnettes, comme cela jusqu'à l'arc triomphal de l'entrée ; puis, à perte de vue, de l'autre côté du Rhône, sur lequel deux compagnies du train venaient de jeter un pont de bateaux pour arriver de la gare en droite ligne à Saint-Romans, une foule immense, des villages entiers dévalant par toutes les côtes, s'entassant sur la route de Giffas dans une montée de cris et de poussière, assis au bord des fossés, grimpés sur les ormes, empilés sur les charrettes, formidable haie vivante du cortége ; par là-dessus un large soleil blanc épandu dont un vent capricieux envoyait les flèches dans toutes les directions, au cuivre d'un tambourin, à la pointe d'un trident, à la frange d'une bannière, et le grand Rhône fougueux et libre emportant à la mer le tableau mouvant de cette fête royale. En face de ces merveilles, où tout l'or de ses coffres resplendissait, le Nabab eut un mouvement d'admiration et d'orgueil.

« C'est beau... » dit-il en pâlissant, et derrière lui sa mère, pâle, elle aussi, mais d'une indicible épouvante, murmura :

— C'est trop beau pour un homme... On dirait que c'est Dieu qui vient. »

Le sentiment de la vieille paysanne catholique était bien celui qu'éprouvait vaguement tout ce peuple amassé sur les routes comme pour le passage d'une Fête-Dieu gigantesque, et à qui ce prince d'Orient venant voir un enfant du pays rappelait des légendes de rois Mages, l'arrivée de Gaspard le Maure apportant au fils du charpentier la myrrhe et la couronne en tiare.

Au milieu des félicitations émues dont Jansoulet était entouré, Cardailhac, triomphant et suant, qu'on n'avait pas vu depuis le matin, apparut tout à coup :

« Quand je vous disais qu'il y avait de quoi faire !... Hein ?... Est-ce chic ?... En voilà une figuration... Je crois que nos Parisiens payeraient cher pour assister à une première comme celle-là. »

Et baissant la voix à cause de la mère qui était tout près :

« Vous avez vu nos Arlésiennes ?... Non, regardez-les mieux... la première, celle qui est en avant pour offrir le bouquet.

— Mais c'est Amy Férat.

— Parbleu! vous sentez bien, mon cher, que si le bey jette son mouchoir dans ce tas de belles filles, il faut qu'il y en ait une au moins pour le ramasser... Elles n'y comprendraient rien, ces innocentes!... Oh! j'ai pensé à tout, vous verrez... C'est monté, réglé comme à la scène. Côté ferme, côté jardin. »

Ici, pour donner une idée de son organisation parfaite, le directeur leva sa canne; aussitôt son geste répété courut du haut en bas du parc, faisant éclater à la fois tous les orphéons, toutes les fanfares, tous les tambourins unis dans le rhythme majestueux du chant populaire méridional : *Grand Soleil de la Provence.* Les voix, les cuivres montaient dans la lumière, gonflant les oriflammes, agitant la farandole qui commençait à onduler, à battre ses premiers entrechats sur place, tandis qu'à l'autre bord du fleuve une rumeur courait comme une brise, sans doute la crainte que le bey fût arrivé subitement d'un autre côté. Nouveau geste du directeur, et l'immense orchestre s'apaisa, plus lentement cette fois, avec des retards, des fusées de notes égarées dans le feuillage; mais on ne pouvait exiger davantage d'une figuration de trois mille personnes.

A ce moment les voitures s'avançaient, les carrosses de gala qui avaient servi aux fêtes de l'ancien bey, deux grands chars rose et or à la mode de Tunis, que la mère Jansoulet avait soignés comme des reliques et qui sortaient de la remise avec leurs panneaux peints, leurs tentures et leurs crépines d'or, aussi brillants, aussi neufs qu'au premier jour. Là encore l'ingéniosité de Cardailhac s'était exercée librement, attelant aux guides blanches au lieu des chevaux un peu lourds pour ces fragilités d'aspect et de peintures, huit mules coiffées de nœuds, de pompons, de sonnailles d'argent et caparaçonnées de la tête aux pieds de ces merveilleuses sparteries dont la Provence semble avoir emprunté aux Maures et perfectionné l'art délicat. Si le boy n'était pas content, alors!

Le Nabab, Monpavon, le préfet, un des généraux montèrent pour l'aller dans le premier carrosse, les autres prirent place dans le second, dans des voitures à la suite. Les curés, les maires, tout enflammés de la bombance, coururent se mettre à la tête des orphéons de leur paroisse qui devaient aller au devant du cortége; et tout s'ébranla sur la route de Giffas.

Il faisait un temps superbe, mais chaud et lourd, en avance de trois mois sur la saison, comme il arrive souvent en ces pays impétueux où tout se hâte, où tout arrive avant l'heure. Quoiqu'il n'y eût pas un nuage visible, l'immobilité de l'atmosphère, où le vent venait de tomber subitement comme une voile qu'on abat, l'espace ébloui, chauffé à blanc, une solennité silencieuse planant sur la nature, tout annonçait un orage en train de se former dans quelque coin de l'horizon. L'immense torpeur des choses gagnait peu à peu les êtres. On n'entendait que les sonnailles des mules allant d'un amble assez lent, la marche rhythmée et lourde sur la poussière craquante des bandes de chanteurs que Cardailhac disposait de distance en distance, et de temps à autre, dans la double haie grouillante qui bordait le chemin au loin déroulé, un appel, des voix d'enfants, le cri d'un revendeur d'eau fraîche, accompagnement obligé de toutes les fêtes du Midi en plein air.

« Ouvrez donc votre côté, général, on étouffe, » disait Monpavon, cramoisi, craignant pour sa peinture; et les glaces abaissées laissaient voir au bon populaire ces hauts fonctionnaires épongeant leurs faces augustes, congestionnées, angoissées par une même expression d'attente, attente du bey, de l'orage, attente de quelque chose enfin.

Encore un arc de triomphe. C'était Giffas et sa longue rue caillouteuse jonchée de palmes vertes, ses vieilles maisons sordides tapissées de fleurs et de tentures. En dehors du village, la gare, blanche et carrée, posée comme un dé au bord de la voie, vrai type de la petite gare de campagne perdue en pleines vignes, n'ayant jamais personne dans son unique salle, quelquefois une vieille à paquets, attendant dans un coin, venue trois heures d'avance.

En l'honneur du bey, la légère bâtisse avait été chamarrée de drapeaux, de trophées, ornée de tapis, de divans, et d'un splendide buffet dressé avec un en-cas et des sorbets tout prêts pour l'Altesse. Une fois là, le Nabab descendu de carrosses sentit se dissiper cette espèce de malaise inquiet que lui aussi, sans qu'il sût pourquoi, éprouvait depuis un moment. Préfets, généraux, députés, habits noirs et fracs brodés se tenaient sur le large trottoir intérieur, formant des groupes imposants, solennels, avec ces bouches en rond, ces balancés sur place, ces haut-le-corps prudhommesques d'un fonctionnaire public qui se sent regardé. Et vous pensez si l'on s'écrasait le nez dehors contre les vitres pour voir toutes ces broderies hiérarchiques, le plastron de Monpavon qui s'élargissait, montait comme un soufflé d'œufs à la neige, Cardailhac haletant, donnant ses derniers ordres, et la bonne face de Jansoulet, de leur Jansoulet, dont les yeux étincelants entre les joues bouffies et tannées semblaient deux gros clous d'or dans la gaufrure d'un cuir de Cordoue. Tout à coup des sonneries électriques. Le chef de gare tout flambant accourut sur la voie : « Messieurs, le train est signalé. Dans huit minutes, il sera ici... » Tout le monde tressaillit. Puis un même mouvement instinctif fit tirer du gousset toutes les montres... Plus que six minutes... Alors, dans le grand silence, quelqu'un dit : « Regardez donc par là. » Sur la droite, du côté par où le train allait venir, deux grands coteaux chargés de vignes formaient un entonnoir dans lequel la voie s'enfonçait, disparaissait comme engloutie. En ce moment tout ce fond était noir d'encre, obscurci par un énorme nuage, barre sombre coupant le bleu du ciel à pic, dressant des escarpements, des hauteurs de falaises en basalte sur lesquelles la lumière déferlait toute blanche avec des pâlissements de lune. Dans la solennité de la voie déserte, sur cette ligne de rails silencieuse où l'on sentait que tout, à perte vue, se rangeait pour le passage de l'Altesse, c'était effrayant cette falaise aérienne qui s'avançait, projetant son ombre devant elle avec ce jeu de la perspective qui donnait au nuage une marche lente, majestueuse, et à son ombre la rapidité d'un cheval au galop. « Quel orage tout à l'heure!... » Ce fut la pensée qui leur vint à tous; mais ils n'eurent pas le temps de l'exprimer, car un sifflet strident retentit, et le train apparut au fond du sombre entonnoir. Vrai train royal, rapide et court, chargé de drapeaux français et tunisiens, et dont la locomotive mugissante et fumante, un énorme bouquet de roses sur le poitrail, semblait la demoiselle d'honneur d'une noce de Léviathans.

Lancée à toute volée, elle ralentissait sa marche en approchant. Les fonctionnaires se groupèrent, se redressant, assurant les épées, ajustant les faux-cols, tandis que Jansoulet allait au-devant du train, le long de la voie, le sourire obséquieux aux lèvres et le dos arrondi déjà pour le : « Salem alek. » Le convoi continuait très-lentement. Jansoulet crut qu'il s'arrêtait et mit la main sur la portière du wagon royal étincelant d'or sous le noir du ciel; mais l'élan était trop fort sans doute, le train avançait toujours, le Nabab marchant à côté, essayant d'ouvrir cette maudite portière qui tenait ferme, et de l'autre main faisant un signe de commandement à la machine. La machine n'obéissait pas. « Arrêtez donc! » Elle n'arrêtait pas. Impatienté, il sauta sur le marchepied garni de velours et avec sa fougue un peu impudente qui plaisait tant à l'ancien bey, il cria, sa grosse tête crépue à la portière :

« Station de Saint-Romans, Altesse. »

Vous savez, cette sorte de lumière vague qu'il y a dans le rêve, cette atmosphère décolorée et vide, où tout prend un aspect de fantôme, Jansoulet en fut brusquement enveloppé, saisi, paralysé. Il voulut parler, les mots ne venaient pas; ses mains molles tenaient leur point d'appui si faiblement qu'il manqua tomber à la renverse. Qu'avait-il donc vu? A demi couché sur un divan qui tenait le fond du salon, reposant sur le coude sa belle tête aux tons mats, à la longue barbe soyeuse et noire, le bey, boutonné haut dans sa redingote orientale, sans autres ornements que le large cordon de la Légion d'honneur en travers sur sa poitrine et l'aigrette en diamant de son bonnet, s'éventait, impassible, avec un petit drapeau de sparterie brodée d'or. Deux aides de camp se tenaient debout près de lui ainsi qu'un ingénieur de la compagnie. En face, sur un autre divan, dans une attitude respectueuse, mais favorisée, puisqu'ils étaient les seuls assis devant le bey, jaunes tous deux, leurs grands favoris tombant sur la cravate blanche, deux hiboux, l'un gras et l'autre maigre... C'était Hemerlingue père et fils, ayant reconquis l'Altesse et l'emmenant en triomphe à Paris... L'horrible rêve ! Tous ces gens-là, qui connaissaient bien Jansoulet pourtant, le regardaient froidement comme si son visage ne leur rappelait rien... Blême à faire pitié, la sueur au front, il bégaya : « Mais, Altesse, vous ne descendez... » Un éclair livide en coup de sabre suivi d'un éclat de tonnerre épouvantable lui coupa la parole. Mais l'éclair qui brilla dans les yeux du souverain lui parut autrement terrible. Dressé, le bras tendu, d'une voix un peu gutturale habituée à rouler les dures syllabes arabes, mais dans un français très-pur, le bey le foudroya de ces paroles lentes et préparées :

« Rentre chez toi, Mercanti. Le pied va où le cœur le mène, le mien n'ira jamais chez l'homme qui a volé mon pays. »

Jansoulet voulut dire un mot. Le bey fit un signe : « Allez ! » Et l'ingénieur ayant poussé un timbre électrique auquel un coup de sifflet répondit, le train, qui n'avait cessé de se mouvoir très-lentement, tendit et fit craquer ses muscles de fer, et prit l'élan à toute vapeur, agitant ses drapeaux au vent d'orage dans des tourbillons de fumée noire et d'éclairs sinistres.

Lui, debout sur la voie, chancelant, ivre, perdu, regardait fuir et disparaître sa fortune, insensible aux larges gouttes de pluie qui commençaient à tomber sur sa tête nue. Puis, quand les autres s'élançant vers lui l'entourèrent, le pressèrent de questions : « Le bey ne s'arrête donc pas ? » Il balbutia quelques paroles sans suite : « Intrigues de cour... Machination infâme... »

Et tout à coup, montrant le poing au train disparu, du sang plein les yeux, une écume de colère aux lèvres, il cria dans un rugissement de bête fauve :

« Canailles !...

— De la tenue, Jansoulet, de la tenue... »

Vous devinez qui avait dit cela, et qui — son bras passé sous celui du Nabab — tâchait de le redresser, de lui cambrer la poitrine à l'égal de la sienne, le conduisait aux carrosses au milieu de la stupeur des habits brodés, et l'y faisait monter, anéanti, stupéfié, comme un parent de défunt qu'on hisse dans une voiture de deuil après la lugubre cérémonie. La pluie commençait à tomber, les coups de tonnerre se succédaient. On s'entassa dans les voitures qui reprirent vite le chemin du retour. Alors il se passa une chose navrante et comique, une de ces farces cruelles du lâche destin accablant ses victimes à terre. Dans le jour qui tombait, l'obscurité croissante de la trombe, la foule pressée aux abords de la gare crut distinguer une Altesse parmi tant de chamarrures et, sitôt que les roues s'ébranlèrent, une clameur immense, une épouvantable braillée qui couvait depuis une heure dans toutes ces poitrines éclata, monta, roula, rebondit de côte en côte, se prolongea dans la vallée : « Vive le bey ! » Averties par ce signal, les premières fanfares attaquèrent, les orphéons partirent à leur tour, et le bruit gagnant de proche en proche, de Giffas à Saint-Romans la route ne fut plus qu'une houle, un hurlement ininterrompu. Cardailhac, tous ces messieurs, Jansoulet lui-même avaient beau se pencher aux portières, faire des signes désespérés : « Assez !... assez ! » Leurs gestes se perdaient dans le tumulte, dans la nuit ; ce qu'on en voyait semblait un excitant à crier davantage. Et je vous jure qu'il n'en était nul besoin. Tous ces Méridionaux, dont on chauffait l'enthousiasme depuis le matin, exaltés encore par l'énervement de la longue attente et de l'orage, donnaient tout ce qu'ils avaient de voix, d'haleine, de bruyant enthousiasme, mêlant à l'hymne de la Provence ce cri toujours répété qui le coupait comme un refrain : « Vive le bey !... » La plupart ne savaient pas du tout ce que c'était qu'un bey, ne se le figuraient même pas, accentuant d'une façon extraordinaire cette appellation étrange comme si elle avait eu trois *b* et dix *y*. Mais c'est égal, ils se montaient avec cela, levaient les mains, agitaient leurs chapeaux, s'émotionnaient de leur propre mimique. Des femmes attendries s'essuyaient les yeux ; subitement, du haut d'un orme, des cris suraigus d'enfant partaient : « Mama, mama, lou vésé... Maman, maman, je le vois. » Il le voyait !... Tous le voyaient, du reste ; à l'heure qu'il est, tous vous jureraient qu'ils l'ont vu.

Devant un pareil délire, dans l'impossibilité d'imposer le silence et le calme à cette foule, les gens des carrosses n'avaient qu'un parti à prendre : laisser faire, lever les glaces et brûler le pavé pour abréger ce dur martyre. Alors ce fut terrible. En voyant le cortége courir, toute la route se mit à galoper avec lui. Au ronflement sourd de leurs tambourins, les farandoleurs de Barbantane, la main dans la main, bondissaient, allant, venant — guirlande humaine — autour des portières. Les orphéons, essoufflés de chanter au pas de course, mais hurlant tout de même, entraînaient leurs porte-bannières, la bannière jetée sur l'épaule ; et les bons gros curés rougeauds, anhélants, poussant devant eux leurs vastes bedaines surmenées, trouvaient encore la force de crier dans l'oreille des mules, d'une voix sym-

pathique et pleine d'effusion : « Vive notre bon bey !... »
La pluie sur tout cela, la pluie tombant par écuelles, en
paquets, déteignant les carrosses roses, précipitant encore la bousculade, achevant de donner à ce retour
triomphal l'aspect d'une déroute, mais d'une déroute
comique, mêlée de chants, de rires, de blasphèmes,
d'embrassades furieuses et de jurements infernaux,
quelque chose comme une rentrée de procession sous
l'orage, les soutanes retroussées, les surplis sur la tête,
le bon Dieu remisé à la hâte sous un porche.

Un roulement sourd et mou annonça au pauvre
Nabab immobile et silencieux dans un coin de son
carrosse qu'on passait le pont de bateaux. On arrivait.

« Enfin ! » dit-il, regardant par les vitres brouillées les flots écumeux du Rhône dont la tempête lui
semblait un repos après celle qu'il venait de traverser.
Mais au bout du pont, quand la première voiture atteignit l'arc de triomphe, des pétards éclatèrent, les tambours battirent aux champs, saluant l'entrée du monarque sur les terres de son féal, et pour comble d'ironie, dans le crépuscule, tout en haut du château, une
flambée de gaz gigantesque illumina soudain le toit de
lettres de feu sur lesquelles la pluie, le vent faisaient
courir de grandes ombres mais qui montraient encore
très-lisiblement : « Viv" L" B"Y M""HMED. »

« Ça, c'est le bouquet, » fit le malheureux Nabab
qui ne put s'empêcher de rire, d'un rire bien piteux,
bien amer. Mais non, il se trompait. Le bouquet l'attendait à la porte du château ; et c'est Amy Férat qui vint
le lui présenter, sortie du groupe des Arlésiennes qui
abritaient sous la marquise la soie changeante de leurs
jupes et les velours ouvrés des coiffes, en attendant le
premier carrosse. Son paquet de fleurs à la main, mo-

deste, les yeux baissés et le mollet fripon, la jolie comédienne s'élança à la portière dans une pose saluante, presque agenouillée, qu'elle répétait depuis huit jours. Au lieu du bey, Jansoulet descendit, raide, ému, passa sans seulement la voir. Et comme elle restait là, son bouquet à la main, avec l'air bête d'une féerie ratée :

— Remporte tes fleurs, ma petite, ton affaire est manquée, lui dit Cardailhac avec sa blague de Parisien qui prend vite son parti des choses... Le bey ne vient pas... il avait oublié son mouchoir, et comme c'est de ça qu'il se sert pour parler aux dames, tu comprends... »

Maintenant, c'est la nuit. Tout dort dans Saint-Romans, après l'immense brouhaha de la journée. Une pluie torrentielle continue à tomber, et dans le grand parc où les arcs de triomphe, les trophées dressent vaguement leurs carcasses détrempées, on entend rouler des torrents le long des rampes de pierre transformées en cascades. Tout ruisselle et s'égoutte. Un bruit d'eau, un immense bruit d'eau. Seul dans sa chambre somptueuse au lit seigneurial tendu de lampas à bandes pourpres, le Nabab veille encore, marche à grands pas, remuant des pensées sinistres. Ce n'est plus son affront de tantôt qui le préoccupe, cet outrage public à la face de trente mille personnes ; ce n'est pas non plus l'injure sanglante que le bey lui a adressée en présence de ses mortels ennemis. Non, ce Méridional aux sensations toutes physiques, rapides comme le tir des nouvelles armes, a déjà rejeté loin de lui tout le venin de sa rancune. Et puis, les favoris des cours, par des exemples fameux, sont toujours préparés à ces éclatantes disgrâces. Ce qui l'épouvante c'est ce qu'il devine derrière cet affront. Il pense que tous ses biens sont là-bas, maisons, comptoirs, navires, à la merci du bey, dans cet Orient sans lois, pays du bon plaisir. Et, collant son front brûlant aux vitres ruisselantes, la sueur au dos, les mains froides, il reste à regarder vaguement dans la nuit aussi obscure, aussi fermée que son propre destin.

Soudain un bruit de pas, des coups précipités à la porte.

« Qui est là?

— Monsieur, dit Noël entrant à demi vêtu, une dépêche très-urgente qu'on envoie du télégraphe par estafette.

— Une dépêche!... Qu'y a-t-il encore?... »

Il prend le pli bleu et l'ouvre en tremblant. Le dieu, atteint déjà deux fois, commence à se sentir vulnérable, à perdre son assurance; il connaît les peurs, les faiblesses nerveuses des autres hommes... Vite à la signature... *Mora*... Est-ce possible?... Le duc, le duc, à lui!... Oui, c'est bien cela... *M..o..r..a...*

Et au-dessus :

Popolasca est mort. Élections prochaines en Corse. Vous êtes candidat officiel.

Député!... C'était le salut. Avec cela rien à craindre. On ne traite pas un représentant de la grande nation française comme un simple mercanti... Enfoncés les Hemerlingue...

« O mon duc, mon noble duc! »

Il était si ému qu'il ne pouvait signer. Et tout à coup :

« Où est l'homme qui a porté cette dépêche?

— Ici, monsieur Jansoulet, » répondit dans le corridor une bonne voix méridionale et familière.

Il avait de la chance, le piéton.

« Entre, dit le Nabab. »

Et, lui rendant son reçu, il prit à tas, dans ses poches toujours pleines, autant de pièces d'or que ses deux mains pouvaient en tenir et les jeta dans la casquette du pauvre diable bégayant, éperdu, ébloui de la fortune qui lui tombait en surprise dans la nuit de ce palais féerique.

XII

UNE ÉLECTION CORSE

Pozzonegro, par Sartène.

« Je puis enfin vous donner de mes nouvelles, mon cher monsieur Joyeuse. Depuis cinq jours que nous sommes en Corse, nous avons tant couru, tant parlé, si souvent changé de voitures, de montures, tantôt à mulet, tantôt à âne, ou même à dos d'homme pour traverser les torrents, tant écrit de lettres, apostillé de demandes, visité d'écoles, donné de chasubles, de nappes d'autel, relevé de clochers branlants et fondé de salles d'asiles, tant inauguré, porté de toasts, absorbé de harangues, de vin de Talano et de fromage blanc, que je n'ai pas trouvé le temps d'envoyer un bonjour affectueux au petit cercle de famille autour de la grande table où je manque voilà deux semaines. Heureusement que mon absence ne sera plus bien longue, car nous comptons partir après-demain et rentrer à Paris d'un trait. Au point de vue de l'élection, je crois que notre voyage a réussi. La Corse est un admirable pays, indolent et pauvre, mélangé de misères et de fiertés qui font conserver aux familles nobles ou bourgeoises une certaine apparence aisée au prix même des plus douloureuses privations. On parle ici très-sérieusement de la fortune de Popolasca, ce député besogneux à qui la mort a volé les cent mille francs que devait lui rapporter sa démission en faveur du Nabab. Tous ces gens-là ont, en outre, une rage de places, une fureur administrative, le besoin de porter un uniforme quelconque et une casquette plate sur laquelle on puisse écrire : « employé du gouvernement. » Vous donneriez à choisir à un paysan Corso entre la plus riche ferme en Beauce et le plus humble baudrier de garde champêtre, il n'hésiterait pas et prendrait le baudrier. Dans ces conditions-là, vous pensez si un candidat disposant d'une fortune personnelle et des faveurs du gouvernement a des chances pour être élu. Aussi M. Jansoulet le sera-t-il, surtout s'il réussit dans la démarche qu'il fait en ce moment et qui nous a amenés ici à l'unique auberge d'un petit pays appelé Pozzonegro (puits noir), un vrai puits tout noir de verdure, cinquante maisonnettes en pierre rouge serrées autour d'un long clocher à l'italienne, au fond d'un ravin entouré de côtes rigides, de rochers de grès coloré qu'escaladent d'immenses forêts de mélèzes et de genévriers. Par ma fenêtre ouverte, devant laquelle j'écris, je vois là-haut un morceau de bleu, l'orifice du puits noir; en bas, sur la petite place qu'ombrage un vaste noyer, comme si l'ombre n'était pas déjà assez épaisse, deux bergers vêtus de peaux de bêtes en train de jouer aux cartes, accoudés à la pierre d'une fontaine. Le jeu, c'est la maladie de ce pays de paresse, où l'on fait faire la moisson par les Lucquois. Les deux pauvres diables que j'ai là devant moi ne trouveraient pas un liard au fond de leur poche; l'un joue son couteau, l'autre un fromage enveloppé de feuilles de vigne, les deux enjeux posés à côté d'eux sur le banc. Un petit curé fume son cigare en les regardant et semble prendre le plus vif intérêt à leur partie.

« Et c'est tout, pas un bruit alentour, excepté les gouttes d'eau s'espaçant sur la pierre, l'exclamation d'un des joueurs qui jure par le *sango del seminario*, et au-dessous de ma chambre, dans la salle du cabaret, la voix chaude de notre ami, mêlée aux bredouillements de l'illustre Paganetti, qui lui sert d'interprète dans sa conversation avec le non moins illustre Piedigriggio.

« M. Piedigriggio (Pied gris) est une célébrité locale. C'est un grand vieux de soixante et quinze ans, encore très-droit dans son petit caban où tombe sa longue barbe blanche, un bonnet catalan en laine brune sur ses cheveux blancs aussi, à la ceinture une paire de ciseaux, dont il se sert pour couper son tabac vert, en grandes feuilles, dans le creux de sa main; l'air vénérable, en somme, et quand il a traversé la place, serrant la main au curé, avec un sourire de protection aux deux joueurs, je n'aurais jamais cru voir ce fameux bandit Piedigriggio, qui, de 1840 à 1860, a *tenu le maquis* dans le Monte-Rotondo, mis sur les dents la ligne et la gendarmerie, et qui, aujourd'hui, grâce à la prescription dont il bénéficie, après sept ou huit meurtres à coups de fusil et de couteau, circule tranquillement dans le pays témoin de ses crimes, et jouit d'une importance considérable. Voici pourquoi : Piedigriggio a deux fils, qui, marchant noblement sur ses traces, ont joué de l'escopette et tiennent le maquis à leur tour. Introuvables, insaisissables comme leur père l'a été pendant vingt ans, prévenus par les bergers des mouvements de la gendarmerie, dès que celle-ci quitte un village, les bandits y font leur apparition. L'aîné, Scipion, est venu dimanche dernier entendre la messe à Pozzonegro. Dire qu'on les aime, et que la poignée de main sanglante de ces misérables est agréable à tous ceux qui la reçoivent, ce serait calomnier les pacifiques habitants de cette commune; mais on les craint et leur volonté fait loi.

« Or, voilà que les Piedigriggio se sont mis dans l'idée de protéger notre concurrent aux élections, protection redoutable, qui peut faire voter deux cantons entiers contre nous, car les coquins ont les jambes aussi longues, à proportion, que la portée de leurs fusils. Nous avons naturellement les gendarmes pour nous, mais les bandits sont bien plus puissants. Comme nous disait notre aubergiste, ce matin : « Les gendarmes, ils s'en vont, *mà* les *banditti,* ils restent. » Devant ce raisonnement si logique, nous avons compris qu'il n'y avait qu'une chose à faire, traiter avec les Pieds-Gris, passer un forfait. Le maire en a dit deux mots au vieux, qui a consulté ses fils, et ce sont les conditions du traité que l'on discute en bas. D'ici, j'entends la voix du gouverneur : « Allons, mon cher camarade, tu sais, je suis un vieux Corse, moi... » Et puis les réponses tranquilles de l'autre, hachées en même temps que son tabac par le bruit agaçant des grands ciseaux. Le cher camarade ne m'a pas l'air d'avoir confiance; et, tant que les écus n'auront pas sonné sur la table, je crois bien que l'affaire n'avancera pas.

« C'est que le Paganetti est connu dans son pays natal. Ce que vaut sa parole est écrit sur la place de Corte, qui attend toujours le monument de Paoli, dans les vastes champs de carottes qu'il a trouvé moyen de planter sur cette île d'Ithaque, au sol dur, dans les porte-monnaie flasques et vides de tous ces malheureux curés de village, petits bourgeois, petits nobles, dont il a croqué les maigres épargnes en faisant luire à leurs yeux de chimériques *combinazione*. Vraiment, pour qu'il ait osé reparaître ici, il faut son aplomb phénoménal et aussi les ressources dont il dispose maintenant pour couper court aux réclamations.

« En définitive, qu'y a-t-il de vrai dans ces fabuleux travaux, entrepris par la *Caisse territoriale?*

« Rien.

« Des mines qui n'affleurent pas, qui n'affleureront jamais, puisqu'elles n'existent que sur le papier; des carrières, qui ne connaissent encore ni le pic ni la poudre, des landes incultes et sablonneuses, qu'on arpente d'un geste en vous disant : « Nous commençons là... et nous allons jusque là-bas, au diable. » De même, pour les forêts, tout un côté boisé du Monte-Rotondo, qui nous appartient, paraît-il, mais où les coupes sont impraticables, à moins que des aéronautes y fassent l'office de bûcherons. De même, pour les stations balnéaires, parmi lesquelles ce misérable hameau de Pozzonegro est une des plus importantes, avec sa fontaine dont Paganetti célèbre les étonnantes propriétés ferrugineuses. De paquebots, pas l'ombre. Si, une vieille tour génoise, à demi ruinée, au bord du golfe d'Ajaccio, portant au-dessus de l'entrée hermétiquement close cette inscription sur un panonceau dédoré : « Agence Paganetti. Compagnie maritime. Bureau de renseignements. » Ce sont de gros lézards gris qui tiennent le bureau, en compagnie d'une chouette. Quant aux chemins de fer, je voyais tous ces braves Corses auxquels j'en parlais sourire d'un air malin, répondre par des clignements d'yeux, des demi-mots, pleins de mystère ; et c'est seulement ce matin que j'ai eu l'explication excessivement bouffonne de toutes ces réticences.

« J'avais lu dans les paperasses que le gouverneur agite de temps en temps sous nos yeux, comme un éventail à gonfler ses blagues, l'acte de vente d'une carrière de marbre au lieu dit « de Taverna » à deux heures de Pozzonegro. Profitant de notre passage ici, ce matin, sans rien dire à personne, j'enfourchai une mule, et guidé par un grand drôle, aux jambes de cerf, vrai type de braconnier ou de contrebandier corse, sa grosse pipe rouge aux dents, son fusil en bandoulière, je me rendis à Taverna. Après une marche épouvantable à travers des roches crevassées, des fondrières, des abîmes d'une profondeur insondable, dont ma mule s'amusait malicieusement à suivre le bord, comme si elle le découpait avec ses sabots, nous sommes arrivés par une descente presque à pic au but de notre voyage, un vaste désert de rochers, absolument nus, tout blancs de fientes de goëlands et de mouettes ; car la mer est au bas, très-proche, et le silence du lieu rompu seulement par l'afflux des vagues et les cris suraigus de bandes d'oiseaux volant en rond. Mon guide, qui a la sainte horreur des douaniers et des gendarmes, resta en haut sur la falaise, à cause d'un petit poste de douane en guetteur au bord du rivage ; et moi je me dirigeai vers une grande bâtisse rouge qui dressait dans cette solitude brûlante ses trois étages aux vitres brisées, aux tuiles en déroute, avec un immense écriteau sur la porte vermoulue : *Caisse territoriale. Carr..... bre... 54.* » La tramontane, le soleil, la pluie, ont mangé le reste.

« Il y a eu là certainement un commencement d'exploitation, puisqu'un large trou carré, béant, taillé à l'emporte-pièce, s'ouvre dans le sol, montrant, comme des taches de lèpre le long de ses murailles effritées, des plaques rouges veinées de brun, et tout au fond, dans les ronces, d'énormes blocs de ce marbre qu'on appelle dans le commerce de la *griotte*, blocs condamnés, dont on n'a pu tirer parti, faute d'une grande route aboutissant à la carrière ou d'un port qui rendît la côte abordable à des bateaux de chargement, faute surtout de subsides assez considérables pour l'un et l'autre de ces deux projets. Aussi la carrière reste-t-elle abandonnée, à quelques encâblures du rivage, encombrante et inutile comme le canot de Robinson avec les mêmes vices d'installation. Ces détails sur l'histoire navrante de notre unique richesse territoriale m'ont été fournis par un malheureux surveillant, tout grelottant de fièvre, que j'ai trouvé dans la salle basse de la maison jaune essayant de faire rôtir un morceau de chevreau sur l'âcre fumée d'un buisson de lentisques.

« Cet homme, qui compose à lui seul le personnel de la *Caisse territoriale* en Corse, est le père nourricier de Paganetti, un ancien gardien de phare à qui la solitude ne pèse pas. Le gouverneur le laisse là un peu par charité et aussi parce que de temps à autre des lettres datées de la carrière de Taverna font bon effet aux réunions d'actionnaires. J'ai eu beaucoup de mal à arracher quelques renseignements de cet être aux trois quarts sauvage qui me regardait avec méfiance, embusqué derrière les poils de chèvre de son *pelone* ; il m'a pourtant appris sans le vouloir ce que les Corses entendent par ce mot chemin de fer et pourquoi ils prennent ces airs mystérieux pour en parler. Comme j'essayais de savoir s'il avait connaissance d'un projet de route ferrée dans le pays, le vieux, lui, n'a pas eu le sourire malicieux de ses compatriotes, mais bien naturellement, de sa voix rouillée et gourde comme une ancienne serrure dont on ne se sert pas souvent, il m'a dit en assez bon français:

« — Oh! moussiou, pas besoin de chemin de *ferré* ici...

« — C'est pourtant bien précieux, bien utile pour faciliter les communications...

« — Je ne vous dis pas *au* contraire; mais avec les gendarmes, ça souffit chez nous...

« — Les gendarmes?...

« — Mais sans doute.

« Le quiproquo dura bien cinq minutes, au bout desquelles je finis par comprendre que le service de la police secrète s'appelle ici: « les chemins de fer. » Comme il y a beaucoup de Corses policiers sur le continent, c'est un euphémisme honnête dont on se sert, dans leurs familles, pour désigner l'ignoble métier qu'ils font. Vous demandez aux parents : « Où est votre frère Ambrosini? Que fait votre oncle Barbicaglia? » Ils vous répondent avec un petit clignement d'œil : « Il a un emploi dans les chemins de *ferré*... » et tout le monde sait ce que cela veut dire. Dans le peuple, chez les paysans qui n'ont jamais vu de chemin de fer et ne se doutent pas de ce que c'est, on croit très-sérieusement que la grande administration occulte de la police impériale n'as pas d'autre appellation que celle-là. Notre agent principal dans le pays partage cette naïveté touchante; c'est vous dire l'état de la « *Ligne d'Ajaccio à Bastia, en passant par Bonifacio, Porto Vecchio, etc.,* » ainsi qu'il est écrit sur les grands livres à dos vert de la maison Paganetti. En définitive, tout l'avoir de la banque territoriale se résume en quelques écriteaux, deux antiques masures, le tout à peine bon pour figurer dans le chantier de démolition de la rue Saint-Ferdinand, dont j'entends tous les soirs en m'endormant les girouettes grincer, les vieilles portes battre sur le vide...

« Mais alors où sont allées, où s'en vont encore les sommes énormes que M. Jansoulet a versées depuis cinq mois, sans compter ce qui est venu du dehors attiré par ce nom magique? Je pensais bien comme vous que tous ces sondages, forages, achats de terrain, que portent les livres en belle ronde, étaient démesurément grossis. Mais comment soupçonner une pareille impudence? Voilà pourquoi M. le gouverneur répugnait tant à l'idée de m'emmener dans ce voyage électoral... Je n'ai pas voulu avoir d'explication immédiate. Mon pauvre Nabab a bien assez de son élection. Seulement, sitôt rentrés, je lui mettrai sous les yeux tous les détails de ma longue enquête, et, de gré ou de force, je le tirerai de ce repaire... Ils ont fini au-dessous. Le vieux Piedigriggio traverse la place en faisant glisser le coulant de sa longue bourse de paysan qui m'a l'air d'être bien remplie. Marché conclu, je suppose. Adieu vite, mon cher monsieur Joyeuse; rappelez-moi à ces demoiselles, et qu'on me garde une toute petite place autour de la table à ouvrage.

« PAUL DE GÉRY »

Le tourbillon électoral dont ils avaient été enveloppés en Corse passa la mer derrière eux comme un coup de sirocco, les suivit à Paris, fit courir son vent de folie dans l'appartement de la place Vendôme envahi du matin au soir par l'élément habituel augmenté d'un arrivage constant de petits hommes bruns comme des caroubes, aux têtes régulières et barbues, les uns turbulents, bredouillants et bavards dans le genre de Paganetti, les autres, silencieux, contenus et dogmatiques ; les deux types de la race où le climat pareil produit des effets différents. Tous ces insulaires affamés, du fond de leur patrie sauvage se donnaient rendez-vous à la table du Nabab, dont la maison était devenue une auberge, un restaurant, un marché. Dans la salle à manger, où le couvert restait mis à demeure, il y avait toujours un Corse frais débarqué en train de casser une croûte, avec la physionomie égarée et goulue d'un parent de campagne.

La race hâbleuse et bruyante des agents électoraux est la même partout ; ceux-là pourtant se distinguaient par quelque chose de plus ardent, un zèle plus passionné, une vanité dindonnière, chauffée à blanc. Le plus petit greffier, vérificateur, secrétaire de mairie, instituteur de village, parlait comme s'il eût eu derrière lui tout un canton, des bulletins de vote plein les poches de sa redingote râpée. Et le fait est que dans les communes corses, Jansoulet avait pu s'en rendre compte, les familles sont si anciennes, parties de si peu, avec tant de ramifications, que tel pauvre diable qui casse des cailloux sur les routes trouve moyen de raccrocher sa parenté aux plus grands personnages de l'île et dispose par là d'une sérieuse influence. Le tempérament national, orgueilleux, sournois, intrigant, vindicatif, venant encore aggraver ces complications, il s'ensuit qu'il faut bien prendre garde où l'on pose le pied dans ces traquenards de fils tendus de l'extrémité d'un peuple à l'autre...

Le terrible, c'est que tous ces gens-là se jalousaient, se détestaient, se querellaient en pleine table à propos de l'élection, croisant des regards noirs, serrant le manche de leurs couteaux à la moindre contestation, parlant très-fort tous à la fois, les uns dans le patois génois sonore et dur, les autres dans le français le plus comique, s'étranglant avec des injures rentrées, se jetant à la tête des noms de bourgades inconnues, des dates d'histoires locales qui mettaient tout à coup entre deux couverts deux siècles de haines familiales. Le Nabab avait peur de voir ses déjeuners se terminer tragiquement et tâchait d'apaiser toutes ces violences avec la conciliation de son bon sourire. Mais Paganetti le rassurait. Selon lui, la vendetta, toujours vivante en Corse, n'emploie plus que très-rarement et dans les basses classes le stylet et l'escopette. C'est la lettre anonyme qui les remplace. Tous les jours, en effet, on recevait place Vendôme des lettres sans signature dans le genre de celle-ci :

« Monsieur Jansoulet, vous êtes si généreux que je ne peux pas faire à moins de vous signaler le sieur Bornalinco (Ange-Marie), comme un traître gagné aux ennemis de vous; j'en dirai tout différemment de son cousin Bornalinco (Louis-Thomas), dévoué à la bonne cause, etc. »

Ou encore :

« Monsieur Jansoulet, je crains que votre élection n'aboutirait à rien et serait mal fondée pour réussir, si vous continueriez d'employer le nommé Castirla (Josué), du canton d'Omessa, tandis que son parent Luciani, c'est l'homme qu'il vous faut... »

Quoiqu'il eût fini par ne plus lire aucune de ces missives, le pauvre candidat subissait l'ébranlement de tous ces doutes, de toutes ces passions, pris dans un engrenage d'intrigues menues, plein de terreurs, de méfiances, anxieux, fiévreux, les nerfs malades, sentant bien la vérité du proverbe corse : « Si tu veux grand mal à ton ennemi, souhaite-lui une élection dans sa famille. »

On se figure que le livre des chèques et les trois grands tiroirs de la commode en acajou n'étaient pas épargnés par cette trombe de sauterelles dévorantes abattues sur les salons de « Moussiou Jansoulet. » Rien de plus comique que la façon hautaine dont ces braves insulaires opéraient leurs emprunts, brusquement et d'un air de défi. Pourtant ce n'étaient pas eux les plus terribles, excepté pour les boîtes de cigares, qui s'engloutissaient dans leurs poches, à croire qu'ils voulaient tous ouvrir quelque « Civette » en rentrant au pays. Mais de même qu'aux époques de grande chaleur les plaies rougissent et s'enveniment, l'élection avait donné une recrudescence étonnante à la pillerie installée dans la maison. C'étaient des frais de publicité considérables, les articles de Moëssard expédiés en Corse par ballots de vingt mille, de trente mille exemplaires, avec des portraits, des biographies, des brochures, tout le bruit imprimé qu'il est possible de faire autour d'un nom... Et puis toujours le train habituel des pompes aspirantes établies devant le grand réservoir à millions. Ici l'Œuvre de Bethléem, machine puissante, procédant par coups espacés, pleins d'élans... La *Caisse territoriale*, aspirateur merveilleux, infatigable, à triple et quadruple corps de pompe, de la force de plusieurs milliers de chevaux; et la pompe Schwalbach, et la pompe Bois-Landry, et combien d'autres encore, celles-là énormes, bruyantes, les pistons effrontés, ou bien sourdes, discrètes, aux clapets savamment huilés, aux soupapes minuscules, pompes-bijoux, aussi ténues que ces trompes d'insectes dont la soif fait des piqûres et qui déposent du venin à l'endroit où elles puisent leur vie, mais toutes fonctionnant avec un même ensemble, et devant fatalement amener, sinon une sécheresse complète, du moins une baisse sérieuse de niveau.

Déjà de mauvais bruits, encore vagues, avaient circulé à la Bourse. Était-ce une manœuvre de l'ennemi, de cet Hemerlingue auquel Jansoulet faisait une guerre d'argent acharnée, essayant de contrecarrer toutes ses opérations financières, et perdant à ce jeu de très-fortes sommes, parce qu'il avait contre lui sa propre fureur, le sang-froid de son adversaire et les maladresses de Paganetti qui lui servait d'homme de paille? En tout cas, l'étoile d'or avait pâli. Paul de Géry savait cela par le père Joyeuse entré comme comptable chez un agent de change et très au fait des choses de la Bourse; mais ce qui l'effrayait surtout, c'était l'agitation singulière du Nabab, ce besoin de s'étourdir succédant à son beau calme de force, de sérénité, et la perte de sa sobriété méridionale, la façon dont il s'excitait avant le repas à grands coups de *raki*, parlant haut, riant fort, comme un gros matelot en bordée. On sentait l'homme qui se surmène pour échapper à une préoccupation visible cependant dans la contraction subite de tous les muscles de son visage au passage de la pensée importune, ou quand il feuilletait fiévreusement son petit carnet dédoré. Ce sérieux entretien, cette explication décisive que Paul désirait tant avoir avec lui, Jansoulet n'en voulait à aucun prix. Il passait ses nuits au cercle, ses matinées au lit, et dès son réveil avait sa chambre remplie de monde, des gens qui lui parlaient pendant qu'il s'habillait, auxquels il répondait le nez dans sa cuvette. Quand par miracle de Géry le saisissait une seconde, il fuyait, lui coupait la parole par un : « Pas maintenant, je vous en prie... » A la fin le jeune homme eut recours aux moyens héroïques.

Un matin, vers cinq heures, Jansoulet, en revenant du cercle, trouva sur sa table, près de son lit, une petite lettre qu'il prit d'abord pour une de ces dénonciations anonymes qu'il recevait à la journée. C'était bien une dénonciation, en effet, mais signée, à visage ouvert, respirant la loyauté et la jeunesse sérieuse de celui qui l'avait écrite. De Géry lui signalait très-nettement toutes les infamies, toutes les exploitations dont il était entouré. Sans détour, il désignait les coquins par leur nom. Pas un qui ne lui fût suspect parmi les commensaux ordinaires, pas un qui vînt pour autre chose que voler ou mentir. Du haut en bas de la maison, pillage et gaspillage. Les chevaux du Bois-Landry étaient tarés, la galerie Schwalbach, une duperie, les articles de Moëssard, un chantage reconnu. De ces abus effrontés, Géry avait fait un long mémoire détaillé, avec preuves à l'appui ; mais c'était le dossier de la *Caisse territoriale* qu'il recommandait spécialement à Jansoulet, comme le vrai danger de sa situation. Dans les autres affaires, l'argent seul courait des risques ; ici, l'honneur était en jeu. Attirés par le nom du Nabab, son titre de président du conseil, dans cet infâme guet-apens, des centaines d'actionnaires étaient venus, chercheurs d'or à la suite de ce mineur heureux. Cela lui créait une responsabilité effroyable, dont il se rendrait compte en lisant le dossier de l'affaire, qui n'était que mensonge et flouerie d'un bout à l'autre.

« Vous trouverez le mémoire dont je vous parle,

disait Paul de Géry en terminant sa lettre, dans le premier tiroir de mon bureau. Diverses quittances y sont jointes. Je n'ai pas mis cela dans votre chambre, parce que je me méfie de Noël comme des autres. Ce soir, en partant, je vous remettrai la clef. Car, je m'en vais, mon cher bienfaiteur et ami, je m'en vais, plein de reconnaissance pour le bien que vous m'avez fait, et désolé que votre confiance aveugle m'ait empêché de vous le rendre en partie. A l'heure qu'il est, ma conscience d'honnête homme me reprocherait de rester plus longtemps inutile à mon poste. J'assiste à un désastre, au sac d'un Palais d'Été contre lesquels je ne puis rien; mais mon cœur se soulève à tout ce que je vois. Je donne des poignées de main qui me déshonorent. Je suis votre ami, et je parais leur complice. Et qui sait si, à force de vivre dans une pareille atmosphère, je ne le serais pas devenu? »

Cette lettre, qu'il lut lentement, profondément, jusque dans le blanc des lignes et l'écart des mots, fit au Nabab une impression si vive, qu'au lieu de se coucher, il se rendit tout de suite auprès de son jeune secrétaire. Celui-ci occupait tout au bout des salons un cabinet de travail dans lequel on lui faisait son lit sur un divan, installation provisoire qu'il n'avait jamais voulu changer. Toute la maison dormait encore. En traversant les grands salons en enfilade, qui, ne servant pas à des réceptions du soir, gardaient constamment leurs rideaux ouverts, et s'éclairaient à cette heure des lueurs vagues d'une aube parisienne, le Nabab s'arrêta, frappé par l'aspect de souillure triste que son luxe lui présentait. Dans l'odeur lourde de tabac et de liqueurs diverses qui flottait, les meubles, les plafonds, les boiseries apparaissaient, déjà fanés et encore neufs.

Des taches sur les satins fripés, des cendres ternissant les beaux marbres, des bottes marquées sur les tapis faisaient songer à un immense wagon de première classe, où s'incrustent toutes les paresses, les impatiences et l'ennui d'un long voyage, avec le dédain gâcheur du public pour un luxe qu'il a payé. Au milieu de ce décor tout posé, encore chaud de l'atroce comédie qui se jouait là chaque jour, sa propre image reflétée dans vingt glaces, froides et blêmes, se dressait devant lui, sinistre et comique à la fois, dépaysée dans son vêtement d'élégance, les yeux bouffis, la face enflammée et boueuse.

Quel lendemain visible et désenchantant à l'existence folle qu'il menait!

Il s'abîma un moment dans de sombres pensées; puis il eut ce coup d'épaules vigoureux qui lui était familier, ce mouvement de porte-balles par lequel il se débarrassait des préoccupations trop cruelles, remettait en place ce fardeau que tout homme emporte avec lui, qui lui courbe le dos, plus ou moins, selon son courage ou sa force, et entra chez de Géry, déjà levé, debout en face de son bureau ouvert, où il classait des paperasses.

« Avant tout, mon ami, dit Jansoulet en refermant doucement la porte sur leur entretien, répondez-moi franchement à ceci. Est-ce bien pour les motifs exprimés dans votre lettre que vous êtes résolu à me quitter? N'y a-t-il pas là-dessous quelqu'une de ces infamies, comme je sais qu'il en circule contre moi dans Paris? Vous seriez, j'en suis sûr, assez loyal pour me prévenir et me mettre à même de me... de me disculper devant vous. »

Paul l'assura qu'il n'avait pas d'autres raisons pour

partir, mais que celles-là suffisaient certes, puisqu'il s'agissait d'une affaire de conscience.

« Alors, mon enfant, écoutez-moi, et je suis sûr de vous retenir... Votre lettre, si éloquente d'honnêteté, de sincérité, ne m'a rien appris, rien dont je ne sois convaincu depuis trois mois. Oui, mon cher Paul, c'est vous qui aviez raison ; Paris est plus compliqué que je ne pensais. Il m'a manqué en arrivant un cicerone honnête et désintéressé, qui me mît en garde contre les gens et les choses. Moi, je n'ai trouvé que des exploiteurs. Tout ce qu'il y a de coquins tarés par la ville a déposé la boue de ses bottes sur mes tapis... Je les regardais tout à l'heure, mes pauvres salons. Ils auraient besoin d'un fier coup de balai ; et je vous réponds qu'il sera donné, jour de Dieu ! et d'une rude poigne... Seulement, j'attends pour cela d'être député. Tous ces gredins me servent pour mon élection ; et cette élection m'est trop nécessaire pour que je m'expose à perdre la moindre chance... En deux mots, voici la situation. Non-seulement, le bey entend ne pas me rendre l'argent que je lui ai prêté, il y a un mois ; mais à mon assignation, il a répondu par une demande reconventionnelle de quatre-vingts millions, chiffre auquel il estime l'argent que j'ai soutiré à son frère... Cela, c'est un vol épouvantable, une audacieuse calomnie... Ma fortune est à moi, bien à moi... Je l'ai gagnée dans mes trafics de commissionnaire. J'avais la faveur d'Ahmed ; lui-même m'a fourni l'occasion de m'enrichir... Que j'aie serré la vis quelquefois un peu fort, bien possible. Mais il ne faut pas juger la chose avec des yeux d'Européen... Là-bas, c'est connu et reçu, ces gains énormes que font les Levantins ; c'est la rançon des sauvages que nous initions au bien-être occidental..., Ce misérable

Hemerlingue, qui suggère au bey toute cette persécution contre moi, en a bien fait d'autres... Mais à quoi bon discuter? Je suis dans la gueule du loup. En attendant que j'aille m'expliquer devant ses tribunaux, — je la connais, la justice d'Orient, — le bey a commencé par mettre l'embargo sur tous mes biens, navires, palais et ce qu'ils contiennent... L'affaire a été conduite très-régulièrement, sur un décret du Conseil-Suprême. On sent la patte d'Hemerlingue fils là-dessous... Si je suis député, ce n'est qu'une plaisanterie. Le Conseil rapporte son décret, et l'on me rend mes trésors avec toutes sortes d'excuses. Si je ne suis pas nommé, je perds tout, soixante, quatre-vingts millions, même la possibilité de refaire ma fortune; c'est la ruine, le déshonneur, le gouffre... Voyons, mon fils, est-ce que vous allez m'abandonner dans une crise pareille?... Songez que je n'ai que vous au monde... Ma femme? vous l'avez vue, vous savez quel soutien, quel conseil, elle est pour son mari... Mes enfants? C'est comme si je n'en avais pas. Je ne les vois jamais, à peine s'ils me reconnaîtraient dans la rue... Mon horrible luxe a fait le vide des affections autour de moi, les a remplacées par des intérêts effrontés... Je n'ai pour m'aimer que ma mère, qui est loin, et vous, qui me venez de ma mère... Non, vous ne me laisserez pas seul parmi toutes les calomnies qui rampent autour de moi... C'est terrible, si vous saviez... Au cercle, au théâtre, partout où je vais, j'aperçois la petite tête de vipère de la baronne Hemerlingue, j'entends l'écho de ses sifflements, je sens le venin de sa rage. Partout, des regards railleurs, des conversations interrompues quand j'arrive, des sourires qui mentent ou des bienveillances dans lesquelles se glisse un peu de pitié. Et puis des défections, des gens qui s'écartent comme à l'approche d'un malheur. Ainsi, voilà Félicia Ruys, au moment d'achever mon buste, qui prétexte de je ne sais quel accident pour ne pas l'envoyer au Salon. Je n'ai rien dit, j'ai eu l'air de croire. Mais j'ai compris qu'il y avait de ce côté encore quelque infamie... Et c'est une grande déception pour moi. Dans des crises aussi graves que celle que je traverse, tout a son importance. Mon buste à l'Exposition, signé de ce nom célèbre, m'aurait servi beaucoup dans Paris... Mais non, tout craque, tout me manque... Vous voyez bien que vous ne pouvez pas me manquer...

XIII

UN JOUR DE SPLEEN

Cinq heures de l'après-midi. La pluie depuis le matin, un ciel gris et bas à toucher avec les parapluies, un temps mou qui poisse, le gâchis, la boue, rien que de la boue, en flaques lourdes, en traînées luisantes au bord des trottoirs, chassée en vain par les balayeuses mécaniques, par les balayeuses en marmottes, enlevée sur d'énormes tombereaux qui l'emportent lentement vers Montreuil, la promènent en triomphe à travers les rues, toujours remuée et toujours renaissante, poussant entre les pavés, éclaboussant les panneaux des voitures, le poitrail des chevaux, les vêtements des passants, mouchetant les vitres, les seuils, les devantures, à croire que Paris entier va s'enfoncer et disparaître sous cette tristesse du sol fangeux où tout se fond et se confond. Et c'est une pitié de voir l'envahissement de cette souillure sur les blancheurs des maisons neuves, la bordures des quais, les colonnades des balcons de pierre... Il y a quelqu'un cependant que ce spectacle réjouit, un pauvre être dégoûté et malade qui, vautré tout de son long sur la soie brodée d'un divan, la tête sur ses poings fermés, regarde joyeusement dehors contre les vitres ruisselantes et se délecte à toutes ces laideurs :

« Vois-tu, ma fée, voilà bien le temps qu'il me fallait aujourd'hui... Regarde-les patauger... Sont-ils hideux, sont-ils sales!... Quo de fango! Il y en a partout, dans les rues, sur les quais, jusque dans la Seine, jusque dans le ciel... Ah! c'est bon la boue, quand on est triste... Je voudrais tripoter là-dedans, faire de la sculpture avec ça, une statue de cent pieds de haut, qui s'appellerait : « Mon ennui. »

— Mais pourquoi t'ennuies-tu, ma chérie, dit avec douceur la vieille danseuse, aimable et rose dans son fauteuil, où elle se tient très-droite de peur d'abîmer sa coiffure encore plus soignée que d'habitude... N'as-tu pas tout ce qu'il faut pour être heureuse? »

Et, de sa voix tranquille, pour la centième fois, elle recommence à lui énumérer ses raisons de bonheur, sa gloire, son génie, sa beauté, tous les hommes à ses pieds, les plus beaux, les plus puissants; oh! oui, les plus puissants, puisqu'aujourd'hui même... Mais un miaulement formidable, une plainte déchirante du chacal exaspéré par la monotonie de son désert, fait trembler tout à coup les vitres de l'atelier et rentrer dans son cocon l'antique chrysalide épouvantée.

Depuis huit jours, son groupe fini, parti pour l'exposition, a laissé Félicia dans ce même état de prostration, d'écœurement, d'irritation navrée et désolante. Il faut toute la patience inaltérable de la fée, la magie de ses souvenirs évoqués à chaque instant pour lui rendre la vie supportable à côté de cette inquiétude, de cette colère méchante qu'on entend gronder au fond des silences de la jeune fille, et qui subitement éclatent dans une parole amère, dans un « pouah » de dégoût à propos de tout... Son groupe est hideux... Personne n'en parlera... Tous les critiques sont des ânes... Le public? un goître immense à trois étages de mentons... Et pourtant, l'autre dimanche, quand le duc de Mora est venu avec le surintendant des beaux-arts voir son exposition à l'atelier, elle était si heureuse, si fière des éloges qu'on lui donnait, si pleinement ravie de son travail qu'elle admirait à distance comme d'un autre, maintenant que l'outil n'établissait plus entre elle et l'œuvre ce lien gênant à l'impartial jugement de l'artiste.

Mais c'est tous les ans ainsi. L'atelier dépeuplé du récent ouvrage, son nom glorieux encore une fois jeté au caprice imprévu du public, les préoccupations de Félicia, désormais sans objet visible, errent dans tout le vide de son cœur, de son existence de femme sortie du tranquille sillon, jusqu'à ce qu'elle se soit reprise à un autre travail. Elle s'enferme, ne veut voir personne. On dirait qu'elle se méfie d'elle-même. Il n'y a que le bon Jenkins qui la supporte pendant ces crises. Il semble même les rechercher, comme s'il en attendait quelque chose. Dieu sait pourtant qu'elle n'est pas aimable avec lui. Hier encore il est resté deux heures en face de cette belle ennuyée, qui ne lui a seulement pas une fois adressé la parole. Si c'est là l'accueil qu'elle réserve ce soir au grand personnage qui leur fait l'honneur de venir dîner avec elles... Ici la douce Crenmitz, qui rumine paisiblement toutes ces pensées en regardant le fin bout de ses souliers à bouffettes, se rappelle subitement qu'elle a promis de confectionner une assiette de pâtisseries viennoises pour le dîner du personnage en question, et sort de l'atelier discrètement sur la pointe de ses petits pieds.

Toujours la pluie, toujours la boue, toujours le beau sphinx accroupi, les yeux perdus dans l'horizon fangeux. A quoi pense-t-il? Qu'est-ce qu'il regarde venir là-bas par ces routes souillées, douteuses sous la nuit qui tombe, avec ce pli au front et cette lèvre expressive de dégoût? Est-ce son destin qu'il attend? Triste destin qui s'est mis en marche par un temps pareil, sans crainte de l'ombre, de la boue...

Quelqu'un vient d'entrer dans l'atelier, un pas plus lourd que le trot de souris de Constance. Le petit domestique sans doute. Et Félicia, brutalement, sans se retourner :

« Va te coucher... Je n'y suis pour personne...

—J'aurais bien voulu vous parler cependant, lui répond une voix amie. »

Elle tressaille, se redresse, et radoucie, presque rieuse devant ce visiteur inattendu :

— Tiens! c'est vous, jeune Minerve... Comment êtes-vous donc entré?

—Bien simplement. Toutes les portes sont ouvertes.

— Cela ne m'étonne pas. Constance est comme folle, depuis ce matin, avec son dîner...

— Oui, j'ai vu. L'antichambre est pleine de fleurs. Vous avez?...

—Oh! un dîner bête, un dîner officiel. Je ne sais pas comment j'ai pu... Asseyez-vous donc là; près de moi. Je suis heureuse de vous voir. »

Paul s'assied, un peu troublé. Jamais elle ne lui a paru si belle. Dans le demi-jour de l'atelier, parmi l'éclat brouillé des objets d'art, bronzes, tapisseries, sa pâleur fait une lumière douce, ses yeux ont des reflets de pierre précieuse, et sa longue amazone serrée dessine l'abandon de son corps de déesse. Puis elle parle d'un ton si affectueux, elle semble si heureuse de cette visite. Pourquoi est-il resté aussi longtemps loin d'elle? Voilà près d'un mois qu'on ne l'a vu. Ils ne sont donc plus amis? Lui s'excuse de son mieux. Les affaires, un voyage. D'ailleurs, s'il n'est pas venu ici, il a souvent parlé d'elle, oh! bien souvent, presque tous les jours.

« Vraiment? Et avec qui?

— Avec... »

Il va dire : « avec Aline Joyeuse... » mais une gêne l'arrête, un sentiment indéfinissable, comme une pudeur de prononcer ce nom dans l'atelier qui en a entendu tant d'autres. Il y a des choses qui ne vont pas ensemble, sans qu'on sache bien pourquoi. Paul aime mieux répondre par un mensonge qui l'amène droit au but de sa visite :

« Avec un excellent homme à qui vous avez causé une peine bien inutile... Voyons, pourquoi ne lui avez-vous pas fini son buste, à ce pauvre Nabab?... C'était un grand bonheur, une grande fierté pour lui ce buste à l'exposition... Il y comptait. »

A ce nom du Nabab, elle s'est troublée légèrement :

« C'est vrai, dit-elle, j'ai manqué à ma parole... Que voulez-vous? Je suis à caprices, moi... Mais mon désir est bien de le reprendre un de ses jours... Voyez, le linge est dessus, tout mouillé, pour que la terre ne sèche pas...

— Et l'accident?... Oh! vous savez, nous n'y avons pas cru...

— Vous avez eu tort... Je ne mens jamais... Une chute, un à-plat formidable... Seulement la glaise était fraîche. J'ai réparé cela facilement. Tenez! »

Elle enleva le linge d'un geste; le Nabab surgit avec sa bonne face tout heureuse d'être portraiturée, et si vrai, tellement « nature » que Paul eut un cri d'admiration.

« N'est-ce pas qu'il est bien? dit-elle naïvement... Encore quelques retouches là et là...... (Elle avait pris l'ébauchoir, la petite éponge et poussé la sellette dans ce qui restait de jour.) Ce serait l'affaire de quelques heures; mais il ne pourrait toujours pas aller à l'exposition. Nous sommes le 22; tous les envois sont faits depuis longtemps.

— Bah!... avec des protections... »

Elle eut un froncement de sourcils et sa mauvaise expression retombante de la bouche:

« C'est vrai... La protégée du duc de Mora... Oh! vous n'avez pas besoin de vous défendre. Je sais ce qu'on dit et je m'en moque comme de ça... (Elle envoya une boulette de glaise s'emplâtrer contre la tenture.) Peut-être même qu'à force de supposer ce qui n'est pas... Mais laissons là ces infamies, dit-elle en relevant sa petite tête aristocratique... Je tiens à vous faire plaisir, Minerve... Votre ami ira au Salon cette année. »

A ce moment, un parfum de caramel, de pâte chaude envahit l'atelier où tombait le crépuscule en fine poussière décolorante; et la fée apparut, un plat de beignets à la main, une vraie fée, parée, rajeunie, vêtue d'une tunique blanche qui laissait à l'air, sous des dentelles jaunies, ses beaux bras de vieille femme, les bras, cette beauté qui meurt la dernière.

— Regarde mes *kuchlen*, mignonne, s'ils sont réussis cette fois... Ah! pardon, je n'avais pas vu que tu avais du monde... Tiens! Mais c'est M. Paul... Ça va bien, monsieur Paul?... Goûtez donc un de mes gâteaux.

Et l'aimable vieille, à qui ses atours semblaient prêter une vivacité extraordinaire, s'avançait en sautillant, son assiette en équilibre au bout de ses doigts de poupée.

« Laisse-le donc, lui dit Félicia tranquillement... Tu lui en offriras à dîner.

— A dîner ? »

La danseuse fut si stupéfaite qu'elle manqua renverser sa jolie pâtisserie, soufflée, légère et excellente comme elle.

« Mais oui, je le garde à dîner avec nous... Oh! je vous en prie, ajouta-t-elle avec une insistance particulière en voyant le mouvement de refus du jeune homme, je vous en prie, ne me dites pas non... C'est un service véritable que vous me rendez en restant ce soir... Voyons, je n'ai pas hésité tout à l'heure, moi... »

Elle lui avait pris la main ; et vraiment, l'on sentait une étrange disproportion entre sa demande et le ton suppliant, anxieux, dont elle était faite. Paul se défendit encore. Il n'était pas habillé... Comment voulait-elle?... Un dîner où elle avait du monde...

« Mon dîner ?... Mais je le décommande... Voilà comme je suis... Nous serons seuls tous les trois, avec Constance.

— Mais, Félicia, mon enfant, tu n'y songes pas... Eh bien ! Et le... l'autre qui va venir tout à l'heure.

— Je vais lui écrire de rester chez lui, parbleu !

— Malheureuse, il est trop tard...

— Pas du tout. Six heures sonnent. Le dîner était pour sept heures et demie... Tu vas vite lui faire porter ça. »

Elle écrivait, en hâte, sur un coin de table.

« Quelle étrange fille, mon Dieu, mon Dieu !... murmurait la danseuse tout ahurie, pendant que Félicia, ravie, transfigurée, fermait joyeusement sa lettre.

— Voilà mon excuse faite... La migraine n'a pas été inventée pour Kadour... »

Puis, la lettre partie :

« Oh! que je suis contente; la bonne soirée que nous allons passer... Embrasse-moi donc, Constance... Cela ne nous empêchera pas de faire honneur à tes *Kuchlen*, et nous aurons le plaisir de te voir dans une jolie toilette qui te donne l'air plus jeune que moi. »

Il n'en fallait pas tant pour faire pardonner par la danseuse ce nouveau caprice de son cher démon et le crime de lèse-majesté auquel on venait de l'associer. En user si cavalièrement avec un pareil personnage! il n'y avait qu'elle au monde, il n'y avait qu'elle... Quant à Paul de Géry, il n'essayait plus de résister, repris de cet enlacement dont il avait pu se croire dégagé par l'absence et qui, dès le seuil de l'atelier, comprimait sa volonté, le livrait lié et vaincu au sentiment qu'il était bien résolu à combattre.

Évidemment le dîner, un vrai dîner de gourmandise, surveillé par l'Autrichienne dans ses moindres détails, avait été préparé pour un invité de grande volée. Depuis le haut chandelier kabyle à sept branches de bois sculpté qui rayonnait sur la nappe couverte de broderies, jusqu'aux aiguières à long col enserrant les vins dans des formes bizarres et exquises, l'appareil somptueux du service, la recherche des mets aiguisés d'une pointe d'étrangeté révélaient l'importance du convive attendu, le soin qu'on avait mis à lui plaire. On était bien chez un artiste. Peu d'argenterie, mais de superbes faïences, beaucoup d'ensemble, sans le moindre assortiment. Le vieux Rouen, le Sèvres rose, les cristaux hollandais montés de vieux étains ouvrés se rencontraient sur cette table comme sur un dressoir d'objets rares rassemblés par un connaisseur pour le seul contentement de son goût. Un peu de désordre par exemple dans ce ménage monté au hasard de la trouvaille. Le merveilleux huilier n'avait plus de bouchons. La salière ébréchée débordait sur la nappe, et à chaque instant : « Tiens ! Qu'est devenu le moutardier?... Qu'est-ce qu'il est arrivé à cette fourchette ? » Cela gênait un peu de Géry pour la jeune maîtresse de maison qui, elle, n'en prenait aucun souci.

Mais quelque chose mettait Paul plus mal à l'aise encore, c'était la préoccupation de savoir quel hôte privilégié il remplaçait à cette table, que l'on pouvait traiter à la fois avec tant de magnificence et un sans-façon si complet. Malgré tout, il le sentait présent, offensant pour sa dignité personnelle, ce convive décommandé. Il avait beau vouloir l'oublier; tout le lui rappelait, jusqu'à la parure de la bonne fée assise en face de lui et qui gardait encore quelques-uns des grands airs dont elle s'était d'avance munie pour la circonstance solennelle. Cette pensée le troublait, lui gâtait la joie d'être là.

En revanche, comme il arrive dans tous les duos où les unissons sont très-rares, jamais il n'avait vu Félicia si affectueuse, de si joyeuse humeur. C'était une gaieté débordante, presque enfantine, une de ces expansions chaleureuses qu'on éprouve le danger passé, la réaction d'un feu clair flambant, après l'émotion d'un naufrage. Elle riait de toutes ses dents, taquinait Paul sur son accent, ce qu'elle appelait ses idées bourgeoises. « Car vous êtes un affreux bourgeois, vous savez... Mais c'est ce qui me plaît en vous... C'est par opposition sans doute, parce que je suis née sous un pont, dans un coup de vent, que j'ai toujours aimé les natures posées, raisonnables.

— Oh! ma fille, qu'est-ce que tu vas faire croire à M. Paul, que tu es née sous un pont?... disait la bonne Crenmitz, qui ne pouvait se faire à l'exagération de certaines images et prenait tout au pied de la lettre.

— Laisse-le croire ce qu'il voudra, ma fée... Nous ne le visons pas pour mari... Je suis sûre qu'il ne voudrait pas de ce monstre qu'on appelle une femme artiste. Il croirait épouser le diable... Vous avez bien raison, Minerve... L'art est un despote. Il faut se donner à lui tout entier. On met dans son œuvre ce qu'on a d'idéal, d'énergie, d'honnêteté, de conscience, si bien qu'il ne vous en reste plus pour la vie, et que le travail terminé vous jette là sans force et sans boussole comme un ponton démâté à la merci de tous les flots... Triste acquisition qu'une épouse pareille.

— Pourtant, hasarda timidement le jeune homme, il me semble que l'art, si exigeant qu'il soit, ne peut pas accaparer la femme à lui tout seul. Que ferait-elle de ses tendresses, de ce besoin d'aimer, de se dévouer, qui est en elle bien plus qu'en nous le mobile de tous ses actes? »

Elle rêva un moment avant de répondre.

« Vous avez peut-être raison, sage Minerve... Le fait est qu'il y a des jours où ma vie sonne terriblement creux... J'y sens des trous, des profondeurs. Tout disparaît de ce que j'y jette pour la combler... Mes plus beaux enthousiasmes artistiques s'engouffrent là-dedans et meurent chaque fois dans un soupir... Alors je pense au mariage. Un mari, des enfants, un tas d'enfants qui se rouleraient par l'atelier, le nid à soigner pour tout cela; la satisfaction de cette activité physique qui manque à nos existences d'art, des occupations régulières, du train, des chants, des gaietés naïves, qui vous forceraient à jouer au lieu de penser dans le vide, dans le noir, à rire devant un échec d'amour-propre, à n'être qu'une mère satisfaite, le jour où le public ferait de vous une artiste usée, finie... »

Et devant cette vision de tendresse la beauté de la jeune fille prit une expression que Paul ne lui avait jamais vue, qui le saisit tout entier, lui donna une envie folle d'emporter dans ses bras ce bel oiseau sauvage rêvant du colombier, pour le défendre, l'abriter dans l'amour sûr d'un honnête homme.

Elle, sans le regarder, continuait :

« Je ne suis pas si envolée que j'en ai l'air, allez... Demandez à ma bonne marraine, quand elle m'a mise en pension, si je ne me tenais pas droite à l'alignement... Mais quel gâchis ensuite dans ma vie... Si vous saviez quelle jeunesse j'ai eue, quelle précoce expérience m'a fané l'esprit, quelle confusion dans mon jugement de petite fille du permis et du défendu, de la raison et de la folie. L'art seul, célébré, discuté, restait debout dans tout cela, et je me suis réfugiée en lui... C'est peut-être pourquoi je ne serai jamais qu'une artiste, une femme en dehors des autres, une pauvre amazone au cœur prisonnier dans sa cuirasse de fer, lancée dans le combat comme un homme et condamnée à vivre et à mourir en homme. »

Pourquoi ne lui dit-il pas alors :

« Belle guerrière, laissez là vos armes, revêtez la robe flottante et les grâces du gynécée. Je vous aime, je vous supplie, épousez-moi pour être heureuse et pour me rendre heureux aussi.

Ah! voilà. Il avait peur que l'autre, vous savez bien, celui qui devait venir dîner ce soir et qui restait entre eux malgré l'absence, l'entendît parler ainsi et fût en droit de le railler ou de le plaindre pour ce bel élan.

« En tout cas, je jure bien une chose, reprit-elle. c'est que si jamais j'ai une fille, je tâcherai d'en faire une vraie femme et non pas une pauvre abandonnée comme je suis... Oh! tu sais, ma fée, ce n'est pas pour toi que je dis cela... Tu as toujours été bonne avec ton démon, pleine de soins et de tendresses... Mais regardez-la donc comme elle est jolie, comme elle a l'air jeune ce soir. »

Animée par le repas, les lumières, une de ces toilettes blanches dont le reflet efface les rides, la Crenmitz renversée sur sa chaise tenait à la hauteur de ses yeux mi-clos un verre de Château-Yquem venu de la cave du Moulin-Rouge leur voisin; et sa petite frimousse rose, ses atours flottants de pastel reflétés dans le vin doré, qui leur prêtait son ardeur piquante, rappelaient l'ancienne héroïne des soupers fins à la sortie du théâtre, la Crenmitz du bon temps, non pas audacieuse à la façon des étoiles de notre opéra moderne, mais inconsciente et roulée dans son luxe comme une perle fine dans la nacre de sa coquille. Félicia, qui décidément ce soir-là voulait plaire à tout le monde, la mit doucement sur le chapitre des souvenirs, lui fit raconter une fois de plus ses grands triomphes de *Giselle*, de la *Péri*, et les ovations du public, la visite des princes dans sa loge, le cadeau de la reine Amélie accompagné de si charmantes paroles. Ces gloires évoquées grisaient la pauvre fée, ses yeux brillaient, on entendait ses petits pieds frétiller sous la table comme pris d'une frénésie dansante... Et en effet, le dîner fini, quand on fut retourné dans l'atelier, Constance commença à marcher de long en large, à esquisser un pas, une pirouette, tout en continuant de causer, s'interrompant pour fredonner un air de ballet qu'elle rhythmait d'un mouvement de la tête, puis, tout à coup, se replia sur elle-même et d'un bond fut à l'autre bout de l'atelier.

« La voilà partie, dit Félicia tout bas à de Géry... Regardez. Cela en vaut la peine, vous allez voir danser la Crenmitz. »

C'était charmant et féerique. Sur le fond de l'immense pièce noyée d'ombre et ne recevant presque de clarté que par le vitrage arrondi où la lune montait dans un ciel lavé, bleu de nuit, un vrai ciel d'opéra, la silhouette de la célèbre danseuse se détachait toute blanche, comme une petite ombre falote, légère, impondérée, volant bien plus qu'elle ne bondissait; puis debout sur ses pointes fines, soutenue dans l'air seulement par ses bras étendus, le visage levé dans une attitude fuyante où rien n'était visible que le sourire, elle s'avançait vivement vers la lumière ou s'éloignait en petites saccades si rapides qu'on s'attendait toujours à entendre un léger bris de vitre et à la voir monter ainsi à reculons la pente du grand rayon de lune jeté en biais dans l'atelier. Ce qui ajoutait un charme, une poésie singulière à ce ballet fantastique, c'était l'absence de musique, le seul bruit du rhythme dont la demi-obscurité accentuait la puissance, de ce taqueté vif et léger, pas plus fort sur le parquet que la chute, pétale par pétale, d'un dahlia qui se défeuille... Cela dura ainsi quelques minutes, puis on entendit à son souffle plus court qu'elle se fatiguait.

« Assez, assez... Assieds-toi, dit Félicia. »

Alors la petite ombre blanche s'arrêta au bord d'un

fauteuil, et resta là posée, prête à repartir, souriante et haletante, jusqu'à ce que le sommeil la prit, se mit à la bercer, à la balancer doucement sans déranger sa jolie pose, comme une libellule sur une branche de saule trempant dans l'eau et remuée par le courant.

Pendant qu'ils la regardaient dodelinant sur son fauteuil :

« Pauvre petite fée, disait Félicia, voilà ce que j'ai eu de meilleur, de plus sérieux dans la vie comme amitié, sauvegarde et tutelle... C'est ce papillon qui m'a servi de marraine... Étonnez-vous maintenant des zigzags, des envolements de mon esprit... Encore heureux que je m'en sois tenue là... »

Et, tout à coup, avec une effusion joyeuse :

« Ah ! Minerve, Minerve, je suis bien contente que vous soyez venu ce soir... Mais il ne faut plus me laisser si longtemps seule, voyez-vous... J'ai besoin d'avoir près de moi un esprit droit comme le vôtre, de voir un vrai visage au milieu des masques qui m'entourent... Un affreux bourgeois tout de même, fit-elle en riant, et un provincial par-dessus le marché... Mais c'est égal ! c'est encore vous que j'ai le plus de plaisir à regarder... Et je crois que ma sympathie tient surtout à une chose. Vous me rappelez quelqu'un qui a été la grande affection de ma jeunesse, un petit être sérieux et raisonnable lui aussi, cramponné au terre-à-terre de l'existence, mais y mêlant cet idéal que nous autres artistes mettons à part pour le seul profit de nos œuvres... Des choses que vous dites me semblent venir d'elle... Vous avez la même bouche de modèle antique. Est-ce cela qui donne à vos paroles cette similitude ? Je n'en sais rien, mais à coup sûr, vous vous ressemblez... Vous allez voir... »

Sur la table chargée de croquis et d'albums devant laquelle elle était assise en face de lui, elle dessinait tout en causant, le front incliné, ses cheveux frisés un peu fous ombrant son admirable petite tête. Ce n'était plus le beau monstre accroupi, au visage anxieux et ténébreux, condamnant sa propre destinée; mais une femme, une vraie femme qui aime et qui veut séduire... Cette fois, Paul oubliait toutes ses méfiances devant tant de sincérité et tant de grâce. Il allait parler, persuader. La minute était décisive... Mais la porte s'ouvrit, et le petit domestique parut... M. le duc faisait demander si Mademoiselle souffrait toujours de sa migraine ce soir...

« Toujours autant, » dit-elle avec humeur.

Le domestique sorti, il y eut entre eux un moment de silence, un froid glacial. Paul s'était levé. Elle continuait son croquis, la tête toujours penchée.

Il fit quelques pas dans l'atelier; puis revenu vers la table, il demanda doucement, étonné de se sentir si calme :

« C'est le duc de Mora qui devait dîner ici?

— Oui... je m'ennuyais... un jour de spleen... Ces journées-là sont mauvaises pour moi...

— Est-ce que la duchesse devait venir?

— La duchesse?... Non. Je ne la connais pas.

— Eh bien! à votre place, je ne recevrais jamais chez moi, à ma table, un homme marié dont je ne verrais pas la femme... Vous vous plaignez d'être une abandonnée; pourquoi vous abandonner vous-même?... Quand on est sans reproche, il faut se garder du soupçon... Est-ce que je vous fâche?

— Non, non, grondez-moi, Minerve... Je veux bien de votre morale. Elle est droite et franche, celle-là;

elle ne clignote pas comme celle des Jenkins... Je vous l'ai dit, j'ai besoin qu'on me conduise... »

Et jetant devant lui le croquis qu'elle venait de terminer :

« Tenez! voilà l'amie dont je vous parlais... Une affection profonde et sûre que j'ai eu la folie de laisser perdre comme une gâcheuse que je suis... C'est elle que j'invoquais dans les moments difficiles, quand il fallait prendre une décision, faire quelque sacrifice... Je me disais : « Qu'en pensera-t-elle? » comme nous nous arrêtons dans un travail d'artiste pour songer à quelque grand, à un de nos maîtres... Il faut que vous soyez cela pour moi. Voulez-vous? »

Paul ne répondit pas. Il regardait le portrait d'Aline. C'était elle, c'était bien elle, son profil pur, sa bouche railleuse et bonne, et la longue boucle en caresse sur le col fin. Ah! tous les ducs de Mora pouvaient venir maintenant. Félicia n'existait plus pour lui.

Pauvre Félicia, douée de pouvoirs supérieurs, elle était bien comme ces magiciennes qui nouent et dénouent les destins des hommes sans pouvoir rien sur leur propre bonheur.

« Voulez-vous me donner ce croquis? » dit-il tout bas, la voix émue.

— Très-volontiers... Elle est gentille, n'est-ce pas?... Ah! ma foi, celle-là, si vous la rencontrez, aimez-la, épousez-la. Elle vaut mieux que toutes. Pourtant, à défaut d'elle... à défaut d'elle... »

Et le beau sphinx apprivoisé levait vers lui ses grands yeux mouillés et rieurs, dont l'énigme n'avait plus rien d'indéchiffrable.

XIV

L'EXPOSITION

« Superbe !...
— Un succès énorme. Barye n'a jamais rien fait d'aussi beau.
— Et le buste du Nabab?... Quelle merveille ! C'est Constance Crenmitz qui est heureuse. Regardez-la trotter...
— Comment ! c'est la Crenmitz cette petite vieille en mantelet d'hermine?... Voilà vingt ans que je la croyais morte. »

Oh! non, bien vivante au contraire. Ravie, rajeunie par le triomphe de sa filleule, qui tient décidément le succès de l'Exposition, elle circule parmi la foule d'artistes, de gens du monde formant aux deux endroits où sont exposés les envois de Félicia, comme deux masses de dos noirs, de toilettes mêlées, se pressant, s'étouffant pour regarder. Constance si timide d'ordinaire, se glisse au premier rang, écoute les discussions, attrape au vol des bouts de phrases, des formules qu'elle retient, approuve de la tête, sourit, lève les épaules lorsqu'elle entend dire une bêtise, tentée de foudroyer le premier qui n'admirerait pas.

Que ce soit la bonne Crenmitz ou une autre, vous la verrez à toutes les ouvertures du salon, cette silhouette furtive rôdant autour des conversations, l'air anxieux, l'oreille tendue ; quelquefois un vieux bonhomme de père dont le regard vous remercie d'un mot aimable dit en passant, ou prend une expression désolée pour une épigramme qu'on lance à l'œuvre d'art et qui va frapper un cœur derrière vous. Une figure à ne pas oublier, certainement, si jamais quelque peintre épris de modernité songeait à fixer sur une toile cette manifestation bien typique de la vie parisienne, une ouverture d'exposition dans cette vaste serre de la sculpture, aux allées sablées de jaune, à l'immense plafond en vitrage sous lequel se détachent à mi-hauteur les tribunes du premier étage garnies de têtes penchées qui regardent, de draperies flottantes improvisées.

Dans une lumière un peu froide, pâlie à ces tentures vertes du pourtour, où les rayons se raréfient, dirait-on, pour laisser à la vue des promeneurs une certaine justesse recueillie, la foule lente va et vient, s'arrête, se disperse sur les bancs, serrée par groupes, et pourtant mêlant les mondes mieux qu'aucune autre assemblée, comme la saison mobile et changeante, à cette époque de l'année, confond toutes les parures, fait se frôler au passage les dentelles noires, la traîne impérieuse de la grande dame venue pour voir l'effet de son portrait, et les fourrures sibériennes de l'actrice retour de Russie et voulant qu'on le sache bien.

Ici, pas de loges, de baignoires, de places réservées, et c'est ce qui donne à cette première en plein jour un si grand charme de curiosité. Les vraies mondaines peuvent juger de près ces beautés peintes tant applaudies aux lumières ; le petit chapeau, nouvelle forme, des marquises de Bois-Landry croise la toilette plus que modeste de quelque femme ou fille d'artiste, tandis que le modèle, qui a posé pour cette belle Andromède de l'entrée, passe victorieusement, habillée d'une jupe trop courte, de vêtements misérables jetés sur sa beauté avec tous les faux plis de la mode. On s'étudie, on s'admire, on se dénigre, on échange des regards méprisants, dédaigneux ou curieux, arrêtés tout à coup au passage d'une célébrité, de ce critique illustre qu'il nous semble voir encore, tranquille et majestueux, sa tête puissante encadrée de cheveux longs, faire le tour des envois de sculpture, suivi d'une dizaine de jeunes disciples penchés vers son autorité bienveillante. Si le bruit des voix se perd dans cet immense vaisseau, sonore seulement aux deux voûtes de l'entrée et de la sortie, les visages y prennent une intensité étonnante, un relief de mouvement et d'animation concentré surtout dans la vaste baie noire du buffet, débordante et gesticulante, les chapeaux clairs des femmes, les tabliers blancs du service éclatant sur le fond des vêtements sombres, et dans la grande travée du milieu, où le fourmillement en vignette des promeneurs fait un singulier contraste avec l'immobilité des statues exposées, la palpitation insensible dont s'entourent leur blancheur calcaire et leurs mouvements d'apothéose.

Ce sont des ailes figées dans un vol géant, une sphère supportée par quatre figures allégoriques dont l'attitude tournante présente une vague mesure de valse, un ensemble d'équilibre donnant bien l'illusion de l'entraînement de la terre; et des bras levés pour un signal, des corps héroïquement surgis, contenant une allégorie, un symbole qui les frappe de mort et d'immortalité, les rend à l'histoire, à la légende, à ce monde idéal des musées que visite la curiosité ou l'admiration des peuples.

Quoique le groupe en bronze de Félicia n'eût pas les proportions de ces grands morceaux, sa valeur exceptionnelle lui avait mérité de décorer un des ronds-points du milieu, dont le public se tenait en ce moment à une distance respectueuse, regardant par-dessus la haie de gardiens et de sergents de ville le bey de Tunis et sa suite, longs burnous aux plis sculpturaux qui mettaient des statues vivantes en face des autres. Le bey, à Paris depuis quelques jours et le lion de toutes les *premières*, avait voulu voir l'ouverture de l'Exposition. C'était « un prince éclairé, ami des arts, » qui possédait au Bardo une galerie de peintures turques étonnantes, et des reproductions chromo-lithographiques de toutes les batailles du premier Empire. Dès en entrant, la vue du grand lévrier arabe l'avait frappé au passage. C'était bien le slougui, le vrai slougui fin et nerveux de son pays, le compagnon de toutes ses chasses. Il riait dans sa barbe noire, tâtait les reins de l'animal, caressait ses muscles, semblait vouloir l'exciter encore, tandis que les narines ouvertes, les dents à l'air, tous les membres allongés et infatigables dans leur élasticité vigoureuse, la bête aristocratique, la bête de proie, ardente à l'amour et à la chasse, ivre de sa double ivresse, les yeux fixes, savourait déjà sa capture avec un petit bout de langue qui pendait, aiguisant les dents d'un rire féroce. Quand on ne regardait que lui, on se disait : « Il le tient! » Mais la vue du renard vous rassurait tout de suite. Sous le velours de sa croupe lustrée, félin, presque rasé à terre, brûlant le sol sans effort, on le sentait vraiment fée, et sa tête fine aux oreilles pointues qu'il tournait, tout en courant, du côté du lévrier avait une expression de sécurité ironique qui marquait bien le don reçu des dieux.

Pendant qu'un inspecteur des beaux-arts, accouru en toute hâte, harnaché de travers et chauve jusque dans le dos, expliquait à Mohammed l'apologue du « Chien et du Renard, » raconté au livret avec cette légende : « Advint qu'ils se rencontrèrent, » et cette indication : « Appartient au duc de Mora, » le gros Hemerlingue, suant et soufflant à côté de l'Altesse, avait bien du mal à lui persuader que cette sculpture magistrale était l'œuvre de la belle amazone qu'ils avaient rencontrée la veille au Bois. Comment une femme aux mains faibles pouvait-elle assouplir ainsi le bronze dur, lui donner l'apparence de la chair ? De toutes les merveilles de Paris, c'était celle qui causait au bey le plus d'étonnement. Aussi s'informa-t-il auprès du fonctionnaire s'il n'y avait rien autre à voir du même artiste.

« Si fait, Monseigneur, encore un chef-d'œuvre... Si Votre Altesse veut venir de ce côté, je vais la conduire. »

Le bey se remit en marche avec sa suite. C'étaient tous d'admirables types, traits ciselés et lignes pures, pâleurs chaudes dont la blancheur du haïck absorbait jusqu'aux reflets. Magnifiquement drapés, ils contrastaient avec les bustes rangés sur les deux côtés de l'allée qu'ils avaient prise, et qui, perchés sur leurs hautes colonnettes, grêles dans l'air vide, exilés de leur milieu, de l'entourage dans lequel ils auraient rappelé sans doute de grands travaux, une affection tendre, une existence remplie et courageuse, faisaient la triste mine de gens fourvoyés, très-penauds de se trouver là. A part deux ou trois figures de femme, riches épaules encadrées de dentelles pétrifiées, chevelures de marbre rendues avec ce flou qui leur donne des légèretés de coiffures poudrées, quelques profils d'enfant aux lignes simples où le poli de la pierre semble une moiteur de vie, tout le reste n'était que rides, plis, crispations et grimaces, nos excès de travail, de mouvements, nos nervosités et nos fièvres s'opposant à cet art de repos et de belle sérénité.

Au moins la laideur du Nabab avait pour elle l'énergie, son côté aventurier et canaille, et cette expression de bonté, si bien rendue par l'artiste, qui avait eu le soin de foncer son plâtre d'une couche d'ocre lui donnant presque le ton hâlé et basané du modèle. Les Arabes firent, en le voyant, une exclamation étouffée : « Bou-Saïd... » (le père du bonheur). C'était le surnom du Nabab à Tunis, comme l'étiquette de sa chance. Le bey, lui, croyant qu'on avait voulu le mystifier, de le conduire ainsi devant le mercanti détesté, regarda l'inspecteur avec méfiance :

« Jansoulet?... dit-il de sa voix gutturale.

— Oui, Altesse, Bernard Jansoulet, le nouveau député de la Corse... »

Cette fois le bey se tourna vers Hemerlingue, le sourcil froncé.

« Député?

— Oui, Monseigneur, depuis ce matin ; mais rien n'est encore terminé. »

Et le banquier, haussant la voix, ajouta en bredouillant : « Jamais une Chambre française ne voudra de cet aventurier. »

N'importe! le coup était porté à l'aveugle confiance du bey dans son baron financier. Il lui avait si bien affirmé que l'autre ne serait jamais élu, qu'on pouvait agir librement et sans crainte à son endroit. Et voici qu'au lieu de l'homme taré, terrassé, un représentant de la nation se dressait devant lui, un député dont les Parisiens venaient admirer la figure de pierre ; car, pour l'Oriental, une idée honorifique se mêlant malgré tout à cette exposition publique, ce buste avait le prestige d'une statue dominant une place. Plus jaune encore que de coutume, Hemerlingue s'accusait en lui-même de maladresse et d'imprudence. Mais comment se serait-il douté d'une chose pareille? On lui avait assuré que le buste n'était pas fini. Et, de fait, il se trouvait là du matin même et semblait s'y trouver bien, frémissant d'orgueil satisfait, narguant ses ennemis avec le sourire bon enfant de sa lèvre retroussée. Une vraie revanche silencieuse au désastre de Saint-Romans.

Pendant quelques minutes, le bey, aussi froid, aussi impassible que l'image sculptée, la fixa sans rien dire, le front partagé d'un pli droit où les courtisans seuls pouvaient lire sa colère; puis, après deux mots rapides en arabe pour demander les voitures et rassembler la suite dispersée, il s'achemina gravement vers la sortie sans vouloir plus rien regarder... Qui dira ce qui se passe dans ces augustes cervelles blasées de puissance? Déjà nos souverains d'Occident ont des fantaisies incompréhensibles; mais ce n'est rien à côté des caprices orientaux. M. l'inspecteur des Beaux-Arts, qui comptait bien montrer toute l'exposition à Son Altesse et gagner à cette promenade le joli ruban rouge et vert du Nicham-Iftikahr, ne sut jamais le secret de cette soudaine fuite.

Au moment où les haïcks blancs disparaissaient sous le porche, juste à temps pour voir flotter leurs derniers plis, le Nabab faisait son entrée par la porte du milieu.

Le matin, il avait reçu la nouvelle : « *Élu à une écrasante majorité ;* » et après un plantureux déjeuner, où l'on avait fortement toasté au nouveau député de la Corse, il venait, avec quelques-uns de ses convives, se montrer, se voir aussi, jouir de toute sa gloire nouvelle.

La première personne qu'il aperçut en arrivant, ce fut Félicia Ruys, debout, appuyée au socle d'une statue, entourée de compliments et d'hommages auxquels il se hâta de venir mêler les siens. Elle était simplement mise, drapée dans un costume noir brodé et chamarré de jais, tempérant la sévérité de sa tenue par un scintillement de reflets et l'éclat d'un ravissant petit chapeau tout en plumes de lophophores, dont ses cheveux frisés fin sur le front, divisant la nuque en larges ondes, semblaient continuer et adoucir le chatoiement.

Une foule d'artistes, de gens du monde s'empressaient devant tant de génie allié à tant de beauté ; le Jenkins, la tête nue, tout bouffant d'effusions chaleureuses, s'en allait de l'un à l'autre, raccolant les enthousiasmes, mais élargissant le cercle autour de cette jeune gloire dont il se faisait à la fois le gardien et le coryphée. Sa femme s'entretenait pendant ce temps avec la jeune fille. Pauvre madame Jenkins ! On lui avait dit de cette voix féroce qu'elle seule connaissait : « Il faut que vous alliez saluer Félicia... » Et elle y était allée, contenant son émotion ; car elle savait maintenant ce qui se cachait au fond de cette affection paternelle, quoiqu'elle évitât toute explication avec le docteur, comme si elle en avait craint l'issue.

Après madame Jenkins, c'est le Nabab qui se précipite, et prenant entre ses grosses pattes les deux mains long et finement gantées de l'artiste, exprime sa reconnaissance avec une cordialité qui lui met à lui-même des larmes dans les yeux.

« C'est un grand honneur que vous m'avez fait, Mademoiselle, d'associer mon nom au vôtre, mon humble personne à votre triomphe, et de prouver à toute cette vermine en train de me ronger les talons que vous ne croyez pas aux calomnies répandues sur mon compte. Vrai, c'est inoubliable. J'aurai beau couvrir d'or et de diamants ce buste magnifique, je vous le devrai toujours... »

Heureusement pour le bon Nabab, plus sensible qu'éloquent, il est obligé de faire place à tout ce qu'attire le talent rayonnant, la personnalité en vue : des enthousiasmes frénétiques qui, faute d'un mot pour s'exprimer, disparaissent comme ils sont venus, des admirations mondaines, animées de bonne volonté, d'un vif désir de plaire, mais dont chaque parole est une douche d'eau froide, et puis les solides poignées de main des rivaux, des camarades, quelques-unes très-franches, d'autres qui vous communiquent la mollesse de leur empreinte; le grand dadais prétentieux dont l'éloge imbécile doit vous transporter d'aise et qui, pour ne point trop vous gâter, l'accompagne « de quelques petites réserves », et celui, qui en vous accablant de compliments, vous démontre que vous ne savez pas le premier mot du métier, et le bon garçon affairé qui s'arrête juste le temps de vous dire dans l'oreille « que Chose, le fameux critique, n'a pas l'air content. » Félicia écoutait tout avec le plus grand calme, soulevée par son succès au-dessus des petitesses de l'envie, et toute fière quand un vétéran glorieux, quelque vieux compagnon de son père lui jetait un « c'est très-bien, petiote! » qui la reportait au passé, au petit coin jadis réservé pour elle dans l'atelier paternel, alors qu'elle commençait à se tailler un peu de gloire dans la renommée du grand Ruys. Mais en somme les félicitations la laissaient assez froide, parce qu'il lui en manquait une plus désirable que toute autre et qu'elle s'étonnait de n'avoir pas encore reçue... Décidément elle pensait à lui plus qu'elle n'avait pensé à aucun homme. Était-ce enfin l'amour, le grand amour, si rare dans une âme d'artiste incapable de se donner tout entière au sentiment, ou bien un simple rêve de vie honnête et bourgeoise, bien abritée contre l'ennui, ce plat ennui, précurseur de tempêtes, dont elle avait tant le droit de se méfier? En tout cas, elle s'y trompait, vivait depuis quelques jours dans un trouble délicieux, car l'amour est si fort, si beau, que ses semblants, ses mirages nous leurrent et peuvent nous émouvoir autant que lui-même.

Vous est-il quelquefois arrivé dans la rue, préoccupé d'un absent dont la pensée vous tient au cœur, d'être averti de sa rencontre par celle de quelques personnes qui lui ressemblent vaguement, images préparatoires, esquisses du type près de surgir tout à l'heure, et qui sortent pour vous de la foule comme des appels successifs à votre attention surexcitée? Ce sont là des impressions magnétiques et nerveuses dont il ne faut pas trop sourire, parce qu'elles constituent une faculté de souffrance. Déjà, dans le flot remuant et toujours renouvelé des visiteurs, Félicia avait cru reconnaître à plusieurs reprises la tête bouclée de Paul de Géry, quand tout à coup elle poussa un cri de joie. Ce n'était pas encore lui pourtant, mais quelqu'un qui lui ressemblait beaucoup, dont la physionomie régulière et paisible se mêlait toujours maintenant dans son esprit à celle de l'ami Paul par l'effet d'une ressemblance plus morale que physique et l'autorité douce qu'ils exerçaient tous deux sur sa pensée.

« Aline !

— Félicia ! »

Si rien n'est plus problématique que l'amitié de deux mondaines partageant des royautés de salon et se prodiguant les épithètes flatteuses, les menues grâces de l'affectuosité féminine, les amitiés d'enfance conservent chez la femme une franchise d'allure qui les distingue, les fait reconnaître entre toutes, liens tressés naïvement et solides comme ces ouvrages de petites filles où une main inexpérimentée a prodigué le fil et les gros nœuds, plantes venues aux terrains jeunes, fleuries mais fortes en racines, pleines de vie et de repousses. Et quel bonheur, la main dans la main — rondes du pensionnat où êtes-vous ? — de retourner de quelques pas en arrière avec une égale connaissance du chemin et de ses incidents minimes, et le même rire attendri. Un peu à l'écart, les deux jeunes filles, à qui il a suffi de se retrouver en face l'une de l'autre pour oublier cinq années d'éloignement, pressent leurs paroles et leurs souvenirs, pendant que le petit père Joyeuse, sa tête rougeaude éclairée d'une cravate neuve, se redresse tout fier de voir sa fille accueillie ainsi par une illustration. Fier, certes il a raison de l'être, car cette petite Parisienne, même auprès de sa resplendissante amie, garde son prix de grâce, de jeunesse, de candeur lumineuse, sous ses vingt ans veloutés et dorés que la joie du revoir épanouit en fraîche fleur.

« Comme tu dois être heureuse !... Moi, je n'ai encore rien vu ; mais j'entends dire à tout le monde que c'est si beau...

— Heureuse surtout de te retrouver, petite Aline...
Il y a si longtemps...

— Je crois bien, méchante... A qui la faute ?... »

Et, dans le plus triste recoin de sa mémoire, Félicia retrouve la date de la rupture coïncidant pour elle avec une autre date où sa jeunesse est morte dans une scène inoubliable.

« Et qu'as-tu fait, mignonne, dans tout ce temps ?

— Oh! moi, toujours la même chose... rien dont on puisse parler...

— Oui, oui... nous savons ce que tu appelles ne rien faire, petite vaillante... C'est donner ta vie aux autres, n'est-ce pas ? »

Mais Aline n'écoutait plus. Elle souriait affectueusement droit devant elle, et Félicia, se retournant pour voir à qui s'adressait ce sourire, aperçut Paul de Géry qui répondait au discret et tendre bonjour de mademoiselle Joyeuse.

« Vous vous connaissez donc ?

— Si je connais M. Paul !... Je crois bien. Nous causons de toi assez souvent. Il ne te l'a donc jamais dit ?

— Jamais... C'est un affreux sournois... »

Elle s'arrêta net, l'esprit traversé d'un éclair; et vivement, sans écouter de Géry qui s'approchait pour saluer son triomphe, elle se pencha vers Aline et lui parla tout bas. L'autre rougissait, se défendait avec des sourires, des mots à demi-voix : « Y songes-tu ?... A mon âge... Une bonne maman ! » Et saisissait enfin le bras de son père pour échapper à quelque raillerie amicale.

Quand Félicia vit les deux jeunes gens s'éloigner du même pas, quand elle eut compris — ce qu'ils ne savaient pas encore eux-mêmes — qu'ils s'aimaient, elle sentit comme un écroulement autour d'elle. Puis son rêve par terre, en mille miettes, elle se mit à le piétiner furieusement... Après tout, il avait bien raison de lui préférer cette petite Aline. Est-ce qu'un honnête homme oserait jamais épouser mademoiselle Ruys ? Elle, un foyer, une famille, allons donc!... Tu es fille de catin, ma chère ; il faut que tu sois catin si tu veux être quelque chose...

La journée s'avançait. La foule plus active, avec des vides ça et là, commençait à s'écouler vers la sortie après de grands remous autour des succès de l'année, rassasiée, un peu lasse, mais excitée encore par cet air chargé d'électricité artistique. Un grand coup de soleil, du soleil de quatre heures, frappait la rosace en vitraux, jetait sur le sable des allées des lueurs d'arc-en-ciel remontant doucement sur le bronze ou le marbre des statues, irisait la nudité d'un beau corps, donnant au vaste musée un peu de la vie lumineuse d'un jardin. Félicia, absorbée dans sa profonde et triste songerie, ne voyait pas celui qui s'avançait vers elle, superbe, élégant, fascinateur, parmi les rangs du public respectueusement ouverts et le nom de « Mora » partout chuchoté.

« Eh bien ! Mademoiselle, voilà un beau succès. Je n'y regrette qu'une chose, c'est le méchant symbole que vous avez caché dans votre chef-d'œuvre. »

En voyant le duc devant elle, elle frissonna.

« Ah ! oui, le symbole... » fit-elle en levant vers lui un sourire découragé ; et, s'appuyant contre le socle de la grande statue voluptueuse près de laquelle ils se trouvaient, avec les yeux fermés d'une femme qui se donne ou s'abandonne, elle murmura tout bas, bien bas :

« Rabelais a menti, comme mentent tous les hommes... La vérité c'est que le renard n'en peut plus, qu'il est à bout d'haleine et de courage, prêt à tomber dans le fossé, et que si le lévrier s'acharne encore... »

Mora tressaillit, devint un peu plus pâle, tout ce qu'il avait de sang refluant à son cœur. Deux flammes sombres se croisèrent, deux mots rapides furent échangés du bout des lèvres; puis le duc s'inclina profondément et s'éloigna d'une marche envolée et légère comme si les dieux le portaient.

Il n'y avait en ce moment dans le palais qu'un homme aussi heureux que lui, c'était le Nabab. Escorté de ses amis, il tenait, remplissait la grande travée à lui seul, parlant haut, gesticulant, tellement glorieux qu'il en paraissait presque beau comme si, à force de contempler son buste naïvement et longuement, il lui avait pris un peu de cette idéalisation splendide dont l'artiste avait nimbé la vulgarité de son type. La tête levée de trois quarts, dégagée du large col entr'ouvert, attirait sur la ressemblance les remarques contradictoires des passants; et le nom de Jansoulet, répété tant de fois par les urnes électorales, l'était encore par les plus jolies bouches de Paris, par ses voix les plus puissantes. Tout autre que le Nabab eût été gêné d'entendre s'exclamer sur son passage ces curiosités qui n'étaient pas toujours sympathiques. Mais l'estrade, le tremplin allaient bien à cette nature plus brave sous le feu des regards, comme ces femmes qui ne sont belles ou spirituelles que dans le monde, et que la moindre admiration transfigure et complète.

Quand il sentait s'apaiser cette joie délirante, lorsqu'il croyait avoir bu toute son ivresse orgueilleuse, il n'avait qu'à se dire: « Député!... Je suis député! »

Et la coupe triomphale écumait à pleins bords. C'était l'embargo levé sur tous ses biens, le réveil d'un cauchemar de deux mois, le coup de mistral balayant tous les tourments, toutes les inquiétudes, jusqu'à l'affront de Saint-Romans, bien lourd pourtant dans sa mémoire.

Député !

Il riait tout seul en pensant à la figure du baron apprenant la nouvelle, à la stupeur du bey amené devant son buste; et tout à coup à cette idée qu'il n'était plus seulement un aventurier gavé d'or, excitant l'admiration bête de la foule, ainsi qu'une énorme pépite brute à la devanture d'un changeur, mais qu'on regardait passer en lui un des élus de la volonté nationale, sa face bonasse et mobile s'alourdissait dans une gravité voulue, il lui venait des projets d'avenir, de réforme, et l'envie de profiter des leçons du destin dans ces derniers temps. Déjà, se rappelant la promesse qu'il avait faite à de Géry, il montrait pour le troupeau famélique qui frétillait bassement sur ses talons certaines froideurs dédaigneuses, un parti pris de contradiction autoritaire. Il appelait le marquis de Bois-Landry « mon bon, » imposait silence très-vertement au gouverneur dont l'enthousiasme devenait scandaleux, et se jurait bien de se débarrasser au plus tôt de toute cette bohème mendiante et compromettante, quand l'occasion s'offrit belle à lui de commencer l'exécution. Perçant la foule qui l'entourait, Moëssard, le beau Moëssard, en cravate bleu de ciel, blême et bouffi comme un mal blanc, pincé à la taille dans une fine redingote, voyant que le Nabab, après avoir fait vingt fois le tour de la salle de sculpture, se dirigeait vers la sortie, prit son élan et passant son bras sous le sien :

« Vous m'emmenez, vous savez... »

Dans les derniers temps surtout, depuis la période électorale, il avait pris, place Vendôme, une autorité presque égale à celle de Monpavon, mais plus impudente; car, pour l'impudeur, l'amant de la reine n'avait pas son pareil sur le trottoir qui va de la rue Drouot à la Madeleine. Cette fois il tombait mal. Le bras musculeux qu'il serrait se secoua violemment, et le Nabab lui répondit très-sec :

« J'en suis fâché, mon cher, je n'ai pas de place à vous offrir. »

Pas de place dans un carrosse grand comme une maison et qui les avait amenés cinq.

Moëssard le regarda stupéfait :

« J'avais pourtant deux mots pressés à vous dire... Au sujet de ma petite lettre... Vous l'avez reçue, n'est-ce pas ?

— Sans doute, et M. de Géry a dû vous répondre ce matin même... Ce que vous demandez est impossible. Vingt mille francs !... tonnerre de Dieu, comme vous y allez.

— Cependant il me semble que mes services... bégaya le bellâtre.

— Vous ont été largement payés. C'est ce qu'il me semble aussi. Deux cent mille francs en cinq mois !... Nous nous en tiendrons là, s'il vous plaît. Vous avez les dents longues, jeune homme; il faut vous les limer un peu. »

Ils échangeaient ces paroles en marchant, poussés par le flot moutonnant de la sortie. Moëssard s'arrêta :

« C'est votre dernier mot ? »

Le Nabab hésita une seconde, saisi d'un pressentiment devant cette bouche mauvaise et pâle; puis il se souvint de la parole qu'il avait donnée à son ami.

« C'est mon dernier mot.

— Eh bien! nous verrons, dit le beau Moëssard, dont la badine fendit l'air avec un sifflement de vipère; et, tournant sur ses talons, il s'éloigna à grands pas, comme un homme qu'on attend quelque part pour une besogne très-pressée. »

Jansoulet continua sa marche triomphale. Ce jour-là, il lui en aurait fallu bien plus pour déranger l'équilibre de son bonheur; au contraire, il se sentait réconforté par l'exécution si vivement faite.

L'immense vestibule était encombré d'une foule compacte que l'approche de la fermeture poussait dehors, mais qu'une de ces ondées subites qui semblent faire partie de l'ouverture du salon retenait sous le porche au terrain battu et sablonneux pareil à cette entrée du Cirque où les gilets en cœur se pavanent. Le coup d'œil était curieux, bien parisien.

Au dehors, de grands rais de soleil traversant la pluie, accrochant à ses filets limpides ces lames aiguës et brillantes qui justifient le proverbe : « Il pleut des hallebardes, » la jeune verdure des Champs-Élysées, les massifs de rhododendrons bruissants et mouillés, les voitures rangées sur l'avenue, les manteaux cirés des cochers, tout le splendide harnachement des chevaux recevant de l'eau et des rayons un surcroît de richesse et d'effet, et mirant de partout du bleu, le bleu d'un ciel qui va sourire entre l'écart de deux averses.

Au dedans, des rires, des bavardages, des bonjours, des impatiences, des jupes retroussées, des satins bouffants sur le fin plissage des jupons et les rayures tendres des bas de soie, des flots de franges, de dentelles, de volants retenus d'une main en paquets trop lourds, chiffonnés à la diable... Puis, pour relier les deux côtés du tableau, les prisonniers encadrés par la voûte du porche et dans le noir de son ombre, avec le fond immense tout en lumière, des valets de pied courant sous des parapluies, des noms de cochers, des noms de maîtres qu'on criait, des coupés s'approchant au pas, où montaient des couples effarés.

« La voiture de M. Jansoulet! »

Tout le monde se retourna, mais on sait que cela ne le gênait guère, lui. Et tandis qu'au milieu de ces élégantes, de ces illustres, de ce tout Paris varié qui se trouvait là avec un nom à mettre sur chacune de ces figures, le bon Nabab posait un peu, en attendant ses gens, une main nerveuse et bien gantée se tendit vers lui, et le duc de Mora, qui allait rejoindre son coupé, lui jeta en passant avec cette effusion que le bonheur donne aux plus réservés :

« Mes compliments, mon cher député... »

C'était dit à haute voix et chacun put l'entendre : « Mon cher député. »

Il y a dans la vie de tous les hommes une heure d'or, une cime lumineuse où ce qu'ils peuvent espérer de prospérités, de joies, de triomphes, les attend et leur est donné. Le sommet est plus ou moins haut, plus ou moins rugueux et difficile à monter; mais il existe également pour tous, pour les puissants et pour les humbles. Seulement, comme ce plus long jour de l'année où le soleil a fourni tout son élan et dont le lendemain semble un premier pas vers l'hiver, ce *summum* des existences humaines n'est qu'un moment à savourer, après lequel on ne peut plus que redescendre. Cette fin d'après-midi du premier mai, rayée de pluie et de soleil, il faut te la rappeler, pauvre homme, en fixer à jamais l'éclat changeant dans ta mémoire. Ce fut l'heure de ton plein été aux fleurs ouvertes, aux fruits ployant leurs rameaux d'or, aux moissons mûres dont tu jetais si follement les glanes. L'astre maintenant pâlira, peu à peu retiré et tombant, incapable bientôt de percer la nuit lugubre où ton destin va s'accomplir.

XV

MÉMOIRES D'UN GARÇON DE BUREAU. — A L'ANTICHAMBRE

Grande fête samedi dernier place Vendôme.

En l'honneur de son élection, M. Bernard Jansoulet, le nouveau député de la Corse, donnait une magnifique soirée avec municipaux à la porte, illumination de tout l'hôtel, et deux mille invitations lancées dans le beau Paris.

J'ai dû à la distinction de mes manières, à la sonorité de mon organe, que le président du conseil d'administration avait pu apprécier aux réunions de la *Caisse territoriale*, de figurer à ce somptueux festival, où, trois heures durant, debout dans l'antichambre, au milieu des fleurs et des tentures, vêtu d'écarlate et d'or, avec cette majesté particulière aux personnes un peu puissantes, mes mollets à l'air pour la première fois de ma vie, j'envoyai comme un coup de canon dans les cinq salons en enfilade le nom de chaque invité, qu'un suisse étincelant saluait chaque fois du « bing! » de sa hallebarde sur les dalles.

Que d'observations curieuses j'ai pu faire encore ce soir-là, que de saillies plaisantes, de lazzis de haut goût échangés entre les gens de service sur tout ce monde qui défilait ! Ce n'est pas toujours avec les vignerons de Montbars que j'en aurais entendu d'aussi drôles. Il faut dire que le digne M. Barreau nous avait d'abord fait servir à tous, dans son office rempli jusqu'au plafond de boissons glacées et de victuailles, un lunch solide fortement arrosé, qui mit chacun de nous dans un état de bonne humeur, entretenu toute la soirée par les verres de punch et de champagne sifflés au passage sur les plateaux de la desserte.

Les patrons, par exemple, ne paraissaient pas aussi bien disposés que nous. Dès neuf heures, en arrivant à mon poste, je fus frappé de la physionomie inquiète, nerveuse du Nabab, que je voyais se promener avec M. de Géry, au milieu des salons allumés et déserts, causant vivement et faisant de grands gestes.

« Je le tuerai, disait-il, je le tuerai... »

L'autre essayait de le calmer, ensuite madame parut et l'on causa d'autre chose.

Magnifique morceau de femme cette Levantine, deux fois plus forte que moi, éblouissante à regarder avec son diadème en diamants, les bijoux qui chargeaient ses énormes épaules blanches, son dos aussi rond que sa poitrine, sa taille serrée dans une cuirasse d'or vert qui se continuait en longues lames tout le long de sa jupe raide. Je n'ai jamais rien vu d'aussi imposant, d'aussi riche. C'était comme un de ces beaux éléphants blancs porteurs de tours, dont nous entretiennent les livres de voyage. Quand elle marchait, péniblement appuyée aux meubles, toute sa chair tremblait, ses ornements faisaient un bruit de ferraille. Avec ça une petite voix très-perçante et une belle figure rouge qu'un négrillon lui rafraîchissait tout le temps avec un éventail de plumes blanches large comme une queue de paon.

C'était la première fois que cette paresseuse et sauvage personne se montrait à la société parisienne, et M. Jansoulet semblait très-heureux et très-fier qu'elle eût bien voulu présider sa fête; ce qui du reste ne donna pas grand mal à la dame, car, laissant son mari recevoir les invités dans le premier salon, elle alla s'étendre sur le divan du petit salon japonais, calée entre deux piles de coussins, immobile, si bien qu'on l'apercevait de loin tout au fond, pareille à une idole, sous le grand éventail que son nègre agitait régulièrement comme une mécanique. Ces étrangères vous ont un aplomb !

Tout de même l'irritation du Nabab m'avait frappé, et voyant passer le valet de chambre qui descendait l'escalier quatre à quatre, je l'attrapai au vol et lui glissai dans le tuyau de l'oreille :

« Qu'est-ce qu'il a donc votre bourgeois, monsieur Noël?

« C'est l'article du *Messager*, » me fut-il répondu, et je dus renoncer à en savoir davantage pour le moment, un grand coup de timbre annonçant que la première voiture arrivait, suivie bientôt d'une foule d'autres.

Tout à mon affaire, attentionné à bien prononcer les noms qu'on me donnait, à les faire ricocher de salon en salon, je ne pensai plus à autre chose. Ce n'est pas un métier commode d'annoncer convenablement des personnes qui s'imaginent toujours que leur nom doit être connu, le murmurent en passant du bout des lèvres, et s'étonnent ensuite de vous l'entendre écorcher dans le plus bel accent, vous en voudraient presque de ces entrées manquées, enguirlandées de petits sourires, qui suivent une annonce mal faite. Chez M. Jansoulet, ce qui me rendait la besogne encore plus difficile, c'était cette masse d'étrangers, turcs, égyptiens, persans, tunisiens. Je ne parle pas des Corses, très-nombreux aussi ce jour-là, parce que, pendant mes quatre ans de séjour à la *Territoriale*, je me suis habitué à prononcer ces noms ronflants, interminables, toujours suivis de celui de la localité : « Paganetti de Porto-Vecchio, Bastelica de Bonifacio, Paianatchi de Barbicaglia. »

Je me plaisais à moduler ces syllabes italiennes, à leur donner toutes leurs sonorités, et je voyais bien aux airs stupéfaits de ces braves insulaires combien ils étaient charmés et surpris d'être introduits de cette façon dans la haute société continentale. Mais avec les Turcs, ces pachas, ces beys, ces effendis, j'avais bien plus de peine, et il dut m'arriver de prononcer souvent de travers, car M. Jansoulet, à deux reprises différentes, m'envoya dire de faire plus attention aux noms qu'on me donnait, et surtout d'annoncer plus naturellement. Cette observation, formulée à haute voix devant l'antichambre avec une certaine brutalité, m'indisposa beaucoup, m'empêcha — en ferai-je l'aveu? — de plaindre ce gros parvenu quand j'appris, au courant de la soirée, que de cruelles épines se glissaient dans son lit de roses.

De dix heures et demie à minuit, le timbre ne cessa de retentir, les voitures de rouler sous le porche, les invités de se succéder, députés, sénateurs, conseillers d'État, conseillers municipaux, qui avaient bien plus l'air de venir à une réunion d'actionnaires qu'à une soirée de gens du monde. A quoi cela tenait-il? Je ne parvenais pas à m'en rendre compte, mais un mot du suisse Nicklauss m'ouvrit les yeux.

« Remarquez-vous, M. Passajon, me dit ce brave

serviteur, debout en face de moi, la hallebarde au poing, remarquez-vous comme nous avons peu de dames? »

C'était cela, pardieu !... Et nous n'étions pas que nous deux à en faire la remarque. A chaque nouvel arrivant, j'entendais le Nabab, qui se tenait près de la porte, s'écrier avec consternation de sa grosse voix de Marseillais enrhumé :

« Tout seul? »

L'invité s'excusait tout bas... *Mn mn mn mn*... sa dame un peu souffrante... Bien regretté certainement... Puis il en arrivait un autre ; et la même question amenait la même réponse.

A force d'entendre ce mot de « tout seul, » on avait fini par en plaisanter à l'antichambre ; chasseurs et valets de pied se le jetaient l'un à l'autre quand entrait un invité nouveau « tout seul ! » Et l'on riait, on se faisait un bon sang... Mais M. Nicklauss, avec sa grande habitude du monde, trouvait que cette abstention à peu près générale du sexe n'était pas naturelle.

« Ça doit être l'article du *Messager*, » disait-il.

Tout le monde en parlait de ce matin d'article, et devant la glace entourée de fleurs où chaque invité se contrôlait avant d'entrer, je surprenais des bouts de dialogue à voix basse dans ce genre-ci :

« Vous avez lu?

— C'est épouvantable.

— Croyez-vous la chose possible?

— Je n'en sais rien. En tout cas, j'ai préféré ne pas amener ma femme.

— J'ai fait comme vous... Un homme peut aller partout sans se compromettre...

— Certainement... Tandis qu'une femme... »

Puis ils entraient, le claque sous le bras, avec cet air vainqueur des hommes mariés que leurs épouses n'accompagnent pas.

Quel était donc ce journal, cet article terrible qui menaçait à ce point l'influence d'un homme si riche ? Malheureusement mon service me retenait; je ne pouvais descendre à l'office ni au vestiaire pour m'informer, causer avec ces cochers, ces valets, ces chasseurs que je voyais debout au pied de l'escalier s'amusant à brocarder les gens qui montaient... Qu'est-ce que vous voulez ? Les maîtres sont trop esbrouffeurs aussi. Comment ne pas rire en voyant passer, l'air insolent et le ventre creux, le marquis et la marquise de Bois-Landry, après tout ce qu'on nous a conté sur les trafics de monsieur et les toilettes de madame ? Et le ménage Jenkins si tendre, si uni, le docteur attentionné mettant à sa dame une dentelle sur les épaules de peur qu'elle s'enrhume dans l'escalier; elle souriante et attifée, tout en velours, long comme ça de traîne, s'appuyant au bras de son mari de l'air de dire : « Comme je suis bien, » quand je sais, moi, que depuis la mort de l'Irlandaise, sa vraie légitime, le docteur médite de se débarrasser de son vieux crampon pour pouvoir épouser une jeunesse, et que le vieux crampon passe les nuits à se désoler, à ronger de larmes ce qu'il lui reste de beauté.

Le plaisant, c'est que pas une de ces personnes ne se doutait des bons quolibets, des blagues qu'on leur crachait dans le dos au passage, de ce que la queue des robes ramassait de saletés sur le tapis du vestibule, et tout ce monde-là vous avait des mines dédaigneuses à mourir de rire.

Les deux dames que je viens de nommer, l'épouse du

gouverneur, une petite Corse à qui ses gros sourcils, ses dents blanches, ses joues luisantes et noires en dessous donnent l'air d'une Auvergnate débarbouillée, bonne pâte du reste, et riant tout le temps excepté quand son mari regarde les autres femmes, plus quelques Levantines aux diadèmes d'or ou de perles, moins réussies que la nôtre, mais toujours dans le même genre, des femmes de tapissiers, de joailliers, fournisseurs habituels de la maison, avec des épaules larges comme des devantures et des toilettes où la marchandise n'avait pas été épargnée; enfin quelques ménages d'employés de la *Territoriale* en robes pleurardes et la queue du diable dans leur poche, voilà ce qui représentait le beau sexe de la réunion, une trentaine de dames noyées dans un millier d'habits noirs, autant dire qu'il n'y en avait pas. De temps à autre, Cassagne, Laporte, Grandvarlet, qui faisaient le service des plateaux nous mettaient au courant de ce qui se passait dans les salons.

« Ah! mes enfants, si vous voyiez ça, c'est d'un noir, c'est d'un lugubre... Les hommes ne démarrent pas des buffets. Les dames sont toutes dans le fond, assises en rond, à s'éventer sans rien dire. La Grosse ne parle à personne. Je crois qu'elle pionce... C'est monsieur qui fait une tête!... Allons, père Passajon, un verre de château-larose... Ça vous donnera du ton. »

Elle était charmante envers moi, toute cette jeunesse, et prenait un malin plaisir à me faire les honneurs de la cave, si souvent et à si grands coups que ma langue commençait à devenir lourde, incertaine; et comme me disaient ces jeunes gens dans leur langage un peu libre: « Mon oncle, vous bafouillez. » Heureusement que le dernier des effendis venait d'arriver et qu'il n'y avait plus personne à annoncer; car, j'avais beau m'en défendre, chaque fois que je m'avançais entre les tentures pour jeter un nom à la grande volée, je voyais les lustres des salons tourner en rond avec des centaines de milliers de lumières papillotantes, et les parquets partir de biais glissants et droits comme des montagnes russes. Je devais bafouiller, c'est sûr.

L'air vif de la nuit, quelques ablutions à la pompe de la cour eurent vite raison de ce petit malaise, et, quand j'entrai au vestiaire, il n'y paraissait plus. Je trouvai nombreuse et joyeuse compagnie autour d'une « marquise » au champagne dont toutes mes nièces, en grande tenue, cheveux bouffants et cravates de ruban rose, prenaient très-bien leur part malgré des cris, de petites grimaces ravissantes qui ne trompaient personne. Naturellement on parlait du fameux article, un article de Moëssard, à ce qu'il paraît, plein de révélations épouvantables sur toutes sortes de métiers déshonorants qu'aurait faits le Nabab, il y a quinze ou vingt ans, à son premier séjour à Paris.

C'était la troisième attaque de ce genre que le *Messager* publiait depuis huit jours, et ce gueux de Moëssard avait la malice d'envoyer chaque fois le numéro sous bande place Vendôme.

M. Jansoulet recevait cela le matin avec son chocolat; et à la même heure ses amis et ses ennemis, car un homme comme le Nabab ne saurait être indifférent à aucun, lisaient, commentaient, se traçaient vis-à-vis de lui une ligne de conduite pour ne pas se compromettre. Il faut croire que l'article d'aujourd'hui était bien tapé tout de même; car Jansoulet le cocher nous racontait que tantôt au Bois son maître n'avait pas échangé dix saluts en dix tours de lac, quand ordinairement il ne garde pas plus son chapeau sur sa tête qu'un souverain en promenade. Puis, lorsqu'ils sont rentrés, voilà une autre affaire. Les trois garçons venaient d'arriver à la maison, tout en larmes et consternés, ramenés du collége Bourdaloue par un bon Père, dans l'intérêt même de ces pauvres petits, auxquels on avait donné un congé temporaire pour leur éviter d'entendre au parloir ou dans la cour quelque méchant propos, une allusion blessante. Là-dessus le Nabab s'est mis dans une fureur terrible qui lui a fait démolir un service de porcelaine, et il paraît que sans M. de Géry il serait allé tout d'un pas casser la tête au Moëssard.

« Et qu'il aurait bien fait, dit M. Noël entrant sur ces derniers mots, très-animé, lui aussi... Il n'y a pas une ligne de vraie dans l'article de ce coquin. Mon maître n'était jamais venu à Paris avant l'année dernière. De Tunis à Marseille, de Marseille à Tunis, voilà tous ses voyages. Mais cette fripouille de journaliste se venge de ce que nous lui avons refusé vingt mille francs.

— En cela vous avez eu grand tort, fit alors M. Francis, le Francis à Monpavon, ce vieil élégant dont l'unique dent branle au milieu de la bouche à chaque mot qu'il dit, mais que ces demoiselles regardent tout de même d'un œil favorable à cause de ses belles manières... Oui, vous avez eu tort. Il faut savoir ménager les gens, tant qu'ils peuvent nous servir ou nous nuire. Votre Nabab a tourné trop vite le dos à ses amis après le succès; et de vous à moi, mon cher, il n'est pas assez fort pour se payer de ces coups-là. »

Je crus pouvoir prendre la parole à mon tour:

— Ça c'est vrai, M. Noël, que votre bourgeois n'est plus le même depuis son élection. Il a adopté un ton, des manières. Avant-hier, à la *Territoriale,* il nous a fait un branle-bas dont on n'a pas d'idée. On l'entendait crier en plein conseil : « Vous m'avez menti, vous m'avez volé et rendu voleur autant que vous... Montrez-moi vos livres, tas de drôles. » S'il a traité le Moëssard de cette façon, je ne m'étonne plus que l'autre se venge dans son journal.

— Mais, enfin, qu'est-ce qu'il dit cet article, demanda M. Barreau, qui est-ce qui l'a lu ?

Personne ne répondit. Plusieurs avaient voulu l'acheter; mais à Paris le scandale se vend comme du pain. A dix heures du matin, il n'y avait plus un numéro du *Messager* sur la place. Alors une de mes nièces, une délurée, s'il en fut, eut l'idée de chercher dans la poche d'un de ces nombreux par-dessus qui garnissaient le vestiaire, bien alignés dans des casiers. Au premier qu'elle atteignit :

« Le voilà ! dit l'aimable enfant d'un air de triomphe en tirant un *Messager* froissé aux plis comme une feuille qu'on vient de lire.

— En voilà un autre ! » cria Tom Bois-Landry, qui cherchait de son côté. Troisième par-dessus, troisième *Messager.* Et dans tous la même chose ; fourré au fond des poches ou laissant dépasser son titre, le journal était partout comme l'article devait être dans toutes les mémoires, et l'on se figurait le Nabab là-haut échangeant des phrases aimables avec ses invités qui auraient pu lui réciter par cœur les horreurs imprimées sur son compte. Nous rîmes tous beaucoup à cette idée ; mais il nous tardait de connaître à notre tour cette page curieuse.

— Voyons, père Passajon, lisez-nous ça tout haut. »

C'était le vœu général et j'y souscrivis.

Je ne sais si vous êtes comme moi, mais quand je lis haut, je me gargarise avec ma voix, je fais des nuances et des fioritures, de telle sorte que je ne comprends rien à ce que je dis, comme ces chanteurs à qui le sens des phrases importe peu pourvu que la note y soit... Cela s'appelait « le Bateau de fleurs... » Une histoire assez embrouillée avec des noms chinois, où il était question d'un mandarin très-riche, nouvellement passé de 1re classe, et qui avait tenu dans les temps un « bateau de fleurs » amarré tout au bout de la ville près d'une barrière fréquentée par les guerriers... Au dernier mot de l'article, nous n'étions pas plus avancés qu'au commencement. On essayait bien de cligner de l'œil, de faire le malin ; mais, franchement, il n'y avait pas de quoi. Un vrai rébus sans image ; et nous serions encore plantés devant, si le vieux Francis, qui décidément est un mâtin pour ses connaissances de toutes sortes, ne nous avait expliqué que cette barrière aux guerriers devait être l'École militaire et que le « bateau de fleurs » n'avait pas un aussi joli nom que ça en bon français. Et ce nom, il le dit tout haut malgré les dames... Quelle explosion de cris, de « ah ! » de « oh ! » les uns disant : « Je m'en doutais... » Les autres : « Ça n'est pas possible... »

« Permettez, ajouta Francis, ancien trompette au 9e lanciers, le régiment de Mora et de Monpavon, permettez... Il y a une vingtaine d'années, à mon dernier semestre, j'ai été caserné à l'École militaire, et je me rappelle très-bien qu'il y avait près de la barrière un sale bastringue appelé le bal Jansoulet avec un petit garni au-dessus et des chambres à cinq sous l'heure où l'on passait entre deux contredanses...

— Vous êtes un infâme menteur, dit M. Noël hors

de lui, filou et menteur comme votre maître, Jansoulet n'est jamais venu à Paris avant cette fois. »

Francis était assis un peu en dehors du cercle que nous faisions tous autour de la « marquise, » en train de siroter quelque chose de doux parce que le champagne lui fait mal aux nerfs et puis que ce n'est pas une boisson assez chic. Il se leva gravement, sans quitter son verre, et, s'avançant vers M. Noël, il lui dit d'un air posé :

« Vous manquez de tenue, mon cher. Déjà l'autre soir, chez vous, j'ai trouvé votre ton grossier et malséant. Cela ne sert à rien d'insulter les gens, d'autant que je suis prévôt de salle, et que, si nous menions les choses plus loin, je pourrais vous fourrer deux pouces de fer dans le corps à l'endroit qu'il me plairait; mais je suis bon garçon. Au lieu d'un coup d'épée, j'aime mieux vous donner un conseil dont votre maître pourra tirer profit. Voici ce que je ferais à votre place : j'irais trouver Moëssard et je l'achèterais sans marchander. Hemerlingue lui a donné vingt mille francs pour parler, je lui en offrirais trente mille pour se taire.

— Jamais... jamais..., vociféra M. Noël... J'irai plutôt lui dévisser la tête à ce scélérat de bandit.

— Vous ne dévisserez rien du tout. Que la calomnie soit vraie ou fausse, vous en avez vu l'effet ce soir. C'est un échantillon des plaisirs qui vous attendent. Que voulez-vous, mon cher? Vous avez jeté trop tôt vos béquilles et prétendu marcher tout seuls. C'est bon quand on est d'aplomb, ferme sur ses jambes; mais quand on n'a pas déjà le pied très-solide, et qu'on a le malheur de sentir Hemerlingue à ses trousses, mauvaise affaire... Avec ça, votre patron commence à manquer d'argent: il a fait des billets au vieux Schwalbach, et ne me parlez pas d'un Nabab qui fait des billets. Je sais bien que vous avez des tas de millions restés là-bas; mais il faudrait être validé pour y toucher, et encore quelques articles comme celui d'aujourd'hui, je vous réponds que vous n'y parviendrez pas... Vous prétendez lutter avec Paris, mon bon, mais vous n'êtes pas de taille, vous n'y connaissez rien. Ici nous ne sommes pas en Orient, et si on ne tord pas le cou aux gens qui vous déplaisent, si on ne les jette pas à l'eau dans un sac de cuir, on a d'autres façons de les faire disparaître. Noël, que votre maître y prenne garde... Un de ces matins Paris l'avalera comme j'avale cette prune, sans cracher le noyau ni la peau ! »

Il était terrible, ce vieux, et malgré son maquillage je me sentais venir du respect pour lui. Pendant qu'il parlait, on entendait là-haut la musique, les chants de la soirée, et sur la place les chevaux des municipaux qui secouaient leurs gourmettes. Du dehors, notre fête devait avoir beaucoup d'éclat, toute flambante de ses milliers de bougies, le grand portail illuminé. Et quand on pense que la ruine était peut-être là-dessous ! Nous nous tenions là dans le vestibule comme des rats qui se consultent à fond de cale, quand le navire commence à faire eau sans que l'équipage s'en doute encore, et je voyais bien que laquais et filles de chambre, tout ce monde ne serait pas long à décamper à la première alerte... Est-ce qu'une catastrophe pareille serait possible?... Mais alors, moi, qu'est-ce que je deviendrais, et la *Territoriale*, et mes avances, et mon arriéré?...

Il m'a laissé froid dans le dos, ce Francis.

XVI

UN HOMME PUBLIC

La chaleur lumineuse d'une claire après-midi de mai tiédissait en vitrages de serre les hautes croisées de l'hôtel de Mora, dont les transparents de soie bleue se voyaient du dehors entre les branches, et ses larges terrasses, où les fleurs exotiques sorties pour la premières fois de la saison couraient en bordure tout le long du quai. Les grands râteaux traînant parmi les massifs du jardin traçaient dans le sable des allées les pas légers de l'été, tandis que le bruit fin des pommes d'arrosage sur la verdure des pelouses semblait sa chanson rafraîchissante.

Tout le luxe de la résidence princière s'épanouissait dans l'heureuse douceur de la température, empruntant une beauté grandiose au silence, au repos de cette heure méridienne, la seule où l'on n'entendît pas le roulement des voitures sous les voûtes, le battement des grandes portes d'antichambre et cette vibration perpétuelle que faisait courir dans le lierre des murailles le tirage des timbres d'arrivée ou de sortie, comme la palpitation fiévreuse de la vie d'une maison mondaine. On savait que jusqu'à trois heures le duc recevait au ministère, que la duchesse, une Suédoise encore engourdie des neiges de Stockholm, sortait à peine de ses courtines somnolentes; aussi personne ne venait, visiteurs ni solliciteurs, et les valets de pied, perchés comme des flamants sur les marches du perron désert, l'animaient seuls de l'ombre grêle de leurs longues jambes et de leur bâillant ennui d'oisiveté.

Par exception pourtant ce jour-là le coupé marron de Jenkins attendait dans un coin de la cour. Le duc, souffrant depuis la veille, s'était senti plus mal en sortant de table, et bien vite avait mandé l'homme aux perles pour l'interroger sur son état singulier. De douleur nulle part, du sommeil et de l'appétit comme à l'ordinaire; seulement une lassitude incroyable et l'impression d'un froid terrible que rien ne pouvait dissiper. Ainsi en ce moment, malgré le beau soleil printanier qui inondait sa chambre et pâlissait la flambée montant dans la cheminée comme au cœur de l'hiver, le duc grelottait sous ses fourrures bleues, entre ses petits paravents, et, tout en donnant des signatures à un attaché de son cabinet sur une table basse en laque doré qui s'écaillait, tellement elle était près du feu, il tendait à chaque instant ses doigts engourdis vers la flamme, qui aurait pu les brûler à la surface sans rendre une circulation de vie à leur rigidité blafarde.

Était-ce l'inquiétude causée par le malaise de son illustre client? Mais Jenkins paraissait nerveux, frémissant, arpentait les tapis à grands pas, furetant, flairant de droite et de gauche, cherchant dans l'air quelque chose qu'il croyait y être, quelque chose de subtil et d'insaisissable comme la trace d'un parfum ou le sillon invisible que laisse un passage d'oiseau. On entendait le pétillement du bois dans la cheminée, le bruit des papiers feuilletés à la hâte, la voix indolente du duc indiquant d'un mot toujours précis et net une réponse à une lettre de quatre pages, et les monosyllabes respectueux de l'attaché : « Oui, monsieur le ministre... Non, monsieur le ministre, » puis le grincement d'une plume rebelle et lourde. Dehors, les hirondelles sifflaient joyeusement au-dessus de l'eau, une clarinette jouait vers les ponts.

« C'est impossible, dit tout à coup le ministre d'État en se levant... Emportez ça, Lartigues; vous reviendrez demain... Je ne peux pas écrire... J'ai trop froid... Tenez, docteur, tâtez mes mains, si on ne dirait pas qu'elles sortent d'un seau d'eau frappée... Depuis deux jours, tout mon corps est ainsi... Est-ce assez ridicule avec le temps qu'il fait!

— Ça ne m'étonne pas... grommela l'Irlandais d'un ton maussade et bref, peu ordinaire chez ce melliflu. »

La porte s'était refermée sur le jeune attaché remportant ses paperasses avec une raideur majestueuse, mais bien heureux, j'imagine, de se sentir détaché et de pouvoir, avant de retourner au ministère, flâner une heure ou deux dans les Tuileries, pleines de toilettes printanières et de jolies filles assises autour des chaises encore vides de la musique, sous les marronniers en fleurs où courait des pieds à la cime le grand frisson du mois des nids. Il n'était pas gelé, lui, l'attaché...

Jenkins, silencieux, examinait son malade, auscultait, percutait, puis, sur ce même ton de rudesse que pouvait à la rigueur expliquer son affection inquiète, l'irritation du médecin qui voit ses instructions transgressées :

« Ah ça! mon cher duc, quelle vie faites-vous donc depuis quelque temps? »

Il savait par des racontars d'antichambre — chez ses clients familiers, le docteur ne les dédaignait pas — il savait que le duc avait une *nouvelle,* que ce caprice de fraîche date le possédait, l'agitait d'une façon extraordinaire, et cela joint à d'autres remarques faites ailleurs mettait dans l'esprit de Jenkins un soupçon, un désir fou de connaître le nom de cette *nouvelle.* C'est ce qu'il essayait de deviner sur le front pâli de son malade, cherchant le fond de sa pensée bien plus que le fond de son mal. Mais il avait affaire à un de ces visages d'hommes à bonnes fortunes, hermétiquement clos comme les coffrets à secret qui contiennent des bijoux et des lettres de femmes, une de ces discrétions fermées d'un regard froid et bleu, regard d'acier où se brisent les perspicacités astucieuses.

« Vous vous trompez, docteur, répondit l'Excellence tranquillement... Je n'ai rien changé à mes habitudes.

— Eh bien! monsieur le duc, vous avez eu tort, fit l'Irlandais avec brutalité, furieux de ne rien découvrir. »

Et tout de suite sentant qu'il allait trop loin, il délaya sa mauvaise humeur et la sévérité de son diagnostic dans une tisane de banalités, d'axiomes... Il fallait prendre garde... La médecine n'était pas de la magie... La puissance des perles Jenkins s'arrêtait aux forces humaines, aux nécessités de l'âge, aux ressources de la nature qui, malheureusement, ne sont pas inépuisables. Le duc l'interrompit d'un ton nerveux :

— Voyons, Jenkins, vous savez bien que je n'aime pas les phrases... Ça ne va donc pas par là?... Qu'est-ce que j'ai?... D'où vient ce froid?

— C'est de l'anémie, de l'épuisement... une baisse d'huile dans la lampe.

— Que faut-il faire?

— Rien. Un repos absolu... Manger, dormir, pas plus... Si vous pouviez aller passer quelques semaines à Grandbois...

Mora haussa les épaules :

— Et la Chambre, et le Conseil, et...? Allons donc! Est-ce que c'est possible?

— En tout cas, monsieur le duc, il faut enrayer, comme disait l'autre, renoncer absolument... »

Jenkins fut interrompu par l'entrée de l'huissier de service qui discrètement sur la pointe des pieds, comme un maître de danse, venait remettre une lettre et une carte au ministre d'État toujours frissonnant devant le feu. En voyant cette enveloppe d'un gris de satin, d'une forme originale, l'Irlandais tressaillait involontairement, tandis que le duc, sa lettre ouverte et parcourue, se levait ragaillardi, ayant aux joues ces couleurs légères de santé factice que toute l'ardeur du brasier n'avait pu lui donner.

— Mon cher docteur, il faut à tout prix...

L'huissier, debout, attendait.

— Qu'est-ce qu'il y a?... Ah! oui, cette carte... Faites entrer dans la galerie. J'y vais. »

La galerie du duc de Mora, ouverte aux visiteurs deux fois par semaine, était pour lui comme un terrain neutre, un endroit public où il pouvait voir n'importe qui sans s'engager ni se compromettre... Puis, l'huissier dehors :

— Jenkins, mon bon, vous avez déjà fait des miracles pour moi. Je vous en demande un encore. Doublez la dose de mes perles, inventez quelque chose, ce que vous voudrez... Mais il faut que je sois alerte pour dimanche... Vous m'entendez, tout à fait alerte.

Et, sur la petite lettre qu'il tenait, ses doigts réchauffés et fiévreux se crispaient avec un frémissement de convoitise.

— Prenez garde, M. le duc, dit Jenkins, très-pâle, les lèvres serrées, je ne voudrais pas vous alarmer outre mesure sur votre état de faiblesse, mais il est de mon devoir...

Mora eut un joli sourire d'insolence :

— Votre devoir et mon plaisir sont deux, mon brave. Laissez-moi brûler ma vie, si cela m'amuse. Je n'ai jamais eu d'aussi belle occasion que cette fois.

Il tressaillit :

— La duchesse...

Une porte sous tenture venait de s'ouvrir livrant passage à une folle petite tête ébouriffée en blond, toute vaporeuse dans les dentelles et les franfreluches d'un saut-du-lit princier :

« Qu'est-ce qu'on m'apprend ? Vous n'êtes pas sorti ?... Mais grondez-le donc, docteur. N'est-ce pas qu'il a tort de tant s'écouter ?... Regardez-le. Une mine superbe.

— Là... Vous voyez, dit le duc, en riant, à l'Irlandais... Vous n'entrez pas, duchesse ?

— Non, je vous enlève, au contraire. Mon oncle d'Estaing m'a envoyé une cage pleine d'oiseaux des îles. Je veux vous les montrer... Des merveilles de toutes les couleurs, avec de petits yeux en perles noires... Et frileux, frileux, presque autant que vous.

— Allons voir ça, dit le ministre. Attendez-moi, Jenkins. Je reviens. »

Puis, s'apercevant qu'il tenait toujours sa lettre à la main, il la jeta négligemment dans le tiroir de sa petite table aux signatures, et sortit derrière la duchesse, avec un beau sang-froid de mari habitué à ces évolutions.

Quel prodigieux ouvrier, quel fabricant de joujoux incomparable a pu douer le masque humain de sa souplesse de ressorts, de son élasticité merveilleuse? Rien de joli comme cette figure de grand seigneur surpris son adultère aux dents, les pommettes enflammées par des mirages de voluptés promises, et s'apaisant à la minute dans une sérénité de tendresse conjugale; rien de plus beau que l'obséquiosité béate, le sourire paterne, à la Franklin, de Jenkins en présence de la duchesse, faisant place tout à coup, lorsqu'il se trouva seul, à une farouche expression de colère et de haine, une pâleur de crime, la pâleur d'un Castaing ou d'un Lapommerais roulant ses trahisons sinistres.

Un coup d'œil rapide à chacune des deux portes, et tout de suite il fut devant le tiroir plein de papiers précieux, où la petite clef d'or restait à demeure avec une négligence insolente qui semblait dire: « On n'osera pas. »

Jenkins osa, lui.

La lettre était là, sur un tas d'autres, la première. Le grain du papier, trois mots d'adresse jetés d'une écriture simple et hardie, et puis le parfum, ce parfum grisant, évocateur, l'haleine même de sa bouche divine... C'était donc vrai, son amour jaloux ne l'avait pas trompé, ni la gêne qu'on éprouvait devant lui depuis quelque temps, ni les airs cachottiers et rajeunis de Constance, ni ces bouquets magnifiquement épanouis dans l'atelier comme à l'ombre mystérieuse d'une faute... Cet orgueil indomptable se rendait donc enfin? Mais alors pourquoi pas lui, Jenkins? Lui qui l'aimait depuis si longtemps, depuis toujours, qui avait dix ans de moins que l'autre et qui ne grelottait pas, certes!... Toutes ces pensées lui traversaient la tête, comme des fers de flèche lancés d'un arc infatigable. Et, criblé, déchiré, les yeux aveuglés de sang, il restait là, regardant la petite enveloppe satinée et froide qu'il n'osait pas ouvrir de peur de s'enlever un dernier doute, quand un bruissement de tenture, qui lui fit vivement rejeter la lettre et refermer le tiroir merveilleusement ajusté de la table de laque, l'avertit que quelqu'un venait d'entrer.

— Tiens! c'est vous, Jansoulet, comment êtes-vous là?

— Son Excellence m'a dit de venir l'attendre dans sa chambre, » répondit le Nabab très-fier d'être introduit ainsi dans l'intimité des appartements, à une heure surtout où l'on ne recevait pas. Le fait est que le duc commençait à montrer une réelle sympathie à ce sauvage. Pour plusieurs raisons : d'abord il aimait les audacieux, les affronteurs, les aventuriers à bonne étoile. N'en était-il pas un lui-même? Puis le Nabab l'amusait; son accent, ses manières rondes, sa flatterie un peu brutale et impudente le reposaient de l'éternel convenu de l'entourage, de ce fléau administratif et courtisanesque dont il avait horreur, — la phrase, — si grande horreur qu'il n'achevait jamais la période commencée. Le Nabab, lui, avait à finir les siennes un imprévu parfois plein de surprises; avec cela très-beau joueur, perdant sans sourciller au cercle de la rue Royale des parties d'écarté à cinq mille francs la fiche. Et si commode quand on voulait se débarrasser d'un tableau, toujours prêt à l'acheter, n'importe à quel prix. A ces motifs de sympathie condescendante était venu se joindre en ces derniers temps un sentiment de pitié et d'indignation en face de l'acharnement qu'on mettait à poursuivre ce malheureux, de cette guerre lâche et sans merci, si bien menée que l'opinion publique, toujours crédule et le cou tendu pour prendre le vent, commençait à s'influencer sérieusement. Il faut rendre cette justice à Mora qu'il n'était pas un suiveur de foule. En voyant dans un coin de la galerie la figure toujours bonasse mais un peu piteuse et déconfite du Nabab, il s'était trouvé lâche de le recevoir là et l'avait fait monter dans sa chambre.

Jenkins et Jansoulet, assez gênés en face l'un de l'autre, échangèrent quelques paroles banales. Leur grande amitié s'était bien refroidie depuis quelque temps, Jansoulet ayant refusé net tout nouveau subside à l'œuvre de Bethléem, ce qui laissait l'affaire sur les bras de l'Irlandais, furieux de cette défection, bien plus furieux encore à cette minute de n'avoir pu ouvrir la lettre de Félicia avant l'arrivée de l'intrus. Le Nabab de son côté se demandait si le docteur allait assister à la conversation qu'il désirait avoir avec le duc au sujet des allusions infâmes dont le *Messager* le poursuivait, inquiet aussi de savoir si ces calomnies n'avaient pas refroidi ce souverain bon vouloir qui lui était si nécessaire au moment de la vérification. L'accueil reçu dans la galerie l'avait à demi tranquillisé; il le fut tout à fait, quand le duc rentra et vint vers lui, la main tendue:

— Eh bien! mon pauvre Jansoulet, j'espère que Paris vous fait payer cher la bienvenue. En voilà des criailleries, et de la haine, et des colères.

— Ah! M. le duc, si vous saviez...

— Je connais..., j'ai lu..., dit le ministre se rapprochant du feu.

— J'espère bien que Votre Excellence ne croit pas ces infamies... D'ailleurs j'ai là... J'apporte la preuve. »

De ses fortes pattes velues, tremblantes d'émotion, il

fouillait dans les papiers d'un énorme portefeuille en chagrin qu'il tenait sous le bras.

—Laissez... laissez... Je suis au courant de tout cela... Je sais que volontairement ou non on vous confond avec une autre personne, que des considérations de famille...»

Devant l'effarement du Nabab, stupéfait de le voir si bien renseigné, le duc ne put s'empêcher de sourire:

— Un ministre d'État doit tout savoir... Mais soyez tranquille. Vous serez validé quand même. Et une fois validé...

Jansoulet eut un soupir de soulagement:

— Ah! monsieur le duc, que vous me faites du bien en me parlant ainsi. Je commençais à perdre toute confiance... Mes ennemis sont si puissants... Avec ça une mauvaise chance. Comprenez vous que c'est justement Le Merquier qui est chargé de faire le rapport sur mon élection.

— Le Merquier?... diable!...

— Oui, Le Merquier, l'homme d'affaires d'Hemerlingue, ce sale cafard qui a converti la baronne, sans doute parce que sa religion lui défendait d'avoir pour maîtresse une musulmane.

— Allons, allons, Jansoulet...

— Que voulez-vous, monsieur le duc?... La colère vous vient, aussi... Songez à la situation où ces misérables me mettent... Voilà huit jours que je devrais être validé et qu'ils font exprès de reculer la séance, parce qu'ils savent la terrible position dans laquelle je me trouve, toute ma fortune paralysée, le bey qui attend la décision de la Chambre pour savoir s'il peut ou non me détrousser... J'ai quatre-vingts millions là-bas, monsieur le duc, et ici je commence à tirer la langue... Pour peu que cela dure...

Il essuya les grosses gouttes de sueur qui coulaient sur ses joues.

— Eh bien ! moi, j'en fais mon affaire de cette validation, dit le ministre avec une certaine vivacité... Je vais écrire à Chose de presser son rapport ; et quand je devrais me faire porter à la Chambre...

— Votre Excellence est malade? demanda Jansoulet sur un ton d'intérêt qui n'avait rien de menteur, je vous jure.

— Non... un peu de faiblesse... Nous manquons de sang ; mais Jenkins va nous en rendre... N'est-ce pas, Jenkins?

L'Irlandais, qui n'écoutait pas, eut un geste vague.

— Tonnerre! Moi qui en ai trop, du sang... » Et le Nabab élargissait sa cravate autour de son cou gonflé, apoplectisé par l'émotion, la chaleur de la pièce... « Si je pouvais vous en céder un peu, monsieur le duc.

— Ce serait un bonheur pour tous deux, fit le ministre d'État avec une pâle ironie... Pour vous surtout qui êtes un violent et qui dans ce moment-ci auriez besoin de tant de calme... Prenez garde à cela, Jansoulet. Méfiez-vous des emballements, des coups de colère où l'on voudrait vous pousser... Dites-vous bien maintenant que vous êtes un homme public, monté sur une estrade, et dont on voit de loin tous les gestes... Les journaux vous injurient, ne les lisez pas si vous ne pouvez cacher l'émotion qu'ils vous causent... Ne faites pas ce que j'ai fait, moi, avec mon aveugle du pont de la Concorde, cet affreux joueur de clarinette qui me gâte ma vie depuis dix ans à me scriner tout le jour : « *De tes fils, Norma...* » J'ai tout essayé pour le faire partir de là, l'argent, les menaces. Rien n'a pu le décider... La police? Ah! bien oui!... Avec les idées modernes, ça devient toute une affaire de déménager un aveugle de dessus son pont... Les journaux de l'opposition en parleraient, les Parisiens en feraient une fable.... *Le Savetier et le Financier... Le Duc et la Clarinette.....* Il faut que je me résigne... C'est ma faute, du reste. Je n'aurais pas dû montrer à cet homme qu'il m'agaçait... Je suis sûr que mon supplice est la moitié de sa vie maintenant. Tous les matins il sort de son bouge avec son chien, son pliant, son affreuse musique, et se dit: « Allons embêter le duc de Mora. » Pas un jour il n'y manque, le misérable... Tenez! si j'entr'ouvrais seulement la fenêtre, vous entendriez ce déluge de petites notes aigres par-dessus le bruit de l'eau et des voitures... Eh bien! ce journaliste du *Messager* c'est votre clarinette, à vous; si vous lui laissez voir que sa musique vous fatigue, il ne finira jamais... Là-dessus, mon cher député, je vous rappelle que vous avez réunion à trois heures dans les bureaux, et je vous renvoie bien vite à la Chambre.

Puis, se tournant vers Jenkins:

— Vous savez ce que je vous ai demandé, docteur... Des perles pour après-demain... Et carabinées!...

Jenkins tressaillit, se secoua comme au saut d'un rêve:

— C'est entendu, mon cher duc, on va vous donner du souffle... Oh! mais du souffle... à gagner le grand prix du Derby. »

Il salua et sortit en riant, un vrai rire de loup aux dents écartées et toutes blanches. Le Nabab prit congé à son tour, le cœur plein de gratitude, mais n'osant rien en laisser voir à ce sceptique, en qui toute démonstration éveillait une méfiance. Et le ministre d'État resté seul, pelotonné devant le feu grésillant et brûlant, abrité dans la chaleur capitonnée de son luxe, doublée ce jour-là par la caresse fiévreuse d'un beau soleil de mai, se remettait à grelotter, à grelotter si fort que la lettre de Félicia, rouverte au bout de ses doigts blêmes, et qu'il lisait énamouré, tremblait avec des froissements soyeux d'étoffe.

C'est une situation bien singulière que celle d'un député dans la période qui suit son élection et précède — comme on dit en jargon parlementaire — la vérification des pouvoirs. Un peu l'alternative du nouveau marié pendant les vingt-quatre heures séparant le mariage à la mairie de sa consécration par l'église. Des droits dont on ne peut user, un demi-bonheur, des demi-pouvoirs, la gêne de se tenir en deçà ou au delà, le manque d'assiette précise. On est marié sans l'être, député sans en être bien sûr; seulement, pour le député, cette incertitude se prolonge des jours et des semaines, et comme plus elle dure, plus la validation devient problématique, c'est un supplice pour l'infortuné représentant à l'essai d'être obligé de venir à la Chambre, d'occuper une place qu'il ne gardera peut-être pas, d'entendre des discussions dont il est exposé à ne pas connaître la fin, de fixer dans ses yeux, dans ses oreilles le délicieux souvenir des séances parlementaires avec leur houle de fronts chauves ou apoplectiques, leur brouhaha de papier froissé, de cris d'huissiers, de couteaux de bois tambourinant sur les tables, de bavardages particuliers où la voix de l'orateur se détache en solo tonnant ou timide sur un accompagnement continu.

Cette situation, déjà si énervante, se compliquait pour le Nabab de ces calomnies d'abord chuchotées, imprimées maintenant, circulant à des milliers d'exemplaires et qui lui valaient d'être tacitement mis en quarantaine par ses collègues. Les premiers jours il allait, venait, dans les couloirs, à la bibliothèque, à la buvette, à la salle des conférences, comme les autres, ravi de poser ses pas dans tous les coins de ce majestueux dédale; mais inconnu de la plupart, renié par quelques membres du cercle de la rue Royale qui l'évitaient, détesté de toute la coterie cléricale dont Le Merquier était le chef, et du monde financier hostile à ce milliardaire puissant sur la hausse et la baisse comme ces bateaux de fort tonnage qui déplacent les eaux d'un port, son isolement ne faisait que s'accentuer en changeant de place, et la même inimitié l'accompagnait partout.

Ses gestes, son allure en gardaient quelque chose de contraint, une sorte de méfiance hésitante. Il se sentait surveillé. S'il entrait un moment à la buvette, dans cette grande salle claire ouverte sur les jardins de la présidence, qui lui plaisait parce que là, devant ce large comptoir de marbre blanc chargé de boissons et de vivres, les députés perdaient de leurs grands airs imposants, la morgue législative se faisait plus familière, rappelée au naturel par la nature, il savait que le lendemain une note railleuse, offensante, paraîtrait dans le *Messager*, le présentant à ses électeurs comme « un humeur de piot » émérite.

Encore une gêne pour lui, ces terribles électeurs.

Ils arrivaient par bandes, envahissaient la salle des Pas-Perdus, galopaient en tous sens comme de petits chevreaux ardents et noirs, s'appelant d'un bout à l'autre de la pièce sonore : « O Pé!... O Tché!... » humant avec délices l'odeur de gouvernement, d'administration répandue, faisant des yeux doux aux ministres qui passaient, les suivant à la piste en reniflant, comme si de leurs poches vénérables, de leurs portefeuilles gonflés quelque prébende allait tomber; mais entourant surtout « Moussiou » Jansoulet de tant de pétitions exigeantes, de réclamations, de démonstrations, que, pour se débarrasser de ce tumulte gesticulant sur lequel tout le monde se retournait, qui faisait de lui comme le délégué d'une tribu de Touaregs au milieu d'un peuple civilisé, il était obligé d'implorer du regard quelque huissier de service, au fait de ces sauvetages et qui venait tout affairé lui dire « qu'on l'appelait tout de suite au huitième bureau. » Si bien que gêné partout, chassé des couloirs, des Pas-Perdus, de la buvette, le pauvre Nabab avait pris le parti de ne plus quitter son banc où il se tenait immobile et muet toute la durée de la séance.

Il avait pourtant un ami à la Chambre, un député nouvellement élu dans les Deux-Sèvres, qu'on appelait M. Sarigue, pauvre homme assez semblable à l'animal inoffensif et disgracié dont il portait le nom, avec son poil roux et grêle, ses yeux peureux, sa démarche sautillante dans ses guêtres blanches. Timide à ne pas dire deux paroles sans bredouiller, presque aphone, roulant sans cesse des boules de gomme dans sa bouche, ce qui achevait d'empâter son discours; on se demandait ce qu'un infirme pareil était venu faire à l'Assemblée, quelle ambition féminine en délire avait poussé vers les emplois publics cet être inapte à n'importe quelle fonction privée.

Par une ironie amusante du sort, Jansoulet, agité lui-même de toutes les inquiétudes de sa validation, était choisi dans le huitième bureau pour faire le rapport sur l'élection des Deux-Sèvres, et M. Sarigue conscient de son incapacité, plein d'une peur horrible d'être renvoyé honteusement dans ses foyers, rôdait humble et suppliant autour de ce grand gaillard tout crépu dont les omoplates larges sous une mince et fine redingote se mouvaient en soufflets de forge, sans se douter qu'un pauvre être anxieux comme lui se cachait sous cette enveloppe solide.

En travaillant au rapport de l'élection des Deux-Sèvres, en dépouillant les protestations nombreuses, les accusations de manœuvre électorale, repas donnés, argent répandu, barriques de vin mises en perce à la porte des mairies, le train habituel d'une élection de ce temps-là, Jansoulet frémissait pour son propre compte. « Mais j'ai fait tout ça, moi... » se disait-il, terrifié. Ah! M. Sarigue pouvait être tranquille, jamais il n'aurait mis la main sur un rapporteur mieux intentionné, plus indulgent aussi, car le Nabab, prenant en pitié son patient, sachant par expérience combien cette angoisse d'attente est pénible, avait hâté la besogne, et l'énorme portefeuille qu'il portait sous le bras, en sortant de l'hôtel de Mora, contenait son rapport prêt à être lu au bureau.

Que ce fût ce premier essai de fonction publique, les bonnes paroles du duc ou le temps magnifique qu'il faisait dehors, délicieusement ressenti par ce Méridional aux impressions toutes physiques, habitué à évoluer au bleu du ciel et à la chaleur du soleil; toujours est-il que les huissiers du Corps législatif virent paraître ce jour-là un Jansoulet superbe et hautain qu'ils ne connaissaient pas encore. La voiture du gros Hemerlingue, entrevue à la grille, reconnaissable à la largeur inusitée de ses portières, acheva de le remettre en possession de sa vraie nature d'aplomb et toute en audace. « L'ennemi est là... Attention. » En traversant la salle des Pas-Perdus, il aperçut en effet l'homme de finance causant dans un coin avec Le Merquier le rapporteur, passa tout près d'eux et les regarda d'un air triomphant qui fit penser aux autres : « Qu'est-ce qu'il y a donc ? »

Puis, enchanté de son sang-froid, il se dirigea vers les bureaux, vastes et hautes salles ouvrant à droite et à gauche sur un long-corridor, et dont les grandes tables recouvertes de tapis verts, les siéges lourds et uniformes étaient empreints d'une ennuyeuse solennité. On arrivait. Des groupes se plaçaient, discutaient, gesticulaient, avec des saluts, des poignées de mains, des renversements de têtes, en ombres chinoises sur le fond lumineux des vitres. Il y avait là des gens qui marchaient le dos courbé, solitaires, comme écrasés sous le poids des pensées qui plissaient leur front. D'autres se parlaient à l'oreille, se confiant des nouvelles excessivement mystérieuses et de la dernière importance, le doigt aux lèvres, l'œil écarquillé d'une recommandation muette. Un bouquet provincial distinguait tout cela, des variétés d'intonations, violences méridionales, accents traînards du Centre, cantilènes de Bretagne, fondus dans la même suffisance imbécile et ventrue ; des redingotes à la mode de Landerneau, des souliers de montagne, du linge filé dans les domaines, et des aplombs de clocher ou de cercles de petite ville, des expressions locales, des provincialismes introduits brusquement dans la langue politique et administrative, cette phraséologie flasque et incolore qui a inventé « les questions brûlantes revenant sur l'eau » et les « individualités sans mandat. »

A voir ces agités ou ces pensifs, vous eussiez dit les

plus grands remueurs d'idées de la terre; malheureusement ils se transformaient les jours de séance, se tenaient cois à leur banc, peureux comme des écoliers sous la férule du maître, riant avec bassesse aux plaisanteries de l'homme d'esprit qui les présidait ou prenant la parole pour des propositions stupéfiantes, de ces interruptions à faire croire que ce n'est pas seulement un type, mais toute une race qu'Henri Monnier a stigmatisée dans son immortel croquis. Deux ou trois orateurs pour toute la Chambre, le reste sachant très-bien se camper devant la cheminée d'un salon de province, après un excellent repas chez le préfet, pour dire d'une voix de nez « l'administration, Messieurs...; » ou « le gouvernement de l'empereur...; » mais incapable d'aller plus loin.

D'ordinaire, le bon Nabab se laissait éblouir par ces poses, ce bruit de rouet à vide que font les importants; mais aujourd'hui lui-même se trouvait à l'unisson général. Pendant qu'assis au milieu de la table verte, son portefeuille devant lui, ses deux coudes bien étalés dessus, il lisait le rapport rédigé par de Géry, les membres du bureau le regardaient émerveillés.

C'était un résumé net, limpide et rapide de leurs travaux de la quinzaine, dans lequel ils retrouvaient leurs idées si bien exprimées qu'ils avaient grand'peine à les reconnaître. Puis, deux ou trois d'entre eux ayant trouvé que le rapport était trop favorable, qu'il glissait trop légèrement sur certaines protestations parvenues au bureau, le rapporteur prit la parole avec une assurance étonnante, la prolixité, l'abondance des gens de son pays, démontra qu'un député ne devait être responsable que jusqu'à un certain point de l'imprudence de ses agents électoraux, qu'aucune élection ne résisterait sans cela à un contrôle un peu minutieux; et, comme au fond c'était sa propre cause qu'il plaidait, il y apportait une conviction, une chaleur irrésistible, en ayant soin de lâcher de temps à autre un de ces longs substantifs blafards à mille pattes, tels que la commission les aimait.

Les autres l'écoutaient, recueillis, se communiquant leurs impressions par des hochements de tête, faisant, pour mieux fixer leur attention, des paraphes et des bonshommes sur leurs cahiers, ce qui allait bien avec le bruit écolier des couloirs, un murmure de leçons récitées, et ces tas de moineaux qu'on entendait piailler sous les croisées dans une cour dallée, entourée d'arcades, une vraie cour de collège. Le rapport adopté, on fit venir M. Sarigue pour quelques explications supplémentaires. Il arriva blême, défait, bégayant comme un criminel sans conviction, et vous auriez ri de voir de quel air d'autorité et de protection Jansoulet l'encourageait, le rassurait : « Remettez-vous donc, mon cher collègue... » Mais les membres du 8° bureau ne riaient pas. C'étaient tous ou presque tous des messieurs Sarigue dans leur genre, deux ou trois absolument ramollis, atteints d'aphasie partielle. Tant d'aplomb, tant d'éloquence les avait enthousiasmés.

Quand Jansoulet sortit du Corps législatif, reconduit jusqu'à sa voiture par son collègue reconnaissant, il était environ six heures. Le temps splendide, un beau soleil couchant sur la Seine toute en or vers le Trocadéro tenta pour un retour à pied ce plébeien robuste, à qui les convenances imposaient de monter en voiture et de mettre des gants, mais qui s'en passait le plus souvent possible. Il renvoya ses gens, et, sa serviette sous le bras, s'engagea sur le pont de la Concorde. Depuis le 1ᵉʳ mai, il n'avait pas éprouvé un bien-être semblable. Roulant des épaules, le chapeau un peu en arrière dans l'attitude qu'il avait vu prendre aux hommes politiques excédés, bourrelés d'affaires, laissant s'évaporer à la fraîcheur de l'air toute la fièvre laborieuse de leur cerveau, comme une usine lâche sa vapeur au ruisseau à la fin d'une journée de travail, il marchait parmi d'autres silhouettes pareilles à la sienne, visiblement sorties de ce temple à colonnes qui fait face à la Madeleine par-dessus les fontaines monumentales de la place. Sur leur passage, on se retournait, on disait : « Voilà des députés... » Et Jansoulet en ressentait une joie d'enfant, une joie de peuple faite d'ignorance et de vanité naïve.

« Demandez le *Messager*, édition du soir. »

Cela sortait du kiosque à journaux au coin du pont, à cette heure rempli de feuilles fraîches en tas que deux femmes pliaient vivement et qui sentaient bon la presse humide, les nouvelles récentes, le succès du jour ou son scandale. Presque tous les députés achetaient un numéro, en passant, le parcouraient bien vite dans l'espoir de trouver leur nom. Jansoulet, lui, eut peur d'y voir le sien et ne s'arrêta pas. Puis tout de suite il songea : « Est-ce qu'un homme public ne doit pas être au-dessus de ces faiblesses? Je suis assez fort pour tout lire maintenant. » Il revint sur ses pas et prit un journal comme ses collègues. Il l'ouvrit, très-calme, droit à la place habituelle des articles de Moëssard. Justement il y en avait un. Toujours le même titre : *Chinoiseries*, et un *M* pour signature.

— Ah! ah! fit l'homme public, ferme et froid comme un marbre, avec un beau sourire méprisant. La leçon de Mora tintait encore à ses oreilles, et l'eût-il oubliée que l'air de *Norma* égrené en petites notes ironiques non loin de là aurait suffi à la lui rappeler. Seulement, tout calcul fait dans les événements hâtés de nos existences, il faut encore compter sur l'imprévu; et c'est pourquoi le pauvre Nabab sentit tout à coup un flot de sang l'aveugler, un cri de rage s'étrangler dans la contraction subite de sa gorge... Sa mère, sa vieille Françoise se trouvait mêlée cette fois à l'infâme plaisanterie du « bateau de fleurs. » Comme il visait bien, ce Moëssard, comme il savait les vraies places sensibles dans ce cœur si naïvement découvert!

« Du calme, Jansoulet, du calme... »

Il avait beau se répéter cela sur tous les tons, la colère, une colère folle, cette ivresse de sang qui veut du sang l'enveloppait. Son premier mouvement fut d'arrêter une voiture de place pour s'y précipiter, s'arracher à la rue irritante, débarrasser son corps de la préoccupation de marcher et de se conduire, — d'arrêter une voiture comme pour un blessé. Mais ce qui encombrait la place à cette heure de rentrée générale, c'étaient des centaines de victorias, de calèches, de coupés de maître descendant de la gloire fulgurante de l'Arc-de-Triomphe vers la fraîcheur violette des Tuileries, précipités l'un sur l'autre dans la perspective penchée de l'avenue jusqu'au grand carrefour où les statues immobiles, au front leurs couronnes de tours et fermes sur leurs piédestaux, les regardaient se séparer vers le faubourg Saint-Germain, les rues Royale et de Rivoli.

Jansoulet, son journal à la main, traversait ce tumulte sans y penser, porté par l'habitude vers le cercle où il allait tous les jours faire sa partie de six à sept. Homme public, il l'était encore; mais agité, parlant tout haut, balbutiant des jurons et des menaces d'une voix subitement redevenue tendre au souvenir de la vieille bonne femme... L'avoir roulée là-dedans, elle aussi... Oh! si elle lisait, si elle pouvait comprendre... Quel châtiment inventer, pour un pareil infâme... Il arrivait à la rue Royale, où s'engouffraient avec des rapidités de retour et des éclairs d'essieux, des visions de femmes voilées, de chevelures d'enfants blonds, des équipages de toutes sortes rentrant du Bois, apportant un peu de terre végétale sur le pavé de Paris et des effluves de printemps mêlées à des senteurs de poudre de riz. En face du ministère de la marine, un phaéton très-haut sur ses roues légères, ressemblant assez à un grand faucheux, dont le petit groom cramponné au caisson et les deux personnes occupant le siége du devant auraient formé le corps, manqua d'accrocher le trottoir en tournant.

Le Nabab leva la tête, étouffa un cri.

A côté d'une fille peinte, en cheveux roux, coiffée d'un tout petit chapeau aux larges brides, et qui, juchée sur son coussin de cuir, conduisait le cheval des mains, des yeux, de toute sa factice personne à la fois raide et penchée en avant, se tenait, rose et maquillé aussi, fleuri sur le même fumier, engraissé aux mêmes vices, Moëssard, le joli Moëssard. La fille et le journaliste, et le plus vendu des deux, ce n'était pas elle encore! Dominant ces femmes allongées dans leurs calèches, ces hommes qui leur faisaient face engloutis sous des volants de robes, toutes ces poses de fatigue et d'ennui que les repus étalent en public comme un mépris du plaisir et de la richesse, ils trônaient insolemment, elle très-fière de promener l'amant de la reine, et lui sans la moindre honte à côté de cette créature qui raccrochait les hommes dans les allées du bout de son fouet, à l'abri, sur son siége en perchoir, des rafles salutaires de la police. Peut-être avait-il besoin, pour émoustiller sa royale maîtresse, de pavaner ainsi sous ses fenêtres en compagnie de Suzanne Bloch, dite Suze la Rousse.

— Hep!... hep donc!

Le cheval, un grand trotteur aux jambes fines, vrai cheval de cocotte, se remettait de son écart dans le droit chemin avec des pas de danse, des grâces sur place sans avancer. Jansoulet lâcha sa serviette, et comme s'il avait laissé choir en même temps toute sa gravité, son prestige d'homme public, il fit un bond terrible et sauta au mors de la bête, qu'il maintint de ses fortes mains à poils.

Une arrestation rue Royale, et en plein jour, il fallait ce Tartare pour oser un coup pareil!

— A bas, dit-il à Moëssard dont la figure s'était plaquée de vert et de jaune en l'apercevant. A bas, tout de suite...

— Voulez-vous bien lâcher mon cheval, espèce d'enflé!...

— Fouette, Suzanne, c'est le Nabab.

Elle essaya de ramasser les rênes, mais l'animal, maintenu, se cabra si vivement qu'un peu plus, comme une fronde, le fragile équipage aurait envoyé au loin tous ceux qu'il portait. Alors, furieuse d'une de ces rages de faubourg qui font éclater en ces filles tout le vernis de leur luxe et de leur peau, elle cingla le Nabab de deux coups de fouet qui glissèrent sur le visage tanné et dur, mais lui communiquèrent une expression féroce, accentuée par le nez court devenu blanc, fendu au bout comme celui d'un terrier chasseur.

— Descendez, nom de Dieu, ou je chavire tout...

Dans un remous de voitures arrêtées faute de circulation possible ou qui tournaient lentement l'obstacle avec des milliers de prunelles curieuses, parmi des cris de cochers, des cliquetis de mors, deux poignets de fer secouaient tout l'équipage...

— Saute... mais saute donc..., tu vois bien qu'il va nous verser... Quelle poigne!

Et la fille regardait l'hercule avec intérêt.

A peine Moëssard eut-il mis pied à terre, avant qu'il se fût réfugié sur le trottoir où des képis noirs se hâtaient, Jansoulet se jetait sur lui, le soulevait par la nuque comme un lapin, et sans souci de ses protestations, de ses bégaiements effarés :

— Oui, oui, je te rendrai raison, misérable... Mais avant, je veux te faire ce qu'on fait aux bêtes malpropres pour qu'elles n'y reviennent plus...

Et rudement il se mit à le frotter, à le débarbouiller de son journal qu'il tenait en tampon et dont il l'étouffait, l'aveuglait avec des écorchures où le fard saignait. On le lui arracha des mains, violet, suffoqué. En se montant encore un peu, il l'aurait tué.

La lutte finie, rajustant ses manches qui remontaient, son linge froissé, ramassant sa serviette d'où les papiers de l'élection Sarigue volaient éparpillés jusque dans le ruisseau, le Nabab répondit aux sergents de ville qui lui demandaient son nom pour dresser procès-verbal : « Bernard Jansoulet, député de la Corse. »

Homme public!

Alors seulement il se souvint qu'il l'était. Qui s'en serait douté à le voir ainsi essoufflé et tête nue comme un portefaix qui sort d'une rixe, sous les regards avides, railleurs à froid, du rassemblement en train de se disperser?

XVII

L'APPARITION

Si vous voulez de la passion sincère et sans détour, si vous voulez des effusions, des tendresses, du rire, de ce rire des grands bonheurs qui confine aux larmes par un tout petit mouvement de bouche, et de la belle folie de jeunesse illuminée d'yeux clairs, transparents jusqu'au fond des âmes, il y a de tout cela ce matin dimanche dans une maison que vous connaissez, une maison neuve, là-bas, tout au bout du vieux faubourg. La vitrine du rez-de-chaussée est plus brillante que d'habitude. Plus allégrement que jamais les écriteaux dansent au-dessus de la porte, et par les fenêtres ouvertes montent des cris joyeux, un envolement de bonheur.

« Reçu, il est reçu... Oh! quelle chance... Henriette, Élise, arrivez donc... La pièce de M. Maranne est reçue. »

Depuis hier, André sait la nouvelle. Cardailhac, le directeur des Nouveautés, l'a fait venir pour lui apprendre qu'on allait monter son drame tout de suite, qu'il serait joué le mois prochain. Ils ont passé la soirée à parler des décors, de la distribution; et, comme en rentrant du théâtre il était trop tard pour frapper chez les voisins, l'heureux auteur a guetté le joudans une impatience fiévreuse, puis dès qu'il a entendu marcher au-dessous, les persiennes s'ouvrir en claquant sur la façade, il est descendu bien vite annoncer à ses amis la bonne nouvelle. A présent les voilà tous réunis, ces demoiselles en gentil déshabillé, les cheveux tordus à la hâte et M. Joyeuse que l'événement a surpris en train de faire sa barbe, montrant sous son bonnet brodé une étonnante figure mi-partie, un côté rasé, l'autre non. Mais le plus ému, c'est André Maranne, car vous savez ce que la réception de *Révolte* représente pour lui, ce dont ils sont convenus avec Bonne Maman. Le pauvre garçon la regarde comme pour chercher dans ses yeux un encouragement; et les yeux un peu railleurs et bons ont l'air de dire : « Essayez toujours. Qu'est-ce qu'on risque? » Il regarde aussi, pour se donner du courage, mademoiselle Élise, jolie comme une fleur, ses grands cils abaissés. Enfin, prenant son parti :

« Monsieur Joyeuse, dit-il d'une voix étranglée, j'ai une communication très-grave à vous faire. »

M. Joyeuse s'étonne :

« Une communication... Ah! mon Dieu, vous m'effrayez... »

Et, baissant la voix, lui aussi :

« Est-ce que ces demoiselles sont de trop? »

Non. Bonne Maman sait ce dont il s'agit. Mademoiselle Élise doit aussi s'en douter. Ce sont seulement les enfants... Mademoiselle Henriette et sa sœur sont priées de se retirer, ce qu'elles font aussitôt, l'une d'un air majestueux et vexé, en vrai fille des Saint-Amand, l'autre, la jeune Chinoise Yaïa, avec une folle envie de rire à peine dissimulée.

Alors un grand silence. Puis l'amoureux commence sa petite histoire.

Je crois bien que mademoiselle Élise se doute en effet de quelque chose, car dès que le jeune voisin a parlé de communication, elle a tiré son « Ansart et Rendu » de sa poche et s'est plongée précipitamment dans les aventures d'un tel dit le Hutin, émouvante lecture qui fait trembler le livre entre ses doigts. Il y a de quoi trembler certes, devant l'effarement, la stupeur indignée, avec lesquels M. Joyeuse accueille cette demande de la main de sa fille :

« Est-ce possible ? Comment cela s'est-il fait ? Quel prodigieux événement ! Qui se serait jamais douté d'une chose pareille ? »

Et tout à coup le bonhomme part d'un immense éclat de rire. Eh bien ! non, ce n'est pas vrai. Voilà longtemps qu'il connaît l'affaire, qu'on l'a mis au courant de tout...

Le père au courant de tout ! Bonne Maman les a donc trahis ?... Et devant les regards de reproche qui se tournent de son côté, la coupable s'avance en souriant :

« Oui, mes amis, c'est moi... Le secret était trop lourd. Je n'ai pu le garder pour moi seule... Et puis le père est si bon... On ne peut rien lui cacher. »

En parlant ainsi, elle saute au cou du petit homme, mais la place est assez grande pour deux, et quand mademoiselle Élise s'y réfugie à son tour, il y a encore une main tendue, affectueuse, paternelle, vers celui que M. Joyeuse considère désormais comme son enfant. Étreintes silencieuses, longs regards qui se croisent émus ou passionnés, minutes bienheureuses qu'on voudrait retenir toujours par le bout fragile de leurs ailes! On cause, on rit doucement en se rappelant certains détails. M. Joyeuse raconte que le secret lui a été révélé tout d'abord par des esprits frappeurs, un jour qu'il était seul chez André. « Comment vont les affaires, monsieur Maranne? » demandaient les esprits, et lui-même a répondu en l'absence de Maranne : « Pas trop mal pour la saison, messieurs les esprits. » Il faut voir de quel air malicieux le petit homme répète : « Pas trop mal pour la saison..., » tandis que mademoiselle Élise, toute confuse à l'idée que c'est avec son père qu'elle correspondait ce jour-là, disparaît sous ses boucles blondes...

Après cette première émotion, les voix posées, on parle plus sérieusement. Il est certain que madame Joyeuse née de Saint-Amand n'aurait jamais consenti à ce mariage. André Maranne n'est pas riche, noble encore moins ; mais le vieux comptable n'a pas, heureusement, les mêmes idées de grandeur que sa femme. Ils s'aiment, ils sont jeunes, bien portants et honnêtes, voilà de belles dots constituées et qui ne coûteront pas lourd d'enregistrement chez le notaire. Le nouveau ménage s'installera à l'étage au-dessus. On gardera la photographie, à moins que *Révolte* ne fasse des recettes énormes. (On peut se fier à l'Imaginaire pour cela.) En tout cas le père sera toujours près d'eux, il a une bonne place chez son agent de change, quelques expertises à faire pour le Palais; pourvu que le petit navire vogue toujours dans les eaux du grand, tout ira bien, avec l'aide du flot, du vent et de l'étoile.

Une seule question préoccupe M. Joyeuse: « Les parents d'André consentiront-ils à ce mariage? Comment le docteur Jenkins, si riche, si célèbre... »

« Ne parlons pas de cet homme, dit André en pâlissant, c'est un misérable à qui je ne dois rien... qui ne m'est rien... »

Il s'arrête, un peu gêné de cette explosion de colère qu'il n'a pas su retenir et ne peut expliquer, et il reprend avec plus de douceur :

« Ma mère, qui vient me voir quelquefois malgré la défense qu'on lui a faite, a été la première informée de nos projets. Elle aime déjà mademoiselle Élise, comme sa fille. Vous verrez Mademoiselle, comme elle est bonne, comme elle est belle et charmante. Quel malheur qu'elle appartienne à un si méchant homme qui la tyrannise, la torture jusqu'à lui défendre de prononcer le nom de son fils ! »

Le pauvre Maranne pousse un soupir qui en dit long sur le gros chagrin qu'il cache au fond de son cœur. Mais quelle tristesse pourrait tenir devant le cher visage éclairé de boucles blondes, et la perspective radieuse de l'avenir ? Les graves questions résolues, on peut rouvrir la porte et rappeler les deux exilées. Pour ne pas remplir ces petites têtes de pensées au-dessus de leur âge, on est convenu de ne rien dire du prodigieux événement, de ne rien leur apprendre sinon qu'il faut s'habiller à la hâte, déjeuner encore plus vite, pour pouvoir passer l'après-midi au Bois, où Maranne leur lira sa pièce, en attendant d'aller à Suresnes manger une friture chez Kontzen ; tout un programme de délices en l'honneur de la réception de *Révolte* et d'une autre bonne nouvelle qu'elles sauront plus tard.

— Ah ! vraiment... Quoi donc ? demandent d'un air innocent les deux fillettes.

Mais si vous croyez qu'elles ne savent pas de quoi il

s'agit, si vous pensez que, lorsque mademoiselle Élise frappait trois coups au plafond, elles s'imaginaient que c'était spécialement pour s'informer de la clientèle, vous êtes plus ingénus encore que le père Joyeuse.

— C'est bon, c'est bon, Mesdemoiselles... Allez toujours vous habiller.

Alors commence un autre refrain :

— Quelle robe faut-il mettre, Bonne Maman?... La grise?...

— Bonne Maman, il manque une bride à mon chapeau.

— Bonne Maman, ma fille, je n'ai donc plus de cravate empesée.

Pendant dix minutes, c'est autour de la charmante aïeule un va-et-vient, des instances. Chacun a besoin d'elle, c'est elle qui tient les clefs de tout, distribue le joli linge blanc fin tuyauté, les mouchoirs brodés, les gants de toilette, toutes ces richesses qui, sorties des cartons et des armoires, étalées sur les lits, répandent dans une maison l'allégresse claire du dimanche.

Les travailleurs, les gens à la tâche la connaissent seuls cette joie qui revient tous les huit jours consacrée par l'habitude d'un peuple. Pour ces prisonniers de la semaine, l'almanach aux grilles serrées s'entrouvre de distance en distance en espaces lumineux, en prises d'air rafraîchissantes. C'est le dimanche, le jour si long aux mondains, aux Parisiens du boulevard dont il dérange les manies, si triste aux dépatriés sans famille, et qui constitue pour une foule d'êtres la seule récompense, le seul but aux efforts désespérés de six jours de peine. Ni pluie, ni grêle, rien n'y fait, rien ne les empêchera de sortir, de tirer derrière eux la porte de l'atelier désert, du petit logement étouffé. Mais, quand le printemps s'en mêle, quand un soleil de mai l'éclaire comme ce matin, qu'il peut s'habiller de couleurs heureuses, pour le coup le dimanche est la fête des fêtes.

Si on veut bien le connaître, il faut le voir surtout aux quartiers laborieux, dans ces rues sombres qu'il illumine, qu'il élargit en fermant les boutiques, en remisant les gros camions de transport, laissant la place libre pour des rondes d'enfants débarbouillés et parés, et des parties de volants mêlées aux grands circuits des hirondelles sous quelque porche du vieux Paris. Il faut le voir aux faubourgs grouillants, enfiévrés, où dès le matin on le sent planer, reposant et doux, dans le silence des fabriques, passer avec le bruit des cloches et ce coup de sifflet aigu des chemins de fer qui met dans l'horizon, tout autour des banlieues, comme un immense chant de départ et de délivrance. Alors on le comprend et on l'aime.

Dimanche de Paris, dimanche des travailleurs et des humbles, je t'ai souvent maudit sans raison, j'ai versé des flots d'encre injurieuse sur tes joies bruyantes et débordantes, la poussière des gares pleines de ton bruit et les omnibus affolés que tu prends d'assaut, sur tes chansons de guinguette promenées dans des tapissières pavoisées de robes vertes et roses, tes orgues de Barbarie aux mélopées traînant sous le balcon des cours désertes; mais aujourd'hui, abjurant mes erreurs, je t'exalte et je te bénis pour tout ce que tu donnes de joie, de soulagement au labeur courageux et honnête, pour le rire des enfants qui t'acclament, la fierté des mères heureuses d'habiller leurs petits en ton honneur, pour la dignité que tu conserves aux logis des plus pauvres, la nippe glorieuse mise de côté pour toi au fond de la vieille commode écloppée; je te bénis surtout à cause de tout le bonheur que tu apportais en surcroît ce matin-là dans la grande maison neuve au bout de l'ancien faubourg.

Les toilettes terminées, le déjeuner fini, pris sur le pouce — et sur le pouce de ces demoiselles vous pensez ce qu'il peut tenir — on était venu mettre les chapeaux devant la glace du salon. Bonne Maman jetait son coup d'œil général, piquait ici une épingle, renouait un ruban là, redressait la cravate paternelle; mais, tandis que tout ce petit monde piaffait d'impatience, appelé au dehors par la beauté du jour, voilà un coup de sonnette qui retentit et vient troubler la fête.

— Si on n'ouvrait pas?... proposent les enfants.

Et quel soulagement, quel cri de joie en voyant entrer l'ami Paul!

— Vite, vite, venez; qu'on vous apprenne la bonne nouvelle... »

Il le savait bien avant tous que la pièce était reçue. Il avait eu assez de mal pour la faire lire à Cardailhac, qui, sur la seule vue des « petites lignes, » comme il appelait les vers, voulait envoyer le manuscrit à la Levantine et à son masseur, ainsi que cela se pratiquait pour tous les *ours* du théâtre. Mais Paul se garda de parler de son intervention. Quant à l'autre événement, celui dont on ne disait mot à cause des enfants, il le devina sans peine au bonjour frémissant de Maranne, dont la blonde crinière se tenait toute droite sur son front à force d'être relevée à deux mains par le poëte, comme il faisait toujours dans ses moments de joie, au maintien un peu embarrassé d'Élise, aux airs triomphants de M. Joyeuse, qui se redressait dans ses habits frais, tout le bonheur des siens écrit sur sa figure.

Bonne Maman seule gardait son air paisible d'habitude ; mais on sentait en elle, dans son empressement autour de sa sœur, une certaine attention encore plus tendre, un soin de la rendre jolie. Et c'était délicieux ces vingt ans qui en paraient d'autres, sans envie, sans regret, avec quelque chose du doux renoncement d'une mère fêtant le jeune amour de sa fille en souvenir d'un bonheur passé. Paul voyait cela, il était même seul à le voir ; mais, tout en admirant Aline, il se demandait avec tristesse s'il y aurait jamais place en ce cœur maternel pour d'autres affections que celles de la famille, des préoccupations en dehors du cercle tranquille et lumineux où Bonne Maman présidait si gentiment le travail du soir.

L'Amour est, comme on sait, un pauvre aveugle privé par-dessus le marché de l'ouïe, de la parole, et ne se conduisant que par des presciences, des divinations, des facultés nerveuses de malade. C'est pitié vraiment de le voir errer, tâtonner, porter à faux tous ses pas, frôler du doigt les appuis où il se guide avec des maladresses méfiantes d'infirme. Au moment même où il mettait en doute la sensibilité d'Aline, Paul, annonçant à ses amis qu'il partait pour un voyage de plusieurs jours, peut-être de plusieurs semaines, ne vit pas la pâleur subite de la jeune fille, n'entendit pas le cri douloureux échappé de ses lèvres discrètes :

« Vous partez ? »

Il partait, il allait à Tunis, bien inquiet de laisser son pauvre Nabab au milieu de sa meute enragée ; pourtant la protection de Mora le rassurait un peu, et puis ce voyage était indispensable.

« Et la *Territoriale ?* demanda le vieux comptable revenant toujours à son idée... Où ça en est-il ?... Je vois encore le nom de Jansoulet en tête du conseil d'administration... Vous ne pouvez donc pas le tirer de cette caverne d'Ali-Baba?... Prenez garde... prenez garde...

— Eh! je le sais bien, monsieur Joyeuse... Mais, pour sortir de là avec honneur, il faut de l'argent, beaucoup d'argent, un nouveau sacrifice de deux ou trois millions; et nous ne les avons pas... C'est justement pour cela que je vais à Tunis essayer d'arracher à la rapacité du bey un morceau de cette grande fortune qu'il détient si injustement... En ce moment, j'ai encore quelque chance de réussir, tandis que plus tard peut-être...

— Partez vite alors, mon cher garçon, et si vous revenez avec un gros sac, ce que je vous souhaite, occupez-vous avant tout de la bande Paganetti. Songez qu'il suffit d'un actionnaire moins patient que les autres pour tout faire sauter, exiger une enquête; et vous savez, vous, ce qu'elle révélerait, l'enquête... A la réflexion même, ajouta M. Joyeuse dont le front se plissait, je m'étonne que Hemerlingue, dans sa haine contre vous, ne se soit pas procuré en sous-main quelques actions... »

Il fut interrompu par le concert de malédictions, d'imprécations que soulevait le nom de Hemerlingue parmi toute cette jeunesse haïssant le gros banquier pour le mal qu'il avait fait au père, pour celui qu'il voulait à ce bon Nabab adoré dans la maison à travers Paul de Géry.

« Hemerlingue, sans cœur!... Scélérat!... Méchant homme! »

Mais, au milieu de tous ces cris, l'Imaginaire continuait sa supposition du gros baron devenant actionnaire de la

Territoriale pour pouvoir citer son ennemi devant les tribunaux. Et l'on se figure la stupeur d'André Maranne absolument étranger à toute cette affaire, lorsqu'il vit M. Joyeuse se tourner vers lui, la face pourpre et gonflée, et le désigner du doigt avec ces mots terribles :

« Le plus coquin ici, c'est encore vous, Monsieur.

— Oh! papa, papa... qu'est-ce que tu dis?

— Hein?... Quoi donc?... Ah! pardon, mon cher André... Je me croyais dans le cabinet du juge d'instruction, en face de ce drôle... C'est ma maudite cervelle qui s'emporte toujours au diable au vert... »

Un fou rire éclata, jaillit dehors par toutes les croisées ouvertes, alla se mêler aux mille bruits de voitures roulantes et de peuple endimanché remontant l'avenue des Ternes ; et l'auteur de *Révolte* profita de la diversion pour demander si on n'allait pas bientôt se mettre en route... Il était tard... les bonnes places seraient prises dans le Bois...

« Au Bois de Boulogne, un dimanche! fit Paul de Géry.

— Oh! notre bois n'est pas le vôtre, répondit Aline en souriant... Venez avec nous, vous verrez. »

Vous est-il arrivé, promeneur solitaire et contemplatif, de vous coucher à plat-ventre dans le taillis herbeux d'une forêt, parmi cette végétation particulière poussée entre les feuilles tombées de l'automne, variée, multiple, et de laisser vos yeux errer au ras de terre devant vous? Peu à peu le sentiment de la hauteur se perd, les branches croisées des chênes au-dessus de vos têtes forment un ciel inaccessible, et vous voyez une forêt nouvelle s'étendre sous l'autre, ouvrir ses avenues profondes pénétrées d'une lumière verte et mystérieuse, formées d'arbustes frêles ou chevelus terminés en cimes rondes avec des apparences exotiques ou sauvages, des hampes de cannes à sucre, des grâces roides de palmiers, des coupes fines retenant une goutte d'eau, des girandoles portant de petites lumières jaunes que le vent souffle en passant. Et le miracle, c'est que, sous ces ombres légères, vivent des plantes minuscules et des milliers d'insectes dont l'existence, vue de si près, vous révèle tous ses mystères. Une fourmi, embarrassée, comme un bûcheron sous le faix, traîne un brin d'écorce plus gros qu'elle ; un scarabée chemine sur une herbe jetée comme un pont d'un tronc à un autre, pendant que, sous une haute fougère isolée dans un rond-point tout velouté de mousse, une petite bête bleue ou rouge attend, les antennes droites, qu'une autre bestiole en route là-bas par quelque allée déserte arrive au rendez-vous sous l'arbre géant. C'est une petite forêt sous la grande, trop près du sol pour que celle-ci l'aperçoive, trop humble, trop cachée pour être atteinte par son grand orchestre de chants et de tempêtes.

Un phénomène semblable se passe au Bois de Boulogne. Derrière ces allées sablées, arrosées et nettes, où des files de roues tournant lentement autour du lac tracent tout le jour un sillon sans cesse parcouru, machinal, derrière cet admirable décor de verdures en murailles, d'eau captive, de roches fleuries, le vrai bois, le bois sauvage, aux taillis vivaces, pousse et repousse, formant des abris impénétrables, traversés de menus sentiers, de sources bruissantes. Cela, c'est le bois des petits, le bois des humbles, la petite forêt sous la grande. Et Paul, qui, de l'aristocratique promenade parisienne ne connaissait que les longues avenues, le lac étincelant aperçu du fond d'un carrosse ou du haut d'un break à quatre roues dans la poussière d'un retour de Longchamps, s'étonnait de voir le coin délicieusement abrité où ses amis l'avaient conduit.

C'était au bord d'un étang jeté en miroir sous des saules, couvert de nénuphars et de lentilles d'eau, coupé de place en place de larges moires blanches, rayons tombés, étalés sur la surface luisante, et que de grandes pattes d'argyronètes rayaient comme avec des pointes de diamant.

Sur les berges en pente abritées d'une verdure déjà serrée quoique grêle, on s'était assis pour écouter la lecture, et les jolies figures attentives, les jupes gonflées sur l'herbe faisaient penser à quelque Décameron plus naïf et plus chaste, dans une atmosphère reposée. Pour compléter ce bien-être de nature, cet aspect de campagne lointaine, deux ailes de moulin, dans un écart de branches, tournaient vers Suresnes, tandis que de l'éblouissante vision luxueuse croisée à tous les carrefours du bois, il n'arrivait qu'un roulement confus et perpétuel qu'on finissait par ne plus entendre. La voix du poëte, éloquente et jeune, montait seule dans le silence, les vers s'envolaient frémissants, répétés tout bas par d'autres lèvres émues, et c'étaient des approbations étouffées, des frissons aux passages tragiques. Même on vit Bonne Maman essuyer une grosse larme. Ce que c'est pourtant que de n'avoir pas de broderie en main.

La première œuvre!... *Révolte* était cela pour André, cette première œuvre toujours trop abondante et touffue dans laquelle l'auteur jette d'abord tout un arriéré d'idées, d'opinions, pressées comme les eaux au bord d'une écluse, et qui est souvent la plus riche sinon la meilleure d'un écrivain. Quant au sort qui l'attendait, nul n'aurait pu le dire; et l'incertitude planant sur la lecture du drame ajoutait à son émotion celle de chaque auditeur, les vœux tout de blanc vêtus de mademoiselle Élise, les hallucinations fantaisistes de M. Joyeuse, et les souhaits plus positifs d'Aline installant d'avance la modeste fortune de sa sœur dans le nid, battu des vents mais envié de la foule, d'un ménage d'artiste.

Ah! si quelqu'un de ces promeneurs tournant pour la centième fois autour du lac, accablé par la monotonie de son habitude, était venu écarter les branches, quelle surprise devant ce tableau! Mais se serait-il bien douté de tout ce qu'il pouvait tenir de passion, de rêves, de poésie et d'espérance dans ce petit coin de verdure guère plus large que l'ombre dentelée d'une fougère sur la mousse?

« Vous aviez raison, je ne connaissais pas le Bois... disait Paul tout bas à Aline appuyée sur son bras. »

Ils suivaient maintenant une allée étroite et couverte, et tout en causant marchaient d'un pas très-vif, bien en avant des autres. Ce n'était pourtant pas la terrasse du père Kontzen ni ses fritures croustillantes qui les attiraient. Non, les beaux vers qu'ils venaient d'entendre les avaient emportés très-haut, et ils n'étaient pas encore redescendus. Ils allaient devant eux vers le bout toujours fuyant du chemin qui s'élargissait à son extrémité dans une gloire lumineuse, une poussière de rayons comme si tout le soleil de cette belle journée les attendait, tombé à la lisière. Jamais Paul ne s'était senti si heureux. Ce bras léger posé sur son bras, ce pas d'enfant où le sien se guidait, lui auraient rendu la vie douce et facile autant que cette promenade sur la mousse d'une allée verte. Il l'eût dit à la jeune fille, simplement, comme il le sentait, s'il n'avait craint d'effaroucher cette confiance d'Aline causée sans doute par le sentiment dont elle le savait possédé pour une autre et qui semblait écarter d'eux toute pensée d'amour.

Tout à coup, droit devant eux, là-bas sur le fond clair, un groupe de cavaliers se détacha, d'abord vague et indistinct, laissant voir un homme et une femme élégamment montés et s'engageant dans l'allée mystérieuse parmi les barres d'or, les ombres feuillagées, les mille points de lumière dont le sol était jonché, qu'ils déplaçaient en avançant par bonds et qui remontaient sur eux en ramages du poitrail des chevaux jusqu'au voile bleu de l'amazone. Cela venait lentement, capricieusement, et les deux jeunes gens, qui s'étaient engagés dans le massif, purent voir passer tout près d'eux, avec des craquements de cuir neuf, un bruit de mors fièrement secoués et blancs d'écume comme après une galopade furieuse, deux bêtes superbes portant un couple humain étroitement uni par le rétrécissement du sentier; lui, soutenant d'un bras la taille souple moulée dans un corsage de drap sombre, elle, la main à l'épaule du cavalier et sa petite tête en profil perdu sous le tulle à demi retombé de la voilette — appuyée dessus tendrement. Cet enlacement amoureux bercé par l'impatience des montures un peu retenues dans leur fougue, ce baiser confondant les rênes, cette passion qui courait le bois en chasse, au milieu du jour, avec un tel mépris de l'opinion auraient suffi à trahir le duc et Félicia, si l'ensemble fier et charmeur de l'amazone et l'aisance aristocratique de son compagnon, sa pâleur légèrement colorée par la course et les perles miraculeuses de Jenkins, ne les eussent déjà fait reconnaître.

Ce n'était pas extraordinaire de rencontrer Mora au

Bois un dimanche. Il aimait ainsi que son maître à se faire voir aux Parisiens, à entretenir sa popularité dans tous les publics; puis, la duchesse ne l'accompagnait jamais ce jour-là et il pouvait tout à son aise faire une halte dans ce petit chalet de Saint-James connu de tout Paris, et dont les lycéens se montraient en chuchotant les tourelles roses découpées entre les arbres. Mais il fallait une folle, une affronteuse comme cette Félicia pour s'afficher ainsi, se perdre de réputation à tout jamais... Un bruit de terrain battu, de buissons frôlés diminué par l'éloignement, quelques herbes courbées qui se redressaient, des branches écartées reprenant leur place, c'était tout ce qui restait de l'apparition.

« Vous avez vu? dit Paul le premier. »

Elle avait vu, et elle avait compris, malgré sa candeur d'honnêteté, car une rougeur se répandait sur ses traits, une de ces hontes ressenties pour les fautes de ceux qu'on aime.

« Pauvre Félicia, » dit-elle tout bas, en plaignant non-seulement la malheureuse abandonnée qui venait de passer devant eux, mais aussi celui que cette défection devait frapper en plein cœur. La vérité est que Paul de Géry n'avait eu aucune surprise de cette rencontre, qui justifiait des soupçons antérieurs et l'éloignement instinctif éprouvé pour la charmeuse dans leur dîner des jours précédents. Mais il lui sembla doux d'être plaint par Aline, de sentir l'apitoiement de cette voix plus tendre, de ce bras qui s'appuyait davantage. Comme les enfants qui font les malades pour la joie des câlineries maternelles, il laissa la consolatrice s'ingénier autour de son chagrin, lui parler de ses frères, du Nabab, et du prochain voyage à Tunis, un beau pays, disait-on. « Il faudra nous écrire souvent, et de longues lettres, sur les curiosités de la route, l'endroit que vous habiterez... Car on voit mieux ceux qui sont loin quand on peut se figurer le milieu où ils vivent. » Tout en causant, ils arrivaient au bout de l'allée couverte, terminée par une immense clairière dans laquelle se mouvait le tumulte du Bois, voitures et cavaliers s'alternant, et la foule à cette distance piétinant dans une poudre floconneuse qui la massait confusément en troupeau. Paul ralentit le pas, enhardi par cette dernière minute de solitude.

« Savez-vous à quoi je pense, dit-il en prenant la main d'Aline; c'est qu'on aurait plaisir à être malheureux pour se faire consoler par vous. Mais, si précieuse que me soit votre pitié, je ne puis pourtant vous laisser vous attendrir sur un mal imaginaire... Non, mon cœur n'est pas brisé, mais plus vivant, plus fort au contraire. Et si je vous disais quel miracle l'a préservé, quel talisman... »

Il lui mit sous les yeux un petit cadre ovale entourant un profil sans ombres, un simple contour au crayon où elle se reconnut, surprise d'être si jolie, comme reflétée dans le miroir magique de l'Amour. Des larmes lui vinrent aux yeux sans qu'elle sût pourquoi, une source ouverte dont le flot battait sa poitrine chaste. Il continua :

« Ce portrait m'appartient. Il a été fait pour moi... Cependant, au moment de partir, un scrupule m'est venu. Je ne veux le tenir que de vous-même... Prenez-le donc, et si vous trouvez un ami plus digne, quelqu'un qui vous aime d'un amour plus profond, plus loyal que le mien, je vous permets de le lui donner. »

Elle s'était remise de son trouble, et regardant de Géry bien en face avec une tendresse sérieuse:

« Si je n'écoutais que mon cœur, je n'hésiterais pas à vous répondre; car, si vous m'aimez comme vous dites, je crois bien que je vous aime aussi... Mais je ne suis pas libre, je ne suis pas seule dans la vie... regardez là-bas... »

Elle montrait son père et ses sœurs qui leur faisaient signe de loin, se hâtaient pour les rejoindre.

« Eh bien ! et moi? fit Paul vivement... Est-ce que je n'ai pas les mêmes devoirs, les mêmes charges?... Nous sommes comme deux veufs chefs de famille... Ne voulez-vous pas aimer les miens autant que j'aime les vôtres?...

— Vrai?... C'est vrai? Vous me laisserez avec eux?... Je serai Aline pour vous et toujours Bonne Maman pour tous nos enfants?... Oh! alors, dit la chère créature rayonnante de joie et de lumière, alors voilà mon portrait, je vous le donne... Et puis toute mon âme avec, et pour toujours... »

XVIII

LES PERLES JENKINS

Environ huit jours après son aventure avec Moëssard, complication nouvelle dans le terrible gâchis de ses affaires, Jansoulet en sortant de la Chambre, un jeudi, se fit conduire à l'hôtel de Mora. Il n'y était pas retourné depuis l'algarade de la rue Royale, et l'idée de se trouver en présence du duc faisait courir sous son solide épiderme quelque chose de la panique qui agite un lycéen montant chez le proviseur après une rixe à l'Étude. Il fallait pourtant subir la gêne de cette première entrevue. Le bruit courait par les bureaux que Le Merquier avait terminé son rapport, chef-d'œuvre de logique et de férocité, concluant à l'invalidation et devant l'emporter haut la main, à moins que Mora, si puissant à l'Assemblée, ne vînt lui-même lui donner son mot d'ordre. Partie sérieuse, comme on voit, et qui enfiévrait les joues du Nabab, pendant que dans les glaces biseautées de son coupé il étudiait sa mine, ses sourires de courtisan, cherchant à se préparer une entrée ingénieuse, un de ses coups d'effronterie bon enfant qui avaient causé sa fortune chez Ahmed et le servaient encore auprès de l'Excellence française, — le tout accompagné de battements de cœur et de ces frissons entre les épaules qui précèdent, même faites en carrosse doré, les démarches décisives.

Arrivé à l'hôtel par le bord de l'eau, il fut très-étonné de voir que le suisse du quai, comme aux jours de grande réception, faisait prendre aux voitures la rue de Lille, afin de laisser une porte libre pour la sortie. Il songea, un peu troublé : « Qu'est-ce qu'il se passe ? » Peut-être un concert chez la duchesse, une vente de charité, quelque fête d'où Mora l'aurait exclu à cause du scandale de sa dernière aventure. Et ce trouble s'accrut encore lorsque Jansoulet, après avoir traversé la cour d'honneur au milieu du fracas des portières refermées, d'un roulement sourd et continu sur le sable, se trouva — le perron franchi — dans l'immense salon d'antichambre rempli d'une foule qui ne dépassait aucune des portes intérieures, concentrant son va-et-vient anxieux autour de la table du suisse où s'inscrivaient tous les noms célèbres du grand Paris. Il semblait qu'un coup de vent de désastre eût traversé la maison, emporté un peu de son calme grandiose, laissé filtrer dans son bien-être l'inquiétude et le danger.

« Quel malheur !...

— Ah ! c'est affreux...

— Et si subitement... »

Les gens se croisaient en échangeant des mots semblables. Jansoulet eut une pensée rapide :

« Est-ce que le duc est malade ? demanda-t-il à un domestique.

— Ah ! Monsieur... Il va mourir... Il ne passera pas la nuit. »

La toiture du palais s'écroulant sur sa tête ne l'aurait pas mieux assommé. Il vit tourbillonner des papillons rouges, chancela et se laissa tomber assis sur une banquette de velours à côté de la grande cage des singes qui, surexcités dans tout ce train, suspendus par la queue, par leurs petites mains au long pouce, s'accrochaient en grappe aux barreaux, et curieux, effarés, venaient assaillir de leurs plus réjouissantes grimaces de macaques ce gros homme stupéfait, fixant les dalles, se répétant tout haut à lui-même : « Je suis perdu... Je suis perdu... »

Le duc se mourait. Cela l'avait pris subitement le dimanche en revenant du Bois. Il s'était senti atteint d'intolérables brûlures d'entrailles qui lui dessinaient comme au fer rouge toute l'anatomie de son corps, alternaient avec un froid léthargique et de longs assoupissements. Jenkins, mandé tout de suite, ne dit pas grand'chose, ordonna quelques calmants. Le lendemain, les douleurs recommencèrent plus fortes et suivies de la même torpeur glaciale, plus accentuée aussi, comme si la vie s'en allait par secousses violentes, déracinée. A l'entour, personne ne s'en émut. « Lendemain de Saint-James, » disait-on tout bas à l'antichambre, et la belle figure de Jenkins gardait sa sérénité. A peine si dans ses visites du matin il avait parlé à deux ou trois personnes de l'indisposition du duc, et si légèrement qu'on n'y avait pris garde.

Mora lui-même, malgré son extrême faiblesse, bien qu'il se sentît la tête absolument vide, et comme il disait, « pas une idée sous le front, » était loin de se douter de la gravité de son état. Le troisième jour seulement, en s'éveillant le matin, la vue d'un simple filet de sang qui de sa bouche avait coulé sur sa barbe et l'oreiller rougi, fit tressaillir ce délicat, cet élégant qui avait horreur de toutes les misères humaines, surtout de la maladie, et la voyait arriver sournoisement avec ses souillures, ses faiblesses et l'abandon de soi-même, première concession faite à la mort. Monpavon, entrant derrière Jenkins, surprit le regard subitement troublé du grand seigneur en face de la vérité terrible, et fut en même temps épouvanté des ravages faits en quelques heures sur le visage émacié de Mora, où toutes les rides de son âge, soudainement apparues se mêlaient à des plis de souffrance, à ces dépressions de muscles qui trahissent de graves lésions intérieures. Il prit Jenkins à part, pendant qu'on apportait au mondain de quoi faire sa toilette sur son lit, tout un appareil de cristal et d'argent contrastant avec la pâleur jaune de la maladie.

« Ah çà! voyons, Jenkins... mais le duc est très-mal.

— J'en ai peur..., dit l'Irlandais tout bas.

— Enfin, qu'est-ce qu'il a?

— Ce qu'il cherchait, parbleu! fit l'autre avec une sorte de fureur... On n'est pas impunément jeune à son âge. Cette passion lui coûtera cher... »

Quelque mauvais sentiment triomphait en lui qu'il fit taire aussitôt, et transformé, gonflant sa face comme s'il avait la tête pleine d'eau, il soupira profondément en serrant les mains du vieux gentilhomme :

« Pauvre duc... Pauvre duc... Ah! mon ami, je suis désespéré.

— Prenez garde, Jenkins, dit froidement Monpavon en dégageant ses mains, vous assumez une responsabilité terrible... Comment! le duc est si mal que cela, ps... ps... ps... Voyez personne?... Consultez pas?... »

L'Irlandais leva les bras, comme pour dire : « A quoi sert? »

L'autre insista. Il fallait absolument faire appeler Brisset, Jousselin, Bouchereau, tous les grands.

« Mais vous allez l'effrayer. »

Le Monpavon enfla son poitrail, seule fierté du vieux coursier fourbu :

« Mon cher, si vous aviez vu Mora et moi dans la tranchée de Constantine... Ps... ps... Jamais baissé les yeux... Connaissons pas la peur... Prévenez vos confrères, je me charge de l'avertir. »

La consultation eut lieu dans la soirée en grand secret, le duc l'ayant exigé ainsi par une pudeur singulière de son mal, de cette souffrance qui le découronnait, faisait de lui l'égal des autres hommes. Pareil à ces rois africains qui se cachent pour mourir au fond de leurs palais, il aurait voulu qu'on pût le croire enlevé, transfiguré, devenu dieu. Puis il redoutait par-dessus tout les apitoiements, les condoléances, les attendrissements dont il savait qu'on allait entourer son chevet, les larmes parce qu'il les soupçonnait menteuses, et que sincères elles lui déplaisaient encore plus à cause de leur laideur grimaçante.

Il avait toujours détesté les scènes, les sentiments exagérés, tout ce qui pouvait l'émouvoir, déranger l'équilibre harmonieux de sa vie. On le savait autour de lui, et la consigne était de tenir à distance les détresses, les grands désespoirs qui d'un bout de la France à l'autre s'adressaient à Mora comme à un de ces refuges allumés dans la nuit des bois, où tous les errants vont frapper. Non pas qu'il fût dur aux malheureux, peut-être même se sentait-il trop ouvert à la pitié qu'il regardait comme un sentiment inférieur, une faiblesse indigne des forts, et, la refusant aux autres, il la redoutait pour lui-même, pour l'intégrité de son courage. Personne dans le palais, excepté Monpavon et Louis le valet de chambre, ne sut donc ce que venaient faire ces trois personnages introduits mystérieusement auprès du ministre d'État. La duchesse elle-même l'ignora. Séparée de son mari par tout ce que la haute vie politique et mondaine met de barrières entre époux dans ces ménages d'exception, elle le croyait légèrement souffrant, malade surtout d'imagination, et se doutait si peu d'une catastrophe qu'à l'heure même où les médecins montaient le grand escalier à demi obscur, à l'autre bout du palais, ses appartements intimes s'éclairaient pour une sauterie de demoiselles, un de ces bals blancs que l'ingéniosité du Paris oisif commençait à mettre à la mode.

Elle fut, cette consultation, ce qu'elles sont toutes : solennelle et sinistre. Les médecins n'ont plus leurs grandes perruques du temps de Molière, mais ils revêtent toujours la même gravité de prêtres d'Isis, d'astrologues, hérissés de formules cabalistiques avec des hochements de tête, auxquels il ne manque, pour l'effet comique, que le bonnet pointu d'autrefois. Ici la scène empruntait à son milieu un aspect imposant. Dans la vaste chambre, transformée, comme agrandie par l'immobilité du maître, ces graves figures s'avançaient autour du lit, où se concentrait la lumière éclairant dans la blancheur du linge et la pourpre des courtines une tête ravinée, pâlie des lèvres aux yeux, mais enveloppée de sérénité comme d'un voile, comme d'un suaire. Les consultants parlaient bas, se jetaient un regard furtif, un mot barbare, demeuraient impassibles sans un froncement de sourcil. Mais cette expression muette et fermée du médecin et du magistrat, cette solennité dont la science et la justice s'entourent pour cacher leur faiblesse ou leur ignorance n'avaient rien qui pût émouvoir le duc.

Assis sur son lit, il continuait à causer tranquillement, avec ce regard un peu exhaussé dans lequel il semble que la pensée remonte pour fuir, et Monpavon lui donnait froidement la réplique, raidi contre son émotion, prenant de son ami une dernière leçon de tenue, tandis que Louis, dans le fond, appuyait à la porte conduisant chez la duchesse le spectre de la domesticité silencieuse, chez qui l'indifférence détachée est un devoir.

L'agité, le fiévreux, c'était Jenkins.

Plein d'un empressement obséquieux pour « ses illustres confrères, » comme il disait la bouche en rond, il rôdait autour de leur conciliabule, essayait de s'y mêler; mais les confrères le tenaient à distance, lui répondaient à peine, avec hauteur, comme Fagon — le Fagon de Louis XIV — pouvait parler à quelque empirique appelé au chevet royal. Le vieux Bouchereau surtout avait des regards de travers pour l'inventeur des perles Jenkins. Enfin, quand ils eurent bien examiné, interrogé leur malade, ils se retirèrent pour délibérer entre eux dans un petit salon tout en laque, plafonds et murs luisants et colorés, rempli de bibelots assortis dont la futilité contrastait étrangement avec l'importance du débat.

Minute solennelle, angoisse de l'accusé attendant la décision de ses juges, vie, mort, sursis ou grâce!

De sa main blanche et longue, Mora continua à caresser sa moustache d'un geste favori, à parler avec Monpavon du cercle, du foyer des Variétés, demandant des nouvelles de la Chambre, où en était l'élection du Nabab, tout cela froidement, sans la moindre affectation. Puis, fatigué sans doute ou craignant que son regard, toujours ramené sur cette tenture en face de lui, par laquelle l'arrêt du destin allait sortir tout à l'heure, ne trahît l'émotion qui devait être au fond de son âme, il appuya sa tête, ferma les yeux et ne les rouvrit plus qu'à la rentrée des docteurs. Toujours les mêmes visages froids et sinistres, vraies physionomies de juges ayant au bord des lèvres le terrible mot de la destinée humaine, le mot final que les tribunaux prononcent sans effroi, mais que les médecins, dont il raille toute la science, éludent et font comprendre par périphrases.

« Eh bien, Messieurs, que dit la Faculté?... demanda le malade. »

Il y eut quelques encouragements menteurs et balbutiés, des recommandations vagues ; puis les trois savants se hâtèrent au départ, pressés de sortir, d'échapper à la responsabilité de ce désastre. Monpavon s'élança derrière eux. Jenkins resta près du lit, atterré des vérités cruelles qu'il venait d'entendre pendant la consultation. Il avait eu beau mettre la main sur son cœur, citer sa fameuse devise, Bouchereau ne l'avait pas ménagé. Ce n'était pas le premier client de l'Irlandais qu'il voyait s'écrouler subitement ainsi ; mais il espérait bien que la mort de Mora serait aux gens du monde un avertissement salutaire, et que le préfet de police après ce grand malheur enverrait le « marchand de cantharides » débiter ses aphrodisiaques de l'autre côté du détroit.

Le duc comprit tout de suite que ni Jenkins ni Louis ne lui diraient l'issue vraie de la consultation. Il n'insista donc pas auprès d'eux, subit leur confiance jouée, affecta même de la partager, de croire au mieux qu'ils lui annonçaient. Mais quand Monpavon rentra, il l'appela près de son lit, et devant le mensonge visible même sous la peinture de cette ruine :

« Oh! tu sais, pas de grimace... De toi à moi, la vérité... Qu'est-ce qu'on dit?... Je suis bien bas, n'est-ce pas? »

Monpavon espaça sa réponse d'un silence significatif : puis brutalement, cyniquement, de peur de s'attendrir aux paroles :

« F..., mon pauvre Auguste. »

Le duc reçut cela en plein visage sans sourciller.

« Ah! dit-il simplement. »

Il effila sa moustache d'un mouvement machinal; mais ses traits demeurèrent immobiles. Et tout de suite son parti fut pris.

Que le misérable qui meurt à l'hôpital sans asile ni famille, d'autre nom que le numéro du chevet, accepte la mort comme une délivrance ou la subisse en dernière épreuve, que le vieux paysan qui s'endort, tordu en deux, cassé, ankilosé, dans son trou de taupe enfumé et obscur, s'en aille sans regret, qu'il savoure d'avance le goût de cette terre fraîche qu'il a tant de fois tournée et retournée, cela se comprend. Et encore combien parmi ceux-là tiennent à l'existence par leur misère même, combien qui crient en s'accrochant à leurs meubles sordides, à leurs loques : « Je ne veux pas mourir... » et s'en vont les ongles brisés et saignants de cet arrachement suprême. Mais ici rien de semblable.

Tout avoir et tout perdre. Quel effondrement!

Dans le premier silence de cette minute effroyable, pendant qu'il entendait à l'autre bout du palais la musique étouffée du bal chez la duchesse, ce qui retenait cet homme à la vie, puissance, honneurs, fortune, toute cette splendeur dut lui apparaître déjà lointaine et dans un irrévocable passé. Il fallait un courage d'une trempe bien exceptionnelle pour résister à un coup pareil sans aucune excitation d'amour-propre. Personne ne se trouvait là que l'ami, le médecin, le domestique, trois intimes au courant de tous les secrets; les lumières écartées laissaient le lit dans l'ombre, et le mourant aurait pu se tourner contre la muraille, s'attendrir sur lui-même sans qu'on le vît. Mais non. Pas une seconde de faiblesse, ni d'inutiles démonstrations. Sans casser une branche aux marronniers du jardin, sans faner une fleur dans le grand escalier du palais, en amortissant ses pas sur l'épaisseur des tapis, la Mort venait d'entrouvrir la porte de ce puissant et de lui faire signe : « Arrive. » Et lui, répondait simplement : « Je suis prêt. » Une vraie sortie d'homme du monde, imprévue, rapide et discrète.

Homme du monde ! Mora ne fut autre chose que cela. Circulant dans la vie, masqué, ganté, plastronné, du plastron de satin blanc des maîtres d'armes les jours de grand assaut, gardant immaculée et nette sa parure de combat, sacrifiant tout à cette surface irréprochable qui lui tenait lieu d'une armure, il s'était improvisé homme d'État en passant d'un salon sur une scène plus vaste, et fit en effet un homme d'État de premier ordre rien qu'avec ses qualités de mondain, l'art d'écouter et de sourire, la pratique des hommes, le scepticisme et le sang-froid. Ce sang-froid ne le quitta pas au suprême instant.

Les yeux fixés sur le temps limité et si court qui lui restait encore, car la noire visiteuse était pressée, et il sentait sur sa figure le souffle de la porte qu'elle n'avait pas refermée, il ne songea plus qu'à le bien remplir et à satisfaire toutes les obligations d'une fin comme la sienne, qui ne doit laisser aucun dévouement sans récompense ni compromettre aucun ami. Il donna la liste des quelques personnes qu'il voulait voir et qu'on envoya chercher tout de suite, fit prévenir son chef de cabinet, et comme Jenkins trouvait que c'était beaucoup de fatigue :

« Me garantissez-vous que je me réveillerai demain matin? J'ai un sursaut de force en ce moment... Laissez-moi en profiter. »

Louis demanda s'il fallait avertir la duchesse. Le duc écouta, avant de répondre, les accords s'envolant du petit bal par les fenêtres ouvertes, prolongés dans la nuit sur un archet invisible, puis :

« Attendons encore... J'ai quelque chose à terminer... »

Il fit approcher de son lit la petite table de laque pour trier lui-même les lettres à détruire; mais, sentant ses forces décroître, il appela Monpavon : « Brûle tout, » lui dit-il d'une voix éteinte, et le voyant s'approcher de la cheminée où la flamme montait malgré la belle saison :

« Non... pas ici... Il y en a trop... On pourrait venir. »

Monpavon prit le léger bureau, fit signe au valet de chambre de l'éclairer. Mais Jenkins s'élança :

« Restez, Louis... le duc peut avoir besoin de vous. »

Il s'empara de la lampe; et marchant avec précaution tout le long du grand corridor, explorant les salons d'attente, les galeries dont les cheminées s'encombraient de plantes artificielles sans un reste de cendre, ils erraient pareils à des spectres dans le silence et la nuit de l'immense demeure, vivante seulement là-bas vers la droite où le plaisir chantait comme un oiseau sur un toit qui va s'effondrer.

« Il n'y a de feu nulle part... Que faire de tout cela? » se demandaient-ils très-embarrassés. On eût dit deux voleurs traînant une caisse qu'ils ne savent comment forcer. A la fin Monpavon, impatienté, marcha droit à une porte, la seule qu'ils n'eussent pas encore ouverte.

— Ma foi, tant pis!... Puisque nous ne pouvons pas les brûler, nous les noierons... Éclairez-moi, Jenkins. »

Et ils entrèrent.

Où étaient-ils?... Saint-Simon racontant la débâcle d'une de ces existences souveraines, le désarroi des cérémonies, des dignités, des grandeurs causé par la mort et surtout par la mort subite, Saint-Simon seul aurait pu vous le dire... De ses mains délicates et soignées, le marquis de Monpavon pompait. L'autre lui passait les lettres déchirées, des paquets de lettres, satinées, nuancées, embaumées, parées de chiffres, d'armoiries, de banderoles à devises, couvertes d'écritures fines, pressées, griffantes, enlaçantes, persuasives; et toutes ces pages légères tournoyaient l'une sur l'autre dans des tourbillons d'eau qui les froissaient, les souillaient, délayaient leurs encres tendres avant de les laisser disparaître dans un hoquet d'égout tout au fond de la sentine immonde.

C'étaient des lettres d'amour et de toutes les sortes, depuis le billet de l'aventurière : « *Je vous ai vu passer au bois hier, monsieur le duc...* » jusqu'aux reproches aristocratiques de l'avant-dernière maîtresse, et les plaintes des abandonnées, et la page encore fraîche des recentes confidences. Monpavon connaissait tous ces mystères, mettait un nom sur chacun d'eux : « Ça, c'est madame Moor... Tiens! madame d'Athis... » Une confusion de couronnes et d'initiales, de caprices et de vieilles habitudes, salis en ce moment par la promiscuité, tout cela s'engouffrant dans l'affreux réduit à la lueur d'une lampe, avec un bruit de déluge intermittent, s'en allant à l'oubli par un chemin honteux. Tout à coup Jenkins s'arrêta dans sa besogne destructive. Deux lettres d'un gris de satin frémissaient sous ses doigts...

« Qui ça? demanda Monpavon devant l'écriture inconnue et le trouble nerveux de l'Irlandais... Ah! docteur, si vous voulez tout lire, nous n'en finirons pas... »

Jenkins, les joues enflammées, ses deux lettres à la main, était dévoré du désir de les emporter, pour les savourer à son aise, se martyriser avec délices en les lisant, peut-être aussi se faire une arme de cette correspondance contre l'imprudente qui l'avait signée. Mais la tenue rigoureuse du marquis l'intimidait. Comment le distraire, l'éloigner? L'occasion s'offrit d'elle-même. Perdue dans les mêmes feuillets, une page minuscule, d'une écriture sénile et tremblée, attira la curiosité du charlatan, qui dit d'un air naïf :

« Oh! oh! voici qui n'a pas l'air d'un billet doux... *Mon duc, au secours, je me noie. La cour des comptes a mis de nouveau le nez dans mes affaires...*

— Qu'est-ce que vous lisez donc là?... fit Monpavon brusquement, en lui arrachant la lettre des mains. Et tout de suite, grâce à la négligence de Mora laissant traîner ainsi des lettres aussi intimes, la situation terrible dans laquelle le laissait la mort de son protecteur lui revint à l'esprit. Dans sa douleur, il n'y avait pas encore songé. Il se dit qu'au milieu de tous ses préparatifs de départ, le duc pourrait bien l'oublier; et, laissant Jenkins terminer seul la noyade de la cassette de don Juan, il revint précipitamment vers la chambre. Au moment d'entrer, le bruit d'un débat le retint derrière la portière abaissée. C'était la voix de Louis, larmoyante comme celle d'un pauvre sous un porche, cherchant à apitoyer le duc sur sa détresse et demandant la permission de prendre quelques rouleaux d'or qui traînaient dans un tiroir. Oh! quelle réponse rauque, excédée, à peine intelligible, où l'on sentait l'effort du malade obligé de se retourner dans son lit, de détacher ses yeux d'un lointain déjà entrevu :

— Oui, oui... prenez... Mais, pour Dieu! laissez-moi dormir... laissez-moi dormir... »

Des tiroirs ouverts, refermés, un souffle haletant et court... Monpavon n'en entendit pas davantage et revint sur ses pas sans entrer. La rapacité féroce de ce domestique venait d'avertir ses fiertés. Tout plutôt que de s'avilir à ce point-là.

Ce sommeil que Mora réclamait si instamment, cette léthargie, pour mieux dire, dura toute une nuit, une matinée encore avec de vagues réveils traversés de souffrances atroces, que des soporifiques calmaient chaque fois. On ne le soignait plus, on ne cherchait qu'à lui adoucir les derniers instants, à le faire glisser sur cette terrible dernière marche dont l'effort est si douloureux. Ses yeux s'étaient rouverts pendant ce temps, mais déjà obscurcis, fixant dans le vide des ombres flottantes, des formes indécises, telles qu'un plongeur en voit trembler au vague de l'eau. Dans l'après-midi du jeudi, vers trois heures, il se réveilla tout à fait et reconnaissant Monpavon, Cardailhac, deux ou trois autres intimes, il leur sourit et trahit d'un mot sa préoccupation unique :

« Qu'est-ce qu'on dit de cela dans Paris ? »

On en disait bien des choses, diverses et contradictoires; mais à coup sûr, on ne parlait que de lui, et la nouvelle répandue depuis le matin par la ville que Mora était au plus mal, agitait les rues, les salons, les cafés, les ateliers, ravivait la question politique dans les bureaux de journaux, les cercles, jusque dans les loges de concierge et sur les omnibus, partout où les feuilles publiques déployées encadraient de commentaires ce foudroyant bruit du jour.

Il était, ce Mora, l'incarnation la plus brillante de l'Empire. Ce qu'on voit de loin dans un édifice, ce n'est pas sa base solide ou branlante, sa masse architecturale, c'est la flèche dorée et fine, brodée, découpée à jour, ajoutée pour la satisfaction du coup d'œil. Ce qu'on voyait de l'Empire en France et dans toute l'Europe, c'était Mora. Celui-là tombé, le monument se trouvait démantelé de toute son élégance, fendu de quelque longue et irréparable lézarde. Et que d'existences entraînées dans cette chute subite, que de fortunes ébranlées par les contre-coups affaiblis du désastre! Aucune aussi complétement que celle du gros homme, immobile en bas, sur la banquette de la singerie.

Pour le Nabab, cette mort, c'était sa mort, la ruine, la fin de tout. Il le sentait si bien qu'en apprenant, à son entrée dans l'hôtel, l'état désespéré du duc, il n'avait eu ni apitoiements, ni grimaces d'aucune sorte, seulement le mot féroce de l'égoïsme humain: « Je suis perdu. » Et ce mot lui revenait toujours, il le répétait machinalement chaque fois que toute l'horreur de sa situation se montrait à lui, par brusques échappées, ainsi qu'il arrive dans ces dangereux orages de montagne, quand un éclair subitement projeté illumine l'abîme jusqu'au fond, avec les blessantes anfractuosités des parois et les buissons en escalade pour toutes les déchirures de la chute.

Cette clairvoyance rapide qui accompagne les cataclysmes ne lui faisait grâce d'aucun détail. Il voyait l'invalidation presque certaine, à présent que Mora ne serait plus là pour plaider sa cause, puis les conséquences de l'échec, la faillite, la misère et quelque chose de pis, car ces richesses incalculables quand elles s'écroulent, gardent toujours un peu de l'honorabilité d'un homme sous leurs décombres. Mais que de ronces, que d'épines, d'égratignures et de blessures cruelles avant d'arriver au bout! Dans huit jours les billets Schwalbach, c'est-à-dire huit cent mille francs à payer, l'indemnité de Moëssard, qui voulait cent mille francs ou demander à la Chambre l'autorisation de le poursuivre en correctionnelle, un procès encore plus sinistre intenté par les familles de deux petits martyrs de Bethléem contre les fondateurs de l'œuvre, et brochant sur le tout les complications de la *Caisse territoriale*. Un seul espoir, la démarche de Paul de Géry auprès du bey, mais si vague, si chimérique, si lointain.

« Ah! je suis perdu... je suis perdu... »

Dans l'immense salon d'entrée personne ne remarquait son trouble. Cette foule de sénateurs, de députés, de conseillers d'État, toute la haute administration, allait, venait autour de lui sans le voir, accoudant son importance inquiète et des conciliabules mystérieux aux deux cheminées de marbre blanc qui se faisaient face. Tant d'ambitions désappointées, trompées, précipitées se croisaient dans cette visite *in extremis* que les inquiétudes intimes dominaient toute autre préoccupation.

Les visages, chose étrange, n'exprimaient ni pitié ni douleur, plutôt une sorte de colère. Tous ces gens semblaient en vouloir au duc de sa mort comme d'un abandon. On entendait des phrases dans ce genre : « Ce n'est pas étonnant avec une vie pareille ! » Et, par les hautes croisées, ces messieurs se montraient, à travers le va-et-vient des équipages dans la cour, l'arrêt de quelque petit coupé en dehors duquel une main étroitement gantée, avec le frôlement de sa manche de dentelle sur la portière, tendait une carte pliée au valet de pied apportant des nouvelles.

De temps en temps un des familiers du palais, de ceux que le mourant avait appelés auprès de lui, faisait une apparition dans cette mêlée, donnait un ordre, puis s'en allait laissant l'expression effarée de sa figure reflétée sur vingt autres. Jenkins un moment se montra ainsi, la cravate dénouée, le gilet ouvert, les manchettes chiffonnées, dans tout le désordre de la bataille qu'il livrait là-haut contre une effroyable lutteuse. Il se vit tout de suite entouré, pressé de questions. Certes les ouistitis aplatissant leur nez court au treillis de la cage, énervés par un tumulte inusité et très-attentifs à ce qui se passait comme s'ils étaient en train de faire une étude raisonnée de la grimace humaine, avaient un magnifique modèle dans le médecin irlandais. Sa douleur était superbe, une belle douleur mâle et forte qui lui serrait les lèvres, faisait haleter sa poitrine.

« L'agonie est commencée, dit-il lugubrement... Ce n'est plus qu'une affaire d'heures. »

Et comme Jansoulet s'approchait, il s'adressa à lui d'un ton emphatique :

« Ah! mon ami, quel homme!... Quel courage!... Il n'a oublié personne. Tout à l'heure encore il me parlait de vous.

— Vraiment?

— Ce pauvre Nabab, disait-il, où en est son élection? »

Et c'était tout. Le duc n'avait rien ajouté de plus. Jansoulet baissa la tête. Qu'espérait-il donc? N'était-ce pas assez qu'en un pareil moment, un homme comme Mora eût pensé à lui?... Il retourna s'asseoir sur sa banquette, retomba dans son anéantissement galvanisé par une minute de fol espoir, assista sans y songer à la désertion presque complète de la vaste salle, et ne s'aperçut qu'il était le seul et dernier visiteur qu'en entendant causer tout haut la valetaille dans le jour qui tombait :

« Moi, j'en ai assez..., je ne sers plus.

— Moi, je reste avec la duchesse... »

Et ces projets, ces décisions en avance de quelques heures sur la mort condamnaient le noble duc plus sûrement encore que la Faculté.

Le Nabab comprit alors qu'il était temps de se retirer, mais auparavant il voulut s'inscrire au registre du suisse. Il s'approcha de la table, se pencha beaucoup pour y voir clair. La page était pleine. On lui indiqua un blanc au-dessous d'une toute petite écriture filamenteuse comme en tracent les doigts trop gros, et, quand il eut signé, le nom d'Hemerlingue se trouva dominer le sien, l'écraser, l'enlacer d'un paraphe insidieux. Superstitieux comme un vrai Latin qu'il était, il fut frappé de ce présage, en emporta l'épouvante avec lui.

Où dînerait-il?... Au cercle?... Place Vendôme?... Entendre encore parler de cette mort qui l'obsédait!... Il préféra s'en aller au hasard, droit devant lui, comme tous ceux que tient une idée fixe qu'ils espèrent dissiper en marchant. La soirée était tiède, parfumée. Il suivit les quais, toujours les quais, gagna les arbres du Cours-la-Reine, puis revint dans ce mélange de fraîcheur d'arrosage et d'odeur de poussière fine qui caractérise les beaux soirs à Paris. A cette heure mixte tout était désert. Çà et là des girandoles s'allumaient pour les concerts, des flambées de gaz sortaient de la verdure. Un bruit de verres et d'assiettes venu d'un restaurant lui donna l'idée d'entrer là.

Il avait faim quand même, ce robuste. On le servit sous une vérandah aux parois vitrées, doublées de feuillage et donnant de face sur ce grand porche du Palais de l'Industrie, où le duc, en présence de mille personnes, l'avait salué député. Le visage fin et aristocratique lui apparut en souvenir sous la nuit de la voûte, tandis qu'il le voyait aussi là-bas dans la blancheur funèbre de l'oreiller; et, tout à coup, en regardant la carte que le garçon lui présentait, il s'aperçut avec stupeur qu'elle portait la date du vingt mai... Ainsi un mois ne s'était pas écoulé depuis l'ouverture de l'Exposition. Il lui semblait qu'il y avait dix ans de cela. Peu à peu cependant la chaleur du repas lui réconforta le cœur. Dans le couloir, il entendait des garçons qui parlaient :

« A-t-on des nouvelles de Mora ? Il paraît qu'il est très-malade...

— Laisse-donc, va. Il s'en tirera encore... Il n'y a de chance que pour ceux-là ? »

Et l'espérance est si fort ancrée aux entrailles humaines que, malgré ce que Jansoulet avait vu et entendu, il suffit de ces quelques mots aidés de deux bouteilles de bourgogne et de quelques petits verres pour lui rendre le courage. Après tout, on en avait vu revenir d'aussi loin. Les médecins exagèrent souvent le mal pour avoir plus de mérite ensuite à le conjurer. « Si j'allais voir... » Il revint vers l'hôtel, plein d'illusion, faisant appel à cette chance qui l'avait servi tant de fois dans la vie. Et vraiment l'aspect de la princière demeure avait de quoi fortifier son espoir. C'était la physionomie rassurante et tranquille des soirs ordinaires, depuis l'avenue éclairée de loin en loin, majestueuse et déserte, jusqu'au perron au pied duquel un vaste carrosse de forme antique attendait.

Dans l'antichambre, paisible aussi, brûlaient deux énormes lampes. Un valet de pied dormait dans un coin, le suisse lisait devant la cheminée. Il regarda le nouvel arrivant par-dessus ses lunettes, ne lui dit rien, et Jansoulet n'osa rien demander. Des piles de journaux gisant sur la table avec leurs bandes au nom du duc semblaient avoir été jetées là comme inutiles. Le Nabab en ouvrit un, essaya de lire; mais une marche rapide et glissante, un chuchotement de mélopée lui firent lever les yeux sur un vieillard blanc et courbé, paré de guipures comme un autel, et qui priait en s'en allant à grands pas de prêtre, sa longue soutane rouge déployée en traîne sur le tapis. C'était l'archevêque de Paris, accompagné de deux assistants. La vision avec son murmure de bise glacée passa vite devant Jansoulet, s'engouffra dans le grand carrosse et disparut emportant sa dernière espérance.

« Question de convenance, mon cher, fit Monpavon paraissant tout à coup auprès de lui... Mora est un épicurien, élevé dans les idées de chose... machin... comment donc? Dix-huitième siècle... Mais très-mauvais pour les masses, si un homme dans sa position... ps, ps, ps,... Ah! c'est notre maître à tous... ps, ps... tenue irréprochable.

— Alors, c'est fini? dit Jansoulet, atterré... Il n'y a plus d'espoir... »

Monpavon lui fit signe d'écouter. Une voiture roulait sourdement dans l'avenue du quai. Le timbre d'arrivée sonna précipitamment plusieurs coups de suite. Le marquis comptait à haute voix... « Un, deux, trois, quatre... » Au cinquième, il se leva :

« Plus d'espoir maintenant. Voilà l'autre qui arrive, » dit-il, faisant allusion à la superstition parisienne qui voulait que cette visite du souverain fût toujours fatale aux moribonds. De partout les laquais se hâtaient, ouvraient les portes à deux battants, formaient la haie, tandis que le suisse, le chapeau en bataille, annonçait du retentissement de sa pique sur les dalles le passage de deux ombres augustes, que Jansoulet ne fit qu'entrevoir confusément derrière la livrée, mais qu'il aperçut dans une longue perspective de portes ouvertes, gravissant le grand escalier, précédées d'un valet portant un candélabre. La femme montait droite et fière, enveloppée de ses noires mantilles d'espagnole; l'homme se tenait à la rampe, plus lent et fatigué, le collet de son pardessus clair remontant sur un dos un peu voûté qu'agitait un sanglot convulsif.

« Allons-nous-en, Nabab. Plus rien à faire ici, dit le vieux beau, prenant Jansoulet par le bras et l'entraînant dehors. Il s'arrêta sur le seuil, la main haute, fit un petit salut du bout des gants vers celui qui mourait là-haut. « Bojou, ché... » Le geste et l'accent étaient mondains, irréprochables; mais la voix tremblait un peu.

Le cercle de la rue Royale, dont les parties sont renommées, en vit rarement d'aussi terrible que celle de cette nuit-là. Commencée à onze heures, elle durait encore à cinq heures du matin. Des sommes énormes roulèrent sur le tapis vert, changeant de main et de direction, entassées, dispersées, rejointes; des fortunes s'engloutirent dans cette partie monstre, à la fin de laquelle le Nabab, qui l'avait mise en train pour oublier ses terreurs dans les hasards de la chance, après des alternatives singulières, des sauts de fortune à faire blanchir les cheveux d'un néophyte, se retira avec un gain de cinq cent mille francs. On disait cinq millions le lendemain sur le boulevard, et chacun criait au scandale, surtout le *Messager*, aux trois quarts rempli d'un article contre certains aventuriers tolérés dans les cercles et qui causent la ruine des plus honorables familles.

Hélas! ce que Jansoulet avait gagné représentait à peine les premiers billets Schwalbach...

Durant cette partie enragée, dont Mora était pourtant la cause involontaire et comme l'âme, son nom ne fut pas une fois prononcé. Ni Cardailhac, ni Jenkins ne parurent. Monpavon avait pris le lit, plus atteint qu'il ne voulait le laisser croire. On était sans nouvelles.

« Est-il mort? » se dit Jansoulet en sortant du cercle, et l'envie lui vint d'aller voir là-bas avant de rentrer. Ce n'était plus l'espérance qui le poussait maintenant, mais cette sorte de curiosité maladive et nerveuse qui ramène après un grand incendie les malheureux sinistrés, ruinés et sans asile, sur les décombres de leur maison.

Quoiqu'il fût de très-bonne heure encore, qu'une

rose buée d'aube roulât dans l'air, tout l'hôtel était grand ouvert comme pour un départ solennel. Les lampes fumaient toujours sur les cheminées, une poussière flottait. Le Nabab avança dans une solitude inexplicable d'abandon jusqu'au premier étage où il entendit enfin une voix connue, celle de Cardailhac, qui dictait des noms, et le grincement des plumes sur le papier. L'habile metteur en scène des fêtes du bey organisait avec la même ardeur les pompes funèbres du duc de Mora. Quelle activité ! L'Excellence était morte dans la soirée, dès le matin dix mille lettres s'imprimaient déjà, et tout ce qui dans la maison savait tenir une plume, s'occupait aux adresses. Sans traverser ces bureaux improvisés, Jansoulet arrivait au salon d'attente si peuplé d'ordinaire, aujourd'hui tous ses fauteuils vides. Au milieu, sur une table, le chapeau, la canne et les gants de M. le duc, toujours préparés pour les sorties imprévues de façon à éviter même le souci d'un ordre. Les objets que nous portons gardent quelque chose de nous. La courbe du chapeau rappelait celle des moustaches, les gants clairs étaient prêts à serrer le jonc chinois souple et solide, tout l'ensemble frémissait et vivait comme si le duc allait paraître, étendre la main en causant, prendre cela et sortir.

Oh ! non, M. le duc n'allait pas sortir... Jansoulet n'eut qu'à s'approcher de la porte de la chambre entre-bâillée, pour voir sur le lit élevé de trois marches — toujours l'estrade même après la mort — une forme rigide, hautaine, un profil immobile et vieilli, transformé par la barbe poussée toute grise en une nuit; contre le chevet en pente, agenouillée, affaissée dans les draperies blanches, une femme dont les cheveux blonds ruisselaient abandonnés, prêts à tomber sous les ciseaux de l'éternel veuvage, puis un prêtre, une religieuse, recueillis dans cette atmosphère de la veillée mortuaire où se mêlent la fatigue des nuits blanches et les chuchotements de la prière et de l'ombre.

Cette chambre où tant d'ambitions avaient senti grandir leurs ailes, où s'agitèrent tant d'espoirs et de déconvenues, était tout à l'apaisement de la mort qui passe. Pas un bruit, pas un soupir. Seulement, malgré l'heure matinale, là-bas, vers le pont de la Concorde, une petite clarinette aigre et vive dominait le roulement des premières voitures ; mais sa raillerie énervante était désormais perdue pour celui qui dormait là, montrant au Nabab épouvanté l'image de son propre destin, froidi, décoloré, prêt pour la tombe.

D'autres que Jansoulet l'ont vue plus lugubre encore, cette pièce mortuaire. Les fenêtres grandes ouvertes. La nuit et le vent du jardin entrant librement dans un grand courant d'air. Une forme sur un tréteau : le corps qu'on venait d'embaumer. La tête creuse, remplie d'une éponge, la cervelle dans un baquet. Le poids de cette cervelle d'homme d'État était vraiment extraordinaire. Elle pesait... elle pesait... Les journaux du temps ont dit le chiffre. Mais qui s'en souvient aujourd'hui ?

XIX

LES FUNÉRAILLES.

« Ne pleure pas, ma fée, tu m'enlèves tout mon courage. Voyons, tu seras bien plus heureuse quand tu n'auras plus ton affreux démon... Tu vas retourner à Fontainebleau soigner tes poules... Les dix mille francs de Brahim serviront à t'installer... Et puis, n'aie pas peur, une fois là-bas, je t'enverrai de l'argent. Puisque ce bey veut avoir de ma sculpture, on va lui faire payer la façon, tu penses... Je reviendrai riche, riche... Qui sait ? Peut-être sultane...

— Oui, tu seras sultane... mais moi, je serai morte, et je ne te verrai plus »

Et la bonne Crenmitz désespérée se serrait dans un coin du fiacre pour qu'on ne la vît pas pleurer.

Félicia quittait Paris. Elle essayait de fuir l'horrible tristesse, l'écœurement sinistre où la mort de Mora venait de la plonger. Quel coup terrible pour l'orgueilleuse fille! L'ennui, le dépit, l'avaient jetée dans les bras de cet homme; fierté, pudeur, elle lui avait tout donné, et voilà qu'il emportait tout, la laissant fanée pour la vie, veuve sans larmes, sans deuil, sans dignité. Deux ou trois visites à Saint-James, quelques soirées au fond d'une baignoire de petit théâtre derrière le grillage où se cloître le plaisir défendu et honteux, c'étaient les seuls souvenirs que lui laissait cette liaison de deux semaines, cette faute sans amour où son orgueil même n'avait pu se satisfaire par l'éclat d'un beau scandale. La souillure inutile et ineffaçable, la chute bête en plein ruisseau d'une femme qui ne sait pas marcher, et que gêne pour se relever l'ironique pitié des passants.

Un instant elle pensa au suicide, puis l'idée qu'on l'attribuerait à un désespoir de cœur l'arrêta. Elle vit d'avance l'attendrissement sentimental des salons, la sotte figure que ferait sa prétendue passion au milieu des innombrables bonnes fortunes du duc, et les violettes de Parme effeuillées par les jolis Moëssard du journalisme sur sa tombe creusée si proche de l'autre. Il lui restait le voyage, un de ces voyages tellement lointains qu'ils dépaysent jusqu'aux pensées. Malheureusement l'argent manquait. Alors elle se souvint qu'au lendemain de son grand succès à l'Exposition, le vieux Brahim-Bey était venu la voir, lui faire au nom de son maître des propositions magnifiques pour de grands travaux à exécuter à Tunis. Elle avait dit non, à ce moment-là, sans se laisser tenter par des prix orientaux, une hospitalité splendide, la plus belle cour du Bardo comme atelier avec son pourtour d'arcades en dentelle. Mais à présent elle voulait bien. Elle n'eut qu'un signe à faire, le marché fut tout de suite conclu, et après un échange de dépêches, un emballage hâtif et la maison fermée, elle prit le chemin de la gare comme pour une absence de huit jours, étonnée elle-même de sa prompte décision, flattée dans tous les côtés aventureux et artistiques de sa nature par l'espoir d'une vie nouvelle sous un climat inconnu.

Le yacht de plaisance du bey devait l'attendre à Gênes; et d'avance, fermant les yeux dans le fiacre qui l'emmenait, elle voyait les pierres blanches d'un port italien enserrant une mer irisée où le soleil avait déjà des lueurs d'Orient, où tout chantait, jusqu'au gonflement des voiles sur le bleu. Justement ce jour-là Paris était boueux, uniformément gris, inondé d'une de ces pluies continues qui semblent faites pour lui seul, être montées en nuages de son fleuve, de ses fumées, de son haleine de monstre, et redescendues en ruissellement de ses toits, de ses gouttières, des innombrables fenêtres de ses mansardes. Félicia avait hâte de le fuir, ce triste Paris, et son impatience fiévreuse s'en prenait au cocher qui ne marchait pas, aux chevaux, deux vraies rosses de fiacre, à un encombrement inexplicable de voitures, d'omnibus refoulés aux abords du pont de la Concorde.

« Mais allez donc, cocher, allez donc...

— Je ne peux pas, Madame...; c'est l'enterrement. »

Elle mit la tête à la portière et la retira tout de suite, épouvantée. Une haie de soldats marchant le fusil renversé, une confusion de casques, de coiffures soulevées au-dessus des fronts sur le passage d'un interminable cortége. C'était l'enterrement de Mora qui défilait...

« Ne restez pas là... Faites le tour..., cria-t-elle au cocher... »

La voiture vira péniblement, s'arrachant à regret à ce spectacle superbe que Paris attendait depuis quatre jours, remonta les avenues, prit la rue Montaigne, et, de son petit trot rechigné et lambin déboucha à la Madeleine par le boulevard Malesherbes. Ici, l'encombrement était plus fort, plus compacte. Dans la pluie brumeuse, les vitraux de l'église illuminés, le retentissement sourd des chants funèbres sous les tentures noires prodiguées où disparaissait même la forme du temple grec, remplissaient toute la place de l'office en célébration, tandis que la plus grande partie de l'immense convoi se pressait encore dans la rue Royale, jusque vers les ponts, longue ligne noire rattachant le défunt à cette grille du Corps législatif qu'il avait si souvent franchie. Au delà de la Madeleine, la chaussée des boulevards s'ouvrait toute vide, élargie, entre deux haies de soldats, l'arme au pied, contenant les curieux sur les trottoirs noirs de monde, tous les magasins fermés, et les balcons, malgré la pluie, débordant de corps penchés en avant dans la direction de l'église, comme pour un passage de bœuf gras ou une rentrée de troupes victorieuses. Paris, affamé de spectacles, s'en fait indifféremment avec tout, aussi bien la guerre civile que l'enterrement d'un homme d'État...

Il fallut que le fiacre revînt encore sur ses pas, fît un nouveau détour, et l'on se figure la mauvaise humeur du cocher et de ses bêtes, tous trois Parisiens dans l'âme et furieux de se priver d'une si belle représentation. Alors commença par les rues désertes et silencieuses, toute la vie de Paris s'étant portée dans la grande artère du boulevard, une course capricieuse et désordonnée, un trimballement insensé de fiacre à l'heure, touchant aux points extrêmes du faubourg Saint-Martin, du faubourg Saint-Denis, redescendant vers le centre et retrouvant toujours à bout de circuits et de ruses le même obstacle embusqué, le même attroupement, quelque tronçon du noir défilé entrevu dans l'écartement d'une rue, se déroulant lentement sous la pluie au son des tambours voilés, son mat et lourd comme celui de la terre s'éboulant dans un trou.

Quel supplice pour Félicia! C'étaient sa faute et son remords qui traversaient Paris dans cette pompe solennelle, ce train funèbre, ce deuil public reflété jusqu'aux nuages; et l'orgueilleuse fille se révoltait contre cet affront que lui faisaient les choses, le fuyait au fond de la voiture, où elle restait les yeux fermés, anéantie, tandis que la vieille Crenmitz, croyant à son chagrin la voyant si nerveuse, s'efforçait de la consoler, pleurait elle-même sur leur séparation, et, se cachant aussi, laissait toute la portière du fiacre au grand sloughi algérien, sa tête fine flairant le vent, et ses deux pattes despotiquement appuyées avec une raideur héraldique. Enfin, après mille détours interminables, le fiacre s'arrêta tout à coup, s'ébranla encore péniblement au milieu de cris et d'injures, puis ballotté, soulevé, les bagages de son faîte menaçant son équilibre, il finit par ne plus bouger, arrêté, maintenu, comme à l'ancre.

« Bon Dieu! que de monde!... murmura la Crenmitz, terrifiée. »

Félicia sortit de sa torpeur:

« Où sommes-nous donc? »

Sous un ciel incolore, enfumé, rayé d'une pluie à fins réseaux tendue en gaze sur la réalité des choses, une place s'étendait, un carrefour immense comblé par un océan humain s'écoulant de toutes les voies aboutissantes, immobilisé là autour d'une haute colonne de bronze qui dominait cette houle comme le mât gigantesque d'un navire sombré. Des cavaliers par escadrons, le sabre au poing, des canons en batteries s'espaçaient au bord d'une travée libre, tout un appareil farouche attendant celui qui devait passer tout à l'heure, peut-être pour essayer de le reprendre, l'enlever de vive force à l'ennemi formidable qui l'emmenait. Hélas! Toutes les charges de cavalerie, toutes les canonnades n'y pouvaient plus rien. Le prisonnier s'en allait solidement garrotté, défendu par une triple muraille de bois dur, de métal et de velours inaccessible à la mitraille, et ce n'était pas de ces soldats qu'il pouvait espérer sa délivrance.

« Allez-vous-en... je ne veux pas rester là, » dit Félicia furieuse, attrapant le carrick mouillé du cocher, prise d'une terreur folle à l'idée du cauchemar qui la poursuivait, de ce qu'elle entendait venir dans un affreux roulement encore lointain, plus proche de minute en minute. Mais, au premier mouvement des roues, les cris, les huées recommencèrent. Pensant qu'on le laisserait franchir la place, le cocher avait pénétré à grand'peine jusqu'aux premiers rangs de la foule maintenant refermée derrière lui et refusant de lui livrer passage. Nul moyen de reculer ou d'avancer. Il fallait rester là, supporter ces haleines de peuple et d'alcool, ces regards curieux allumés d'avance pour un spectacle exceptionnel, et dévisageant la belle voyageuse qui décampait avec « que ça de malles! » et un toutou de cette taille pour défenseur. La Crenmitz avait une peur horrible; Félicia, elle, ne songeait qu'à une chose, c'est qu'il allait passer devant elle, qu'elle serait au premier rang pour le voir.

Tout à coup un grand cri : « Le voilà! » puis le silence se fit sur toute la place débarrassée de trois lourdes heures d'attente.

Il arrivait.

Le premier mouvement de Félicia fut de baisser le

store de son côté, du côté où le défilé allait avoir lieu. Mais, au roulement tout proche des tambours, prise d'une rage nerveuse de ne pouvoir échapper à cette obsession, peut-être aussi gagnée par la malsaine curiosité environnante, elle fit sauter le store brusquement, et sa petite tête ardente et pâle se campa sur ses deux poings à la portière:

« Tiens! tu veux... Je te regarde... »

C'était ce qu'on peut voir de plus beau comme funérailles, les honneurs suprêmes rendus dans tout leur vain apparat aussi sonore, aussi creux que l'accompagnement rhythmé des peaux d'âne tendues de crêpe. D'abord les surplis blancs du clergé entrevus dans le deuil des cinq premiers carrosses; ensuite, traînés par six chevaux noirs, vrais chevaux de l'Érèbe, aussi noirs, aussi lents, aussi pesants que son flot, s'avançait le char funèbre, tout empanaché, frangé, brodé d'argent, de larmes lourdes, de couronnes héraldiques surmontant des M gigantesques, initiales fatidiques qui semblaient celles de la Mort elle-même, la Mort duchesse décorée des huit fleurons.

Tant de baldaquins et de massives tentures dissimulaient la vulgaire carcasse du corbillard, qu'il frémissait, se balançait à chaque pas, de la base au faîte comme écrasé par la majesté de son mort. Sur le cercueil, l'épée, l'habit, le chapeau brodé, défroque de parade qui n'avait jamais servi, reluisaient d'or et de nacre dans la chapelle sombre des tentures parmi l'éclat des fleurs nouvelles qui disaient la date printanière malgré la maussaderie du ciel. A dix pas de distance, les gens de la maison du duc; puis derrière, dans un isolement majestueux, l'officier en manteau portant les pièces d'honneur, véritable étalage de tous les ordres du monde entier, croix, rubans multicolores, qui débordaient du coussin de velours noir à crépines d'argent.

Le maître des cérémonies venait ensuite devant le bureau du Corps législatif, une douzaine de députés désignés par le sort, ayant au milieu d'eux la grande taille du Nabab dans l'étrenne du costume officiel, comme si l'ironique fortune avait voulu donner au représentant à l'essai un avant-goût de toutes les joies parlementaires. Les amis du défunt, qui suivaient, formaient un groupe assez restreint, singulièrement bien choisi pour mettre à nu le superficiel et le vide de cette existence de grand personnage réduite à l'intimité d'un directeur de théâtre trois fois failli, d'un marchand de tableaux enrichi par l'usure, d'un gentilhomme taré et de quelques viveurs et boulevardiers sans renom. Jusque-là tout le monde allait à pied et tête nue; à peine dans le bureau parlementaire quelques calottes de soie noire qu'on avait mises timidement en approchant des quartiers populeux. Après, commençaient les voitures.

A la mort d'un grand homme de guerre, il est d'usage de faire suivre le convoi par le cheval favori du héros, son cheval de bataille, obligé de régler au pas ralenti du cortège cette allure fringante qui dégage des odeurs de poudre et des flamboiements d'étendards. Ici le grand coupé de Mora, ce « huit-ressorts » qui le portait aux assemblées mondaines ou politiques, tenait la place de ce compagnon des victoires, ses panneaux tendus de noir, ses lanternes enveloppées de longs crêpes légers flottant jusqu'à terre avec je ne sais quelle grâce féminine ondulante. C'était une nouvelle mode funéraire, ces lanternes voilées, le suprême « chic » du deuil; et il seyait bien à ce dandy de donner une dernière leçon d'élégance aux Parisiens accourus à ses obsèques comme à un Longchamps de la mort.

Encore trois maîtres de cérémonie, puis venait l'impassible pompe officielle, toujours la même pour les mariages, les décès, les baptêmes, l'ouverture des Parlements ou les réceptions de souverains, l'interminable cortège des carrosses de gala, étincelants, larges glaces, livrées voyantes chamarrées de dorures, qui passaient au milieu du peuple ébloui auquel ils rappelaient les contes de fées, les attelages de Cendrillon, en soulevant de ces « Oh ! » d'admiration qui montent et s'épanouissent avec les fusées, les soirs des feux d'artifice. Et dans la foule il se trouvait toujours un sergent de ville complaisant, un petit bourgeois érudit et flâneur, à l'affût des cérémonies publiques, pour nommer à haute voix tous les gens des voitures à mesure qu'elles défilaient avec leurs escortes réglementaires de dragons, cuirassiers ou gardes de Paris.

D'abord les représentants de l'empereur, de l'impératrice, de toute la famille impériale; après, dans un ordre hiérarchique savamment élaboré et auquel la moindre infraction aurait pu causer de graves conflits entre les différents corps de l'État, les membres du conseil privé, les maréchaux, les amiraux, le grand chancelier de la Légion d'honneur, ensuite le Sénat, le Corps législatif, le Conseil d'État, toute l'organisation justicière et universitaire dont les costumes, les hermines, les coiffures vous ramenaient au temps du vieux Paris, quelque chose de pompeux et de suranné, dépaysé dans l'époque sceptique de la blouse et de l'habit noir.

Félicia, pour ne pas penser, attachait volontairement ses yeux à ce défilé monotone d'une longueur exaspérante; et peu à peu une torpeur lui venait, comme si par un jour de pluie sur le guéridon d'un salon ennuyeux elle eût feuilleté un album colorié, une histoire du costume officiel depuis les temps les plus reculés jusqu'à nos jours. Tous ces gens, vus de profil, immobiles et droits derrière les larges panneaux de glace avaient bien la physionomie de personnages d'enluminures avancés au bord des banquettes pour qu'on ne perdît rien de leurs broderies d'or, de leurs palmes, de leurs galons, de leurs soutaches, mannequins voués à la curiosité de la foule et s'y exposant d'un air indifférent et détaché.

L'indifférence!... C'était là le caractère très-particulier de ces funérailles. On la sentait partout, sur les visages et dans les cœurs, aussi bien parmi tous ces fonctionnaires dont la plupart avaient connu le duc de vue seulement, que dans les rangs à pied entre son corbillard et son coupé, l'intimité étroite ou le service de tous les jours. Indifférent et même joyeux, le gros ministre vice-président du conseil, qui, de sa poigne robuste habituée à fendre le bois des tribunes, tenait solidement les cordons du poêle, avait l'air de le tirer en avant, plus pressé que les chevaux et le corbillard de mener à ses six pieds de terre l'ennemi de vingt ans, l'éternel rival, l'obstacle à toutes les ambitions. Les trois autres dignitaires n'avançaient pas avec cette même vigueur de cheval de remonte, mais les longues laisses flottaient dans leurs mains excédées ou distraites, d'une mollesse significative. Indifférents les prêtres, par profession. Indifférents les gens de service, qu'il n'appelait jamais que « chose, » et qu'il traitait, en effet, comme des choses. Indifférent M. Louis, dont c'était le dernier jour de servitude, esclave devenu affranchi, assez riche pour payer sa rançon. Même chez les intimes, ce froid glacial avait pénétré. Pourtant quelques-uns lui étaient très-attachés. Mais Cardailhac surveillait trop l'ordre et la marche de la cérémonie pour se livrer au moindre attendrissement, d'ailleurs en dehors de sa nature. Le vieux Monpavon, frappé au cœur, aurait trouvé d'une tenue déplorable tout à fait indigne de son illustre ami la moindre flexion de sa cuirasse de toile et de sa haute taille. Ses yeux restaient secs, aussi luisants que jamais, puisque les Pompes funèbres fournissent les larmes des grands deuils, brodées d'argent sur drap noir. Quelqu'un pleurait cependant, là-bas, parmi les membres du bureau; mais celui-là s'attendrissait bien naïvement sur lui-même. Pauvre Nabab, amolli par ces musiques, cette pompe, il lui semblait qu'il enterrait toute sa fortune, toutes ses ambitions de gloire et de dignité. Et c'était encore une variété d'indifférence.

Dans le public le contentement d'un beau spectacle, cette joie de faire d'un jour de semaine un dimanche dominaient tout autre sentiment. Sur le parcours des boulevards, les spectateurs des balcons auraient presque applaudi; ici, dans les quartiers populeux, l'irrévérence se manifestait encore plus franchement. Des blagues, des mots de voyou sur le mort et ses frasques que tout Paris connaissait, des rires soulevés par les grands chapeaux des rabbins, la « touche » du conseil des prud'hommes, se croisaient dans l'air entre deux roulements de tambour. Les pieds dans l'eau, en blouse, en bourgeron, la casquette levée par habitude, la misère, le travail forcé, le chômage et la grève, regardaient passer en ricanant cet habitant d'une autre sphère, ce brillant duc descendu de tous ses honneurs, et qui jamais peut-être de son vivant n'avait abordé cette extrémité de ville. Mais voilà. Pour arriver là-haut où tout le monde va, il faut prendre la route de tout le monde, le faubourg Saint-Antoine, la rue de la Roquette, jusqu'à cette grande porte d'octroi si largement ouverte sur l'infini.. Et dame! cela semble bon de voir que des seigneurs comme Mora, des ducs, des ministres, remontent tous le même chemin pour la même destination. Cette égalité dans la mort console de bien des injustices de la vie. Demain, le pain semblera moins cher, le vin meilleur, l'outil moins lourd, quand on pourra se dire en se levant : « Tout de même, ce vieux Mora, il y est venu comme les autres !... »

Le défilé continuait toujours, plus fatigant encore que lugubre. A présent c'étaient des sociétés chorales, les députations de l'armée, de la marine, officiers de toutes armes, se pressant en troupeau devant une longue file de véhicules vides, voitures de deuil, voitures de maîtres alignées là pour l'étiquette; puis les troupes suivaient à leur tour, et dans le faubourg sordide, cette longue rue de la Roquette déjà fourmillante à perte de vue, s'engouffrait toute une armée, fantassins, dragons, lanciers, carabiniers, lourds canons la gueule en l'air, prêts à aboyer, ébranlant les pavés et les vitres, mais ne parvenant pas à couvrir le ronflement des tambours, ronflement sinistre et sauvage qui rappelait l'imagination de Félicia vers ces funérailles de Négous africains où des milliers de victimes immolées accompagnent l'âme d'un prince pour qu'elle ne s'en aille pas seule au royaume des esprits, et lui faisait penser que peut-être cette pompeuse et interminable suite allait descendre et disparaître dans la fosse surhumaine assez grande pour la contenir toute.

« ... *Maintenant et à l'heure de notre mort. Ainsi soit-il,* » murmura la Crenmitz pendant que le fiacre s'ébranlait sur la place éclaircie où la Liberté toute en or semblait prendre là-haut dans l'espace une magique envolée; et cette prière de la vieille danseuse fut peut-être la seule note émue et sincère soulevée sur l'immense parcours des funérailles.

Tous les discours sont finis, trois longs discours aussi glacials que le caveau où le mort vient de descendre, trois déclamations officielles qui ont surtout fourni aux orateurs l'occasion de faire parler bien haut leur dévouement aux intérêts de la Dynastie. Quinze fois les canons ont frappé les échos nombreux du cimetière, agité les couronnes de jais et d'immortelles, les ex-votos légers pendus aux angles des entourages, et tandis qu'une buée rougeâtre flotte et roule dans une odeur de poudre à travers la ville des morts, monte et se mêle lentement aux fumées d'usine du quartier plébéien, l'innombrable assemblée se disperse aussi, disséminée par les rues en pente, les hauts escaliers tout blancs dans la verdure, avec un murmure confus, un ruissellement de flots sur les roches. Robes pourpres, robes noires, habits bleus et verts, aiguillettes d'or, fines épées qu'on assure de la main en marchant, se hâtent de rejoindre les voitures. On échange de grands saluts, des sourires discrets, pendant que les carrosses de deuil dégringolent les allées au galop, montrent des alignements de cochers noirs, le dos arrondi, le chapeau en bataille, le carrick flottant au vent de la course.

L'impression générale, c'est le débarras d'une longue et fatigante figuration, un empressement légitime à aller quitter le harnais administratif, les costumes de cérémonie, à déboucler les ceinturons, les hausse-cols et les rabats, à détendre les physionomies qui, elles aussi, portaient des entraves.

Lourd et court, traînant péniblement ses jambes enflées, Hemerlingue se dépêchait vers la sortie, résistant aux offres qu'on lui faisait de monter dans les voitures, sachant bien que la sienne seule était à la mesure de son éléphantiasis.

« Baron, baron, par ici... Il y a une place pour vous.
— Non, merci. Je marche pour me dégourdir. »

Et, afin d'éviter ces propositions qui à la longue le gênaient, il prit une allée transversale presque déserte, trop déserte même, car à peine y fut-il engagé que le baron le regretta. Depuis son entrée dans le cimetière, il n'avait qu'une préoccupation, la peur de se trouver face à face avec Jansoulet dont il connaissait la violence, et qui pourrait bien oublier la majesté du lieu, renouveler en plein Père-Lachaise le scandale de la rue Royale. Deux ou trois fois pendant la cérémonie, il avait vu la grosse tête de l'ancien copain émerger de cette quantité de types incolores dont l'assistance était pleine et se diriger vers lui, le chercher avec le désir d'une rencontre. Encore là-bas, dans la grande allée, on aurait eu du monde en cas de malheur, tandis qu'ici... Brr... C'est cette inquiétude qui lui faisait forcer son pas court, son haleine soufflante; mais en vain. Comme il se retournait dans sa peur d'être suivi, les hautes et robustes épaules du Nabab apparurent à l'entrée de l'allée. Impossible au poussah de se faufiler dans l'étroit écart des tombes si serrées que la place y manque aux agenouillements. Le sol gras et détrempé glissait, s'enfonçait sous ses pieds. Il prit le parti de marcher d'un air indifférent, comptant que l'autre ne le reconnaîtrait peut-être pas. Mais une voix éraillée et puissante cria derrière lui :

« Lazare ! »

Il s'appelait Lazare, ce richard. Il ne répondit pas, essaya de rejoindre un groupe d'officiers qui marchait devant lui, très-loin.

« Lazare ! Oh ! Lazare ! »

Comme autrefois sur le quai de Marseille... Il fut tenté de s'arrêter sous le coup d'une ancienne habitude, puis le souvenir de ses infamies, de tout le mal qu'il avait fait au Nabab, qu'il était en train de lui faire encore, lui revint tout à coup avec une peur horrible poussée au paroxysme, lorsqu'une main de fer brusquement le harponna. Une sueur de lâcheté courut par tous ses membres avachis, son visage jaunit encore, ses yeux clignotèrent au vent de la formidable claque qu'il attendait venir, tandis que ses gros bras se levaient instinctivement pour parer le coup.

« Oh ! n'aie pas peur... Je ne te veux pas de mal, dit Jansoulet tristement... Seulement je viens te demander de ne plus m'en faire. »

Il s'arrêta pour respirer. Le banquier, stupide, effaré, ouvrait ses yeux ronds de chouette devant cette émotion suffocante.

« Écoute, Lazare, c'est toi qui es le plus fort à cette guerre que nous nous faisons depuis si longtemps... Je suis à terre, j'y suis, là... Les épaules ont touché... Maintenant, sois généreux, épargne ton vieux copain. Fais-moi grâce, voyons, fais-moi grâce... »

Tout tremblait en ce Méridional effondré, amolli par les démonstrations de la cérémonie funèbre. Hemerlingue, en face de lui, n'était guère plus vaillant. Cette musique noire, cette tombe ouverte, les discours, la canonnade et cette haute philosophie de la mort inévitable, tout cela lui avait remué les entrailles, à ce gros baron. La voix de son ancien camarade acheva de réveiller ce qui restait d'humain dans ce paquet de gélatine.

Son vieux copain! C'était la première fois depuis dix ans, depuis la brouille, qu'il le revoyait de si près. Que de choses lui rappelaient ces traits basanés, ces fortes épaules si mal taillées pour l'habit brodé! La couverture de laine mince et trouée, dans laquelle ils se roulaient tous deux pour dormir sur le pont du *Sinaï*, la ration partagée fraternellement, les courses dans la campagne brûlée de Marseille où l'on volait de gros oignons qu'on mangeait crus au revers d'un fossé, les rêves, les projets, les sous mis en commun, et quand la fortune commença à leur sourire, les farces qu'ils avaient faites ensemble, les bons petits soupers fins où l'on se disait tout, les coudes sur la table.

Comment peut-on en arriver à se brouiller quand on se connaît si bien, quand on a vécu comme deux jumeaux pendus à une maigre et forte nourrice, la misère, partagé son lait aigri et ses rudes caresses! Ces pensées, longues à analyser, traversaient comme un éclair l'esprit d'Hemerlingue. Presque instinctivement il laissa tomber sa main lourde dans celle que lui tendait le Nabab. Quelque chose d'animal s'émut en eux, plus fort que leur rancune, et ces deux hommes qui, depuis dix ans essayaient de se ruiner, de se déshonorer, se mirent à causer à cœur ouvert.

Généralement, entre amis qui se retrouvent, les premières effusions passées, on reste muet, comme si l'on n'avait plus rien à se conter, tandis qu'au contraire c'est l'abondance des choses, leur afflux précipité qui les empêche de sortir. Les deux copains en étaient là ; mais Jansoulet serrait bien fort le bras du banquier dans la crainte de le voir s'échapper, résister au bon mouvement qu'il venait de provoquer en lui :

« Tu n'es pas pressé, n'est-ce pas ?... Nous pouvons nous promener un moment, si tu veux... Il ne pleut plus, il fait bon... on a vingt ans de moins.

— Oui, ça fait plaisir, dit Hemerlingue... ; seulement je ne peux pas marcher longtemps..., mes jambes sont lourdes...

— C'est vrai, tes pauvres jambes... Tiens, voilà un banc, là-bas. Allons nous asseoir. Appuie-toi sur moi, mon vieux. »

Et le Nabab, avec des attentions fraternelles, le conduisait jusqu'à un de ces bancs espacés contre les tombes, où se reposent ces deuils inconsolables qui font du cimetière leur promenade et leur séjour habituels. Il l'installait, le couvait du regard, le plaignait de son infirmité, et, par un courant tout naturel dans un pareil endroit, ils en arrivaient à causer de leurs santés, de l'âge qui venait. L'un était hydropique, l'autre sujet aux coups de sang. Tous deux se soignaient par les perles Jenkins, un remède dangereux, à preuve Mora si vite enlevé.

« Mon pauvre duc! dit Jansoulet.

— Une grande perte pour le pays, fit le banquier d'un air pénétré. »

Et le Nabab naïvement :

« Pour moi surtout, pour moi, car s'il avait vécu... Ah! tu as de la chance, tu as de la chance. »

Craignant de l'avoir blessé, il ajouta bien vite :

« Et puis voilà, tu es fort, très-fort. »

Le baron le regarda en clignant de l'œil, et si drôlement, que ses petits cils noirs disparurent dans sa graisse jaune.

« Non, dit-il, ce n'est pas moi qui suis fort... C'est Marie.

— Marie?

— Oui, la baronne. Depuis son baptême, elle a quitté son nom de Yamina pour celui de Marie. C'est ça, une vraie femme. Elle connaît la banque mieux que moi, et Paris et les affaires. C'est elle qui mène tout à la maison.

— Tu es bien heureux, soupira Jansoulet. »

Sa tristesse en disait long sur ce qui manquait à mademoiselle Afchin. Puis, après un silence, le baron reprit :

« Elle t'en veut beaucoup Marie, tu sais... Elle ne sera pas contente d'apprendre que nous nous sommes parlé. »

Il fronçait son gros sourcil, comme s'il regrettait leur réconciliation, à la pensée de la scène conjugale qu'elle lui vaudrait. Jansoulet bégaya :

« Je ne lui ai rien fait pourtant...

— Allons, allons, vous n'avez pas été bien gentils pour elle... Pense à l'affront qu'elle a subi lors de notre visite de noces... Ta femme nous faisant dire qu'elle ne recevait pas les anciennes esclaves... Comme si notre amitié ne devait pas être plus forte qu'un préjugé... Les femmes n'oublient pas ces choses-là.

— Mais je n'y suis pour rien, moi, mon vieux. Tu sais comme ces Afchin sont fiers. »

Il n'était pas fier, lui, le pauvre homme. Il avait une mine si piteuse, si suppliante devant le sourcil froncé de son ami, que celui-ci en eut pitié. Décidément, le cimetière l'attendrissait, ce baron.

« Écoute, Bernard, il n'y a qu'une chose qui compte... Si tu veux que nous soyons camarades comme autrefois, que ces poignées de mains que nous avons échangées ne soient pas perdues, il faut obtenir de ma femme qu'elle se réconcilie avec vous... Sans cela rien de fait... Lorsque mademoiselle Afchin nous a refusé sa porte, tu l'as laissée faire, n'est-ce pas?... Moi de même, si Marie me disait en rentrant : « Je ne veux pas que vous soyez amis.... » toutes mes protestations ne m'empêcheraient pas de te flanquer par-dessus bord. Car il n'y a pas d'amitié qui tienne. Ce qui est encore meilleur que tout, c'est d'avoir la paix chez soi.

— Mais alors, comment faire? demanda le Nabab épouvanté.

— Je m'en vais te le dire... La baronne est chez elle tous les samedis. Viens avec ta femme, lui faire une visite après-demain. Vous trouverez à la maison la meilleure société de Paris. On ne parlera pas du passé. Ces dames causeront chiffons et toilettes, se diront ce que les femmes se disent. Et puis ce sera une affaire finie. Nous redeviendrons amis comme autrefois; et puisque tu es dans la nasse, eh bien! on t'en tirera.

— Tu crois? C'est que j'y suis terriblement, dit l'autre avec un hochement de tête. »

De nouveau les prunelles narquoises d'Hemerlingue disparurent entre ses joues comme deux mouches dans du beurre :

« Dame, oui... J'ai joué serré. Toi tu ne manques pas d'adresse... Le coup des quinze millions prêtés au bey, c'était trouvé, ça... Ah! tu as du toupet; seulement tu tiens mal tes cartes. On voit ton jeu. »

Ils avaient jusqu'ici parlé à demi-voix, impressionnés

par le silence de la grande nécropole; mais peu à peu les intérêts humains haussaient le ton au milieu même de leur néant étalé sur toutes ces pierres plates chargées de dates et de chiffres, comme si la mort n'était qu'une affaire de temps et de calcul, le résultat voulu d'un problème.

Hemerlingue jouissait de voir son ami si humble, lui donnait des conseils sur ses affaires qu'il avait l'air de connaître à fond. Selon lui le Nabab pouvait encore très-bien s'en tirer. Tout dépendait de la validation, d'une carte à retourner. Il s'agissait de la retourner bonne. Mais Jansoulet n'avait plus confiance. En perdant Mora, il avait tout perdu.

« Tu perds Mora, mais tu me retrouves. Ça se vaut, dit le banquier tranquillement.

— Non, vois-tu, c'est impossible... Il est trop tard... Le Merquier a fini son rapport. Il est effroyable, paraît-il.

— Eh bien! s'il a fini son rapport, il faut qu'il en fasse un autre moins méchant.

— Comment cela?

Le baron le regarda stupéfait :

« Ah ça! mais tu baisses, voyons... En donnant cent, deux cent, trois cent mille francs, s'il le faut...

— Y songes-tu?... Le Merquier, cet homme intègre... « Ma conscience, » comme on l'appelle... »

Cette fois le rire d'Hemerlingue éclata avec une expansion extraordinaire, roula jusqu'au fond des mausolées voisins peu habitués à tant d'irrespect.

« Ma conscience, » un homme intègre... Ah! tu m'amuses... Tu ne sais donc pas qu'elle est à moi, cette conscience, et que... »

Il s'arrêta, regarda derrière lui, un peu troublé d'un bruit qu'il entendait :

« Ecoute... »

C'était l'écho de son rire renvoyé du fond d'un caveau, comme si cette idée de la conscience de Le Merquier égayait même les morts.

« Si nous marchions un peu, dit-il, il commence à faire frais sur ce banc. »

Alors, tout en marchant entre les tombes, il lui expliqua avec une certaine fatuité pédante qu'en France les pots-de-vin jouaient un rôle aussi important qu'en Orient. Seulement on y mettait plus de façons que là-bas. On se servait de cache-pots... « Ainsi voilà Le Merquier, n'est-ce pas ?... Au lieu de lui donner ton argent tout à trac dans une grande bourse comme à un séraskier, on s'arrange. Il aime les tableaux, cet homme. Il est toujours en trafic avec Schwalbach, qui se sert de lui pour amorcer la clientèle catholique... Eh bien ! on lui offre une toile, un souvenir à accrocher sur un panneau de son cabinet. Le tout est d'y mettre le prix... Du reste, tu verras. Je te conduirai chez lui, moi. Je te montrerai comme ça se pratique. »

Et tout heureux de l'émerveillement du Nabab, qui pour le flatter exagérait encore sa stupeur, écarquillait ses yeux d'un air admiratif, le banquier élargissait sa leçon, en faisait un vrai cours de philosophie parisienne et mondaine.

« Vois-tu, copain, ce dont il faut surtout s'occuper à Paris, c'est de garder les apparences... Il n'y a que cela qui compte... les apparences!... Toi tu ne t'en inquiètes pas assez. Tu t'en vas là-dedans, le gilet déboutonné, bon enfant, racontant tes affaires, tel que tu es... Tu te promènes comme à Tunis dans les bazars, dans les souks. C'est pour cela que tu t'es fait rouler, mon brave Bernard. »

Il s'arrêta pour souffler, n'en pouvant plus. C'était en une heure beaucoup plus de pas et de paroles qu'il n'en dépensait pendant toute une année. Ils s'aperçurent alors que le hasard de leur marche et de leur conversation les avait ramenés vers la sépulture des Mora, en haut d'un terre-plein découvert d'où l'on voyait, au-dessus d'un millier de toits serrés, Montmartre, les buttes Chaumont moutonner dans le lointain en hautes vagues. Avec la colline du Père-Lachaise cela figurait bien ces trois ondulations se suivant à égale distance, dont se compose chaque élan de la mer à l'heure du flux. Dans les plis de ces abîmes, des lumières clignotaient déjà, comme des falots de barque, à travers les buées violettes qui montaient; des cheminées s'élançaient ainsi que des mâts ou des tuyaux de steamers soufflant leur fumée; et roulant tout cela dans son mouvement ondulé, l'océan parisien, en trois bonds chaque fois diminués, semblait l'apporter au noir rivage. Le ciel s'était largement éclairci comme il arrive souvent à la fin des jours de pluie, un ciel immense, nuancé de teintes d'aurore, sur lequel le tombeau familial des Mora dressait quatre figures allégoriques, implorantes, recueillies, pensives, dont le jour mourant grandissait les attitudes. Rien n'était resté là des discours, des condoléances officielles. Le sol piétiné tout autour, des maçons occupés à laver le seuil maculé de plâtre rappelaient seulement l'inhumation récente.

Tout à coup la porte du caveau ducal se referma de toute sa pesanteur métallique. Désormais, l'ancien ministre d'État restait seul, bien seul, dans l'ombre de sa nuit, plus épaisse que celle qui montait alors du bas du jardin, envahissant les allées tournantes, les escaliers, la base des colonnes, pyramides, cryptes de tout genre, dont le faîte était plus lent à mourir. Des terrassiers, tout blancs de cette blancheur crayeuse des os desséchés, passaient avec leurs outils et leurs besaces. Des deuils furtifs, s'arrachant à regret aux larmes et à la prière, glissaient le long des massifs et les frôlaient d'un vol silencieux d'oiseaux de nuit, tandis qu'aux extrémités du Père-Lachaise des voix s'élevaient, appels mélancoliques annonçant fermeture. La journée du cimetière était finie. La ville des morts, rendue à la nature, devenait un bois immense aux carrefours marqués de croix. Au fond d'un vallon, une maison de garde allumait ses vitres. Un frémissement courait, se perdait en chuchotements au bout des allées confuses.

« Allons-nous-en... » se dirent les deux copains impressionnés peu à peu de ce crépuscule plus froid qu'ailleurs ; mais avant de s'éloigner, Hemerlingue, poursuivant sa pensée, montra le monument ailé des quatre coins par les draperies, les mains tendues de ses sculptures :

— Tiens ! C'est celui-là qui s'y entendait à garder les apparences. »

Jansoulet lui prit le bras pour l'aider à la descente :

« Ah ! oui, il était fort... Mais toi, tu es encore plus fort que tous,... disait-il avec sa terrible intonation gasconne. »

Hemerlingue ne protesta pas.

« C'est à ma femme que je le dois... Aussi je t'engage à faire ta paix avec elle, parce que sans ça...

— Oh ! n'aie pas peur... nous viendrons samedi... mais tu me conduiras chez Le Merquier. »

Et pendant que les deux silhouettes, l'une haute, carrée, l'autre massive et courte disparaissaient dans les détours du grand labyrinthe, pendant que la voix de Jansoulet guidant son ami : « par ici, mon vieux... appuie-toi bien, » se perdait insensiblement, un rayon égaré du couchant éclairait derrière eux, sur le terre-plein, le buste expressif et colossal, au large front sous les cheveux longs et relevés, à la lèvre puissante et ironique, de Balzac qui les regardait...

XX

LA BARONNE HEMERLINGUE

Tout au bout de la longue voûte sous laquelle se trouvaient les bureaux d'Hemerlingue et fils, noir tunnel que le père Joyeuse avait pendant dix ans pavoisé et illuminé de ses rêves, un escalier monumental à rampe en fer ouvragé, un escalier du vieux Paris, montait vers la gauche aux salons de réception de la baronne prenant jour sur la cour juste au-dessus de la caisse, si bien que, pendant la belle saison, lorsque tout reste ouvert, le tintement des pièces d'or, le fracas des piles d'écus écroulées sur les comptoirs, un peu adouci par les hautes et moelleuses tentures des fenêtres, faisait un accompagnement mercantile aux conversations susurrées par le catholicisme mondain.

Cela donnait tout de suite la physionomie de ce salon non moins étrange que celle qui en faisait les honneurs, mêlant un vague bouquet de sacristie aux agitations de la Bourse et à la mondanité la plus raffinée, éléments hétérogènes qui se croisaient, se rencontraient là sans cesse, mais restaient séparés, comme la Seine sépare le noble faubourg catholique sous le patronage duquel s'était opérée l'éclatante conversion de la musulmane et les quartiers financiers où Hemerlingue avait sa vie et ses relations. La société levantine, assez nombreuse à Paris, composée en grande partie de Juifs allemands, banquiers ou commissionnaires, qui, après avoir fait en Orient des fortunes colossales, trafiquent encore ici pour n'en pas perdre l'habitude, se montrait assidue aux jours de la baronne. Les Tunisiens de passage ne manquaient jamais de venir voir la femme du grand banquier en faveur, et le vieux colonel Brahim, le chargé d'affaires du bey, avec sa bouche flasque et ses yeux éraillés, faisait son somme tous les samedis au coin du même divan.

« Votre salon sent le roussi, ma petite fille, disait en riant la vieille princesse de Dions à la nouvelle Marie que maître Le Merquier et elle avaient tenue sur les fonts baptismaux ; mais la présence de ces nombreux hérétiques, Juifs, musulmans et même renégats, de ces grosses femmes couperosées, fagotées, chargées d'or, de pendeloques, des « vrais paquets, » n'empêchait pas le faubourg Saint-Germain de visiter, d'entourer, de surveiller la jeune catéchumène, le joujou de ces nobles dames, une poupée bien souple, bien docile que l'on montrait, que l'on promenait, dont on citait les naïvetés évangéliques, piquantes surtout par le contraste du passé. Peut-être se glissait-il au fond du cœur de ces aimables patronnesses l'espoir de rencontrer dans ce monde retour d'Orient quelque nouvelle conversion à faire, l'occasion de remplir encore l'aristocratique chapelle des Missions du spectacle si émouvant d'un de ces baptêmes d'adultes qui vous transportent aux premiers temps de la foi, là-bas, vers les rives du Jourdain, et sont bientôt suivis de la première communion, du renouvellement, de la confirmation, tous prétextes pour la marraine d'accompagner sa filleule, de guider cette jeune âme, d'assister aux transports naïfs d'une croyance neuve, et aussi d'arborer des toilettes variées, nuancées à l'éclat ou au sentiment de la cérémonie. Mais il n'arrive pas communément qu'un haut baron financier amène à Paris une esclave arménienne dont il a fait sa légitime épouse.

Esclave! C'était cela la tare dans ce passé de femme d'Orient, jadis achetée au bazar d'Andrinople pour le compte de l'empereur du Maroc, puis, à la mort de l'empereur et à la dispersion de son harem, vendue au jeune bey Ahmed. Hemerlingue l'avait épousée à sa sortie de ce nouveau sérail, mais sans pouvoir la faire accepter à Tunis, où aucune femme, Mauresque, Turque, Européenne, ne consentit à traiter une ancienne esclave d'égale à égale, par un préjugé assez semblable à celui qui sépare la créole de la quarteronne la mieux déguisée. Il y a là une répugnance invincible que le ménage Hemerlingue retrouva jusque dans Paris, où les colonies étrangères se constituent en petits cercles remplis de susceptibilités et de traditions locales. Yamina passa ainsi deux ou trois ans dans une solitude complète dont elle sut bien utiliser tous les rancœurs et les loisirs, car c'était une femme ambitieuse, d'une volonté, d'un entêtement extraordinaires. Elle apprit à fond la langue française, dit adieu pour toujours à ses vestes brodées et à ses pantalons de soie rose, sut assouplir sa taille et sa démarche aux toilettes européennes, à l'embarras des longues jupes, puis, un soir d'opéra, montra aux Parisiens émerveillés la silhouette encore un peu sauvage, mais fine, élégante, et si originale d'une musulmane décolletée par Léonard.

Le sacrifice de la religion suivit de près celui du costume. Depuis longtemps madame Hemerlingue avait renoncé à toute pratique mahométane, quand maître Le Merquier, l'intime du ménage et son cicérone à Paris, leur démontra qu'une conversion solennelle de la baronne lui ouvrirait les portes de cette partie du monde parisien dont l'accès semble être devenu de plus en plus difficile, à mesure que la société s'est démocratisée tout autour. Le faubourg Saint-Germain une fois conquis, tout le reste suivrait. Et, en effet, lorsqu'après le retentissement du baptême, on sut que les plus grands noms de France ne dédaignaient pas de se rencontrer aux samedis de la baronne Hemerlingue, les dames Gügenheim, Fuernberg, Caraïscaki, Maurice Trott, toutes épouses de fez millionnaires et célèbres sur les marchés de Tunis, renonçant à leurs préventions, sollicitèrent d'être admises chez l'ancienne esclave. Seule, madame Jansoulet, nouvellement débarquée avec un stock d'idées orientales encombrantes dans son esprit, comme son narghilé, ses œufs d'autruche, tout le bibelot tunisien l'était dans son intérieur, protesta contre ce qu'elle appelait une inconvenance, une lâcheté, et déclara qu'elle ne mettrait jamais les pieds chez « ça. » Il se fit aussitôt chez les dames Gügenheim, Caraïscaki, et autres paquets, un petit mouvement rétrograde, comme il arrive à Paris chaque fois qu'autour d'une position irrégulière en train de se régulariser quelque résistance tenace entraîne des regrets et des défections. On s'était trop avancé pour se retirer, mais on tint à faire mieux sentir le prix de sa bienveillance, le sacrifice de ses préjugés; et la baronne Marie comprit très-bien la nuance rien que dans le ton protecteur des Levantines la traitant de « ma chère enfant... ma bonne petite, » avec une hauteur un peu méprisante. Dès lors sa haine contre les Jansoulet ne connut plus de bornes, une haine de sérail compliquée et féroce, avec l'étranglement au bout et la noyade silencieuse, un peu plus difficile à pratiquer à Paris que sur les rives du lac d'El Baheira, mais dont elle préparait déjà le sac solide terminé en garrot.

Cet acharnement expliqué et connu, on se figure quelle surprise, quelle agitation dans ce coin de société exotique, quand la nouvelle se répandit que, non-seulement la grosse Afchin — comme l'appelaient ces dames — consentait à voir la baronne, mais qu'elle devait lui faire la première visite à son prochain samedi. Pensez que ni les Fuernberg, ni les Trott ne voulurent manquer une pareille fête. La baronne, de son côté, fit tout pour donner le plus d'éclat possible à cette réparation solennelle, écrivit, visita, se remua si bien que, malgré la saison déjà très-avancée, madame Jansoulet, en arrivant vers quatre heures à l'hôtel du faubourg Saint-Honoré, aurait pu voir devant la haute porte cintrée, à côté de la discrète livrée feuille morte de la princesse de Dions et de beaucoup de blasons authentiques, les armes parlantes, prétentieuses, les roues multicolores d'une foule d'équipages financiers et les grands laquais poudrés des Caraïscaki.

En haut, dans les salons de réception, même assemblage bizarre et glorieux. C'était un va-et-vient sur les tapis des deux premières pièces désertes, un passage de froissements soyeux, jusqu'au boudoir où la baronne se tenait, partageant ses attentions, ses cajoleries entre les deux camps bien distincts; d'un côté, des toilettes sombres, d'apparence modeste, d'une recherche appréciable seulement aux yeux exercés, de l'autre, un printemps tapageur à couleurs vives, corsages opulents, diamants prodigués, écharpes flottantes, modes d'exportation où l'on sentait comme un regret de climat plus chaud et de vie luxeuse étalée. De grands coups d'éventails par ici, des chuchotements discrets par là Très-peu d'hommes, quelques jeunes gens bien pensants, muets, immobiles, suçant la pomme de leurs cannes, deux ou trois figures de schumaker, debout derrière le large dos de leurs épouses, parlant la tête basse comme s'ils proposaient des objets de contrebande ; dans un coin, la belle barbe patriarcale et le camail violet d'un évêque orthodoxe d'Arménie.

La baronne, pour essayer de rallier ces diversités mondaines, pour garder son salon plein jusqu'à la fameuse entrevue, se déplaçait continuellement, tenait tête à dix conversations différentes, élevant sa voix harmonieuse et veloutée au diapason gazouillant qui distingue les Orientales, enlaçante et caline, l'esprit souple comme la taille, abordant tous les sujets, et mêlant ainsi qu'il convient la mode et les sermons de charité, les théâtres et les ventes, la faiseuse et le confesseur. Un grand charme personnel se joignait à cette science acquise de la maîtresse de maison, science visible jusque dans sa mise toute noire et très-simple qui faisait ressortir sa pâleur de cloître, ses yeux de houri, ses cheveux brillants et nattés, séparés sur un front étroit et pur ; un front, dont la bouche trop mince accentuait le mystère, fermant aux curieux tout le passé varié et déjà si rempli de cette ancienne cadine, qui n'avait pas d'âge, ignorait elle-même la date de sa naissance, ne se souvenait pas d'avoir été enfant.

Évidemment si la puissance absolue du mal, très-rare chez les femmes que leur nature physique impressionnable livre à tant de courants divers, pouvait tenir dans une âme, c'était bien dans celle de cette esclave faite aux concessions et aux bassesses, révoltée, mais patiente, et maîtresse d'elle-même comme toutes celles que l'habitude d'un voile abaissé sur les yeux a accoutumées à mentir sans danger ni scrupule.

En ce moment personne n'aurait pu se douter de l'angoisse qui l'agitait, à la voir agenouillée devant la princesse, vieille bonne femme sans façon, de qui la Fuernberg disait tout le temps : « Si c'est une princesse, ça ! »

« Oh ! je vous en prie, ma marraine, ne vous en allez pas encore. »

Elle l'enveloppait de toutes sortes de câlineries, de grâces, de petites mines, sans lui avouer, bien entendu, qu'elle tenait à la garder jusqu'à l'arrivée de Jansoulet pour la faire servir à son triomphe.

« C'est que, disait la bonne dame en montrant le majestueux Arménien, silencieux et grave, son chapeau à glands sur les genoux, j'ai à conduire ce pauvre monseigneur au *Grand Saint-Christophe* pour acheter des médailles. Il ne s'en tirerait pas sans moi.

— Si, si, je veux... Il faut... Encore quelques minutes. »

Et la baronne jetait un regard furtif vers l'antique et somptueux cartel accroché dans un angle du salon.

Déjà cinq heures, et la grosse Afchin n'arrivait pas. Les Levantines commençaient à rire derrière leurs éventails. Heureusement on venait de servir du thé, des vins d'Espagne, une foule de pâtisseries turques délicieuses qu'on ne trouvait que là et dont les recettes rapportées par la cadine se conservent dans les harems comme certains secrets de confiserie raffinée dans nos couvents. Cela fit une diversion. Le gros Hemerlingue qui, le samedi, sortait de temps en temps de son bureau pour venir saluer ces dames, buvait un verre de madère près de la petite table de service, en causant avec Maurice Trott, l'ancien baigneur de Saïd-Pacha, quand sa femme s'approcha de lui, toujours douce et paisible. Il savait quelle colère devait recouvrir ce calme impénétrable, et lui demanda tout bas, timidement :

« Personne?

— Personne... Vous voyez à quel affront vous m'exposez. »

Elle souriait, les yeux à demi-baissés, en lui enlevant du bout de l'ongle une miette de gâteau restée dans ses longs favoris noirs; mais ses petites narines transparentes frémissaient avec une éloquence terrible.

« Oh! elle viendra... disait le banquier, la bouche pleine. Je suis sûr qu'elle viendra... »

Un frôlement d'étoffes, de traîne déployée dans la pièce à côté, fit se retourner vivement la baronne. A la grande joie du coin des « paquets » qui surveillait tout, ce n'était pas celle qu'on attendait.

Elle ne ressemblait guère à mademoiselle Afchin, cette grande blonde élégante, aux traits fatigués, à la toilette irréprochable, digne en tout de porter un nom aussi célèbre que celui du docteur Jenkins. Depuis deux ou trois mois, la belle madame Jenkins avait beaucoup changé, beaucoup vieilli. Il y a comme cela dans la vie de la femme restée longtemps jeune une période où les années, qui ont passé par-dessus sa tête sans l'effleurer d'une ride, s'inscrivent brutalement toutes ensemble en marques ineffaçables. On ne dit plus en la voyant : « Qu'elle est belle! » mais « Elle a dû être bien belle... » Et cette cruelle façon de parler au passé, de rejeter dans le lointain ce qui hier était un fait visible, constitue un commencement de vieillesse et de retraite, un déplacement de tous les triomphes en souvenirs. Était-ce la déception de voir arriver la femme du docteur à la place de madame Jansoulet, ou le discrédit que la mort du duc de Mora avait jeté sur le médecin à la mode devait-il rejaillir sur celle qui portait son nom? Il y avait un peu de ces deux causes, et peut-être d'une autre, dans le froid accueil que la baronne fit à madame Jenkins. Un bonjour léger du bout des lèvres, quelques paroles à la hâte, et elle retourna vers le noble bataillon qui grignotait à belles dents. Le salon s'était animé sous l'action des vins d'Espagne. On ne chuchotait plus, on causait. Les lampes apportées donnaient un nouvel éclat à la réunion, mais annonçaient qu'elle était bien près de finir, quelques personnes désintéressées du grand événement s'étant déjà dirigées vers la porte. Et les Jansoulet n'arrivaient pas.

Tout à coup une marche robuste, pressée. Le Nabab parut, tout seul, sanglé dans sa redingote noire, correctement cravaté et ganté, mais la figure bouleversée, l'œil hagard, frémissant encore de la scène terrible dont il sortait.

Elle n'avait pas voulu venir.

Le matin, il avait prévenu les femmes de chambre d'apprêter madame pour trois heures, ainsi qu'il faisait chaque fois qu'il emmenait la Levantine avec lui, qu'il trouvait nécessaire de déplacer cette indolente personne qui, ne pouvant même accepter une responsabilité quelconque, laissait les autres penser, décider, agir pour elle ; du reste allant volontiers où l'on voulait, une fois partie. Et c'est sur cette facilité qu'il comptait pour l'entraîner chez Hemerlingue. Mais lorsqu'après le déjeuner Jansoulet habillé, superbe, suant pour entrer dans ses gants, fit demander si madame serait bientôt prête, on lui répondit que madame ne sortait pas. Le cas était grave, si grave que, laissant là tous les intermédiaires de valets et de servantes, qu'ils se dépêchaient dans leurs entretiens conjugaux, il monta l'escalier quatre à quatre et entra comme un coup de mistral dans les appartements capitonnés de la Levantine.

Elle était encore au lit, revêtue de cette grande tunique ouverte en soie de deux couleurs que les Mauresques appellent une djebba, et de leur petit bonnet brodé d'or d'où s'échappait sa belle crinière noire et lourde, tout emmêlée autour de sa face lunaire enflammée par le repas qu'elle venait de finir. Les manches de la djebba relevées laissaient voir deux bras énormes, déformés, chargés de bracelets, de longues chaînettes errant sur un fouillis de petits miroirs, de chapelets rouges, de boîtes de senteurs, de pipes microscopiques, d'étuis à cigarettes, l'étalage puéril et bimbelotier d'une couchette de Mauresque à son lever.

La chambre, où flottait la fumée opiacée et capiteuse du tabac turc, présentait le même désordre. Des négresses allaient, venaient, desservant lentement le café de leur maîtresse, la gazelle favorite lappait le fond d'une tasse que son museau fin renversait sur le tapis, tandis qu'assis au pied du lit avec une familiarité touchante, le sombre Cabassu lisait à haute voix à madame un drame en vers qu'on allait jouer prochainement chez Cardailhac. La Levantine était stupéfiée par cette lecture, absolument ahurie :

« Mon cher, dit-elle à Jansoulet dans son épais accent de Flamande, je ne sais pas à quoi songe notre directeur... Je suis en train de lire cette pièce de *Révolte* dont il s'est toqué... Mais c'est crevant. Ça n'a jamais été du théâtre.

« — Je me moque bien du théâtre, fit Jansoulet furieux malgré tout son respect pour la fille des Afchin. Comment! vous n'êtes pas encore habillée?... On ne vous a donc pas dit que nous sortions? »

On le lui avait dit, mais elle s'était mise à lire cette bête de pièce. Et de son air endormi:

« Nous sortirons demain.

— Demain! C'est impossible... On nous attend aujourd'hui même... Une visite très-importante.

— Où donc cela? »

Il hésita une seconde, puis:

« Chez Hemerlingue. »

Elle leva sur lui ses gros yeux, persuadée qu'il voulait rire. Alors il lui raconta sa rencontre avec le baron aux funérailles de Mora et la convention qu'ils avaient faite ensemble.

« Allez-y si vous voulez, dit-elle froidement; mais vous me connaissez bien peu si vous croyez que moi, une demoiselle Afchin, je mettrai jamais les pieds chez cette esclave. »

Prudemment, Cabassu, voyant la tournure du débat, avait disparu dans une pièce voisine, les cinq cahiers de *Révolte* empilés sous son bras.

« Allons, dit le Nabab à sa femme, je vois bien que vous ne connaissez pas la terrible position où je me trouve... Écoutez alors... »

Sans se soucier des filles de chambre ni des négresses, avec cette souveraine indifférence de l'Oriental pour la domesticité, il se mit à faire le tableau de sa grande détresse, la fortune saisie là-bas, ici le crédit perdu, toute sa vie en suspens devant l'arrêt de la Chambre, l'influence des Hemerlingue sur l'avocat rapporteur, et le sacrifice obligatoire en ce moment de tout amour-propre à des intérêts si puissants. Il parlait avec chaleur, pressé de la convaincre, de l'entraîner. Mais elle lui répondit simplement : « Je n'irai pas, » comme s'il se fût agi d'une course sans importance, un peu trop longue pour sa fatigue.

Lui, tout frémissant :

« Voyons, ce n'est pas possible que vous disiez une chose pareille. Songez qu'il y va de ma fortune, de l'avenir de nos enfants, du nom que vous portez... Tout est en jeu pour cette démarche que vous ne pouvez refuser de faire. »

Il aurait pu parler ainsi pendant des heures, il se serait toujours buté à la même obstination fermée, inébranlable. Une demoiselle Afchin ne devait pas visiter une esclave.

« Eh ! Madame, dit-il violemment, cette esclave vaut mieux que vous. Par son intelligence elle a décuplé la fortune de son mari, tandis que vous, au contraire... »

Depuis douze ans qu'ils étaient mariés, Jansoulet osait pour la première fois lever la tête en face de sa femme. Eut-il honte de ce crime de lèse-majesté, ou comprit-il qu'une phrase pareille allait creuser un abîme infranchissable ? Mais il changea de ton aussitôt, s'agenouilla devant le lit très-bas, avec cette tendresse rieuse que l'on emploie pour faire entendre raison aux enfants :

« Ma petite Martha, je t'en prie... lève-toi, habille-toi... C'est pour toi-même que je te le demande, pour ton luxe, pour ton bien-être... Que deviendrais-tu si, par un caprice, un méchant coup de tête, nous allions nous trouver réduits à la misère ? »

Ce mot de misère ne représentait absolument rien à

la Levantine. On pouvait en parler devant elle comme de la mort devant les tout petits. Elle ne s'en émouvait pas, ne sachant pas ce que c'était. Parfaitement entêtée d'ailleurs à rester au lit dans sa djebba; car pour bien affirmer sa décision, elle alluma une nouvelle cigarette à celle qui venait de finir, et pendant que le pauvre Nabab entourait sa « petite femme chérie » d'excuses, de prières, de supplications, lui promettant un diadème de perles cent fois plus beau que le sien si elle voulait venir, elle regardait monter au plafond peint la fumée assoupissante, s'en enveloppait comme d'un imperturbable calme. A la fin, devant ce refus, ce mutisme, ce front où il sentait la barre d'un entêtement obstiné, Jansoulet débrida sa colère, se redressa de toute sa hauteur :

« Allons, dit-il, je le veux... »

Il se tourna vers les négresses:

« Habillez votre maîtresse, tout de suite... »

Et le rustre qu'il était au fond, le fils du cloutier méridional se retrouvant dans cette crise qui le remuait tout entier, il rejeta les courtines d'un geste brutal et méprisant, envoyant à terre les innombrables fanfreluches qu'elles portaient, et forçant la Levantine demi-nue à bondir sur ses pieds avec une promptitude étonnante chez cette massive personne. Elle rugit sous l'outrage, serra les plis de sa dalmatique contre son buste de nabote, envoya son petit bonnet de travers dans ses cheveux écroulés, et se mit à invectiver son mari.

« Jamais, tu m'entends bien, jamais... tu m'y traînerais plutôt chez cette... »

L'ordure sortait à flot de ses lèvres lourdes, comme d'une bouche d'égout. Jansoulet pouvait se croire dans un des affreux bouges du port de Marseille, assistant à une querelle de fille et de *nervi*, ou encore à quelque dispute en plein air entre Génoises, Maltaises et Provençales glanant sur le quai autour des sacs de blé qu'on décharge et s'injuriant à quatre pattes dans des tourbillons de poussière d'or. C'était bien la Levantine de port de mer, l'enfant gâtée, abandonnée, qui le soir, de sa terrasse, ou du fond de sa gondole, a entendu les matelots s'injurier dans toutes les langues des mers latines et qui a tout retenu. Le malheureux la regardait, effaré, atterré de ce qu'elle le forçait d'entendre, de sa grotesque personne écumant et râlant ;

« Non, je n'irai pas... non, je n'irai pas. »

Et c'était la mère de ses enfants, une demoiselle Afchin !

Soudain, à la pensée que son sort était entre les mains de cette femme, qu'il ne lui en coûterait qu'une robe à mettre pour le sauver, et que l'heure fuyait, que bientôt il ne serait plus temps, une bouffée de crime lui monta au cerveau, décomposa tous ses traits. Il marcha droit sur elle, les mains ouvertes et crispées d'un air si terrible que la fille Afchin, épouvantée, se précipita en appelant vers la porte par où le masseur venait de sortir :

« Aristide!... »

Ce cri, cette voix, cette intimité de sa femme avec le subalterne... Jansoulet s'arrêta, dégrisé de sa colère, puis avec un geste de dégoût s'élança dehors, en jetant les portes, plus pressé encore de fuir le malheur et l'horreur qu'il devinait dans sa maison que d'aller chercher là-bas le secours qu'on lui avait promis.

Un quart d'heure après, il faisait son entrée chez Hemerlingue, envoyait en entrant un geste désolé au banquier, et s'approchait de la baronne en balbutiant la phrase toute faite qu'il avait entendu répéter si souvent, le soir de son bal... « Sa femme très-souffrante... désespérée de n'avoir pu... » Elle ne lui laissa pas le temps d'achever, se leva lentement, se déroula fine et longue couleuvre dans les draperies biaisées de sa robe étroite, dit sans le regarder avec son accent corrigé : « Oh ! *jé* savais... *jé* savais... » puis changea de place et ne s'occupa plus de lui. Il essaya de s'approcher d'Hemerlingue, mais celui-ci semblait très-absorbé dans sa causerie avec Maurice Trott. Alors il vint s'asseoir près de madame Jenkins dont l'isolement tint compagnie au sien. Mais, tout en causant avec la pauvre femme, aussi languissante qu'il était lui-même préoccupé, il regardait la baronne faire les honneurs de ce salon, si confortable auprès de ses grandes halles dorées.

On partait. Madame Hemerlingue reconduisait quelques-unes de ces dames, tendait son front à la vieille princesse, s'inclinait sous la bénédiction de l'évêque Arménien, saluait d'un sourire les jeunes gandins à cannes, trouvait pour chacun l'adieu qu'il fallait avec une aisance parfaite ; et le malheureux ne pouvait s'empêcher de comparer cette esclave orientale si Parisienne, si distinguée au milieu de la société la plus exquise du monde, avec l'autre là-bas, l'Européenne avachie par l'Orient, abrutie de tabac turc et bouffie d'oisiveté. Ses ambitions, son orgueil de mari étaient déçus, humiliés dans cette union dont il voyait maintenant le danger et le vide, dernière cruauté du destin qui lui enlevait même le refuge du bonheur intime contre toutes ses déconvenues publiques.

Peu à peu le salon se dégarnissait. Les Levantines

disparaissaient l'une après l'autre, laissant chaque fois un vide immense à leur place. Madame Jenkins était partie, il ne restait plus que deux ou trois dames inconnues de Jansoulet, entre lesquelles la maîtresse de la maison semblait s'abriter de lui. Mais Hemerlingue était libre, et le Nabab le rejoignit au moment où il s'esquivait furtivement du côté de ses bureaux situés au même étage, en face les appartements. Jansoulet sortit avec lui, oubliant dans son trouble de saluer la baronne; et une fois sur le palier décoré en antichambre, le gros Hemerlingue, très-froid, très-réservé tant qu'il s'était senti sous l'œil de sa femme, reprit une figure un peu plus ouverte.

« C'est très-fâcheux, dit-il à voix basse comme s'il craignait d'être entendu, que madame Jansoulet n'ait pas voulu venir. »

Jansoulet lui répondit par un mouvement de désespoir et de farouche impuissance.

« Fâcheux... fâcheux... répétait l'autre en soufflant et cherchant sa clef dans sa poche.

— Voyons, vieux, dit le Nabab en lui prenant la main, ce n'est pas une raison parce que nos femmes ne s'entendent pas... Ça n'empêche pas de rester camarades... Quelle bonne causette, hein? l'autre jour...

— Sans doute... disait le baron, se dégageant pour ouvrir la porte qui glissa sans bruit, montrant le haut cabinet de travail dont la lampe brûlait solitaire devant l'énorme fauteuil vide... Allons, adieu, je te quitte... J'ai mon courrier à fermer.

— *Ya didou, Mouci...*[1] fit le pauvre Nabab essayant de plaisanter, et se servant du patois *sabir* pour rap-

---

1. Hé, dis donc, Monsieur...

peler au vieux copain tous les bons souvenirs remués l'avant-veille... Ça tient toujours notre visite à Le Merquier... Le tableau que nous devons lui offrir, tu sais bien... Quel jour veux-tu?

— Ah! oui, Le Merquier... C'est vrai... Eh bien! mais prochainement... Je t'écrirai...

— Bien sûr?... Tu sais que c'est pressé...

— Oui, oui, je t'écrirai... Adieu. »

Et le gros homme referma sa porte vivement comme s'il avait peur que sa femme arrivât.

Deux jours après, le Nabab recevait un mot d'Hemerlingue, presque indéchiffrable sous ces petites pattes de mouches compliquées d'abréviations plus ou moins commerciales derrière lesquelles l'ex-cantinier dissimulait son manque absolu d'orthographe :

Mon ch/ anc/ cam/

Je ne puis décid/ t'accom/ chez Le Merq/. Trop d'aff/ en ce mom/. D'aill/ v/ ser/ mieux seuls pour caus/. Vas-y carrém/. On t'att/. R/ Cassette, tous les mat/ de 8 à 10.

A toi cor/

Hem/.

Au-dessous, en post-scriptum, une écriture très-fine aussi, mais plus nette, avait écrit très-lisiblement :

« *Un tableau religieux, autant que possible!...* »

Que penser de cette lettre? Y avait-il bonne volonté réelle ou défaite polie? En tout cas l'hésitation n'était plus permise. Le temps brûlait. Jansoulet fit donc un effort courageux, car Le Merquier l'intimidait beaucoup, et se rendit chez lui un matin.

Notre étrange Paris, dans sa population et ses

aspects, semble une carte d'échantillon du monde entier. On trouve dans le Marais des rues étroites à vieilles portes brodées, vermiculées, à pignons avançants, à balcons en moucharabies qui vous font penser à l'antique Heidelberg. Le faubourg Saint-Honoré dans sa partie large autour de l'église russe aux minarets blancs, aux boules d'or, évoque un quartier de Moscou. Sur Montmartre je sais un coin pittoresque et encombré qui est de l'Alger pur. Des petits hôtels bas et nets, derrière leur entrée à plaque de cuivre et leur jardin particulier, s'alignent en rues anglaises entre Neuilly et les Champs-Élysées; tandis que tout le chevet de Saint-Sulpice, la rue Férou, la rue Cassette, paisibles dans l'ombre des grosses tours, inégalement pavées, aux portes à marteau, semblent détachées d'une ville provinciale et religieuse; Tours ou Orléans par exemple, dans le quartier de la cathédrale et de l'évêché, où de grands arbres dépassant les murs se bercent au bruit des cloches et des répons.

C'est là, dans le voisinage du cercle catholique dont il venait d'être nommé président honoraire, qu'habitait M° Le Merquier, avocat, député de Lyon, homme d'affaires de toutes les grandes communautés de France, et que Hemerlingue, par une pensée bien profonde chez ce gros homme, avait chargé des intérêts de sa maison.

En arrivant vers neuf heures devant un ancien hôtel dont le rez-de-chaussée se trouvait occupé par une librairie religieuse endormie dans son odeur de sacristie et de papier grossier à imprimer des miracles, en montant ce large escalier blanchi à la chaux comme celui d'un couvent, Jansoulet se sentit pénétré par cette atmosphère provinciale et catholique où revivaient pour lui les souvenirs d'un passé méridional, des impressions d'enfance encore intactes et fraîches grâce à son long dépaysement, et que le fils de Françoise n'avait eu, depuis son arrivée à Paris, ni le temps ni l'occasion de renier. L'hypocrisie mondaine devant lui avait revêtu toutes ses formes, essayé tous ses masques, excepté celui de l'intégrité religieuse. Aussi se refusait-il à croire à la vénalité d'un homme vivant en un pareil milieu. Introduit dans l'antichambre de l'avocat, vaste parloir aux rideaux de mousseline empesés fin comme des surplis, ayant pour seul ornement, au-dessus de la porte, une grande et belle copie du *Christ mort*, du Tintoret, son incertitude et son trouble se changèrent en conviction indignée. Ce n'était pas possible. On l'avait trompé sur Le Merquier. Il y avait là sûrement une médisance audacieuse, comme Paris est si léger à en répandre ; ou peut-être lui tendait-on un de ces piéges féroces contre lesquels il ne faisait que trébucher depuis six mois. Non, cette conscience farouche renommée au Palais et à la Chambre, ce personnage austère et froid ne pouvait être traité comme ces gros pachas ventrus, à la ceinture lâche, aux manches flottantes si commodes pour recevoir les bourses de sequins. Ce serait s'exposer à un refus scandaleux, à la révolte légitime de l'honneur méconnu, que d'essayer de tels moyens de corruption.

Le Nabab se disait cela, assis sur le banc de chêne qui courait autour de la salle, lustré par les robes de serge et le drap rugueux des soutanes. Malgré l'heure matinale, plusieurs personnes attendaient ainsi que lui. Un dominicain se promenant à grands pas, figure ascétique et sereine, deux bonnes sœurs enfoncées sous la cornette égrenant de longs chapelets qui leur mesuraient l'attente, des prêtres du diocèse lyonnais reconnaissables à la forme de leurs chapeaux, puis d'autres gens de mine recueillie et sévère installés devant la grande table en bois noir qui tenait le milieu de la pièce et feuilletant quelques-uns de ces journaux édifiants qui s'impriment sur la colline de Fourvières, l'*Écho du Purgatoire*, le *Rosier de Marie*, et donnent en prime aux abonnés d'un an des indulgences pontificales, des rémissions de peines futures. Quelques mots à voix basse, une toux étouffée, le léger susurrement de la prière des bonnes sœurs rappelaient à Jansoulet la sensation confuse et lointaine d'heures d'attente dans un coin de l'église de son village, autour du confessionnal, aux approches des grandes fêtes.

Enfin, son tour vint de passer, et s'il avait pu lui rester encore un doute sur M° Le Merquier, il ne douta plus en voyant ce grand cabinet simple et sévère, — un peu plus orné cependant que l'antichambre, — dans lequel l'avocat encadrait l'austérité de ses principes et de sa maigre personne, longue, voûtée, étroite aux épaules, serrée par un éternel habit noir trop court de manches et d'où sortaient deux poignets noirs, carrés et plats, deux bâtons d'encre de Chine hiéroglyphés de grosses veines. Le député clérical avait, dans le teint blafard du Lyonnais moisi entre ses deux rivières, une certaine vie d'expression qu'il devait à son regard double, tantôt étincelant mais impénétrable derrière le verre de ses lunettes, le plus souvent vif, méfiant et noir par-dessus ces mêmes lunettes, et cerné de l'ombre rentrante que donne à l'arcade sourcilière l'œil levé, la tête basse.

Après un accueil presque cordial en comparaison du froid salut que les deux collègues échangeaient à la

Chambre, un « je vous attendais, » où se glissait peut-être une intention, l'avocat montra au Nabab le fauteuil près de son bureau, signifia au domestique béat et tout de noir vêtu, non point « de serrer la haire avec la discipline, » mais de ne plus venir que quand on le sonnerait, rangea quelques papiers épars, après quoi, ses jambes croisées l'une sur l'autre, s'enfonçant dans son fauteuil avec le ramassement de l'homme qui se dispose à écouter, qui devient tout oreilles, il mit son menton dans sa main et resta là, les yeux fixés sur un grand rideau de reps vert tombant jusqu'à terre en face de lui.

L'instant était décisif, la situation embarrassante. Mais Jansoulet n'hésita pas. C'était une de ses prétentions, à ce pauvre Nabab, que de se connaître en hommes aussi bien que Mora. Et ce flair, qui, disait-il, ne l'avait jamais trompé, l'avertissait qu'il se trouvait en ce moment devant une honnêteté rigide et inébranlable, une conscience en pierre dure à l'épreuve du pic et de la poudre. « Ma conscience ! » Il changea donc subitement son programme, jeta les ruses, les sous-entendus où s'empêtrait sa franche et vaillante nature, et la tête haute, le cœur découvert, tint à cet honnête homme un langage qu'il était fait pour comprendre.

« Ne vous étonnez pas, mon cher collègue, — sa voix tremblait, mais elle s'assura bientôt dans la conviction de sa défense, — ne vous étonnez pas si je suis venu vous trouver ici au lieu de demander simplement à être entendu par le troisième bureau. Les explications que j'ai à vous fournir sont d'une nature tellement délicate et confidentielle qu'il m'eût été impossible de les donner dans un lieu public, devant mes collègues assemblés. »

M. Le Merquier, par-dessus ses lunettes, regarda le rideau d'un air effaré. Évidemment la conversation prenait un tour imprévu.

« Le fond de la question je ne l'aborde pas, reprit le Nabab... Votre rapport, j'en suis sûr, est impartial et loyal, tel que votre conscience a dû vous le dicter. Seulement il a couru sur mon compte d'écœurantes calomnies auxquelles je n'ai pas répondu et qui ont peut-être influencé l'opinion du bureau. C'est à ce sujet que je veux vous parler. Je sais la confiance dont vos collègues vous honorent, M. Le Merquier, et que, lorsque je vous aurai convaincu, votre parole suffira sans que j'aie besoin d'étaler ma tristesse devant tous... Vous connaissez l'accusation. Je parle de la plus terrible, de la plus ignoble. Il y en a tant qu'on pourrait s'y tromper... Mes ennemis ont donné des noms, des dates, des adresses... Eh bien ! je vous apporte les preuves de mon innocence. Je les découvre devant vous, devant vous seul ; car j'ai de graves raisons pour tenir toute cette affaire secrète. »

Il montra alors à l'avocat une attestation du consulat de Tunis, que pendant vingt ans il n'avait quitté la principauté que deux fois, la première pour aller retrouver son père mourant au Bourg-Saint-Andéol, la seconde pour faire avec le bey une visite de trois jours à son château de Saint-Romans.

« Comment se fait-il qu'avec un document aussi positif entre les mains je n'aie pas cité mes insulteurs devant les tribunaux pour les démentir et les confondre?... Hélas! Monsieur, il y a dans les familles des solidarités cruelles... J'ai eu un frère, un pauvre être, faible et gâté, qui a roulé longtemps dans la boue de Paris, y a laissé son intelligence et son honneur...

Est-il descendu à ce degré d'abjection où l'on m'a mis en son nom?... Je n'ai pas osé m'en convaincre... Ce que j'affirme, c'est que mon pauvre père, qui en savait plus que personne à la maison là-dessus, m'a dit tout bas en mourant : « Bernard, c'est l'aîné qui me tue... Je meurs de honte, mon enfant. »

Il fit une pause nécessaire à son émotion suffoquée, puis :

« Mon père est mort, M° Le Merquier, mais ma mère vit toujours, et c'est pour elle, pour son repos, que j'ai reculé, que je recule encore devant le retentissement de ma justification. En somme, jusqu'à présent, les souillures qui m'ont atteint n'ont pu rejaillir jusqu'à elle. Cela ne sort pas d'un certain monde, d'une presse spéciale, dont la bonne femme est à mille lieues... Mais les tribunaux, un procès, c'est notre malheur promené d'un bout de la France à l'autre, les articles du *Messager* reproduits par tous les journaux, même ceux du petit pays qu'habite ma mère. La calomnie, ma défense, ses deux enfants couverts de honte du même coup, le nom — seule fierté de la vieille paysanne — à tout jamais sali... Ce serait trop pour elle. Il y aurait de quoi la tuer. Et vrai, je trouve que c'est assez d'un... Voilà pourquoi j'ai eu le courage de me taire, de lasser, si je le pouvais, mes ennemis par le silence. Mais j'ai besoin d'un répondant vis-à-vis de la Chambre. Je veux lui ôter le droit de me repousser pour des motifs déshonorants, et puisqu'elle vous a choisi pour rapporteur, je suis venu tout vous dire comme à un confesseur, à un prêtre, en vous priant de ne rien divulguer de cette conversation, même dans l'intérêt de ma cause... Je ne vous demande que cela, mon cher collègue, une discrétion absolue; pour le reste, je m'en rapporte à votre justice et à votre loyauté. »

Il se levait, allait partir, et Le Merquier ne bougeait pas, interrogeant toujours la tenture verte devant lui, comme s'il y cherchait l'inspiration de sa réponse... Enfin :

« Il sera fait comme vous le désirez, mon cher collègue. Cette confidence restera entre nous... Vous ne m'avez rien dit, je n'ai rien entendu. »

Le Nabab encore tout enflammé de son élan qui appelait — semblait-il — une réponse cordiale, une poignée de main frémissante, se sentit saisi d'un étrange malaise. Cette froideur, ce regard absent le gênaient tellement qu'il gagnait déjà la porte avec le gauche salut des importuns. Mais l'autre le retint :

« Attendez donc, mon cher collègue... Comme vous êtes pressé de me quitter... Encore quelques instants, je vous en prie... Je suis trop heureux de m'entretenir avec un homme tel que vous. D'autant que nous avons plus d'un lien commun... Notre ami Hemerlingue m'a dit que vous vous occupiez beaucoup de tableaux, vous aussi. »

Jansoulet tressaillit. Ces deux mots: « Hemerlingue... tableaux » se rencontrant dans la même phrase et si inopinément, lui rendaient tous ses doutes, toutes ses perplexités. Il ne se livra pas encore cependant et laissa Le Merquier poser les mots l'un devant l'autre en tâtant le terrain pour ses avances trébuchantes... On lui avait beaucoup parlé de la galerie de son honorable collègue... « Serait-ce indiscret de solliciter la faveur d'être admis à...?

— « Comment donc! mais je serais trop honoré, » dit le Nabab chatouillé dans le point le plus sensible — parce qu'il avait été le plus coûteux — de sa vanité;

et, regardant autour de lui les murs du cabinet, il ajouta d'un ton connaisseur: « Vous aussi, vous possédez quelques beaux morceaux... »

— Oh! fit l'autre modestement, à peine quelques toiles... C'est si cher aujourd'hui, la peinture... c'est un goût si onéreux à satisfaire, une vraie passion de luxe... Une passion de nabab, dit-il en souriant, avec un coup d'œil furtif par-dessus ses lunettes. »

C'étaient deux joueurs prudents face à face; Jansoulet seulement un peu dérouté dans cette situation nouvelle, où il lui fallait se garer, lui qui ne savait que les coups d'audace.

« Quand je pense, murmura l'avocat, que j'ai mis dix ans à meubler ces murs, et qu'il me reste encore tout ce panneau à remplir... »

En effet, à l'endroit le plus apparent de la haute cloison s'étalait une place vide, évacuée plutôt, car un gros clou doré près du plafond montrait la trace visible, presque grossière, du piége tendu pauvre naïf, qui s'y laissa prendre sottement.

« Mon cher monsieur Le Merquier, dit-il d'une voix engageante et bon enfant, j'ai justement une vierge du Tintoret à la mesure de votre panneau... »

Impossible de rien lire dans les yeux de l'avocat réfugiés cette fois sous leur abri miroitant.

« Permettez-moi de l'accrocher là, en face de votre table... Cela vous donnera l'occasion de penser quelquefois à moi...

— Et d'atténuer les sévérités de mon rapport, n'est-ce pas, Monsieur? s'écria Le Merquier, formidable et debout, la main sur la sonnette... J'ai vu bien des impudeurs dans ma vie, jamais rien de pareil à celle-là... Des offres semblables à moi, chez moi!...

— Mais, mon cher collègue, je vous jure...

— Reconduisez... » dit l'avocat au domestique patibulaire qui venait d'entrer ; et du milieu de son cabinet dont la porte restait ouverte, devant tout le parloir où les patenôtres se taisaient, il poursuivit Jansoulet — qui tendait le dos et se hâtait en balbutiant vers la sortie — de ces paroles foudroyantes :

« C'est l'honneur de toute la Chambre que vous venez d'outrager dans ma personne, Monsieur... Nos collègues en seront informés aujourd'hui même ; et, ce grief de plus se joignant à d'autres, vous apprendrez à vos dépens que Paris n'est pas l'Orient et qu'on n'y pratique pas, comme là-bas, le marchandage et le trafic honteux de la conscience humaine. »

Puis, après avoir chassé le vendeur du temple, l'homme juste referma sa porte, et s'approchant du mystérieux rideau vert, dit d'un ton qui sortait doucereux de sa feinte colère :

« Est-ce bien cela, baronne Marie ? »

XXI

LA SÉANCE

Ce matin-là, par exception, il n'y avait pas eu de grand déjeuner au n° 32 de la place Vendôme. Aussi vous auriez vu vers une heure la panse majestueuse de M. Barreau s'épanouir en blancheur à l'entrée du porche, parmi quatre ou cinq marmitons coiffés de leurs barrettes, tout autant de palefreniers en béret écossais, groupe imposant qui donnait à la maison somptueuse l'aspect d'un hôtel de voyageurs, dont le personnel aurait pris le frais entre deux arrivages. Ce qui complétait la ressemblance, c'était le fiacre arrêté devant la porte et le cocher en train de descendre une malle en cuir de forme antique, pendant qu'une grande vieille, embéguinée de jaune, la taille droite dans un petit châle vert, sautait légèrement sur le trottoir, un panier au bras, regardait le numéro avec beaucoup d'attention, puis s'approchait de la valetaille pour demander si c'était bien là que demeurait M. Bernard Jansoulet.

« C'est ici, lui répondit-on... Mais il n'y est pas.

— Ça ne fait rien, dit la vieille très-naturellement. »

Elle revint vers le cocher, fit poser sa malle sous le porche, et paya, non sans renfoncer ensuite son porte-monnaie dans sa poche, d'un geste qui en disait long sur les méfiances de la province.

Depuis que Jansoulet était député de la Corse, on avait tant vu débarquer chez lui de ces types exotiques et étranges, que les domestiques ne s'étonnèrent pas trop devant cette femme au teint brûlé, aux yeux charbonnés et ardents, ressemblant bien sous sa coiffe sévère à une vraie Corse, à quelque vieille vocératrice arrivée tout droit du maquis, mais se distinguant des insulaires fraîchement débarqués par l'aisance et la tranquillité de ses manières.

« Comme çà, le maître n'est pas là?... dit-elle avec une intonation qui s'adressait bien plus aux gens d'une ferme, d'un *mas* de son pays, qu'à la valetaille insolente d'une grande maison parisienne.

— Non... le maître n'est pas là.

— Et les enfants?

— Ils prennent leur leçon... Vous ne pouvez pas les voir.

— Et madame?

— Elle dort... On n'entre pas dans sa chambre avant trois heures. »

Cela parut l'étonner un peu, la brave femme, qu'on pût rester au lit si tard; mais le sûr instinct, qui à défaut d'éducation guide les natures distinguées, l'empêcha de rien dire devant les domestiques, et, tout de suite, elle demanda à parler à Paul de Géry.

« Il est en voyage...

— Bompain Jean-Baptiste, alors?

— A la séance, avec monsieur... »

Son gros sourcil gris se fronça :

« C'est égal... montez ma malle tout de même. »

Et, avec un petit frisement d'œil malicieux, une fierté,

une revanche des regards insolents posés sur elle, elle ajouta :

« Je suis la maman. »

Marmitons et palefreniers s'écartèrent respectueusement. M. Barreau souleva son bonnet :

« Je me disais bien que j'avais vu madame quelque part.

— C'est ce que je me disais aussi, mon garçon, répondit la mère Jansoulet à qui le souvenir des tristes fêtes du bey venait de donner un frisson au cœur. »

Mon garçon !... à M. Barreau, à un homme de cette importance... Voilà qui la mettait tout de suite très-haut dans l'estime de tout ce monde-là.

Ah ! les grandeurs et les splendeurs ne l'éblouissaient guère, la courageuse vieille. Ce n'était pas une mère Boby d'opéra-comique s'extasiant sur les dorures et les beaux affiquets ; et, dans le grand escalier qu'elle montait derrière sa malle, les corbeilles de fleurs à tous les étages, les lampadaires soutenus par des statues de bronze ne l'empêchèrent pas de remarquer qu'il y avait un doigt de poussière sur la rampe et des déchirures au tapis. On la conduisit aux appartements du second, réservés à la Levantine et aux enfants, et là, dans une salle servant de lingerie, qui devait être voisine du cabinet d'études, car on entendait un murmure de voix enfantines, elle attendit toute seule, son panier sur les genoux, le retour de son Bernard, peut-être le réveil de sa bru, ou la grande joie d'embrasser ses petits-fils. Rien mieux que ce qu'elle voyait autour d'elle ne pouvait lui donner une idée du désordre d'un intérieur livré aux domestiques, où manquent la surveillance de la femme et son activité prévoyante. Dans de vastes armoires, toutes ouvertes, le linge s'amoncelait pêle-mêle en piles éventrées, irrégulières, dégringolantes, les draps de batiste, les services de Saxe tamponnés, chiffonnés, et les serrures empêchées de fonctionner par quelque broderie en déroute, que personne ne se donnait la peine de relever. Pourtant il passait bien des servantes dans cette lingerie, des négresses en madras jaune qui tiraient de là en hâte une serviette, un tablier, marchaient à même ces richesses domestiques répandues, traînaient jusqu'au bout de la pièce sur leurs pieds plats des ruches de dentelles décousues d'un grand jupon qu'une fille de chambre avait jeté, le dé d'un côté, les ciseaux de l'autre, comme un ouvrage prêt à reprendre.

L'artisane demi-rustique qu'était restée la mère du millionnaire Jansoulet se trouvait choquée ici dans le respect, la tendresse, les douces manies qu'inspire à la provinciale l'armoire au linge remplie pièce à pièce jusqu'au faîte, pleine des reliques du passé pauvre, et dont le contenu s'augmente et s'affine peu à peu, premier effort de l'aisance, de la richesse apparente d'un logis. Encore celle-là tenait la quenouille du matin au soir, et si la ménagère s'indignait, la fileuse aurait pleuré comme devant une profanation. A la fin, n'y tenant plus, elle se leva, quitta sa pose observatrice et patiente ; et courbée, active, son petit châle vert déplacé à chaque mouvement, se mit à ramasser, détirer, plier soigneusement ce linge magnifique, comme elle faisait sur les pelouses de Saint-Romans, lorsqu'elle se donnait la fête d'une grande lessive, occupant vingt journalières, les mannes débordant de blancheurs flottantes et les draps claquant au vent du matin sur les longues cordes à sécher. Elle était au plus fort de cette occupation qui lui aurait fait oublier le voyage, Paris, jusqu'à l'endroit où elle se trouvait, quand un homme replet, trapu, barbu, en bottes vernies, jaquette de velours dessinant une encolure de taureau, fit son entrée dans la lingerie.

« Té!... Cabassu...

— Vous ici, madame Françoise... En voilà une surprise, dit le masseur, écarquillant ses gros yeux de giaour de pendule.

— Mais oui, mon brave Cabassu, c'est moi... Je viens d'arriver... Et, comme tu vois, je suis déjà à l'ouvrage. Ça me saignait l'âme de voir tout ce gâchis.

— Vous êtes donc venue pour la séance?

— Quelle séance?

— Mais la grande séance du Corps législatif... C'est aujourd'hui...

— Ma foi, non. Qu'est-ce que tu veux que cela puisse me faire?... Je n'y comprendrais rien à cette chose-là... Non, je suis venue parce que j'avais envie de connaître mes petits Jansoulet, et puis que je commençais à être inquiète. Voilà plusieurs fois que j'écrivais sans recevoir de réponse. J'ai eu peur qu'il y eût un enfant malade, que Bernard fût mal dans ses affaires, toutes sortes de mauvaises idées. Il m'a pris un gros chagrin noir, et je suis partie... Ils vont tous bien ici, a ce qu'on m'a dit?...

— Mais oui, madame Françoise... Grâce à Dieu, tout le monde se porte à merveille.

— Et Bernard?... Son commerce?... Ça marche comme il veut?...

— Oh! vous savez, on a toujours ses petits tracas dans la vie de ce monde...; finalement, je crois qu'il n'a pas à se plaindre... Mais j'y songe, vous devez avoir faim... Je vas vous faire servir quelque chose. »

Il allait sonner, à l'aise et chez lui bien plus que la vieille mère. Elle le retint :

« Non, non, je n'ai besoin de rien. Il me reste encore des provisions du voyage. »

Sur le bord de la table elle posait deux figues, une croûte de pain, tirées de son panier, puis, tout en mangeant :

« Et toi, petit, tes affaires?... Tu m'as l'air joliment requinqué depuis la dernière fois que tu es venu au Bourg... Quel linge, quels effets !... Dans quelle partie es-tu donc?

— Professeur de massage... répondit Aristide gravement.

— Professeur, toi?... dit-elle avec un étonnement respectueux; mais elle n'osa lui demander ce qu'il enseignait, et Cabassu, que ces questions embarrassaient un peu, se hâta de passer à un autre sujet :

— Si j'allais chercher les enfants... On ne leur a donc pas dit que leur grand'mère était là?...

— C'est moi qui n'ai pas voulu les déranger de leur travail... Mais je crois que la classe est finie maintenant. Écoute... »

On entendait derrière la porte cette impatience piétinante des écoliers qui vont sortir, avides d'espace et d'air; et la vieille savourait ce joli train qui doublait son désir maternel, mais l'empêchait de rien faire pour en hâter le contentement... Enfin, la porte s'ouvrit... Le précepteur parut d'abord, un abbé au nez pointu, aux fortes pommettes, que nous avons vu figurer aux déjeuners d'apparat d'autrefois. Brouillé avec son évêque, l'ambitieux desservant avait quitté le diocèse où il exerçait, et, dans sa position précaire d'irrégulier du clergé, — car le clergé a sa bohème, lui aussi — se trouvait heureux d'instruire les petits Jansoulet, récemment expulsés de Bourdaloue. De cet air solennel, arrogant, accablé de responsabilités, que devaient avoir les grands prélats chargés de l'éducation des Dauphins de France, il précédait trois petits bonshommes frisés, gantés, à chapeaux oblongs, en vestons courts, avec des sacs de cuir en sautoir et de grands bas rouges montant jusqu'au milieu de leurs petites jambes maigriotes d'enfants grandissants, la tenue du parfait vélocipédiste au moment de monter en selle.

« Mes enfants, dit Cabassu, le familier de la maison, voilà madame Jansoulet, votre grand'mère, qui est venue à Paris exprès pour vous voir. »

Ils s'arrêtèrent très-étonnés, en rang de taille, examinant ce vieux visage crevassé entre les barbes jaunes de sa coiffe, cette mise étrange, d'une simplicité inconnue ; et l'étonnement de leur grand'mère répondait au leur, doublé d'une déconvenue navrante et de la gêne ressentie en face de ces petits messieurs gourmés et dédaigneux autant que les marquis, les comtes, les préfets en tournée que son fils lui amenait à Saint-Romans. Sur l'injonction de leur précepteur « de saluer leur vénérable aïeule, » ils vinrent à tour de rôle lui donner ces petites poignées de mains à bras trop courts, dont ils avaient tant distribué dans les mansardes ; et le fait est que cette bonne femme à la figure terreuse, aux hardes propres mais bien simples, leur rappelait les visites de charité du collége Bourdaloue. Ils sentaient d'eux à elle le même inconnu, la même distance, qu'aucun souvenir, que nulle parole de leurs parents n'était jamais venue combler. L'abbé comprit cette gêne et se lança, pour la dissiper, dans une allocution débitée de cette voix de gorge, avec ces gestes virulents, familiers à ceux qui croient toujours avoir au-dessous d'eux les dix marches de hauteur d'une chaire :

« Eh bien! Madame, le voilà venu le jour, le grand jour où M. Jansoulet va confondre ses ennemis. *Confundantur ! ostes mei, quia injuste iniquitatem fecerunt in me*, parce qu'ils m'ont injustement persécuté. »

La vieille s'inclina religieusement devant le latin de de l'Église qui passait; mais sa figure prit une expression vague d'inquiétude à cette idée d'ennemis et de persécutions.

« Ces ennemis sont puissants et nombreux, ma noble dame, mais ne nous alarmons pas outre mesure. Ayons confiance aux décrets du ciel et à la justice de notre cause. Dieu est au milieu d'elle, elle ne sera pas ébranlée. *In medio ejus non commovebitur.* »

Un nègre gigantesque, tout galonné d'or neuf, l'interrompit, en annonçant que les vélocipèdes étaient prêts, pour la leçon quotidienne sur la terrasse des Tuileries. Avant de partir, les enfants secouèrent encore solennellement la main ridée et caillouteuse de leur aïeule qui les regardait partir, stupéfaite et le cœur serré, quand tout à coup, par un adorable mouvement spontané, le plus jeune, arrivé à la porte, se retourna vivement, bouscula le grand nègre, et vint se jeter, la tête en avant, comme un petit buffle, dans les jupes de la mère Jansoulet qu'il serra à bras le corps en lui tendant son front lisse éclaboussé de boucles brunes, avec la bonne grâce de l'enfant qui offre sa caresse comme une fleur. Peut-être celui-là, plus près du nid et de ses tiédeurs, des girons qui bercent et des nourrices aux chansons patoises, avait-il senti venir vers son petit cœur les effluves maternelles dont le privait la Levantine. La vieille « Grand » frissonna toute, à la surprise de cette étreinte instinctive :

« Oh! mon petit... mon petit... dit-elle en saisissant la grosse petite tête soyeuse et frisée qui lui en rappelait une autre, et elle l'embrassa éperdument. Puis, l'enfant se dégagea, se sauva sans rien dire, les cheveux mouillés de larmes chaudes.

Restée seule avec Cabassu, la mère, que ce baiser avait réconfortée, demanda quelques explications sur les paroles du prêtre. Son fils avait donc beaucoup d'ennemis?

« Oh! disait Cabassu, ce n'est pas étonnant, dans sa position...

— Mais enfin qu'est-ce que c'est que ce grand jour, cette séance dont vous me parlez tous?

— Eh bé! oui... C'est aujourd'hui qu'on va savoir si Bernard sera ou non député.

— Comment?... il ne l'est donc pas encore?... Et moi qui l'ai dit partout dans le pays, moi qui ait tout illuminé Saint-Romans il y a un mois... C'est donc un mensonge qu'on m'a fait faire. »

Le masseur eut beaucoup de peine à lui expliquer les formalités parlementaires de la validation des pouvoirs. Elle n'écoutait que d'une oreille, arpentant la lingerie avec fièvre.

« C'est là qu'il est mon Bernard, en ce moment?

— Oui, Madame.

— Et les femmes, est-ce qu'elles peuvent y entrer à cette Chambre?... Alors pourquoi donc que la sienne n'y est pas?... Car, enfin, je comprends bien que c'est une grande affaire pour lui... Il aurait besoin, un jour comme aujourd'hui, de sentir tous ceux qu'il aime à son côté... Tiens, sais-tu, mon garçon, tu vas m'y conduire, à sa séance... Est-ce que c'est loin?

— Non, tout près d'ici... Seulement, ce doit être déjà commencé. Et puis, ajouta le Giaour un peu gêné, c'est l'heure où madame a besoin de moi.

— Ah !... Est-ce que tu lui enseignes cette chose dont tu es professeur? Comment dis-tu ça?...

— Le massage... Ça nous vient des anciens... Justement, la voilà qui sonne. On va venir me chercher. Voulez-vous que je l'avertisse que vous êtes ici?

— Non, non, j'aime bien mieux aller là-bas tout de suite.

— Mais vous n'avez pas de carte pour entrer?

— Bah! je dirai que je suis la mère de Jansoulet, et que je viens pour entendre juger mon fils. »

Pauvre mère! elle ne croyait pas si bien dire.

« Attendez donc, madame Françoise. Je vais vous donner quelqu'un pour vous conduire, au moins.

— Oh! tu sais, moi, la domestiquaille, je n'ai jamais pu m'y faire. J'ai une langue. Il y a du monde par les rues. Je trouverai bien mon chemin. »

Il tenta un dernier effort, sans laisser voir toute sa pensée :

« Prenez garde. Ses ennemis vont parler contre lui à la Chambre. Vous allez entendre des choses qui vous feront de la peine. »

Oh! le beau sourire de croyance et de fierté maternelles avec lesquelles elle répondit :

« Est-ce que je ne sais pas mieux qu'eux tous ce que vaut mon enfant? Est-ce que rien pourrait me le faire méconnaître? Il faudrait que je sois une fière ingrate alors. Allons, zou ! »

Et secouant terriblement ses coiffes, elle partit.

Le buste droit, la tête haute, la vieille s'en allait à brusques enjambées, sous les grandes arcades qu'on lui avait dit de suivre, un peu troublée par le roulement incessant des voitures et par l'oisiveté de sa marche que n'accompagnait plus le mouvement de cette fidèle quenouille, qui ne l'avait jamais quittée depuis cinquante ans. Toutes ces idées d'inimitiés, de persécutions, les paroles mystérieuses du prêtre, les restrictions de Cabassu l'agitaient, l'effrayaient. Elle y trouvait l'explication des pressentiments qui s'étaient emparés d'elle au point de l'arracher à ses habitudes, à ses devoirs, à la surveillance du château et de son malade. Du reste, chose singulière, depuis que la fortune avait jeté sur son fils et sur elle cette chape d'or aux plis lourds, la mère Jansoulet ne s'y était pas encore faite et s'attendait toujours à la subite disparition de ces splendeurs... Qui sait si la débâcle n'allait pas commencer cette fois?.. Et subitement, au travers de ces sombres pensées, le souvenir de la scène enfantine de tout à l'heure, du tout petit se frottant à ses jupes de droguet, amenait sur ses lèvres ridées le gonflement d'un sourire tendre; et ravie, elle murmurait dans son patois :

« Oh! de ce petit, pourtant... »

Une place magnifique, immense, éblouissante, deux gerbes d'eau envolées en poussière d'argent, puis un grand pont de pierre et tout au bout une maison carrée avec des statues devant, une grille où stationnaient des voitures, du monde qui entrait, des sergents de ville attroupés. C'était là... Elle écarta la foule bravement et marcha jusqu'à une haute porte vitrée.

« Votre carte, ma bonne femme? »

La bonne femme n'avait pas de carte, mais elle dit simplement à un de ces huissiers à revers rouges qui gardaient l'entrée :

« Je suis la mère de Bernard Jansoulet... Je viens pour la séance de mon garçon. »

C'était bien la séance de son garçon en effet; car dans cette foule assiégeant les portes, dans celle qui remplissait les couloirs, la salle, les tribunes, tout le palais, le même nom se chuchotait accompagné de sourires et de racontars. On s'attendait à un grand scandale, à des révélations terribles du rapporteur qui amèneraient sans doute quelque violence du barbare acculé; et l'on se pressait là comme pour une première représentation ou les plaidoieries d'une cause célèbre. La vieille mère n'aurait pu certainement se faire entendre au milieu de cette affluence, si la traînée d'or, laissée par le Nabab partout où il passait, et marquant sa trace royale, ne lui avait facilité tous les chemins. Elle allait donc derrière un huissier de service dans cet enchevêtrement de couloirs, de portes battantes, de salles nues et sonores, emplies d'un bourdonnement qui circulait avec l'air du bâtiment, sortait de ses murailles, comme si les pierres elles-mêmes imprégnées de « parlotage » joignaient des échos anciens à ceux de toutes ces voix. En traversant un corridor elle vit un petit homme brun, qui gesticulait et criait aux gens de service:

« Vous direz à moussiou Jansoulet que c'est moi que ze souis le maire de Sarlazaccio, que z'ai été condamné à cinq mois de prison pour loui... Ça méritait bien oune carte pour la séance, corps de Dieu! »

Cinq mois de prison à cause de son fils... Pourquoi cela?... Très-inquiète, elle arrivait enfin, les oreilles sifflantes, en haut d'un palier où des inscriptions différentes « *tribune du Sénat, du corps diplomatique, des députés* » surmontaient des petites portes d'hôtel garni ou de loges de théâtre. Elle entrait, et sans rien voir d'abord que quatre ou cinq rangs de banquettes chargées de monde, puis en face, bien loin, séparées d'elle par un vaste espace clair, d'autres tribunes pareillement remplies, elle s'accotait tout debout au pourtour, étonnée d'être là, éblouie, abasourdie. Une bouffée d'air chaud qui lui venait dans la figure, un brouhaha de voix montantes l'attiraient dans la pente de l'estrade, vers l'espèce de gouffre ouvert au milieu du grand vaisseau, et où son fils devait être. Oh! qu'elle aurait voulu le voir... Alors en s'amincissant encore, en jouant de ses coudes pointus et durs comme son fuseau, elle se glissa, se faufila entre le mur et les banquettes, sans prendre garde aux petits courroux qu'elle éveillait, au dédain des femmes en toilette dont elle chiffonnait les dentelles, les parures printanières. Car l'assemblée était toute élégante, mondaine. La mère Jansoulet reconnaissait même, à son plastron inflexible, à son nez aristocratique, le beau marquis visiteur de Saint-Romans, qui portait si bien son nom d'oiseau de luxe; mais lui, ne la regardait pas. Avancée ainsi de quelques rangs, elle fut arrêtée par un dos d'homme assis, un dos énorme qui barrait tout, l'empêchait d'aller plus loin. Heureusement que de là, en se penchant un peu, elle apercevait presque toute la salle; et ces gradins en demi-cercle où se pressaient les députés, la tenture verte des murailles, cette chaire dans le fond occupée par un homme chauve, à l'air sévère, lui faisaient l'effet, sous le jour studieux et gris tombant de haut, d'une classe qui va commencer et que précèdent le bavardage, le déplacement d'écoliers dissipés.

Une chose la frappa, l'insistance des regards à ne se tourner que d'un côté, à chercher le même point attirant; et comme elle suivait ce courant de curiosité qui entraînait l'assemblée tout entière, aussi bien la salle que les tribunes, elle vit que ce qu'on regardait ainsi, c'était son fils.

Au pays des Jansoulet, on trouve encore, dans quelques anciennes églises, au fond du chœur, à mi-hauteur dans la crypte, une logette en pierre, où le lépreux était admis à écouter l'office, montrant à la foule curieuse et craintive sa sombre silhouette de fauve accroupie contre les meurtrières pratiquées au mur. Françoise se souvenait très-bien d'avoir vu, au village où elle avait été nourrie, le « ladre, » effroi de son enfance, entendant la messe du fond de sa cage de pierre, perdu dans l'ombre et la réprobation... En voyant son fils assis, la tête dans ses mains, seul, tout en haut, à part des autres, ce souvenir lui revint à l'esprit. « On dirait le ladre, » murmura la paysanne. Et c'était bien un lépreux, en effet, ce pauvre Nabab, à qui ses millions rapportés d'Orient infligeaient en ce moment comme une terrible et mystérieuse maladie exotique. Par hasard le banc où il avait choisi sa place s'éclaircissait de plusieurs vides causés par des congés ou des morts récentes ; et tandis que les autres députés communiquaient entre eux, riaient, se faisaient des signes, lui se tenait silencieux, isolé, signalé à l'attention de toute la Chambre, attention que la mère Jansoulet devinait malveillante, ironique, et qui la brûlait au passage. Comment lui faire savoir qu'elle était là, près de lui, qu'un cœur fidèle battait non loin du sien ? il évitait de se tourner vers cette tribune. On eût dit qu'il la sentait hostile, qu'il craignait d'y voir des choses attristantes... Soudain, à un coup de sonnette venu de l'estrade présidentielle, un tressaillement courut par l'assemblée, toutes les têtes se penchèrent dans cet élancement attentif qui immobilise les traits de la face, et un homme maigre à lunettes, subitement dressé parmi tant de gens assis, ce qui lui donnait déjà l'autorité de l'attitude, dit en ouvrant le cahier qu'il tenait à la main :

« Messieurs, je viens au nom de votre troisième bureau, vous proposer d'annuler l'élection de la deuxième circonscription du département de la Corse. »

Dans le grand silence qui suivit cette phrase que la mère Jansoulet ne comprit pas, le gros poussah assis devant elle se mit à souffler violemment, et tout à coup, au premier rang de la tribune, un délicieux visage de femme se retourna vers lui, pour lui adresser un signe rapide d'intelligence et de contentement. Front pâle, lèvres minces, sourcils trop noirs dans le blanc encadrement du chapeau, cela fit dans les yeux de la bonne vieille, sans qu'elle sût pourquoi, l'effet douloureux du premier éclair quand l'orage commence et que l'appréhension de la foudre suit le vif échange des fluides.

Le Merquier lisait son rapport. La voix lente, blafarde, monotone, l'accent lyonnais, traînard et mou, où la longue taille de l'avocat se berçait par un mouvement de tête et d'épaules presque animal, faisaient un singulier contraste à la netteté féroce du réquisitoire. D'abord un rapide exposé des irrégularités électorales. Jamais le suffrage universel n'avait été traité avec ce sans-façon primitif et barbare. A Sarlazaccio, où le concurrent de Jansoulet paraissait devoir l'emporter, l'urne est détruite pendant la nuit précédant le dépouillement. Même aventure ou à peu près à Lévie, à Saint-André, à Avabessa. Et ce sont les maires eux-mêmes qui commettent ces attentats, emportent les urnes à leurs domiciles, brisent les scellés, déchirent les bulletins de vote sous le couvert de leur autorité municipale. Nul respect de la loi. Partout la fraude, l'intrigue, même la violence. A Calcatoggio, un homme armé s'est tenu tout le temps de l'élection à la fenêtre d'une auberge, l'escopette au poing, juste en face de la mairie ; et chaque fois qu'un partisan de Sébastiani, l'adversaire de Jansoulet, se montrait sur la place, l'homme le mettait en joue : « Si tu entres, je te brûle! » D'ailleurs, quand on voit des commissaires de police, des juges de paix, des vérificateurs de poids et mesures ne pas craindre de s'improviser agents électoraux, d'effrayer, d'entraîner la population soumise à toutes ces petites influences locales si tyranniques, n'est-ce pas la preuve d'une licence effrénée? Jusqu'à des prêtres, de saints pasteurs égarés par leur zèle pour le tronc des pauvres et l'entretien de leur église indigente, qui ont prêché une mission véritable en faveur de l'élection Jansoulet. Mais une influence encore plus puissante, quoique moins respectable, a été mise en jeu pour la bonne cause, l'influence des bandits. « Oui, des bandits, Messieurs, je ne ris pas. » Et là-dessus une esquisse à grands traits du banditisme corse en général et de la famille Piedigriggio en particulier...

La Chambre, très-attentive, écoutait avec une certaine inquiétude. En somme, c'était un candidat officiel dont on signalait ainsi les agissements, et ces étranges mœurs électorales appartenaient à ce pays privilégié, berceau de la famille impériale, si étroitement lié aux destinées de la dynastie, qu'une attaque à la Corse semblait remonter jusqu'au souverain. Mais quand on vit, au banc du gouvernement, le nouveau ministre d'État, successeur et ennemi de Mora, tout joyeux de l'échec arrivé à une créature du défunt, sourire complaisamment au cruel persifflage de Le Merquier, aussitôt toute gêne disparut, et le sourire ministériel, répété sur trois cents bouches, s'agrandit bientôt en un rire à peine contenu, ce rire des foules dominées par une férule quelconque et que la moindre approbation du maître fait éclater. Dans les tribunes peu gâtées d'ordinaire sur le pittoresque, et que ces histoires de bandits amusaient comme un vrai roman, c'était une joie générale, une animation radieuse de tous ces visages de femmes, heureux de pouvoir paraître jolis sans manquer à la solennité de l'endroit. De petits chapeaux clairs frémissaient de toute leur aigrette fleurie, des bras ronds cerclés d'or s'accoudaient pour mieux écouter. Le grave Le Merquier avait apporté à la séance la distraction d'un spectacle, la petite note comique permise aux concerts de charité pour amadouer les profanes.

Impassible et très-froid au milieu de son succès, il continuait à lire de sa voix morne et pénétrante comme une pluie lyonnaise :

« Maintenant, Messieurs, on se demande comment un étranger, un Provençal retour d'Orient, ignorant des intérêts et des besoins de cette île où on ne l'avait jamais vu avant les élections, le vrai type de ce que les Corses appellent dédaigneusement un continental, comment cet homme a pu susciter un pareil enthousiasme, un dévouement poussé jusqu'au crime, jusqu'à la profanation. C'est sa richesse qui nous répondra, son or funeste jeté à la face des électeurs, fourré de force dans leurs poches avec un cynisme effronté dont nous avons mille preuves. » Alors l'interminable série des dénonciations : « Je soussigné Croce (Antoine), atteste dans l'intérêt de la vérité que le commissaire de police Nardi, venu chez nous un soir, m'a dit : — Écoute, Croce (Antoine)... je te jure sur le feu de cette lampe que, si tu votes pour Jansoulet, tu auras cinquante francs demain matin. » Et cet autre : « Je soussigné Lavezzi (Jacques-Alphonse) déclare avoir refusé avec mépris, dix-sept francs que m'offrait le maire de Pozzo-Negro pour voter contre mon cousin Sebastiani... » Il est probable que, pour trois francs de plus, Lavezzi (Jacques-Alphonse) aurait dévoré son mépris en silence. Mais la Chambre n'y regardait pas de si près.

L'indignation la soulevait, cette chambre incorruptible. Elle grondait, elle s'agitait sur ses moelleuses banquettes de velours rouge, poussait des clameurs. C'étaient des « oh! » de stupéfaction, des yeux en accent circonflexe, de brusques révoltes en arrière ou des affaissements consternés, découragés, comme en cause parfois le spectacle de la dégradation humaine. Et remarquez que la plupart de ces députés s'étaient servis des mêmes manœuvres électorales, qu'il y avait là les héros de ces fameux « rastels, » de ces ripailles en plein vent promenant en triomphe des veaux pavoisés, enrubannés, comme à des kermesses de Gargantua. Ceux-là justement criaient plus fort que les autres, se tournaient, furieux, vers le banc solitaire et élevé où le pauvre lépreux écoutait, immobile, la tête dans ses mains. Pourtant, au milieu du haro général, une voix s'élevait en sa faveur, mais sourde, inexercée, moins une parole qu'un bredouillement sympathique à travers lequel on distinguait vaguement : « Grands services rendus à la population corse... Travaux considérables... *Caisse territoriale.* »

Celui qui bégayait ainsi était un tout petit homme en guêtres blanches, tête d'albinos, aux poils rares, hérissés par touffes. Mais l'interruption de ce maladroit ami ne put que fournir à Le Merquier une transition rapide et toute naturelle. Un sourire hideux écarta ses lèvres molles : « L'honorable M. Sarigue nous parle de la *Caisse territoriale*, nous allons pouvoir lui répondre. » L'antre Paganetti semblait lui être, en effet très-familier. En quelques phrases nettes et vives, il projeta la lumière jusqu'au fond du sombre repaire, en montra tous les piéges, tous les gouffres, les détours, les chausses-trappes, comme un guide secouant sa torche au-dessus des oubliettes de quelque sinistre *in pace*. Il parla des fausses carrières, des chemins de fer en tracé, des paquebots chimériques disparus dans leur propre fumée. L'affreux désert de Taverna ne fut pas oublié, ni la vieille *torre* génoise, servant de bureau à l'agence maritime. Mais ce qui réjouit surtout la Chambre, ce fut le récit d'une cérémonie picaresque organisée par le gouverneur pour la percée d'un tunnel à travers le Monte-Rotondo, travail gigantesque toujours en projet, remis d'année en année, demandant des millions d'argent, des milliers de bras, et qu'on avait commencé en grande pompe huit jours avant l'élection. Le rapport relatait drôlement la chose, le premier coup de pioche donné par le candidat dans l'énorme montagne couverte de forêts séculaires, le discours du préfet, la bénédiction des oriflammes aux cris de « vive Bernard Jansoulet, » et deux cents ouvriers se mettant à l'œuvre immédiatement, travaillant jour et nuit pendant une semaine, puis — sitôt l'élection faite — abandonnant sur place les débris du roc entamé autour d'une excavation dérisoire, un asile de plus pour les redoutables rôdeurs du maquis. Le tour était joué. Après avoir si longtemps extorqué l'argent des actionnaires, la *Caisse territoriale* venait de servir cette fois à subtiliser les votes des électeurs. « Du reste, Messieurs, voici un dernier détail, par lequel j'aurais pu commencer pour vous épargner le navrant récit de cette pasquinade électorale. J'apprends qu'une instruction judiciaire est ouverte aujourd'hui même contre le comptoir Corse, et qu'une sérieuse expertise de ses livres va très-vraisemblablement amener un de ces scandales financiers trop fréquents hélas! de nos jours, et auquel vous ne voudrez pas, pour l'honorabilité de cette Chambre, qu'aucun de vos membres se trouve mêlé. »

Sur cette révélation subite, le rapporteur s'arrêta un moment, prit un temps comme un comédien soulignant son effet; et dans le silence dramatique pesant tout à coup sur l'Assemblée, on entendit le bruit d'une porte qui se fermait. C'était le gouverneur Paganetti quittant lestement sa tribune, le visage blême, les yeux ronds, la bouche en sifflet d'un maître Pierrot qui vient de flairer dans l'air quelque formidable coup de batte. Monpavon, immobile, élargissait son plastron. Le gros homme soufflait violemment dans les guirlandes du petit chapeau blanc de sa femme.

La mère Jansoulet regardait son fils.

« J'ai parlé de l'honorabilité de la Chambre, Messieurs... je veux en parler encore... »

Cette fois Le Merquier ne lisait plus. Après le rapporteur, l'orateur entrait en scène, le justicier plutôt. La face éteinte, le regard abrité, rien ne vivait, rien ne bougeait de son grand corps que le bras droit, ce bras long, anguleux, aux manches courtes, qui s'abaissait automatiquement comme un glaive de justice, mettait à chaque fin de phrase le geste cruel et inexorable d'une décollation. Et c'était certes une exécution véritable à laquelle on assistait. L'orateur voulait bien laisser de côté les légendes scandaleuses, le mystère qui planait sur cette fortune colossale acquise aux pays lointains, loin de tout contrôle. Mais il y avait dans la vie du candidat certains points difficiles à éclaircir, certains détails... Il hésitait, semblait chercher, épurer ses mots, puis devant l'impossibilité de formuler l'accusation directe : « Ne rabaissons point le débat, Messieurs... Vous m'avez compris, vous savez à quels bruits infâmes je fais allusion, à quelles calomnies, voudrais-je pouvoir dire ; mais la vérité me force à déclarer que lorsque M. Jansoulet, appelé devant votre troisième bureau, a été mis en demeure de confondre les accusations dirigées contre lui, ses explications ont été si vagues, que tout en restant persuadés de son innocence, un soin scrupuleux de votre honneur nous a fait rejeter une candidature entachée d'un soupçon de ce genre. Non, cet homme ne doit pas siéger au milieu de vous. Qu'y ferait-il d'ailleurs?... Établi depuis si longtemps en Orient, il a désappris les lois, les mœurs, les usages de son pays. Il croit aux justices expéditives, aux bastonnades en pleine rue, il se fie aux abus de pouvoir, et, ce qui est pis encore, à la vénalité, à la bassesse accroupie de tous les hommes. C'est le traitant qui se figure que tout s'achète, quand on y met le prix, même les votes des électeurs, même la conscience de ses collègues... »

Il fallait voir avec quelle admiration naïve ces bons gros députés, engourdis de bien être, écoutaient cet ascète, cet homme d'un autre âge, pareil à quelque saint Jérôme sorti du fond de sa thébaïde pour venir, en pleine assemblée du Bas-Empire, foudroyer de son éloquence indignée le luxe effronté des prévaricateurs et des concussionnaires. Comme on comprenait bien maintenant ce beau surnom de « Ma conscience » que lui décernait le Palais, et où il tenait tout entier avec sa grande taille et ses gestes inflexibles. Dans les tribunes, l'enthousiasme s'exaltait encore. De jolies têtes se penchaient pour le voir, pour boire sa parole. Des approbations couraient, inclinant des bouquets de toutes nuances comme le vent dans la floraison d'un champ de blé. Une voix de femme criait d'un petit accent étranger : « Bravo... bravo... »

Et la mère?

Debout, immobile, recueillie dans son désir de comprendre quelque chose à cette phraséologie de prétoire, à ces allusions mystérieuses, elle était là comme ces sourds-muets qui ne devinent ce qu'on dit devant eux qu'au mouvement des lèvres, à l'accent des physionomies. Or il lui suffisait de regarder son fils et Le Merquier pour comprendre quel mal l'un faisait à l'autre, quelles intentions perfides, empoisonnées, tombaient de ce long discours sur le malheureux qu'on aurait pu croire endormi, sans le tremblement de ses fortes épaules et les crispations de ses mains dans ses cheveux qu'elles fourrageaient furieusement tout en lui cachant le visage. Oh! si de sa place elle avait pu lui crier : « N'aie pas peur, mon fils. S'ils te méprisent tous, ta mère t'aime. Viens nous-en ensemble... Qu'est-ce que nous avons besoin d'eux? » Et un moment elle put croire que ce qu'elle lui disait ainsi dans le fond de son cœur arrivait jusqu'à lui par une intuition mystérieuse. Il venait de se lever, de secouer sa tête crépue, congestionnée, où la lippe enfantine de ses lèvres grelottait sous une nervosité de larmes. Mais, au lieu de quitter son banc, il s'y cramponnait au contraire, ses grosses mains pétrissant le bois du pupitre. L'autre avait fini, maintenant c'était son tour de répondre :

« Messieurs, dit-il... »

Il s'arrêta aussitôt, effrayé par le son rauque, affreusement sourd et vulgaire de sa voix, qu'il entendait pour la première fois en public. Il lui fallut, dans cette halte tourmentée de mouvements de la face, d'intonations cherchées et qui ne sortaient pas, reprendre la force de sa défense. Et si l'angoisse de ce pauvre homme était saisissante, la vieille mère là-haut, penchée, haletante, remuant nerveusement les lèvres comme pour l'aider à chercher ses mots, lui renvoyait bien la mimique de sa torture. Quoiqu'il ne pût la voir, tourné comme il l'était par rapport à cette tribune qu'il évitait intentionnellement, ce souffle maternel, le magnétisme ardent de ces yeux noirs finirent par lui rendre la vie, et subitement sa parole et son geste se trouvèrent déliés :

« Avant tout, Messieurs, je déclare que je ne viens pas défendre mon élection... Si vous croyez que les mœurs électorales n'ont pas été toujours les mêmes en Corse, qu'on doive imputer toutes les irrégularités commises à l'influence corruptrice de mon or et non au tempérament inculte et passionné d'un peuple, repoussez-moi, ce sera justice et je n'en murmurerai pas. Mais il y a dans tout ceci autre chose que mon élection, des accusations qui attaquent mon honneur, le mettent directement en jeu, et c'est à cela seul que je veux répondre. » Sa voix s'assurait peu à peu, toujours cassée, voilée, mais avec des notes attendrissantes comme il s'en trouve dans ces organes dont la dureté primitive a subi quelques éraillures. Très-vite il raconta sa vie, ses débuts, son départ pour l'Orient. On eût dit un de ces vieux récits du dix-huitième siècle où il est question de corsaires barbaresques courant les mers latines, de beys et de hardis Provençaux bruns comme des grillons, qui finissent toujours par épouser quelque sultane et « prendre le turban » selon l'ancienne expression des Marseillais. « Moi, disait le Nabab de son sourire bon enfant, je n'ai pas eu besoin de prendre le turban pour m'enrichir, je me suis contenté d'apporter en ces pays d'indolence et de lâchez-tout l'activité, la souplesse d'un Français du Midi, et je suis arrivé à faire en quelques années une de ces fortunes qu'on ne fait que là-bas dans ces diables de pays chauds où tout est gigantesque, hâtif, disproportionné, où les fleurs poussent en une nuit, où un arbre produit une forêt. L'excuse de fortunes pareilles est dans la façon dont on les emploie, et j'ai la prétention de croire que jamais favori du sort n'a plus que moi essayé de se faire pardonner sa richesse. Je n'y ai pas réussi. » Oh! non, il n'y avait pas réussi... Pour tant d'or follement semé, il n'avait rencontré que du mépris ou de la haine... De la haine! Qui pouvait se vanter d'en avoir remué autant que lui, comme un gros bateau de la vase lorsque sa quille touche le fond... Il était trop riche, cela lui tenait lieu de tous les vices, de tous les crimes, le désignait à des vengeances anonymes, à des inimitiés cruelles et incessantes.

« Ah! Messieurs, criait le pauvre Nabab en levant ses poings crispés, j'ai connu la misère, je me suis pris corps à corps avec elle, et c'est une atroce lutte, je vous jure. Mais lutter contre la richesse, défendre son bonheur, son honneur, son repos, mal abrités derrière des piles d'écus qui vous croulent dessus et vous écrasent c'est quelque chose de plus hideux, de plus écœurant encore. Jamais, aux plus sombres jours de ma détresse, je n'ai eu les peines, les angoisses, les insomnies dont la fortune m'a accablé, cette horrible fortune que je hais et qui m'étouffe... On m'appelle le Nabab, dans Paris... Ce n'est pas le Nabab qu'il faudrait dire, mais le Paria, un paria social tendant les bras, tout grands, à une société qui ne veut pas de lui... »

Figées en récit, ces paroles peuvent paraître froides; mais là, devant l'Assemblée, la défense de cet homme paraissait empreinte d'une sincérité éloquente et grandiose qui étonna d'abord, venant de ce rustique, de ce parvenu, sans lecture, sans éducation, avec sa voix de marinier du Rhône et ses allures de portefaix, et qui émut ensuite singulièrement les auditeurs par ce qu'elle avait d'inculte, de sauvage, d'étranger à toute notion parlementaire. Déjà des marques de faveur avaient agité les gradins habitués à recevoir l'averse monotone et grise du langage administratif. Mais à ce cri de rage et de désespoir poussé contre la richesse par l'infortuné qu'elle enlaçait, roulait, noyait dans ses flots d'or et qui se débattait, appelant au secours du fond de son Pactole, toute la Chambre se dressa avec des applaudissements chaleureux, des mains tendues, comme pour donner au malheureux Nabab ces témoignages d'estime dont il se montrait si avide, et le sauver en même temps du naufrage. Jansoulet sentit cela et, réchauffé par cette sympathie, il reprit, la tête haute, le regard assuré :

« On est venu vous dire, Messieurs, que je n'étais pas digne de m'asseoir au milieu de vous. Et celui qui l'a dit était bien le dernier de qui j'aurais attendu cette parole, car lui seul connaît le secret douloureux de ma vie ; lui seul pouvait parler pour moi, me justifier et vous convaincre. Il n'a pas voulu le faire. Eh bien ! moi, je l'essaierai, quoi qu'il m'en coûte... Outrageusement calomnié devant tout le pays, je dois à moi-même, je dois à mes enfants cette justification publique et je me décide à la faire. »

Par un mouvement brusque, il se tourna alors vers la tribune où il savait que l'ennemi le guettait, et, tout à coup s'arrêta plein d'épouvante. Là, juste en face de lui, derrière la petite tête haineuse et pâle de la baronne, sa mère, sa mère qu'il croyait à deux cents lieues du redoutable orage, le regardait, appuyée au mur, tendant vers lui son visage divin inondé de larmes, mais fier et rayonnant tout de même du grand succès de son Bernard. Car c'était un vrai succès d'émotion sincère, bien humaine, et que quelques mots de plus pouvaient changer en triomphe « Parlez... parlez... » lui criait-on de tous les côtés de la Chambre, pour le rassurer, l'encourager. Mais Jansoulet ne parlait pas. Il avait bien peu à dire cependant pour sa défense : « La calomnie a confondu volontairement deux noms. Je m'appelle Bernard Jansoulet. L'autre s'appelait Jansoulet Louis. » Pas un mot de plus.

C'était trop en présence de sa mère ignorant toujours le déshonneur de l'aîné. C'était trop pour le respect, la solidarité familiale.

Il crut entendre la voix du vieux : « Je meurs de honte mon enfant. » Est-ce qu'elle n'allait pas mourir de honte elle aussi, s'il parlait?... Il eut vers le sourire maternel un regard sublime de renoncement; puis, d'une voix sourde, d'un geste découragé :

« Excusez-moi, Messieurs, cette explication est décidément au-dessus de mes forces... Ordonnez une enquête sur ma vie, ouverte à tous et bien en lumière, hélas! puisque chacun peut en interpréter tous les actes... Je vous jure que vous n'y trouverez rien qui m'empêche de siéger au milieu des représentants de mon pays. »

La stupeur, la désillusion furent immenses devant cette défaite qui semblait à tous l'effondrement subit d'une grande effronterie acculée. Il y eut un moment d'agitation sur les bancs, le tumulte d'un vote par assis et levé, que le Nabab sous le jour douteux du vitrage regarda vaguement, comme le condamné du haut de l'échafaud regarde la foule houleuse ; puis, après cette attente longue d'un siècle qui précède une minute suprême, le président prononça dans le grand silence et le plus simplement du monde :

« L'élection de M. Bernard Jansoulet est annulée. »

Jamais vie d'homme ne fut tranchée avec moins de solennité ni de fracas.

Là-haut, dans sa tribune, la mère Jansoulet n'y comprit rien, sinon que des vides se faisaient tout autour sur les bancs, que des gens se levaient, s'en allaient. Bientôt il ne resta plus avec elle que le gros homme et la dame en chapeau blanc, penchés tout au bord de la rampe, regardant curieusement du côté de Bernard, qui semblait s'apprêter à partir lui aussi, car il serrait d'un air très-calme d'épaisses liasses dans un grand portefeuille. Ses papiers rangés, il se leva, quitta sa place... Ah! ces existences d'estradiers ont parfois des passes bien cruelles. Gravement, lourdement, sous les regards de toute l'Assemblée, il lui fallut redescendre ces gradins qu'il avait escaladés au prix de tant de peines et d'argent, mais au bas desquels le précipitait une fatalité inexorable.

C'était cela que les Hemerlingue attendaient, suivant de l'œil jusqu'à sa dernière étape cette sortie navrante, humiliante, qui met au dos de l'invalidé un peu de la honte et de l'effarement d'un renvoi; puis, sitôt le Nabab disparu, ils se regardèrent avec un rire silencieux et quittèrent la tribune, sans que la vieille femme eût osé leur demander quelque renseignement, avertie par son instinct de la sourde hostilité de ces deux êtres. Restée seule, elle prêta toute son attention à une nouvelle lecture qu'on faisait, persuadée qu'il s'agissait encore de son fils. On parlait d'élection, de scrutin, et la pauvre mère tendant sa coiffe rousse, fronçant son gros sourcil, aurait religieusement écouté jusqu'au bout le rapport de l'élection Sarigue, si l'huissier de service qui l'avait introduite, ne fût venu l'avertir que c'était fini, qu'elle ferait mieux de s'en aller. Elle parut très-surprise.

« Vraiment?... c'est fini?... disait-elle, en se levant comme à regret. »

Et tout bas, timidement:

« Est-ce que... Est-ce qu'il a gagné? »

C'était si naïf, si touchant, que l'huissier n'eut pas même envie de rire.

« Malheureusement non, Madame. M. Jansoulet n'a pas gagné... Mais aussi pourquoi s'est-il arrêté en si beau chemin... Si c'est vrai qu'il n'était jamais venu à Paris et qu'un autre Jansoulet a fait tout ce dont on l'accuse, pourquoi ne l'a-t-il pas dit? »

La vieille mère, devenue très-pâle, s'appuya à la rampe de l'escalier.

Elle avait compris...

La brusque interruption de Bernard en la voyant, le sacrifice qu'il lui avait offert si simplement dans son beau regard de bête égorgée lui revenaient à l'esprit ; du même coup la honte de l'Aîné, de l'enfant de prédilection, se confondait avec le désastre de celui-ci, douleur maternelle à double tranchant, dont elle se sentait déchirée de quelque côté qu'elle se retournât. Oui, oui, c'était à cause d'elle qu'il n'avait pas voulu parler. Mais elle n'accepterait pas un sacrifice pareil. Il fallait qu'il revînt tout de suite s'expliquer devant les députés.

« Mon fils ? où est mon fils ?

— En bas, Madame, dans sa voiture. C'est lui qui m'a envoyé vous chercher. »

Elle s'élança devant l'huissier, marchant vite, parlant tout haut, bousculant sur son passage des petits hommes noirs et barbus qui gesticulaient dans les couloirs. Après la salle des Pas-Perdus, elle traversa une grande antichambre en rotonde où des laquais respectueusement rangés faisaient un soubassement vivant et chamarré à la haute muraille nue. De là on voyait, à travers les portes vitrées, la grille du dehors, la foule attroupée et parmi d'autres voitures le carrosse du Nabab qui attendait. La paysanne en passant reconnut dans un groupe son énorme voisin de tribune avec l'homme blême à lunettes qui avait tonné contre son fils et recevait pour son discours toutes sortes de félicitations et de poignées de mains. Au nom de Jansoulet, prononcé au milieu de ricanements moqueurs et satisfaits, elle ralentit ses grandes enjambées.

« Enfin, disait un joli garçon à figure de mauvaise femme, il n'a toujours pas prouvé en quoi nos accusations étaient fausses. »

La vieille en entendant cela fit une trouée terrible dans le tas et, se posant en face de Moëssard :

« Ce qu'il n'a pas dit, moi je vais vous le dire. Je suis sa mère et c'est mon devoir de parler. »

Elle s'interrompit pour saisir à la manche Le Merquier qui s'esquivait :

« Vous d'abord, méchant homme, vous allez m'écouter... Qu'est-ce que vous avez contre mon enfant? Vous ne savez donc pas qui il est? Attendez un peu, que je vous l'apprenne. »

Et, se retournant vers le journaliste :

« J'avais deux fils, Monsieur... »

Moëssard n'était plus là. Elle revint à Le Merquier :

« Deux fils, Monsieur...

Le Merquier avait disparu.

« Oh! écoutez-moi, quelqu'un, je vous en prie, disait la pauvre mère, jetant autour d'elle ses mains et ses paroles pour rassembler, retenir ses auditeurs; mais tous fuyaient, fondaient, se dispersaient, députés, reporters, visages inconnus et railleurs auxquels elle voulait raconter son histoire à toute force, sans souci de l'indifférence où tombaient ses douleurs et ses joies, ses fiertés et ses tendresses maternelles exprimées dans un charabias de génie. Et tandis qu'elle s'agitait, se débattait ainsi, éperdue, la coiffe en désordre, à la fois grotesque et sublime comme tous les êtres de nature en plein drame civilisé, prenant à témoin de l'honnêteté de son fils et de l'injustice des hommes jusqu'aux gens de livrée dont l'impassibilité dédaigneuse était plus cruelle que tout, Jansoulet, qui venait à sa rencontre, inquiet de ne pas la voir, apparut tout à coup à côté d'elle.

« Prenez mon bras, ma mère... Il ne faut pas rester là. »

Il dit cela très-haut, d'un ton si calme et si ferme que tous les rires cessèrent, et que la vieille femme subitement apaisée, soutenue par cette étreinte solide où s'appuyaient les derniers tremblements de sa colère, put sortir du palais entre deux haies respectueuses. Couple grandiose et rustique, les millions du fils illuminant la paysannerie de la mère comme ces haillons de sainte qu'entoure une châsse d'or, ils disparurent dans le beau soleil qu'il faisait dehors, dans la splendeur de leur carrosse étincelant, ironie féroce en présence de cette grande détresse, symbole frappant de l'épouvantable misère des riches.

Tous deux assis au fond, car ils craignaient d'être vus, ils ne se parlèrent pas d'abord. Mais dès que la voiture se fut mise en route, qu'il eut vu fuir derrière lui le triste calvaire où son honneur restait au gibet, Jansoulet, à bout de forces, posa sa tête contre l'épaule maternelle, la cacha dans un croisement du vieux châle vert, et là, laissant ruisseler des larmes brûlantes, tout son grand corps secoué par les sanglots, il retrouvait le cri de son enfance, sa plainte patoise de quand il était tout petit : « Mama... Mama... »

XXII

DRAMES PARISIENS

> Que l'heure est donc brève
> Qu'on passe en aimant !
> C'est moins qu'un moment,
> Un peu plus qu'un rêve...

Dans le demi-jour du grand salon en tenue d'été, rempli de fleurs, le lampas des meubles recouvert de housses blanches, lustres voilés, stores baissés, fenêtres ouvertes, madame Jenkins assise au piano déchiffre la mélodie nouvelle du musicien à la mode ; quelques phrases sonores accompagnant des vers exquis, un lied mélancolique, inégalement coupé, qui semble écrit pour les tendres gravités de sa voix et l'état inquiet de son âme.

> Le temps nous enlève
> Notre enchantement

soupire la pauvre femme, s'émouvant au son de sa plainte ; et, tandis que les notes s'envolent dans la cour de l'hôtel, calme à l'ordinaire, où la fontaine s'égoutte au milieu d'un massif de rhododendrons, la chanteuse s'interrompt, les mains tenant l'accord, ses yeux fixés sur la musique, mais son regard bien au delà... Le docteur est absent. Le soin de ses affaires, de sa santé l'a exilé de Paris pour quelques jours, et, comme il arrive dans la solitude, les pensées de la belle madame Jenkins ont pris ce tour grave, cette tendance analytique qui rend parfois les séparations momentanées fatales aux ménages les plus unis... Unis, depuis longtemps ils ne l'étaient plus. Ils ne se voyaient qu'aux heures des repas, devant les domestiques, se parlaient à peine, à moins que lui, l'homme des manières onctueuses, ne se laissât aller à quelque remarque brutale, désobligeante, à propos de son fils, de l'âge qui la touchait enfin, ou d'une toilette qui ne lui allait pas. Toujours sereine et douce, elle étouffait ses larmes, acceptait tout, feignait de ne pas comprendre; non pas qu'elle l'aimât encore, après tant de cruautés et de mépris, mais c'était bien l'histoire, telle que la racontait leur cocher Joë, « d'un vieux crampon qui tenait à se faire épouser. » Jusque-là un terrible obstacle, la vie de la femme légitime, avait prolongé une situation déshonorante. Maintenant que l'obstacle n'existait plus, elle voulait finir cette comédie, à cause d'André qui d'un jour à l'autre pourrait être forcé de mépriser sa mère, à cause du monde qu'ils trompaient depuis dix ans, et où elle n'entrait jamais qu'avec des battements de cœur, appréhendant l'accueil qu'on lui ferait le lendemain d'une découverte. A ses allusions, à ses prières, Jenkins avait répondu d'abord par des phrases, de grands gestes : « Douteriez-vous de moi?... Est-ce que notre engagement n'est pas sacré? »

Il alléguait aussi la difficulté de tenir secret un acte

de cette importance. Ensuite il s'était renfermé dans un silence haineux, gros de colères froides et de violentes déterminations. La mort du duc, l'échec d'une vanité folle, avaient porté le dernier coup au ménage; car le désastre, qui rapproche souvent les cœurs prêts à s'entendre, achève et complète les désunions. Et c'était un vrai désastre. La vogue des perles Jenkins subitement arrêtée, la situation du médecin étranger et charlatan très-bien définie par le vieux Bouchereau dans le journal de l'Académie, les mondains se regardaient effarés, plus pâles encore de terreur que d'absorptions arsenicales, et déjà l'Irlandais avait pu sentir l'effet de ces sautes de vent foudroyantes qui rendent les engouements parisiens si dangereux.

C'est pour cela sans doute que Jenkins avait jugé à propos de disparaître pendant quelque temps, laissant madame continuer à fréquenter les salons encore ouverts, afin de tâter et tenir en respect l'opinion. Rude tâche pour la pauvre femme, qui trouvait un peu partout l'accueil refroidi, à distance, qu'on lui avait fait chez les Hemerlingue. Mais elle ne se plaignait pas, comptant ainsi gagner le mariage, mettre entre elle et lui, en dernier recours, le lien douloureux de la pitié, des épreuves supportées en commun. Et comme elle savait que le monde la recherchait surtout à cause de son talent, de la distraction artistique qu'elle apportait aux réunions intimes, toujours prête à poser sur le piano ses gants longs, son éventail, pour préluder à quelque fragment de son riche répertoire, elle travaillait constamment, passait ses après-midi à feuilleter les nouveautés, s'attachant de préférence aux harmonies tristes et compliquées, à cette musique moderne qui ne se contente plus d'être un art, devient une science, répond bien plus à nos nervosités, à nos inquiétudes qu'au sentiment.

> C'est moins qu'un moment,
> Un peu plus qu'un rêve.
> Le temps nous enlève
> Notre enchantement...

... Un flot de lumière crue entra brusquement dans le salon avec la femme de chambre, qui apportait une carte à sa maîtresse : « Heurteux, homme d'affaires. »

Ce monsieur était là. Il insistait pour voir madame.

— Vous lui avez dit que le docteur est en voyage ?

On le lui avait dit; mais c'est à madame qu'il voulait parler.

— A moi ?...

Inquiète, elle examinait ce carton grossier, rugueux, ce nom inconnu et dur : « Heurteux. » Qu'est-ce que cela pouvait être ?

— C'est bien, faites entrer.

Heurteux, homme d'affaires, arrivant du grand jour dans la demi-obscurité du salon, clignotait, l'air incertain, cherchait à voir. Elle, au contraire, distinguait très-bien une figure en bois dur, favoris grisonnants, mâchoire avançante, un de ces maraudeurs de la Loi qu'on rencontre aux abords du Palais de Justice et qui semblent nés à cinquante ans, la bouche amère, l'air envieux, une serviette en maroquin sous le bras. Il s'assit au bord de la chaise qu'elle lui montrait, tourna la tête afin de s'assurer que la domestique était sortie, puis ouvrit méthodiquement sa serviette comme pour y chercher un papier. Voyant qu'il ne parlait pas, elle commença sur un ton d'impatience :

— Je dois vous prévenir, Monsieur, que mon mari

est absent et que je ne suis au courant d'aucune de ses affaires.

Sans s'émouvoir, la main dans ses paperasses, l'homme répondit :

— Je sais d'autant mieux que M. Jenkins est absent, Madame, — il souligna très-particulièrement ces deux mots : « monsieur Jenkins » — que je viens de sa part.

Elle le regarda épouvantée :

— De sa part?...

— Hélas ! oui, Madame... La situation du docteur — vous le savez sans doute — est très-embarrassée pour l'instant. De mauvaises opérations à la Bourse, le désarroi d'une grande entreprise financière dans laquelle il avait engagé des fonds, l'Œuvre de Béthléem si lourde pour lui seul, tous ces échecs réunis l'ont obligé à prendre une résolution héroïque. Il vend son hôtel, ses chevaux, tout ce qu'il possède, et m'a donné procuration pour cela... »

Il avait trouvé enfin ce qu'il cherchait, un de ces plis timbrés, criblé de renvois, de lignes en surcharges, où la loi impassible endosse parfois tant de lâchetés et de mensonges. Madame Jenkins allait dire : « Mais j'étais là, moi. J'aurais accompli, servi toutes ses volontés, tous ses ordres..., » quand elle comprit subitement au sans-gêne du visiteur, à son attitude assurée, presque insolente, qu'on l'enveloppait elle aussi dans ce désarroi d'existence, dans ce débarras de l'hôtel coûteux, des richesses inutiles, et que son départ serait le signal de la vente.

Elle se leva brusquement. L'homme, toujours assis, continuait :

« Ce qu'il me reste à dire, Madame, — Oh! elle le savait, elle l'aurait dicté ce qu'il lui restait à dire — est si pénible, si délicat... M. Jenkins quitte Paris pour longtemps, et dans la crainte de vous exposer aux hasards, aux aventures de la [vie nouvelle qu'il entreprend, de vous éloigner d'un fils que vous chérissez, et dans l'intérêt duquel il vaut peut-être mieux... »

Elle ne l'entendait plus, ne le voyait plus, et pendant qu'il débitait ses phrases filandreuses, livrée au désespoir, peut-être à la folie, écoutait chanter en elle-même l'air obstiné qui la poursuivait dans cet écroulement effroyable, comme reste dans les yeux de l'homme qui se noie la dernière image entrevue :

>   Le temps nous enlève
>   Notre enchantement...

Tout d'un coup le sentiment de sa fierté lui revint.

« Finissons, Monsieur. Tous vos détours et vos phrases ne sont qu'une injure de plus. La vérité c'est qu'on me chasse, qu'on me met dans la rue comme une servante.

— Oh! Madame, madame... La situation est assez cruelle, ne l'envenimons pas encore par des mots. Dans l'évolution de son *modus vivendi*, M. Jenkins se sépare de vous, mais il le fait, la mort dans l'âme, et les propositions que je suis chargé de vous transmettre sont une preuve de ses sentiments pour vous... D'abord, en fait de mobilier et d'effets de toilette, je suis autorisé à vous laisser prendre...

— Assez, dit-elle. »

Elle se précipita vers la sonnette :

« Je sors... Vite mon chapeau, mon mantelet, n'importe quoi... je suis pressée. »

Et pendant qu'on allait lui chercher ce qu'elle demandait :

« Tout ce qui est ici appartient à M. Jenkins. Qu'il en dispose librement. Je ne veux rien de lui... n'insistez pas... c'est inutile. »

L'homme n'insista pas. Sa mission se trouvant remplie, le reste lui importait peu.

Posément, froidement, elle mit son chapeau avec soin devant la glace, la servante attachant le voile, ajustant aux épaules les plis du mantelet; ensuite elle regarda tout autour, chercha une seconde si elle n'oubliait rien de précieux. Non, rien, les lettres de son fils étaient dans sa poche; elle ne s'en séparait jamais.

« Madame ne veut pas qu'on attelle?

— Non. »

Et elle partit.

Il était environ cinq heures. A ce moment, Bernard Jansoulet passait la grille du Corps législatif, sa mère au bras; mais, si poignant que fût le drame qui se jouait là-bas, celui-ci le surpassait encore, plus subit, plus imprévu, sans la moindre solennité, le drame intime entre cuir et chair, comme Paris en improvise à toute heure du jour; et c'est peut-être ce qui donne à l'air qu'on y respire cette vibration, ce frémissement où s'activent les nerfs de tous. Le temps était magnifique. Les rues de ces riches quartiers, larges et droites comme des avenues, resplendissaient dans la lumière déjà un peu tombante, égayées de fenêtres ouvertes, de balcons fleuris, de verdures entrevues vers les boulevards, si légères, si frémissantes, entre les horizons droits et durs de la pierre. C'est de ce côté que descendait la marche pressée de madame Jenkins, se hâtant au hasard dans un étourdissement douloureux. Quelle chute horrible! Riche il y a cinq minutes, entourée de tout le respect et le confort d'une grande existence.

Maintenant plus rien. Pas même un toit pour dormir, pas même de nom. La rue.

Où aller? Que devenir?

Elle avait d'abord pensé à son fils. Mais avouer sa faute, rougir en présence de l'enfant respectueux, pleurer devant lui en s'enlevant le droit d'être consolée, c'était au-dessus de ses forces... Non, il n'y avait plus pour elle que la mort... Mourir le plus tôt possible, échapper à la honte par une disparition complète, le dénoûment fatal des situations inextricables... Mais où mourir?... Comment?... Tant de façons de s'en aller ainsi!... Et mentalement elle les évoquait toutes en marchant. Autour d'elle la vie débordait, ce qui manque à Paris l'hiver, l'épanouissement en plein air de son luxe, de ses élégances visibles à cette heure du jour, à cette saison de l'année, autour de la Madeleine et de son marché aux fleurs, dans un espace délimité par le parfum des œillets et des roses. Sur le large trottoir où les toilettes s'étalaient, mêlaient leurs frôlements au frisson des arbres rafraîchis, il y avait un peu du plaisir de rencontre d'un salon, un air de connaissance entre les promeneurs, des sourires, de discrets bonjours en passant. Et tout à coup madame Jenkins, s'inquiétant de l'altération de ses traits, de ce qu'on pourrait penser en la voyant courir ainsi aveugle et préoccupée, ralentissait sa marche à la flânerie d'une simple promenade, s'arrêtait à petits pas aux devantures. Les étalages colorés, vaporeux, parlaient tous de voyages, de campagne; traîne légère pour le sable fin des parcs, chapeaux enroulés de gaze contre le soleil des plages, éventails, ombrelles, aumônières. Ses yeux fixes s'attachaient à ces fanfreluches sans les voir; mais un reflet vague et pâli aux vitres claires lui montrait son image couchée, immobile sur un lit d'hôtel garni, le sommeil de plomb d'un soporifique dans la tête, ou là-bas, hors des murs, déplaçant la vase de quelque bateau amarré. Lequel valait mieux?

Elle hésitait, cherchait, comparait; puis, sa décision prise, partait enfin rapidement avec ce mouvement résolu de la femme qui s'arrache à regret aux tentations savantes de l'étalage. Comme elle s'élançait, le marquis de Monpavon, fringant et superbe, une fleur à la boutonnière, la saluait à distance de ce grand coup de chapeau si cher à la vanité des femmes, le chic suprême du salut dans la rue, la coiffure haut levée au-dessus de la tête très-droite. Elle lui répondait par son gentil bonjour de Parisienne à peine exprimé dans une imperceptible inclinaison de la taille et du sourire des yeux; et jamais, à voir cet échange de politesses mondaines au milieu de la fête printanière, on ne se serait douté qu'une même pensée sinistre guidait ces deux marcheurs croisés par le hasard sur la route qu'ils poursuivaient en sens inverse, tout en allant au même but.

La prédiction du valet de chambre de Mora s'était réalisée pour le marquis : « Nous pouvons mourir, perdre le pouvoir, alors on vous demandera des comptes, et ce sera terrible. » C'était terrible. A grand'peine, l'ancien receveur général avait obtenu un délai extrême de quinze jours pour rembourser le Trésor, comptant comme dernière chance que Jansoulet validé, rentré dans ses millions, lui viendrait encore une fois en aide. La décision de l'Assemblée venait de lui enlever ce suprême espoir. Dès qu'il la connut, il revint au cercle très-calme, monta dans sa chambre où Francis l'attendait dans une grande impatience pour lui remettre un papier important arrivé dans la journée. C'était une notification au sieur Louis-Marie-Agénor de Monpavon d'avoir à comparaître le lendemain dans le cabinet du juge d'instruction. Cela s'adressait-il au censeur de la *Caisse territoriale* ou à l'ancien receveur général en déficit? En tout cas, la formule brutale de l'assignation judiciaire employée dès l'abord, au lieu d'une convocation discrète, disait assez la gravité de l'affaire et les fermes résolutions de la justice.

Devant une pareille extrémité attendue et prévue depuis longtemps, le parti du vieux beau était pris d'avance. Un Monpavon à la correctionnelle, un Monpavon, bibliothécaire à Mazas!... Jamais... Il mit en ordre toutes ses affaires, déchira des papiers, vida minutieusement ses poches dans lesquelles il glissa seulement quelques ingrédients pris sur sa table de toilette, tout cela avec tant de calme et de naturel que, lorsqu'en s'en allant, il dit à Francis : « M'en vas au bain... Diablesse de Chambre... Poussière infecte... » le domestique le crut sur parole. Le marquis ne mentait pas, du reste. Cette émouvante et longue station debout là-haut dans la poussière de la tribune lui avait rompu les membres autant que deux nuits en wagon; et sa décision de mourir s'associant à l'envie de prendre un bon bain, le vieux sybarite songeait à s'endormir dans une baignoire comme chose... machin... ps... ps... ps... et autres fameux personnages de l'antiquité. C'est une justice à lui rendre, que pas un de ces stoïques n'alla au-devant de la mort avec plus de tranquillité que lui.

Fleuri par-dessus sa rosette d'officier d'un camélia blanc dont le décorait en passant la jolie bouquetière du Cercle, il remontait d'un pas léger le boulevard des Capucines, quand la vue de madame Jenkins troubla pendant une minute sa sérénité. Il lui avait trouvé un air de jeunesse, une flamme aux yeux, quelque chose de si piquant, qu'il s'arrêta pour la regarder. Grande et belle, sa longue robe de gaze noire déroulée, les épaules serrées dans une mantille de dentelle où le bouquet de son chapeau jetait une guirlande de feuillage d'automne, elle s'éloignait, disparaissait au milieu d'autres femmes non moins élégantes, dans une atmosphère embaumée; et la pensée que ses yeux allaient se fermer pour toujours à ce joli spectacle qu'il savourait en connaisseur, assombrit un peu l'ancien beau, ralentit l'élan de sa marche. Mais quelques pas plus loin, une rencontre d'un autre genre lui rendit tout son courage.

Quelqu'un de râpé, de honteux, d'ébloui par la lumière, traversait le boulevard; c'était le vieux Marestang, ancien sénateur, ancien ministre, si gravement compromis dans l'affaire des *Tourteaux de Malte*, que, malgré son âge, ses services, le grand scandale d'un procès pareil, il avait été condamné à deux ans de prison, rayé des registres de la Légion d'honneur, où il comptait parmi les grands dignitaires. L'affaire déjà ancienne, le pauvre diable, gracié d'une partie de son temps, venait de sortir de prison, éperdu, dérouté, n'ayant pas même de quoi dorer sa détresse morale, car il avait fallu rendre gorge. Debout au bord du trottoir, il attendait la tête basse que la chaussée encombrée de voitures lui laissât un passage libre, embarrassé de cet arrêt au coin le plus hanté des boulevards, pris entre les piétons et ce flot d'équipages découverts, remplis de figures connues. Monpavon, passant près de lui, surprit ce regard timide, inquiet, implorant un salut et s'y dérobant à la fois. L'idée qu'il pourrait un jour s'humilier ainsi lui fit faire un haut-le-corps de

révolte. « Allons donc !... Est-ce que c'est possible ?... »
Et, redressant sa taille, le plastron élargi, il continua
sa route, plus ferme et résolu qu'avant.

M. de Monpavon marche à la mort. Il y va par cette
longue ligne des boulevards tout en feu du côté de la
Madeleine, et dont il foule encore une fois l'asphalte
élastique, en museur, le nez levé, les mains au dos. Il a
le temps, rien ne le presse, il est maître du rendez-
vous. A chaque instant il sourit devant lui, envoie un
petit bonjour protecteur du bout des doigts ou bien le
grand coup de chapeau de tout à l'heure. Tout le ra-
vit, le charme, le bruit des tonneaux d'arrosage, des
stores relevés aux portes des cafés débordant jusqu'au
milieu des trottoirs. La mort prochaine lui fait des sens
de convalescent, accessibles à toutes les finesses, à toutes
les poésies cachées d'une belle heure d'été sonnant en
pleine vie parisienne, d'une belle heure qui sera sa dernière et qu'il voudrait prolonger jusqu'à la nuit. C'est
pour cela sans doute qu'il dépasse le somptueux établissement où il prend son bain d'habitude ; il ne s'arrête
pas non plus aux Bains Chinois. On le connaît trop par
ici. Tout Paris saurait son aventure le soir même. Ce
serait dans les cercles, dans les salons un scandale de
mauvais goût, beaucoup de bruit vilain autour de sa
mort; et le vieux raffiné, l'homme de la tenue, voudrait
s'épargner cette honte, plonger, s'engloutir dans le
vague et l'anonymat d'un suicide, comme ces soldats
qu'au lendemain des grandes batailles, ni blessés, ni
vivants, ni morts, on porte simplement disparus. Voilà
pourquoi il a eu soin de ne rien garder sur lui de ce
qui aurait pu le faire reconnaître, fournir un renseignement précis aux constatations policières, pourquoi il
cherche dans cet immense Paris la zone éloignée et

perdue où commencera pour lui la terrible mais rassurante confusion de la fosse commune. Déjà depuis que Monpavon est en route, l'aspect du boulevard a bien changé. La foule est devenue compacte, plus active et préoccupée, les maisons moins larges, sillonnées d'enseignes de commerce. Les portes Saint-Denis et Saint-Martin passées, sous lesquelles déborde à toute heure le trop-plein grouillant des faubourgs, la physionomie provinciale de la ville s'accentue. Le vieux beau n'y connaît plus personne et peut se vanter d'être inconnu de tous.

Les boutiquiers, qui le regardent curieusement, avec son linge étalé, sa redingote fine, la cambrure de sa taille, le prennent pour quelque fameux comédien exécutant avant le spectacle une petite promenade hygiénique sur l'ancien boulevard, témoin de ses premiers triomphes... Le vent fraîchit, le crépuscule estompe les lointains, et tandis que la longue voie continue à flamboyer dans ses détours déjà parcourus, elle s'assombrit maintenant à chaque pas. Ainsi le passé, quand son rayonnement arrive à celui qui regarde en arrière et regrette... Il semble à Monpavon qu'il entre dans la nuit. Il frissonne un peu, mais ne faiblit pas, et continue à marcher la tête droite et le jabot tendu.

M. de Monpavon marche à la mort. A présent, il pénètre dans le dédale compliqué des rues bruyantes où le fracas des omnibus se mêle aux mille métiers ronflants de la cité ouvrière, où se confond la chaleur des fumées d'usine avec la fièvre de tout un peuple se débattant contre la faim. L'air frémit, les ruisseaux fument, les maisons tremblent au passage des camions, des lourds haquets se heurtant au détour des chaussées étroites. Soudain le marquis s'arrête; il a trouvé ce qu'il voulait. Entre la boutique noire d'un charbonnier et l'établissement d'un emballeur dont les planches de sapin adossées aux murailles lui causent un petit frisson, s'ouvre une porte cochère surmontée de son enseigne, le mot BAINS sur une lanterne blafarde. Il entre, traverse un petit jardin moisi où pleure un jet d'eau dans la rocaille. Voilà bien le coin sinistre qu'il cherchait. Qui s'avisera jamais de croire que le marquis de Monpavon est venu se couper la gorge là?... La maison est au bout, basse, des volets verts, une porte vitrée, ce faux air de villa qu'elles ont toutes... Il demande un bain, un fond de bain, enfile l'étroit couloir, et pendant qu'on prépare cela, le fracas de l'eau derrière lui, il fume son cigare à la fenêtre, regarde le parterre aux maigres lilas et le mur élevé qui le ferme.

A côté c'est une grande cour, la cour d'une caserne de pompiers avec un gymnase dont les montants, mâts et portiques, vaguement entrevus par le haut, ont des apparences de gibets. Un clairon sonne au sergent dans la cour. Et voilà que cette sonnerie ramène le marquis à trente ans en arrière, lui rappelle ses campagnes d'Algérie, les hauts remparts de Constantine, l'arrivée de Mora au régiment, et des duels, et des parties fines... Ah! comme la vie commençait bien. Quel dommage que ces sacrées cartes... Ps... ps... ps... Enfin, c'est déjà beau d'avoir sauvé la tenue.

« Monsieur, dit le garçon, votre bain est prêt. »

A ce moment, haletante et pâle, madame Jenkins entrait dans l'atelier d'André où l'amenait un instinct plus fort que sa volonté, le besoin d'embrasser son enfant avant de mourir. La porte ouverte, — il lui avait donné une double clef, — elle eut pourtant un soulagement de voir qu'il n'était pas rentré, qu'elle aurait le temps de calmer son émotion augmentée d'une longue marche inusitée à ses nonchalances de femme riche. Personne. Mais sur la table ce petit mot qu'il laissait toujours en sortant, pour que sa mère, dont les visites devenaient de plus en plus rares et courtes à cause de la tyrannie de Jenkins, pût savoir où il était, l'attendre facilement ou le rejoindre. Ces deux êtres n'avaient cessé de s'aimer tendrement, profondément, malgré les cruautés de la vie qui les obligeaient à introduire dans leurs rapports de mère à fils les précautions, le mystère clandestin d'un autre amour.

« Je suis à ma répétition, disait aujourd'hui le petit mot, je rentrerai vers sept heures. »

Cette attention de son enfant qu'elle n'était pas venue voir depuis trois semaines, et qui persistait quand même à l'attendre, fit monter aux yeux de la mère le flot de larmes qui l'étouffait. On eût dit qu'elle venait d'entrer dans un monde nouveau. C'était si clair, si calme, si élevé, cette petite pièce qui gardait la dernière lueur du jour sur son vitrage, flambait des rayons du soleil déjà sombré, semblait comme toutes les mansardes taillée dans un pan de ciel, avec ses murs nus, ornés seulement d'un grand portrait, le sien, rien que le sien souriant à la place d'honneur, et encore là-bas sur la table dans un cadre doré. Oui, véritablement, l'humble petit logis, qui retenait tant de clarté quand tout Paris devenait noir, lui faisait une impression surnaturelle, malgré la pauvreté de ses meubles restreints, éparpillés dans deux pièces, sa perse commune, et sa cheminée garnie de deux gros bouquets de jacinthes, de ces fleurs qu'on traîne le matin dans les rues, à pleines charrettes. La belle vie vaillante et digne qu'elle aurait pu mener là près de son André! Et en une minute, avec la rapidité du rêve, elle installait son lit dans un coin, son piano dans l'autre, se voyait donnant des leçons, soignant l'intérieur où elle apportait sa part d'aisance et de gaieté courageuse. Comment n'avait-elle pas compris que là eût été son devoir, la fierté de son veuvage? Par quel aveuglement, quelle faiblesse indigne?...

Grande faute sans doute, mais qui aurait pu trouver bien des atténuations dans sa nature facile et tendre, et l'adresse, la fourberie de son complice parlant tout le temps de mariage, lui laissant ignorer que lui-même n'était plus libre, et lorsqu'enfin il fut obligé d'avouer, faisant un tel tableau de sa vie sans lumière, de son désespoir, de son amour, que la pauvre créature engagée déjà si gravement aux yeux du monde, incapable d'un de ces efforts héroïques qui vous mettent au-dessus des situations fausses, avait fini par céder, par accepter cette double existence, si brillante et si misérable, reposant toute sur un mensonge qui avait duré dix ans. Dix ans d'enivrants succès et d'inquiétudes indicibles, dix ans où elle avait chanté avec chaque fois la peur d'être trahie entre deux couplets, où le moindre mot sur les ménages irréguliers la blessait comme une allusion, où l'expression de sa figure s'était amollie jusqu'à cet air d'humilité douce, de coupable demandant grâce. Ensuite la certitude d'être abandonnée lui avait gâté même ces joies d'emprunt, fané son luxe; et que d'angoisses, que de souffrances silencieusement subies, d'humiliations incessantes, jusqu'à la dernière, la plus épouvantable de toutes!

Tandis qu'elle repasse ainsi douloureusement sa

vie dans la fraîcheur du soir et le calme de la maison déserte, des rires sonores, un entrain de jeunesse heureuse montent de l'étage au-dessous ; et se rappelant les confidences d'André, sa dernière lettre où il lui annonçait la grande nouvelle, elle cherche à distinguer parmi toutes ces voix limpides et neuves celle de sa fille Élise, cette fiancée de son fils qu'elle ne connaît pas, qu'elle ne doit jamais connaître. Cette pensée, qui achève de déshériter la mère, ajoute au désastre de ses derniers instants, les comble de tant de remords et de regrets que malgré son vouloir d'être courageuse, elle pleure, elle pleure.

La nuit vient peu à peu. De larges taches d'ombre plaquent les vitres inclinées où le ciel immense en profondeur se décolore, semble fuir dans de l'obscur. Les toits se massent pour la nuit comme les soldats pour l'attaque. Gravement, les clochers se renvoient l'heure, pendant que les hirondelles tournoient aux environs d'un nid caché et que le vent fait son invasion ordinaire dans les décombres du vieux chantier. Ce soir, il souffle avec des plaintes de flot, un frisson de brume, il souffle de la rivière, comme pour rappeler à la malheureuse femme que c'est là-bas qu'il va falloir aller... Sous sa mantille de dentelle, oh ! elle en grelotte d'avance... Pourquoi est-elle venue ici reprendre goût à la vie impossible après l'aveu qu'elle serait forcée de faire ?... Des pas rapides ébranlent l'escalier, la porte s'ouvre précipitamment, c'est André. Il chante, il est content, très-pressé surtout, car on l'attend pour dîner chez les Joyeuse. Vite, un peu de lumière, que l'amoureux se fasse beau. Mais, tout en frottant les allumettes, il devine quelqu'un dans l'atelier, une ombre remuante parmi les ombres immobiles.

« Qui est là ? »

Quelque chose lui répond, comme un rire étouffé ou un sanglot. Il croit que ce sont ses petites voisines, une invention des « enfants » pour s'amuser. Il s'approche. Deux mains, deux bras, le serrent, l'enlacent.

« C'est moi... »

Et d'une voix fiévreuse, qui se hâte pour s'assurer, elle lui raconte qu'elle part pour un voyage assez long et qu'avant de partir...

« Un voyage... Et où donc vas-tu?

— Oh! je ne sais pas... Nous allons là-bas, très-loin, pour des affaires qu'il a dans son pays.

— Comment! tu ne seras pas là, pour ma pièce?... C'est dans trois jours... Et puis, tout de suite après, le mariage... Voyons, il ne peut pas t'empêcher d'assister à mon mariage. »

Elle s'excuse, imagine des raisons, mais ses mains brûlantes dans celles de son fils, sa voix toute changée, font comprendre à André qu'elle ne dit pas la vérité. Il veut allumer, elle l'en empêche :

« Non, non, c'est inutile. On est mieux ainsi... D'ailleurs, j'ai tant de préparatifs encore; il faut que je m'en aille. »

Ils sont debout tous deux, prêts pour la séparation; mais André ne la laissera pas partir sans lui faire avouer ce qu'elle a, quel souci tragique creuse ce beau visage où les yeux, — est-ce un effet du crépuscule? — reluisent d'un éclat farouche.

« Rien... non, rien; je t'assure... Seulement l'idée de ne pouvoir prendre ma part de tes bonheurs, de tes triomphes... Enfin, tu sais que je t'aime, tu ne doutes pas de ta mère, n'est-ce pas? Je ne suis jamais restée un jour sans penser à toi... Fais-en autant, garde-moi ton cœur... Et maintenant embrasse-moi que je m'en aille vite... J'ai trop tardé. »

Une minute encore, elle n'aurait plus la force de ce qu'il lui reste à accomplir. Elle s'élance.

« Eh bien, non, tu ne sortiras pas... Je sens qu'il se passe dans ta vie quelque chose d'extraordinaire que tu ne veux pas dire... Tu as un grand chagrin, je suis sûr. Cet homme t'aura fait quelque infamie...

— Non, non... Laisse-moi aller... laisse-moi aller. »

Mais il la retient au contraire, il la retient fortement.

« Voyons, qu'est-ce qu'il y a?... Dis... dis... »

Puis tout bas, à l'oreille, la parole tendre, appuyée et sourde comme un baiser :

« Il t'a quittée, n'est-ce pas? »

La malheureuse tressaille, se débat.

« Ne me demande rien... je ne veux rien dire... adieu. »

Et lui, la pressant contre son cœur :

« Que pourrais-tu me dire que je ne sache déjà, pauvre mère?... Tu n'as donc pas compris pourquoi je suis parti, il y a six mois...

— Tu sais?...

— Tout... Et ce qui t'arrive aujourd'hui, voilà longtemps que je le pressens, que je le souhaite...

— Oh! malheureuse, malheureuse, pourquoi suis-je venue?

— Parce que c'est ta place, parce que tu me dois dix ans de ma mère... Tu vois bien qu'il faut que je te garde. »

Il lui dit cela à genoux devant le divan où elle s'est laissée tomber dans un débordement de larmes et les derniers cris douloureux de son orgueil blessé. Longtemps elle pleure ainsi, son enfant à ses pieds. Et voici que les Joyeuse, inquiets de ne pas voir André descendre, montent le chercher en troupe. C'est une invasion de visages ingénus, de gaietés limpides, boucles flottantes, modestes parures, et sur tout le groupe rayonne la grosse lampe, la bonne vieille lampe au vaste abat-jour, que M. Joyeuse porte solennellement, aussi haut, aussi droit qu'il peut avec un geste de canéphore. Ils s'arrêtent interdits devant cette dame pâle et triste qui regarde, très-émue, toute cette grâce souriante, surtout Élise un peu en arrière des autres et que son attitude gênée dans cette indiscrète visite désigne comme la fiancée.

« Élise, embrassez notre mère et remerciez-la. Elle vient demeurer avec ses enfants. »

La voilà serrée dans tous ces bras caressants, contre quatre petits cœurs féminins à qui manque depuis longtemps l'appui de la mère, la voilà introduite et si doucement sous le cercle lumineux de la lampe familiale, un peu élargi pour qu'elle puisse y prendre sa place, sécher ses yeux, réchauffer, éclairer son esprit à cette flamme robuste qui monte sans un vacillement, même dans ce petit atelier d'artiste près des toits, où soufflaient si fort tout à l'heure des tempêtes sinistres qu'il faut oublier.

Celui qui râle là-bas, effondré dans sa baignoire sanglante, ne l'a jamais connue, cette flamme sacrée. Égoïste et dur, il a jusqu'à la fin vécu pour la montre, gonflant son plastron tout en surface d'une enflure de vanité. Encore cette vanité était ce qu'il y avait de meilleur en lui. C'est elle qui l'a tenu crâne et debout si longtemps, elle qui lui serre les dents sur les hoquets de son agonie. Dans le jardin moisi, le jet d'eau tristement s'égoutte. Le clairon des pompiers sonne le couvre-feu... « Allez donc voir au 7, dit la maîtresse, il n'en finit plus avec son bain. » Le garçon monte et pousse un cri d'effroi, de stupeur : « Oh! Madame, il est mort... mais ce n'est plus le même... » On accourt, et personne, en effet, ne veut reconnaître le beau gentilhomme qui est entré tout à l'heure, dans cette espèce de poupée macabre, la tête pendant au bord de la baignoire, un teint où le fard étalé se mêle au sang qui le délaie, tous les membres jetés dans une lassitude suprême du rôle joué jusqu'au bout, jusqu'à tuer le comédien. Deux coups de rasoir en travers du magnifique plastron inflexible, et toute sa majesté factice s'est dégonflée, s'est résolue dans cette horreur sans nom, ce tas de boue, de sang, de chairs maquillées et cadavériques où gît méconnaissable l'homme de la tenue, le marquis Louis-Marie-Agénor de Monpavon.

XXIII

MÉMOIRES D'UN GARÇON DE BUREAU. — DERNIERS FEUILLETS

Je consigne ici, à la hâte et d'une plume bien agitée, les événements effroyables dont je suis le jouet depuis quelques jours. Cette fois, c'en est fait de la *Territoriale* et de tous mes songes ambitieux... Protêts, saisies, descentes de la police, tous nos livres chez le juge d'instruction, le gouverneur en fuite, notre conseil Bois-Landry à Mazas, notre conseil Monpavon disparu. Ma tête s'égare au milieu de ces catastrophes... Et dire que, si j'avais suivi les avertissements de la sage raison, je serais depuis six mois bien tranquille à Montbars en train de cultiver ma petite vigne, sans autre souci que de voir les grappes s'arrondir et se dorer au bon soleil bourguignon, et de ramasser sur les ceps, après l'ondée, ces petits escargots gris excellents en fricassée. Avec le fruit de mes économies, je me serais fait bâtir au bout du clos, sur la hauteur, à un endroit que je vois d'ici, un belvédère en pierres sèches comme celui de M. Chalmette, si commode pour les siestes d'après-midi, pendant que les cailles chantent tout autour dans le vignoble. Mais non. Sans cesse égaré par des illusions décevantes, j'ai voulu m'enrichir, spéculer, tenter les grands coups de banque, enchaîner ma fortune au char des triomphateurs du jour; et maintenant me voilà revenu aux plus tristes pages de mon histoire, garçon de bureau d'un comptoir en déroute, chargé de répondre à une horde de créanciers, d'actionnaires ivres de fureur, qui accablent mes cheveux blancs des pires outrages, voudraient me rendre responsable de la ruine du Nabab et de la fuite du gouverneur. Comme si je n'étais pas moi aussi cruellement frappé avec mes quatre ans d'arriéré que je perds encore une fois, et mes sept mille francs d'avances, tout ce que j'avais confié à ce scélérat de Paganetti de Porto-Vecchio.

Mais il était écrit que je viderais la coupe des humiliations et des déboires jusqu'à la lie. Ne m'ont-ils pas fait comparoir devant le juge d'instruction, moi Passajon, ancien appariteur de Faculté, trente ans de loyaux services, le ruban d'officier d'Académie... Oh! quand je me suis vu montant cet escalier du Palais de Justice, si grand, si large, sans rampe pour se retenir, j'ai senti ma tête qui tournait et mes jambes s'en aller sous moi. C'est là que j'ai pu réfléchir, en traversant ces salles noires d'avocats et de juges, coupées de grandes portes vertes derrière lesquelles s'entend le tapage imposant des audiences; et là-haut, dans le corridor des juges d'instruction, pendant mon attente d'une heure sur un banc où j'avais de la vermine de prison qui me grimpait aux jambes, tandis que j'écoutais un tas de bandits, filous, filles en bonnet de Saint-Lazare, causer et rire avec des gardes de Paris, et les crosses de fusil retentir dans les couloirs, et le roulement sourd des voitures cellulaires. J'ai compris alors le danger des *combinazione*, et qu'il ne faisait pas toujours bon se moquer de M. Gogo.

Ce qui me rassurait pourtant, c'est que, n'ayant jamais pris part aux délibérations de la *Territoriale*, je ne suis pour rien dans les trafics et les tripotages. Mais expliquez cela. Une fois dans le cabinet du juge, en face de cet homme en calotte de velours, qui me regardait de l'autre côté de la table avec ses petits yeux à crochets, je me suis senti tellement pénétré, fouillé, retourné jusqu'au fin fond des fonds, que malgré mon innocence, eh bien! j'avais envie d'avouer. Avouer, quoi? je n'en sais rien. Mais c'est l'effet que cause la justice. Ce diable d'homme resta bien cinq minutes entières à me fixer sans parler, tout en feuilletant un cahier surchargé d'une grosse écriture qui ne m'était pas inconnue, et brusquement il me dit, sur un ton à la fois narquois et sévère :

« Eh bien! monsieur Passajon... Y a-t-il longtemps que nous n'avons fait le coup du camionneur? »

Le souvenir de certain petit méfait, dont j'avais pris ma part en des jours de détresse, était déjà si loin de moi, que je ne comprenais pas d'abord ; mais quelques mots du juge me prouvèrent combien il était au courant de l'histoire de notre banque. Cet homme terrible savait tout, jusqu'aux moindres détails, jusqu'aux choses les plus secrètes.

Qui donc avait pu si bien l'informer?

Avec cela, très-bref, très-sec, et quand je voulais essayer d'éclairer la justice de quelques observations sagaces, une certaine façon insolente de me dire : « Ne faites pas de phrases, » d'autant plus blessante à entendre, à mon âge, avec ma réputation de beau diseur, que nous n'étions pas seuls dans son cabinet. Un greffier assis près de moi écrivait ma déposition, et derrière, j'entendais le bruit de gros feuillets qu'on retournait. Le juge m'adressa toutes sortes de questions sur le Nabab, l'époque à laquelle il avait fait ses versements, l'endroit où nous tenions nos livres, et tout à coup, s'adressant à la personne que je ne voyais pas :

« Montrez-nous le livre de caisse, monsieur l'expert. »

Un petit homme en cravate blanche apporta le grand registre sur la table. C'était M. Joyeuse, l'ancien caissier d'Hemerlingue et fils. Mais je n'eus pas le temps de lui présenter mon hommage.

« Qui a fait ça? me demanda le juge en ouvrant le grand-livre à l'endroit d'une page arrachée... Ne mentez pas, voyons. »

Je ne mentais pas, je n'en savais rien, ne m'occupant jamais des écritures. Pourtant je crus devoir signaler M. de Géry, le secrétaire du Nabab, qui venait souvent le soir dans nos bureaux et s'enfermait tout seul pendant des heures à la comptabilité. Là-dessus, le petit père Joyeuse s'est fâché tout rouge :

« On vous dit là une absurdité, monsieur le juge d'instruction... M. de Géry est le jeune homme dont je vous ai parlé... Il venait à la *Territoriale* en simple surveillant et portait trop d'intérêt à ce pauvre M. Jansoulet pour faire disparaître les reçus de ses versements, la preuve de son aveugle, mais parfaite honnêteté... Du reste, M. de Géry, longtemps retenu à Tunis, est en route pour revenir, et pourra fournir, avant peu, toutes les explications nécessaires. »

Je sentis que mon zèle allait me compromettre.

« Prenez garde, Passajon, me dit le juge très-sévèrement... Vous n'êtes ici que comme témoin ; mais si vous essayez d'égarer l'instruction, vous pourriez bien y revenir en prévenu... (Il avait vraiment l'air de le désirer, ce monstre d'homme !...) Allons, cherchez, qui a déchiré cette page ? »

Alors, je me rappelai fort à propos que, quelques jours avant de quitter Paris, notre gouverneur m'avait fait apporter les livres à son domicile, où ils étaient restés jusqu'au lendemain. Le greffier prit note de ma déclaration, après quoi le juge me congédia d'un signe, en m'avertissant d'avoir à me tenir à sa disposition. Puis, sur la porte, il me rappela :

« Tenez, monsieur Passajon, remportez ceci. Je n'en ai plus besoin. »

Il me tendait les papiers qu'il consultait, tout en m'interrogeant; et qu'on juge de ma confusion, quand j'aperçus sur la couverture le mot « Mémoires » écrit de ma plus belle ronde. Je venais de fournir moi-même des armes à la justice, des renseignements précieux que la précipitation de notre catastrophe m'avait empêché de soustraire à la râfle policière exécutée dans nos bureaux.

Mon premier mouvement, en rentrant chez nous, fut de mettre en morceaux ces indiscrètes paperasses; puis, réflexion faite, après m'être assuré qu'il n'y avait dans ces *Mémoires* rien de compromettant pour moi, au lieu de les détruire, je me suis décidé à les continuer, avec la certitude d'en tirer parti un jour ou l'autre. Il ne manque pas à Paris de faiseurs de romans sans imagination, qui ne savent mettre que des histoires vraies dans leurs livres, et qui ne seront pas fâchés de m'acheter un petit cahier de renseignements. Ce sera ma façon de me venger de cette société de haute flibuste où je me suis trouvé mêlé pour ma honte et pour mon malheur.

Du reste, il faut bien que j'occupe mes loisirs. Rien à

faire au bureau, complétement désert depuis les investigations de la justice, que d'empiler des assignations de toutes couleurs. J'ai repris les écritures de la cuisinière du second, mademoiselle Séraphine, dont j'accepte en retour quelques petites provisions que je conserve dans le coffre-fort revenu à l'emploi de garde-manger. La femme du gouverneur est aussi très-bonne pour moi et bourre mes poches à chaque fois que je vais la voir dans son grand appartement de la Chaussée-d'Antin. De ce côté, rien n'est changé. Même luxe, même confort; en plus un petit bébé de trois mois, le septième, et une superbe nourrice, dont le bonnet cauchois fait merveille aux promenades du bois de Boulogne. Il faut croire qu'une fois lancés sur les rails de la fortune, les gens ont besoin d'un certain temps pour ralentir leur vitesse ou s'arrêter tout à fait. D'ailleurs, ce bandit de Paganetti, en prévision d'un accident, avait tout mis au nom de sa femme. C'est peut-être pourquoi cette charabias d'Italienne lui a voué une admiration que rien ne peut entamer. Il est en fuite, il se cache; mais elle reste convaincue que son mari est un petit saint Jean d'innocence, victime de sa bonté, de sa crédulité. Il faut l'entendre : « Vous le connaissez, vous, moussiou Passajon. Vous savez s'il est escroupouleux... Ma, aussi vrai qu'il y a oun Dieu, si mon mari avait commis des malhonnêtetés comme on l'accuse, moi-même, vous m'entendez, moi-même, j'y aurais mis oune scopette dans les mains et j'y aurais dit : « Té! Tchecco, fais-toi peter la tête!... » Et à la façon dont elle ouvre son petit nez retroussé, ses yeux noirs et ronds comme deux boules de jais, on sent bien que cette petite Corse de l'Ile-Rousse l'aurait fait ainsi qu'elle le dit. Faut-il qu'il soit adroit tout de même, ce damné gouverneur, pour duper jusqu'à sa femme, jouer la comédie chez lui, là où les plus habiles se laissent voir tels qu'ils sont!

En attendant, tout ce monde-là fricote de bons dîners, Bois-Landry à Mazas se fait porter à manger du café Anglais, et l'oncle Passajon en est réduit à vivre de ratas ramassés dans les cuisines. Enfin ne nous plaignons pas trop. Il y en a encore de plus malheureux que nous, à preuve M. Francis que j'ai vu entrer ce matin à la *Territoriale*, maigre, pâli, du linge déshonorant, des manchettes fripées qu'il étire encore par habitude.

J'étais justement en train de faire griller un bon morceau de lard devant la cheminée de la salle du conseil, mon couvert mis sur un coin de table en marqueterie, avec un journal étendu pour ne pas salir. J'invitai le valet de chambre de Monpavon à partager ma frugale collation; mais, pour avoir servi un marquis, celui-là se figure faire partie de la noblesse, et il m'a remercié d'un air digne qui donnait à rire en voyant ses joues creusées. Il commença par me dire qu'il était toujours sans nouvelles de son maître, qu'on l'avait renvoyé du cercle de la rue Royale, tous les papiers sous scellés et des tas de créanciers en pluie de sauterelles sur la mince défroque du marquis. « De sorte que je me trouve un peu à court, » ajoutait M. Francis. C'est-à-dire qu'il n'avait plus un radis en poche, qu'il couchait depuis deux jours sur les bancs du boulevard, réveillé à chaque instant par les sergents de ville, obligé de se lever, de faire l'homme en ribote, pour regagner un autre abri. Quant à ce qui est de manger, je crois bien que cela ne lui était pas arrivé de longtemps, car il regardait la nourriture avec des yeux affamés qui faisaient peine, et lorsque j'eus mis de force devant lui une grillade de lard et un verre de vin, il tomba dessus comme un loup. Tout de suite le sang lui vint aux pommettes, et tout en dévorant il se mit à bavarder, à bavarder...

— Vous savez, père Passajon, me dit-il entre deux bouchées, je sais où il est... je l'ai vu...

Il clignait de l'œil malignement. Moi, je le regardais, très-étonné.

— Qui donc ça avez-vous vu, monsieur Francis?

— Le marquis, mon maître... là-bas, dans la petite maison blanche, derrière Notre-Dame. (Il ne disait pas la Morgue, parce que c'est un trop vilain mot). J'étais bien sûr que je le trouverais là. J'y suis allé tout droit, le lendemain. Il y était. Oh! mais bien caché, je vous réponds. Il fallait son valet de chambre pour le reconnaître. Les cheveux tout gris, les dents absentes, et ses vraies rides, ses soixante-cinq ans qu'il arrangeait si bien. Sur cette dalle de marbre, avec le robinet qui dégoulinait dessus, j'ai cru le voir devant sa table de toilette.

— Et vous n'avez rien dit?

— Non. Je savais ses intentions à ce sujet, depuis longtemps... Je l'ai laissé s'en aller discrètement, à l'anglaise, comme il voulait. C'est égal! il aurait bien dû me donner un morceau de pain avant de partir, moi qui l'ai servi pendant vingt ans.

Et tout à coup, frappant de son poing sur la table, avec rage :

— Quand je pense que, si j'avais voulu, j'aurais pu, au lieu d'aller chez Monpavon, entrer chez Mora, avoir la place de Louis... Est-il veinard, celui-là! En a-t-il rousti des rouleaux de mille à la mort de son duc!... Et la défroque, des chemises par centaines, une robe de chambre en renard bleu qui valait plus de vingt mille francs... C'est comme ce Noël, c'est lui qui a dû faire un sac! En se pressant, parbleu, car il savait que ça finirait tôt. Maintenant, plus moyen de gratter, place Vendôme. Un vieux gendarme de mère qui mène tout. On vend Saint-Romans, on vend les tableaux. La moitié de l'hôtel en location. C'est la débâcle. »

J'avoue que je ne pus m'empêcher de montrer ma satisfaction; car enfin ce misérable Jansoulet est cause de tous nos malheurs. Un homme qui se vantait d'être si riche, qui le disait partout. Le public s'amorçait là-dessus, comme le poisson qui voit luire des écailles dans une nasse... Il a perdu des millions, je veux bien; mais pourquoi laissait-il croire qu'il en avait d'autres?... Ils ont arrêté Bois-Landry; c'est lui qu'il fallait arrêter plutôt... Ah! si nous avions eu un autre expert, je suis sûr que ce serait déjà fait... Du reste, comme je le disais à Francis, il n'y a qu'à voir ce parvenu de Jansoulet pour se rendre compte de ce qu'il vaut. Quelle tête de bandit orgueilleux!

— Et si commun, ajouta l'ancien valet de chambre.

— Pas la moindre moralité.

— Un manque absolu de tenue... Enfin, le voilà à la mer, et puis Jenkins aussi, et bien d'autres avec eux.

— Comment! le docteur aussi?... Ah! tant pis... Un homme si poli, si aimable...

— Oui, encore un qu'on déménage... Chevaux, voitures, mobilier... C'est plein d'affiches dans la cour de l'hôtel, qui sonne le vide comme si la mort y avait passé... Le château de Nanterre est mis en vente. Il restait une demi-douzaine de « petits Bethléem » qu'on a emballés dans un fiacre... C'est la débâcle, je vous dis, père Passajon, une débâcle dont nous ne verrons peut-être pas la fin, vieux tous deux comme nous sommes, mais qui sera complète... Tout est pourri ; il faut que tout crève ! »

Il était sinistre à voir ce vieux larbin de l'Empire, maigre, échiné, couvert de boue, et criant comme Jérémie : « C'est la débâcle ! » avec une bouche sans dents, toute noire et large ouverte. J'avais peur et honte devant lui, grand désir de le voir dehors ; et dans moi-même je pensais : « O M. Chalmette... ô ma petite vigne de Montbars... »

Même date. — Grande nouvelle. Madame Paganetti est venue cette après-midi m'apporter mystérieusement une lettre du gouverneur. Il est à Londres, en train d'installer une magnifique affaire. Bureaux splendides dans le plus beau quartier de la ville ; commandite superbe. Il m'offre de venir le rejoindre, « heureux, dit-il, de réparer ainsi le dommage qui m'a été fait. » J'aurai le double de mes appointements à la *Territoriale*, logé, chauffé, cinq actions du nouveau comptoir, et remboursement intégral de mon arriéré. Une petite avance à faire seulement, pour l'argent du voyage et quelques dettes criardes dans le quartier. Vive la joie ! ma fortune est assurée. J'écris au notaire de Montbars de prendre hypothèque sur ma vigne...

XXIV

A BORDIGHERA

Comme l'avait dit M. Joyeuse chez le juge d'instruction, Paul de Géry revenait de Tunis après trois semaines d'absence. Trois interminables semaines passées à se débattre au milieu d'intrigues, de trames ourdies sournoisement par la haine puissante des Hemerlingue, à errer de salle en salle, de ministère en ministère, à travers cette immense résidence du Bardo qui réunit dans la même enceinte farouche hérissée de couleuvrines tous les services de l'État, placés sous la surveillance du maître comme ses écuries et son harem. Dès son arrivée là-bas, Paul avait appris que la chambre de justice commençait à instruire secrètement le procès de Jansoulet, procès dérisoire, perdu par avance; et les comptoirs du Nabab fermés sur le quai de la Marine, les scellés apposés sur ses coffres, ses navires solidement amarrés à la Goulette, une garde de *chaouchs* autour de ses palais annonçaient déjà une sorte de mort civile, de succession ouverte dont il ne resterait plus bientôt qu'à se partager les dépouilles.

Pas un défenseur, pas un ami dans cette meute vorace; la colonie franque elle-même paraissait satisfaite de la chute d'un courtisan qui avait si longtemps obstrué en les occupant tous les chemins de la faveur. Essayer d'arracher au bey cette proie, à moins d'un triomphe éclatant devant l'Assemblée, il n'y fallait pas songer. Tout ce que de Géry pouvait espérer, c'était de sauver quelques épaves, et encore en se hâtant, car il s'attendait un jour ou l'autre à apprendre l'échec complet de son ami.

Il se mit donc en campagne, précipita ses démarches avec une activité que rien ne découragea, ni le patelinage oriental, cette politesse raffinée et doucereuse sous laquelle se dissimulent la férocité, la dissolution des mœurs, ni les sourires béatement indifférents, ni ces airs penchés, ces bras en croix invoquant le fatalisme divin quand le mensonge humain fait défaut. Le sang-froid de ce petit Méridional refroidi, en qui se condensaient toutes les exubérances de ses compatriotes, le servit au moins autant que sa connaissance parfaite de la loi française dont le Code de Tunis n'est que la copie défigurée.

A force de souplesse, de circonspection, et malgré les intrigues d'Hemerlingue fils, très-influent au Bardo, il parvint à faire distraire de la confiscation l'argent prêté par le Nabab quelques mois auparavant et à arracher dix millions sur quinze à la rapacité de Mohammed. Le matin même du jour où cette somme devait lui être comptée, il recevait de Paris une dépêche lui annonçant l'invalidation. Il courut tout de suite au palais, pressé d'y arriver avant la nouvelle; et au retour, ses dix millions de traites sur Marseille bien serrés dans son portefeuille, il croisa sur la route de la résidence le carrosse d'Hemerlingue fils avec ses trois mules lancées à fond de train. La tête du hibou maigre rayonnait. De Géry comprenant que, s'il restait seulement quelques heures de plus à Tunis, ses traites couraient grand risque d'être confisquées, alla retenir sa place sur un paquebot italien qui partait le lendemain pour Gênes, passa la nuit à bord, et ne fut tranquille que lorsqu'il vit fuir derrière lui la blanche Tunis étagée au fond de son golfe et les rochers du cap Carthage. En entrant dans le port de Gênes, le vapeur, en train de se ranger au quai, passa près d'un grand yacht où flottait le pavillon tunisien parmi des petits étendards de parade. De Géry ressentit une vive émotion, crut un instant qu'on envoyait à sa poursuite, et qu'il allait peut-être en débarquant avoir des démêlés avec la police italienne comme un vulgaire gâte-bourse. Mais non, le yacht se balançait tranquille à l'ancre, ses matelots occupés à nettoyer le pont et à repeindre la sirène rouge de l'avant, comme si l'on attendait quelque personnage d'importance. Paul n'eut pas la curiosité de savoir quel était ce personnage, ne fit que traverser la ville de marbre et revint par la voie ferrée qui va de Gênes à Marseille en suivant la côte, route merveilleuse où l'on passe du noir des tunnels à l'éblouissement de la mer bleue, mais que son étroitesse expose à bien des accidents.

A Savone, le train arrêté, on annonça aux voyageurs qu'ils ne pouvaient aller plus loin, un de ces petits ponts jetés sur les torrents qui descendent de la montagne dans la mer s'étant rompu pendant la nuit. Il fallait attendre l'ingénieur, les ouvriers avertis par le télégraphe, rester là peut-être une demi-journée. C'était le matin. La ville italienne s'éveillait dans une de ces aubes voilées qui annoncent la grande chaleur du jour. Pendant que les voyageurs dispersés se réfugiaient dans les hôtels, s'installaient dans des cafés, que d'autres couraient la ville, de Géry, désolé du retard, cherchait un moyen de ne pas perdre encore cette dizaine d'heures. Il pensait au pauvre Jansoulet, à qui l'argent qu'il apportait allait peut-être sauver l'honneur et la vie, à sa chère Aline, à celle dont le souvenir ne l'avait pas quitté un seul jour pendant son voyage, pas plus que le portrait qu'elle lui avait donné. Il eut alors l'idée de louer un de ces *calesino* attelés à quatre, qui font le trajet de Gênes à Nice, tout le long de la Corniche italienne, voyage adorable que se payent souvent les étrangers, les amoureux ou les joueurs heureux de Monaco. Le cocher garantissait d'être à Nice de bonne heure ; mais n'arrivât-on guère plus vite qu'en attendant le train, l'impatience du voyageur éprouvait le soulagement de ne pas piétiner sur place, de sentir à chaque tour de roue décroître l'espace qui le séparait de son désir.

Oh ! par un beau matin de juin, à l'âge de notre ami Paul, le cœur plein d'amour comme il l'avait, brûler à quatre chevaux la route blanche de la Corniche, c'est une ivresse de voyage incomparable. A gauche, à cent pieds d'abîme, la mer mouchetée d'écume des anses rondes du rivage à ces lointains de vapeur, où se confondent le bleu des vagues et celui du ciel ; voiles rouges ou blanches, jetées là-dessus en ailes uniques et déployées, fines silhouettes de steamers avec un peu de fumée à l'arrière comme un adieu, et sur des plages aperçues au détour, des pêcheurs, pas plus gros que des merles de roche, dans leur barque amarrée, qui semble un nid. Puis la route s'abaisse, suit une pente rapide, tout le long de rochers, de promontoires presque à pic. Le vent frais des vagues arrive là, se mêle aux mille grelots de l'attelage, tandis qu'à droite, sur le flanc de la montagne, les pins s'étagent, les chênes verts, aux capricieuses racines, sortant du sol aride, et des oliviers en culture sur leurs terrasses, jusqu'à un large ravin blanc et caillouteux, bordé de verdures qui rappellent le passage des eaux, un torrent desséché que remontent des mulets chargés, le sabot solide parmi les pierres en galets où se penche une laveuse près d'une mare microscopique, quelques gouttes restées de la grande inondation d'hiver. De temps en temps, on traverse la rue d'un village ou plutôt d'une petite ville rouillée par trop de soleil, d'une ancienneté historique, les maisons étroitement serrées et rejointes par des arcades sombres, un lacis de ruelles voûtées, qui grimpent à pic avec des échappées de jour supérieur, des ouvertures de mines laissant apercevoir des nichées d'enfants frisés en auréole, des corbeilles de fruits éclatants, une femme descendant le pavé raboteux, sa cruche sur la tête ou la quenouille au bras. Puis, à un coin de rue, le papillotement bleu des vagues, et l'immensité retrouvée...

Mais, à mesure que la journée s'avançait, le soleil, montant dans le ciel, éparpillait sur la mer, sortie de ses brumes, lourde, stupéfaite, immobile avec des transparences de quartz, des milliers de rayons tombant dans l'eau, comme des piqûres de flèches, une réverbération éblouissante, doublée par la blancheur des roches et du sol, par un véritable sirocco d'Afrique qui soulevait la poussière en spirale sur le passage de la voiture. On arrivait aux sites les plus chauds, les plus abrités de la Corniche, véritable température exotique, plantant en pleine terre les dattiers, les cactus, l'aloès et ses hauts candélabres. En voyant ces troncs élancés, cette végétation fantastique, découper l'air chauffé à blanc, en sentant la poussière aveuglante craquer sous les roues comme une neige, de Géry, les yeux à demi-clos, halluciné par ce midi de plomb, croyait faire encore une fois cette fatigante route de Tunis au Bardo, tant parcourue dans un singulier pêle-mêle de carrosses levantins, à livrées éclatantes, de meahris au long cou, à la babine pendante, de mulets caparaçonnés, de bourriquets, d'Arabes en guenilles, de nègres à moitié nus, de fonctionnaires en grand costume, avec leur escorte d'honneur. Allait-il donc retrouver là-bas, où la route côtoie des jardins de palmiers, l'architecture bizarre et colossale du palais du bey, ses grillages de fenêtres aux mailles serrées, ses portes de marbre, ses moucharabies en bois découpé, peints de couleurs vives?... Ce n'était pas le Bardo, mais le joli pays de Bordighera, divisé comme tous ceux du littoral en deux parties, la *Marine* s'étalant en rivage, et la ville haute, rejointes toutes deux par une forêt de palmes immobiles, élancées de tige et la cime retombante, véritables fusées de verdure, rayant le bleu de leurs mille fentes régulières.

La chaleur insoutenable, les chevaux à bout de forces, contraignirent le voyageur à s'arrêter pour une couple d'heures dans un de ces grands hôtels qui bordent la route et mettent dès novembre, dans ce petit bourg merveilleusement abrité, la vie luxueuse, l'animation cosmopolite d'une aristocratique station hivernale. Mais, à cette époque de l'année, il n'y avait à la *Marine* de Bordighera que des pêcheurs invisibles à cette heure. Les villas, les hôtels semblaient morts, tous leurs stores et leurs jalousies étendus. On fit traverser à l'arrivant de longs couloirs frais et silencieux, jusqu'à un grand salon tourné au nord qui devait faire partie d'un de ces appartements complets qu'on loue pour la saison et dont les portes légères communiquent avec d'autres chambres. Des rideaux blancs, un tapis, ce demi-confortable exigé par les Anglais, même en voyage, et en face des fenêtres que l'hôtelier ouvrit toutes grandes pour amorcer ce passant, l'engager à une halte plus sérieuse, la vue splendide de la montagne. Un calme étonnant régnait dans cette grande auberge déserte, sans maître d'hôtel, ni cuisinier, ni chasseurs, — tout le service n'arrivant qu'aux premiers froids, — et livrée pour les soins domestiques à un gâte-sauce du pays, expert aux *stoffato*, aux *risotto*, et à deux valets d'écurie mettant pour l'heure des repas l'habit, la cravate blanche et les escarpins de l'office. Heureusement de Géry ne devait rester là que le temps de respirer une heure ou deux, d'enlever de ses yeux cette réverbération d'argent mat, de sa tête alourdie le casque à jugulaire douloureuse que le soleil y avait mis.

Du divan où il s'étendit, le paysage admirable, terrasses d'oliviers légers et frissonnants, bois d'orangers plus sombres aux feuilles mouillées de luisants mobiles, semblait descendre jusqu'à sa fenêtre par étages de verdures diverses où des villas dispersées éclataient en blancheur, parmi lesquelles celle de Maurice Trott le banquier, reconnaissable aux riches caprices de son architecture et à la hauteur de ses palmiers. L'habitation du Levantin, dont les jardins venaient jusque sous les croisées de l'hôtel, abritait depuis quelques mois une célébrité artistique, le sculpteur Bréhat, qui se mourait de la poitrine et devait à cette hospitalité princière un prolongement d'existence. Ce voisinage d'un agonisant célèbre, dont l'hôtelier était très-fier, et qu'il aurait mis volontiers sur sa note, ce nom de Bréhat que de Géry avait entendu si souvent prononcer avec admiration dans l'atelier de Félicia Ruys, ramenèrent sa pensée vers le beau visage aux lignes pures entrevu pour la dernière fois au Bois de Boulogne, penché sur l'épaule de Mora. Qu'était-elle devenue, la malheureuse fille, quand cet appui lui avait manqué? Cette leçon lui servirait-elle dans l'avenir? Et par une étrange coïncidence, pendant qu'il songeait ainsi à Félicia, en face de lui, sur les pentes du jardin voisin, un grand lévrier blanc traversait en gambadant une allée d'arbres verts. On eût dit tout à fait Kadour; mêmes poils ras, même gueule rose, féroce et fine. Paul, devant sa fenêtre ouverte, fut assailli en un moment par toutes sortes de visions tristes ou charmantes. Peut-être, la nature splendide qu'il avait sous les yeux, cette haute montagne où courait une ombre bleue attardée dans tous les plis du terrain aidait-elle au vagabondage de sa pensée. Sous les orangers, les citronniers, alignés pour la culture, chargés de fruits d'or, s'étendaient d'immenses champs de violettes, en plants réguliers et serrés, traversés de petits canaux d'irrigation, dont la pierre blanche coupait les verdures exubérantes.

Une odeur exquise montait, de violettes pétries dans du soleil, chaude essence de boudoir, énervante, affaiblissante, qui évoquait pour de Géry des visions féminines, Aline, Félicia, glissant à travers la féerie du paysage, dans cette atmosphère bleutée, ce jour élyséen qu'on eût dit le parfum devenu visible de tant de fleurs épanouies... Un bruit de portes lui fit rouvrir les yeux... Quelqu'un venait d'entrer dans la pièce à côté. Il entendit le frôlement d'une robe sur la mince cloison, un feuillet retourné dans un livre qu'on devait lire sans grand intérêt; car un long soupir modulé en bâillement le fit tressaillir. Dormait-il, rêvait-il encore? Ne venaît-il pas d'entendre le cri du « chacal dans le désert, » si bien en harmonie avec la température brûlante et lourde du dehors... Non. Plus rien... Il s'endormit de nouveau ; et cette fois, toutes les images confuses qui le poursuivaient se fixèrent en un rêve, un bien beau rêve...

Il faisait avec Aline son voyage de noce. Une mariée délicieuse. Prunelles claires, pleines d'amour et de foi, qui ne connaissaient que lui, ne regardaient que lui. Dans ce même salon d'hôtel, de l'autre côté du guéridon, la jolie fille était assise en blanc déshabillé du matin qui sentait bon la violette et les dentelles fines de la corbeille. Ils déjeunaient. Un de ces déjeuners de voyage de noce, servis au saut du lit en face de la mer bleue, du ciel limpide qui azurent le verre où l'on boit, les yeux que l'on regarde, l'avenir, la vie, l'espace clair. Oh! qu'il faisait beau, quelle lumière divine, rajeunissante, comme ils étaient bien!

Et tout à coup, en pleins baisers, en pleine ivresse, Aline devenait triste. Ses beaux yeux se voilaient de larmes. Elle lui disait : « Félicia est là... vous n'allez plus m'aimer... » Et lui riait : « Félicia, ici?... Quelle idée. — Si, si... Elle est là... » Tremblante, elle montrait la chambre voisine, d'où partaient pêle-mêle des aboiements enragés et la voix de Félicia : « Ici, Kadour... Ici, Kadour..., » la voix basse, concentrée, furieuse de quelqu'un qui se cachait et se voit brusquement découvert.

Réveillé en sursaut, l'amoureux, désenchanté, se retrouva dans sa chambre déserte, devant un guéridon vide, son beau rêve envolé par la fenêtre sur le grand coteau qui la remplissait toute, et semblait se pencher vers elle. Mais on entendait bien réellement dans la pièce contiguë les aboiements d'un chien et des coups précipités ébranlant la porte...

— Ouvrez. C'est moi... c'est Jenkins. »

Paul se redressa sur son divan, stupéfait. Jenkins ici?... Comment cela?... A qui s'adressait-il?... Quelle voix allait lui répondre?... On ne répondit point... Un pas léger alla vers la porte, et le pêne grinça nerveusement.

« Enfin, je vous trouve, dit l'Irlandais en entrant... »

Et vraiment, s'il n'avait pris soin de s'annoncer lui-même, à travers la cloison Paul n'aurait jamais placé sur cet accent brutal, violent et rauque, le nom du docteur aux façons doucereuses...

« Enfin, je vous trouve après huit jours de recherches, de courses folles, de Gênes à Nice, de Nice à Gênes... Je savais que vous n'étiez pas partie, le yacht étant toujours en rade... Et j'allais inspecter toutes les auberges du littoral, quand je me suis souvenu de Bréhat... J'ai pensé que vous aviez voulu le voir en passant. J'en viens... C'est lui qui m'a dit que vous étiez ici. »

Mais à qui parlait-il? Quelle obstination singulière mettait-on à ne pas lui répondre? Enfin une belle voix morne que Paul connaissait bien fit vibrer à son tour l'air alourdi et sonore de la chaude après-midi.

« Eh bien! oui, Jenkins, me voilà... Qu'est-ce qu'il y a donc? »

A travers la muraille, Paul voyait la bouche dédaigneuse, abaissée, avec un pli de dégoût.

« Je viens vous empêcher de partir, de faire cette folie...

— Quelle folie? J'ai des travaux à Tunis... Il faut bien que j'y aille.

— Mais vous n'y songez pas, ma chère enfant...

— Oh! assez de paternité comme cela, Jenkins... On sait ce qui se cache là-dessous... Parlez-moi donc comme tout à l'heure... J'aime encore mieux chez vous le dogue que le chien couchant. J'en ai moins peur.

— Eh bien! je vous dis, moi, qu'il faut être folle pour s'en aller là-bas toute seule, jeune et belle comme vous êtes...

— Et ne suis-je pas toujours seule?... Voulliez-vous que j'emmène Constance, à son âge?

— Et moi?

— Vous?... » Elle modula le mot sur un rire plein d'ironie... « Et Paris?... Et vos clients?... Priver la société de son Cagliostro!... Jamais, par exemple.

— Je suis pourtant bien décidé à vous suivre partout où vous irez... fit Jenkins résolûment. »

Il y eut un instant de silence. Paul se demandait s'il était bien digne de lui d'écouter ce débat qu'il sentait gros de révélations terribles. Mais, en plus de la fatigue, une curiosité invincible le clouait à sa place... Il lui semblait que l'énigme attirante dont il avait été si longtemps intrigué et troublé, qui tenait encore à son esprit par le bout de son voile de mystère, allait enfin parler, se découvrir, montrer la femme douloureuse ou perverse que cachait l'artiste mondaine. Il restait donc immobile, retenant son souffle, n'ayant pas d'ailleurs besoin d'espionner; car les autres, se croyant seuls dans l'hôtel, laissaient monter leurs passions et leurs voix sans contrainte.

« En fin de compte, que voulez-vous de moi?...

— Je vous veux...

— Jenkins!

— Oui, oui, je sais bien; vous m'aviez défendu de prononcer jamais de telles paroles devant vous; mais d'autres que moi vous les ont dites, et de plus près encore... »

Deux pas nerveux la rapprochaient de l'apôtre, mettaient devant cette large face sensuelle le mépris haletant de sa réponse.

« Et quand cela serait, misérable! Si je n'ai su me garder contre le dégoût et l'ennui, si j'ai perdu ma fierté, est-ce à vous d'en parler seulement?... Comme si vous n'en étiez pas cause, comme si vous ne m'aviez pas à tout jamais fané, attristé la vie... »

Et trois mots brûlants et rapides firent passer devant Paul de Géry terrifié l'horrible scène de cet attentat enveloppé d'affectueuse tutelle, contre lequel l'esprit, la pensée, les rêves de la jeune fille avaient eu si longtemps à se débattre et qui lui avait laissé l'incurable tristesse des chagrins précoces, l'écœurement de la vie à peine commencée, ce pli au coin de la lèvre comme la chute visible du sourire.

« Je vous aimais... Je vous aime... La passion emporte tout... répondit Jenkins sourdement.

— Eh bien! aimez-moi donc, si cela vous amuse... Moi je vous hais non-seulement pour le mal que vous m'avez fait, tout ce que vous avez tué en moi de croyances, de belles énergies, mais parce que vous me représentez ce qu'il y a de plus exécrable, de plus hideux sous le soleil, l'hypocrisie et le mensonge. Oui, dans cette mascarade mondaine, ce tas de faussetés, de grimaces, de conventions lâches et malpropres qui m'ont écœurée au point que je me sauve, que je m'exile pour ne plus les voir, que je leur préférerais le bagne, l'égout, le trottoir comme une fille, votre masque à vous, ô sublime Jenkins, est encore celui qui m'a le plus fait horreur. Vous avez compliqué notre hypocrisie française, toute en sourires et en politesse, de vos larges poignées de main à l'anglaise, de votre loyauté cordiale et démonstrative. Tous s'y sont laissé prendre. On dit « le bon Jenkins, le brave, l'honnête Jenkins. » Mais moi je vous connais, bonhomme, et malgré votre belle devise si effrontément arborée sur les enveloppes de vos lettres, sur votre cachet, vos boutons de manchettes, la coiffe de vos chapeaux, les panneaux de votre voiture, je vois toujours le fourbe que vous êtes et qui dépasse son déguisement de toutes parts. »

Sa voix sifflait entre ses dents serrées par une incroyable férocité d'expression ; et Paul s'attendait à quelque furieuse révolte de Jenkins se redressant sous tant d'outrages. Mais non. Cette haine, ce mépris venant de la femme aimée devaient lui causer plus de douleur que de colère ; car il répondit tout bas, sur un ton de douceur navrée :

« Oh ! vous êtes cruelle... Si vous saviez le mal que vous me faites... Hypocrite, oui, c'est vrai ; mais on ne naît pas comme cela... On le devient par force, devant les duretés de la vie. Quand on a le vent contre et qu'on veut avancer, on louvoie. J'ai louvoyé... Accusez mes débuts misérables, une entrée manquée dans l'existence, et convenez du moins qu'une chose en moi n'a jamais menti : ma passion !... Rien n'a pu la rebuter, ni vos dédains, ni vos injures, ni tout ce que je lis dans vos yeux qui, depuis tant d'années, ne m'ont pas souri une fois... C'est encore ma passion qui me donne la force, même après ce que je viens d'entendre, de vous dire pourquoi je suis ici... Écoutez. Vous m'avez déclaré un jour qu'il vous fallait un mari, quelqu'un qui veille sur vous pendant votre travail, qui relève de faction la pauvre Crenmitz excédée. Ce sont là vos propres paroles, qui me déchiraient alors parce que je n'étais pas libre. Maintenant tout est changé. Voulez-m'épouser, Félicia?

— Et votre femme? s'écria la jeune fille pendant que Paul s'adressait la même question.

— Ma femme est morte.

— Morte?... Madame Jenkins?... Est-ce vrai?

— Vous n'avez pas connu celle dont je parle. L'autre n'était pas ma femme. Quand je l'ai rencontrée, j'étais déjà marié en Irlande... Depuis des années... Un mariage horrible, contracté la corde au cou... Ma chère, à vingt-cinq ans, je me suis trouvé devant cette alternative : la prison pour dettes ou mademoiselle Strang, une vieille fille couperosée et goutteuse, la sœur d'un usurier qui m'avait avancé cinq cents livres pour payer mes études médicales... J'avais préféré la prison; mais des semaines et des mois vinrent à bout de mon courage, et j'épousai mademoiselle Strang qui m'apporta en dot... mon billet. Vous voyez ma vie entre ces deux monstres qui s'adoraient. Une femme jalouse, impotente. Le frère m'espionnant, me suivant partout. J'aurais pu fuir. Mais une chose me retenait... On disait l'usurier immensément riche. Je voulais toucher au moins le bénéfice de ma lâcheté... Ah! je vous dis tout, vous voyez... Du reste j'ai été bien puni, allez. Le vieux Strang est mort insolvable; il jouait, s'était ruiné, sans le dire... Alors j'ai mis les rhumatismes de ma femme dans une maison de santé et je suis venu en France... C'était une existence à recommencer, de la lutte et de la misère encore. Mais j'avais pour moi l'expérience, la haine et le mépris des hommes, et la liberté reconquise, car je ne me doutais pas que l'horrible boulet de cette union maudite allait gêner encore ma marche, à distance... Heureusement, c'est fini, me voilà délivré...

— Oui, Jenkins, délivré... Mais pourquoi ne songez-vous pas à faire votre femme de la pauvre créature qui a partagé votre vie si longtemps, humble et dévouée comme nous l'avons tous vue?

— Oh! dit-il avec une explosion sincère, entre mes deux bagnes je crois que je préférais l'autre, où je pouvais être franchement indifférent ou haineux... Mais l'atroce comédie de l'amour conjugal, d'un bonheur sans lassitude, alors que depuis si longtemps je n'aimais que vous, je ne pensais qu'à vous... Il n'y a pas sur terre de pareil supplice... Si j'en juge par moi, la malheureuse a dû pousser à l'instant de la séparation un cri de soulagement et d'allégresse. C'est le seul adieu que j'en espérais...

— Mais qui vous forçait à tant de contrainte?

— Paris, la société, le monde... Mariés devant l'opinion, nous étions tenus par elle...

— Et maintenant, vous ne l'êtes donc plus?

— Maintenant quelque chose domine tout, c'est l'idée de vous perdre, de ne plus vous voir... Oh! quand j'ai appris votre fuite, quand j'ai vu cet écriteau sur votre porte : « A LOUER », j'ai senti que c'en était fait des poses et des grimaces, que je n'avais plus qu'à partir, à courir bien vite après mon bonheur que vous emportiez. Vous quittiez Paris, je l'ai quitté. On vendait tout chez vous; chez moi, on va tout vendre.

— Et elle?... reprit Félicia frémissante... Elle, la compagne irréprochable, l'honnête femme que personne n'a jamais soupçonnée, où ira-t-elle? que fera-t-elle?... Et c'est sa place que vous venez me proposer... Une place volée, dans quel enfer!... Eh bien! et cette devise, bon Jenkins, vertueux Jenkins, qu'est-ce que nous en faisons? Le bien sans espérance, mon vieux!... »

A ce rire cinglant comme un coup de cravache qui devait lui marquer la figure en rouge, le misérable répondit en haletant :

« Assez..., assez..., ne raillez pas ainsi... C'est trop horrible à la fin... Cela ne vous touche donc pas d'être aimée comme je vous aime en vous sacrifiant tout, fortune, honneur, considération? Voyons, regardez-moi... Si bien attaché que fût mon masque, je l'ai arraché pour vous, je l'ai arraché devant tous... Et maintenant, tenez! le voilà l'hypocrite... »

On entendit le bruit sourd de deux genoux sur le parquet. Et bégayant, éperdu d'amour, affaissé devant elle, il la suppliait de consentir à ce mariage, de lui donner le droit de la suivre partout, de la défendre; puis les mots lui manquaient, s'étouffaient dans un sanglot passionné, si profond, si déchirant qu'il aurait touché n'importe quel cœur, surtout devant la splendide nature impassible dans cette chaleur parfumée et amollissante... Mais Félicia ne s'attendrit pas, et toujours hautaine : « Finissons, Jenkins, dit-elle brusquement, ce que vous me demandez est impossible... Nous n'avons rien à nous cacher; et après vos confidences de tout à l'heure, je veux vous en faire une qui coûte à mon orgueil, mais dont votre acharnement me paraît digne... J'étais la maîtresse de Mora. »

Paul n'ignorait pas cela. Et pourtant c'était si triste cette belle voix pure chargée d'un tel aveu, au milieu de cet air enivrant de bleu et d'aromes, qu'il en eut un grand serrement de cœur et dans la bouche ce goût de larmes que laisse un regret inavoué.

« Je le savais, reprit Jenkins d'une voix sourde... J'ai là les lettres que vous lui écriviez...

— Mes lettres?

— Oh! je vous les rends, tenez. Je les sais par cœur, à force de les lire et de les relire... C'est ça qui fait mal, quand on aime... Mais j'ai bien subi d'autres tortures. Quand je pense que c'est moi... » Il s'arrêta. Il étouffait... « Moi qui devais fournir le combustible à vos flammes, réchauffer cet amant de glace, vous l'envoyer ardent et rajeuni... Ah! il en a dévoré des perles, celui-là... J'avais beau dire non, il en voulait toujours... A la fin la fureur m'a pris... Tu veux brûler, misérable. Eh bien! brûle. . . . .

Paul se leva épouvanté. Allait-il donc devenir le confident d'un crime?

Mais la honte ne lui fut pas infligée d'en entendre davantage.

Un coup violent, frappé chez lui cette fois, vint l'avertir que le calesino était prêt.

« Eh! signor Francese... »

Dans la pièce à côté le silence se fit, puis un chuchotement... Il y avait quelqu'un, là, tout près d'eux.... qui les écoutait... Paul de Géry descendit précipitamment. Il lui tardait d'être hors de cette chambre d'hôtel, d'échapper à l'obsession de tant d'infamies dévoilées.

Comme la chaise de poste s'ébranlait, entre ces rideaux blancs communs qui flottent à toutes les fenêtres dans le Midi, il aperçut une figure pâlie avec des cheveux de déesse et de grands yeux brûlants qui guettaient. Mais un regard au portrait d'Aline chassait vite cette vision troublante, et pour jamais guéri de son ancien amour, il voyagea jusqu'au soir à travers un paysage féerique avec la jolie mariée du déjeuner, qui emportait dans les plis de sa modeste robe, de son mantelet de jeune fille, toutes les violettes de Bordighera.

XXV

LA PREMIÈRE DE « RÉVOLTE »

« En scène pour le premier acte! »

Ce cri du régisseur debout, les mains en porte-voix, au bas de l'escalier des artistes, s'engouffre dans sa haute cage, monte, roule, se perd au fond des couloirs pleins d'un bruit de portes battantes, de pas précipités, d'appels désespérés au coiffeur, aux habilleuses, tandis qu'apparaissent successivement aux paliers des différents étages, lents et majestueux, la tête immobile, de peur de déranger le moindre détail de leur accoutrement, tous les personnages du premier acte de *Révolte*, costumes de bal élégants et modernes, avec des craquements de souliers neufs, le frôlement soyeux des traînes, le cliquetis des bracelets riches remontés par le gant qu'on boutonne. Tout ce monde-là paraît ému, nerveux, pâle sous le fard, et dans les satins savamment préparés des épaules arrosées de céruse, des frissons passent en moires d'ombres. On parle peu, la bouche sèche. Les plus rassurés en affectant de sourire ont dans les yeux, dans la voix, l'hésitation de la pensée absente, cette appréhension de la bataille aux feux de la rampe, qui reste un des attraits les plus puissants du métier de comédien, son piquant, son renouveau.

Sur la scène encombrée d'un va-et-vient de machinistes, de garçons d'accessoires se hâtant, se bousculant dans le jour doux, neigeux, tombé des frises, qui fera place tout à l'heure, quand le rideau se lèvera, à la lumière éclatante de la salle, Cardailhac, en habit noir et cravate blanche. le chapeau casseur sur l'oreille, jette un dernier coup d'œil à l'installation des décors, presse les ouvriers, complimente l'ingénue en toilette, rayonnant, fredonnant, superbe. On ne se douterait jamais à le voir des terribles préoccupations qui l'enfièvrent. Entraîné lui aussi dans la débâcle du Nabab, où s'est engloutie sa commandite, il joue son va-tout sur la pièce de ce soir, contraint — si elle ne réussit pas — à laisser impayés ces décors merveilleux, ces étoffes à cent francs le mètre. C'est une quatrième faillite qui l'attend. Mais, bah! notre directeur a confiance. Le succès, comme tous les monstres mangeurs d'hommes, aime la jeunesse; et cet auteur inconnu, tout neuf sur une affiche, flatte les superstitions du joueur.

André Maranne n'est pas aussi rassuré. A mesure que la représentation approche, il perd la foi dans son œuvre, atterré par la vue de la salle qu'il regarde au trou du rideau comme au verre étroit d'un stéréoscope.

Une salle splendide, remplie jusqu'au cintre, malgré le printemps avancé et le goût mondain pour la villégiature précoce; une salle que Cardailhac, ennemi déclaré de la nature et de la campagne, s'efforçant toujours de retenir les Parisiens le plus tard possible dans Paris, est parvenu à combler, à faire aussi brillante qu'en plein hiver. Quinze cents têtes fourmillant sous le lustre, droites, penchées, détournées, interrogantes, d'une grande vie d'ombres et de reflets, les unes massées aux coins obscurs du bas pourtour, les autres éclairées vivement, les portes des loges ouvertes, par la réverbération des murs blancs du couloir; public des premières toujours le même, ce brigand de tout Paris qui va partout, emportant d'assaut ces places enviées, quand une faveur, une fonction quelconque ne les lui donne pas.

A l'orchestre, les gilets à cœur, les clubs, crânes luisants, larges raies dans des cheveux rares, gants clairs, grosses lorgnettes braquées. Aux galeries, mêlées de mondes et de toilettes, tous les noms connus de ces sortes de solennités, et la promiscuité gênante qui place le sourire contenu et chaste de l'honnête femme à côté des yeux brûlants de kohl, de la bouche en traits de vermillon des autres. Chapeaux blancs, chapeaux roses, diamants et maquillage. Au-dessus, les loges présentent la même confusion : des actrices et des filles, des ministres, des ambassadeurs, des auteurs fameux, des critiques, ceux-ci l'air grave, les sourcils froncés, jetés de travers sur leur fauteuil avec la morgue impassible de juges que rien ne peut corrompre. Les avant-scènes tranchent en lumière, en splendeur sur l'ensemble, occupées par des célébrités de la haute banque, les femmes décolletées et bras nus, ruisselantes de pierreries comme la reine de Saba dans sa visite au roi des Juifs. A gauche seulement une de ces grandes loges, complétement vide, attire l'attention par sa décoration bizarre, éclairée au fond d'une lanterne mauresque. Sur toute l'assemblée une poussière impalpable et flottante, le papillotement du gaz, son odeur mêlée à tous les plaisirs parisiens, ses susurrements aigus et courts comme une respiration phthisique, accompagnant le jeu des éventails déployés. Puis l'ennui, un ennui morne, l'ennui des mêmes visages toujours regardés aux mêmes places, avec leurs défauts ou leurs poses, cette uniformité des réunions mondaines qui finit par installer dans Paris chaque hiver une province dénigrante, papotière et restreinte plus que la province elle-même.

Maranne observait cette maussaderie, cette lassitude du public, et songeant à ce que la réussite de son drame pouvait changer dans sa modeste vie toute en espoir, se demandait, plein d'angoisse, comment faire pour approcher sa pensée de ces milliers d'êtres, les arracher à leurs préoccupations d'attitude, établir dans cette foule un courant unique qui lui ramènerait ces regards distraits, ces intelligences à tous les degrés du clavier, si difficiles à mettre à l'unisson. Instinctivement il cherchait des visages amis, une loge de face remplie par la famille Joyeuse : Élise et les fillettes assises sur le devant, au second plan Aline et le père, groupe adorable, familial, comme un bouquet trempé de rosée dans un étalage de fleurs fausses. Et tandis que tout Paris dédaigneux demandait : — Qu'est-ce que c'est que ces gens-là? le poëte remettait son sort entre ces petites mains de fées, gantées de frais pour la circonstance et qui donneraient hardiment tout à l'heure le signal des applaudissements.

Place au théâtre!... Maranne n'a que le temps de se jeter dans la coulisse; et tout à coup il entend, loin, bien loin, les premières paroles de sa pièce qui montent, volée d'oiseaux craintifs, dans le silence et l'immensité de la salle. Moment terrible. Où aller? Que devenir? Rester là collé contre un portant, l'oreille tendue, le cœur serré; encourager les acteurs quand il aurait tant besoin d'encouragements lui-même? Il préfère encore regarder le danger en face; et, par la petite porte communiquant avec le couloir des loges, il se glisse jusqu'à une baignoire qu'il se fait ouvrir doucement. « Chut!... C'est moi... » Quelqu'un est assis dans l'ombre, une femme que tout Paris connaît, celle-là, et qui se cache. André se met auprès d'elle, et serrés l'un contre l'autre, invisibles à tous, la mère et le fils assistent en tremblant à la représentation.

Ce fut d'abord une stupeur dans le public. Ce théâtre des Nouveautés, situé au plein cœur du boulevard, où son perron s'étale tout en lumière, entre les grands restaurants, les cercles chics; ce théâtre, où l'on venait en partie carrée, au sortir d'un dîner fin, entendre jusqu'à l'heure du souper, un acte ou deux de quelque chose de raide, était devenu dans les mains de son spirituel directeur le plus couru de tous les spectacles parisiens, sans genre bien précis et les abordant tous, depuis l'opérette-féerie qui déshabille les femmes, jusqu'au grand drame moderne qui décollète nos mœurs. Cardailhac tenait surtout à justifier son titre de « directeur des Nouveautés » et, depuis que les millions du Nabab soutenaient l'entreprise, s'attachait à faire aux boulevardiers les surprises les plus éblouissantes. Celle de ce soir les surpassait toutes : la pièce était en vers — et honnête.

Une pièce honnête !

Le vieux singe avait compris que le moment était venu de tenter ce coup-là, et il le tentait. Après l'étonnement des premières minutes, quelques exclamations attristées çà et là dans les loges : « Tiens! c'est en vers..., » la salle commença à subir le charme de cette œuvre fortifiante et saine, comme si l'on eût secoué sur elle, dans son atmosphère raréfiée, quelque essence fraîche et piquante à respirer, un élixir de vie parfumé au thym des collines.

« Ah! c'est bon... ça repose... »

C'était le cri général, un frémissement d'aise, une pâmoison de bien-être accompagnant chaque vers. Ça le reposait, ce gros Hemerlingue, soufflant dans son avant-scène du rez-de chaussée comme dans une auge de satin cerise. Ça la reposait, la grande Suzanne Bloch, coiffée à l'antique avec des frisons dépassant un diadème d'or; et près d'elle, Amy Férat, toute en blanc comme une mariée, des brins d'oranger dans ses cheveux à la chien, ça la reposait bien aussi, allez !

Il y avait là une foule de créatures, quelques-unes très-grasses, d'une graisse malpropre ramassée dans tous les sérails, trois mentons et l'air bête; d'autres absolument vertes malgré le fard, comme si on les eût trempées dans un bain de cet arséniate de cuivre que le commerce appelle du « vert de Paris, » tellement ridées, fanées, qu'elles se dissimulaient au fond de leurs loges, ne laissant voir qu'un bout de bras blanc, une épaule encore ronde qui dépassait. Puis des gandins avachis, échinés, ceux qu'on nommait alors des petits crevés, la nuque tendue, les lèvres pendantes, incapables de se tenir debout ou d'articuler un mot en entier. Et tous ces gens s'exclamaient ensemble : « C'est bon... ça repose... » Le beau Moëssard le murmurait comme un fredon sous sa petite moustache blonde, tandis que sa reine en première loge de face le traduisait dans la barbarie de sa langue étrangère. Positivement, ça les reposait. Ils ne disaient pas de quoi, par exemple, de quelle besogne écœurante, de quelle tâche forcée d'oisifs et d'inutiles.

Tous ces murmures bienveillants, unis, confondus,

commençaient à donner à la salle sa physionomie des grands soirs. Le succès courait dans l'air, les figures se rasséraient, les femmes semblaient embellies par des reflets d'enthousiasme, des regards excitants comme des bravos. André, près de sa mère, frissonnait d'un plaisir inconnu, de cette joie orgueilleuse qu'on ressent à remuer les foules, fût-ce même comme un chanteur de cour faubourienne, avec un refrain patriotique et deux notes émues dans la voix. Soudain les chuchotements redoublèrent, se changèrent en tumulte. On ricanait, on s'agitait. Que se passait-il? Quelque accident en scène? André, se penchant épouvanté vers ses acteurs aussi étonnés que lui-même, vit toutes les lorgnettes braquées sur la grande avant-scène vide jusqu'alors et où quelqu'un venait d'entrer, de s'asseoir, les deux coudes sur le rebord de velours, la lorgnette tirée du fourreau, installé dans une solitude sinistre.

En dix jours le Nabab avait vieilli de vingt ans. Ces violentes natures méridionales, si elles sont riches en élans, en jets de flammes irrésistibles, s'affaissent aussi plus complétement que les autres. Depuis son invalidation, le malheureux s'était enfermé dans sa chambre, les rideaux tirés, ne voulant plus même voir le jour ni dépasser le seuil au delà duquel la vie l'attendait, (les engagements pris, les promesses faites, un fouillis de protêts et d'assignations. La Levantine, partie aux eaux en compagnie de son masseur et de ses négresses, absolument indifférente à la ruine de la maison, Bompain — l'homme au fez — tout effaré au milieu des demandes d'argent, ne sachant comment aborder l'infortuné patron toujours couché, le visage au mur sitôt qu'on lui parlait d'affaires; la vieille mère était restée seule pour faire tête au désastre, avec ses connaissances bornées et droites de veuve de village qui sait ce que c'est qu'un papier timbré, une signature, et tient l'honneur pour le plus grand bien de ce monde. Sa coiffe jaune apparaissait à tous les étages de l'hôtel, révisant les notes, réformant le service, ne craignant ni les cris ni les humiliations. A toute heure du jour, on voyait la bonne femme arpenter la place Vendôme à grands pas, gesticulant, se parlant à elle-même, disant tout haut : « Tè ! je vais chez l'huissier. » Et jamais elle ne consultait son fils que lorsque c'était indispensable, d'un mot discret et bref, en évitant même de le regarder. Pour tirer Jansoulet de sa torpeur, il avait fallu une dépêche de Géry, datée de Marseille, annonçant qu'il arrivait avec dix millions. Dix millions, c'est-à-dire la faillite évitée, la possibilité de se relever, de recommencer la vie. Et voilà notre Méridional rebondissant du fond de sa chute, ivre de joie et plein d'espoir. Il fit ouvrir ses fenêtres, apporter des journaux. Quelle magnifique occasion que cette première de *Révolte* pour se montrer aux Parisiens qui le croyaient sombré, rentrer dans le grand tourbillon par la porte battante de sa loge des Nouveautés ! La mère, qu'un instinct avertissait, insista bien un peu pour le retenir. Paris maintenant l'épouvantait. Elle aurait voulu emmener son enfant dans quelque coin ignoré du Midi, le soigner avec l'aîné, tous deux malades de la grande ville. Mais il était le maître. Impossible de résister à cette volonté d'homme gâté par la richesse. Elle l'assista pour sa toilette, « le fit beau, » ainsi qu'elle disait en riant, et le regarda partir non sans une certaine fierté, superbe, ressuscité, ayant à peu près surmonté le terrible affaissement des derniers jours...

En arrivant au théâtre, Jansoulet s'aperçut vite de la

rumeur que causait sa présence dans la salle. Habitué à ces ovations curieuses, il y répondait d'ordinaire sans le moindre embarras, de tout son large et bon sourire; mais cette fois la manifestation était malveillante, presque indignée.

« Comment !... c'est lui?...
— Le voilà.
— Quelle impudence ! »

Cela montait de l'orchestre avec bien d'autres exclamations confuses. L'ombre et la retraite où il s'était réfugié depuis quelques jours l'avaient laissé ignorant de l'exaspération publique à son égard, des homélies, des dithyrambes répandus dans les journaux à propos de sa fortune corruptrice, articles à effet, phraséologie hypocrite à l'aide desquels l'opinion se venge de temps en temps sur les innocents de toutes ses concessions aux coupables. Ce fut une effroyable déconvenue, qui lui causa d'abord plus de peine que de colère. Très-ému, il cachait son trouble derrière sa lorgnette, s'attachant aux moindres détails de la scène, posé de trois quarts, mais ne pouvant échapper à l'observation scandaleuse dont il était victime et qui faisait bourdonner ses oreilles, ses tempes battre, les verres embués de sa lorgnette s'emplir des cercles multicolores où tournoie le premier égarement des congestions sanguines.

Le rideau baissé, l'acte fini, il restait dans cette attitude de gêne, d'immobilité; mais les chuchotements plus distincts, que ne retenait plus le dialogue scénique, l'acharnement de certains curieux changeant de place pour mieux le voir, le contraignaient à sortir de sa loge, à se précipiter dans les couloirs comme un fauve échappé de l'arène à travers le cirque. Sous le plafond bas, dans l'étroit passage circulaire des corridors de théâtre, il tombait au milieu d'une foule compacte de gandins, de journalistes, de femmes en chapeau, en taille, riant par métier, renversant leur rire bête, le dos appuyé au mur. Des loges ouvertes et qui essayaient de respirer sur cette baie grouillante et bruyante sortaient des fragments de conversations, mêlées, à propos rompus :

« Une pièce délicieuse... C'est frais... c'est honnête...

— Ce Nabab !... Quelle effronterie !...

— Oui, vraiment, ça repose... On se sent meilleur...

— Comment ne l'a-t-on pas encore arrêté ?...

— Un tout jeune homme, paraît-il... C'est sa première pièce.

— Bois-Landry à Mazas ! Ce n'est pas possible... Voici la marquise en face de nous, aux premières galeries, avec un chapeau neuf...

— Qu'est-ce que ça prouve ?... Elle fait son métier de lanceuse... Il est très-joli, ce chapeau... aux couleurs du cheval de Desgranges.

— Et Jenkins ? que devient Jenkins ?

— A Tunis avec Félicia... Le vieux Brahim les a vus tous les deux... Il paraît que le bey se met décidément aux perles.

— Bigre !... »

Plus loin, des voix douces murmuraient :

« Vas-y, père, vas-y donc... Vois comme il est seul, ce pauvre homme.

— Mais, mes enfants, je ne le connais pas.

— Eh bien ! rien qu'un salut... Quelque chose qui lui prouve qu'il n'est pas complément abandonné... »

Aussitôt un petit vieux monsieur, très-rouge, en cravate blanche, s'élançait au devant du Nabab et lui donnait un grand coup de chapeau respectueux.

Avec quelle reconnaissance, quel sourire d'empressement aimable ce salut unique fut rendu, ce salut d'un homme que Jansoulet ne connaissait pas, qu'il n'avait jamais vu, et qui pesait pourtant d'un grand poids sur sa destinée; car sans le père Joyeuse, le président du conseil de la *Territoriale* aurait eu probablement le sort du marquis de Bois-Landry. C'est ainsi que, dans l'enchevêtrement de la société moderne, ce grand tissage d'intérêts, d'ambitions, de services acceptés et rendus, tous les mondes communiquent entre eux, mystérieusement unis par les dessous, des plus hautes existences aux plus humbles; voilà ce qui explique le bariolage, la complication de cette étude de mœurs, l'assemblage des fils épars dont l'écrivain soucieux de vérité est forcé de faire le fond de son drame.

Les regards jetés en l'air dans le vague, la démarche qui s'écarte sans but, le chapeau remis sur la tête brusquement jusqu'aux yeux, en dix minutes le Nabab subit toutes les manifestations de ce terrible ostracisme du monde parisien où il n'avait ni parenté ni sérieuses attaches, et dont le mépris l'isolait plus sûrement que le respect n'isole un souverain en visite. D'embarras, de honte, il chancelait. Quelqu'un dit très-haut: « Il a bu... » et tout ce que le pauvre homme put faire, ce fut de rentrer s'enfermer dans le salon de sa loge. D'ordinaire ce petit *retiro* s'emplissait pendant les entr'actes de gens de bourse, de journalistes. On riait, on fumait en menant grand vacarme; le directeur venait saluer son commanditaire. Ce soir-là, personne. Et l'abstention de Cardailhac, ce flaireur de succès, donnait bien à Jansoulet la mesure de sa disgrâce.

— Que leur ai-je donc fait? Pourquoi Paris ne veut-il plus de moi? »

Il s'interrogeait ainsi dans une solitude qu'accentuaient les bruits environnants, les clefs brusques aux portes des loges, les mille exclamations d'une foule amusée. Puis subitement la fraîcheur du luxe qui l'entourait, la lanterne mauresque découpée en ombres bizarres sur les soies brillantes du divan et des murs lui remettaient en mémoire la date de son arrivée... Six mois !... Seulement six mois, qu'il était à Paris !... Tout flambé, tout dévoré en six mois !... Il s'absorba dans une sorte de torpeur, d'où le tirèrent des applaudissements, des bravos enthousiastes. C'était décidément un grand succès, cette pièce de *Révolte*. On arrivait maintenant aux passages de force, de satire ; et les tirades virulentes, un peu emphatiques mais qu'enlevait un souffle de jeunesse et de sincérité, faisaient vibrer tous les cœurs, après les effusions idylliques du début. Jansoulet à son tour voulut entendre, voulut voir. Ce théâtre lui appartenait, après tout. Sa place dans cette avant-scène lui coûtait plus d'un million ; c'était bien le moins qu'il l'occupât.

Le voilà de nouveau assis sur le devant de sa loge. Dans la salle, une chaleur lourde, suffocante, remuée et non dissipée par les éventails haletants qui promenaient des reflets et des paillettes avec tous les souffles impalpables du silence. On écoutait religieusement une réplique indignée et fière contre les forbans, si nombreux à cette époque, qui tenaient le haut du pavé après en avoir battu les coins les plus obscurs pour détrousser les passants. Certes, Maranne, en écrivant ces beaux vers, avait pensé à tout autre qu'au Nabab. Mais le public y vit une allusion ; et tandis qu'une triple salve d'applaudissements accueillait la fin de la tirade, toutes les têtes se tournaient vers l'avant-scène de gauche avec un mouvement indigné, ouvertement injurieux... Le malheureux, mis au pilori sur son propre théâtre ! Un pilori qui lui coûtait si cher !... Cette fois, il n'essaya pas de se soustraire à l'affront, se planta résolûment les bras croisés et brava cette foule qui le regardait, ces centaines de visages levés et ricaneurs, ce vertueux Tout-Paris qui le prenait pour bouc émissaire et le chassait après l'avoir chargé de tous ses crimes.

Joli monde vraiment pour une manifestation pareille ! En face, une loge de banquiers faillis, la femme et l'amant l'un près de l'autre au premier rang, le mari dans l'ombre, effacé et grave. A côté, le trio fréquent d'une mère qui a marié sa fille selon son propre cœur et pour se faire un gendre de l'homme qu'elle aimait. Puis des ménages interlopes, des filles étalant le prix de la honte, des diamants en cercles de feu rivés autour des bras et du cou comme des colliers de chien, se bourrant de bonbons qu'elles avalaient brutalement, bestialement, parce qu'elles savent que l'animalité de la femme plaît à ceux qui la paient. Et ces groupes de gandins efféminés, le col ouvert, les sourcils peints, dont on admirait à Compiègne, dans les chambres d'invités, les chemises de batiste brodées et les corsets de satin blanc ; ces mignons du temps d'Agrippa, s'appelant entre eux : « Mon cœur... Ma chère belle... » Tous les scandales, toutes les turpitudes, consciences vendues ou à vendre, le vice d'une époque sans grandeur, sans originalité, essayant les travers de toutes les autres et jetant à Bullier cette duchesse, femme de ministre, rivale des plus éhontées danseuses de l'endroit. Et c'étaient ces gens-là qui le repoussaient, qui lui criaient : « Va-t'en... tu es indigne... »

— Indigne, moi !... mais je vaux cent fois mieux que

vous tous, misérables... Vous me reprochez mes millions. Et qui donc m'a aidé à les dévorer ?... Toi, compagnon lâche et traître, qui caches dans le coin de ton avant-scène ton obésité de pacha malade. J'ai fait ta fortune avec la mienne au temps où nous partagions en frères. Toi, marquis blafard, j'ai payé cent mille francs au cercle pour qu'on ne te chasse pas honteusement... Je t'ai couverte de bijoux, drôlesse, en laissant croire que tu étais ma maîtresse, parce que cela fait bien dans notre monde, mais sans jamais te demander de retour... Et toi, journaliste effronté qui as toute la bourbe de ton encrier pour cervelle, et sur ta conscience autant de lèpres que ta reine en porte sur la peau, tu trouves que je ne t'ai pas payé ton prix, et voilà pourquoi tes injures... Oui, oui, regardez-moi, canailles... Je suis fier... Je vaux mieux que vous... »

Tout ce qu'il disait ainsi mentalement, dans un délire de colère, visible au tremblement de ses grosses lèvres blêmies, le malheureux, en qui montait la folie, allait peut-être le crier bien fort dans le silence, invectiver cette masse insultante, qui sait? bondir au milieu, en tuer un, ah! bon sang de Dieu! en tuer un, quand il se sentit frappé légèrement sur l'épaule; et une tête blonde lui apparut, sérieuse et franche, deux mains tendues qu'il saisit convulsivement, comme un noyé.

« Ah! cher... cher... » bégaya le pauvre homme. Mais il n'eut pas la force d'en dire davantage. Cette émotion douce arrivant au milieu de sa fureur la fondit en un sanglot de larmes, de sang, de paroles étranglées. Sa figure devint violette. Il fit signe : « Emmenez-moi... » Et trébuchant, appuyé au bras de de Géry, il ne put que franchir la porte de sa loge pour aller tomber dans le couloir.

« Bravo! bravo !! » criait la salle à la tirade du comédien ; et c'était un bruit de grêle, de trépignements enthousiastes, tandis que le grand corps sans vie, péniblement enlevé par les machinistes, traversait les coulisses rayonnantes, encombrées de curieux empressés autour de la scène, allumés au succès répandu et qui remarquèrent à peine le passage de ce vaincu inerte, porté à bras comme une victime d'émeute. On l'étendit sur un canapé dans le magasin d'accessoires, Paul de Géry à ses côtés avec un médecin, et deux garçons qui s'empressaient pour les secours. Cardailhac, très-occupé par sa pièce, avait promis de venir savoir des nouvelles « tout à l'heure, après le *cinq...* »

Saignée sur saignée, ventouses, sinapismes, rien ne ramenait même un frémissement à l'épiderme du malade insensible à tous les moyens usités dans les cas d'apoplexie. Un abandon de tout l'être semblait le donner déjà à la mort, le préparer aux rigidités du cadavre ; et cela dans le plus sinistre endroit du monde, le chaos éclairé d'une lanterne sourde où gisent pêle-mêle sous la poussière tous les rebuts des pièces jouées, meubles dorés, tentures à crépines brillantes, carrosses, coffres-forts, tables à jeu, escaliers et rampes démontés, parmi des cordages, des poulies, un fouillis d'accessoires de théâtre hors d'usage, cassés, démolis, avariés. Bernard Jansoulet étendu au milieu de ces épaves, son linge fendu sur la poitrine, à la fois sanglant et blême, était bien un naufragé de la vie, meurtri et rejeté à la côte avec les débris lamentables de son luxe artificiel dispersé et broyé par le tourbillon parisien. Paul, le cœur brisé, contemplait cela tristement, cette face au nez court, gardant dans son inertie l'expression colère et bonne d'un être inoffensif qui a essayé de se défendre avant de mourir et n'a pas eu le temps de mordre. Il se reprochait son impuissance à le servir efficacement. Où était ce beau projet de conduire Jansoulet à travers les fondrières, de le garder des embûches? Tout ce qu'il avait pu faire, c'était de lui sauver quelques millions et encore arrivaient-ils trop tard.

On venait d'ouvrir les fenêtres sur le balcon tournant du boulevard, en pleine agitation bruyante et lumineuse. Le théâtre s'entourait d'un cordon de gaz, d'une zone de feu qui faisait paraître les fonds plus sombres, piqués de lanternes roulantes, comme des étoiles voyageant au ciel obscur. La pièce était finie. On sortait. La foule noire et serrée sur les perrons se dispersait aux trottoirs blancs, allait répandre par la ville le bruit d'un grand succès et le nom d'un inconnu demain triomphant et célèbre. Soirée admirable allumant les vitres des restaurants en liesse et faisant circuler par les rues des files d'équipages attardés. Ce tumulte de fête que le pauvre Nabab avait tant aimé, qui allait bien à l'étourdissement de son existence, le ranima une seconde. Ses lèvres remuèrent, et ses yeux dilatés, tournés vers de Géry, retrouvèrent avant la mort une expression douloureuse, implorante et révoltée, comme pour le prendre à témoin d'une des plus grandes, des plus cruelles injustices que Paris ait jamais commises.

FIN.

TABLE DES MATIÈRES

I.	Les malades du docteur Jenkins......................	1
II.	Un déjeuner place Vendôme.......................	27
III.	Mémoires d'un garçon de bureau. — Simple coup-d'œil jeté sur la *Caisse Territoriale*....	48
IV.	Un début dans le monde.........................	62
V.	La famille Joyeuse............................	84
VI.	Félicia Ruys................................	106
VII.	Jansoulet chez lui............................	130
VIII.	L'Œuvre de Bethléem..........................	144
IX.	Bonne Maman...............................	162
X.	Mémoires d'un garçon de bureau. — Les domestiques.	182
XI.	Les fêtes du bey..............................	201
XII.	Une élection corse............................	230
XIII.	Un jour de spleen.............................	249
XIV.	L'Exposition................................	265
XV.	Mémoires d'un garçon de bureau. — A l'antichambre.	284
XVI.	Un homme public.............................	297
XVII.	L'apparition................................	321
XVIII.	Les perles Jenkins............................	339
XIX.	Les funérailles...............................	363
XX.	La baronne Hemerlingue.......................	387
XXI.	La séance..................................	413
XXII.	Drames parisiens.............................	444
XXIII.	Mémoires d'un garçon de bureau. — Derniers feuillets.	465
XXIV.	A Bordighera................................	475
XXV.	La première de *Révolte*........................	499

Paris. — Imp. E. Capiomont et V. Renault, rue des Poitevins, 6.

On nous dit que le gouvernement de Tunis s'est ému, lors de la publication du *Nabab* en feuilleton, de voir produire des personnages auxquels l'auteur a prêté des noms et des costumes du pays. Nous sommes autorisé par M. Alphonse Daudet à déclarer que les scènes du livre où il est question de Tunis sont tout à fait imaginaires, et qu'il n'a jamais eu l'intention de désigner aucun fonctionnaire de cet État.

N. DE L'ÉD.

www.ingramcontent.com/pod-product-compliance
Lightning Source LLC
Chambersburg PA
CBHW051124230426
43670CB00007B/669